高等院校经济管理类专业"互联网+"创新规划教材

消费者行为学
(第2版)

主　编　肖　立　孙爱东
副主编　胡洪亮　饶　曦　商迎秋

内 容 简 介

本书从管理与运用角度，循着消费者决策过程及影响消费者行为的因素这一主线展开编写。本书内容分为6个部分：第1部分是导论；第2部分是消费者购买行为和决策过程；第3部分是消费者心理活动过程；第4部分是消费群体心理与行为；第5部分是社会环境与消费者行为；第6部分是市场营销与消费者行为。本书体系结构合理，内容言简意赅，案例丰富，内容新颖，可读性强。为充分体现"互联网+"时代教材编写要求，对教材部分内容进行二维码化处理，读者可以在学习相关内容时用手机扫描二维码，直接在手机上进行学习。

本书可作为高等院校经管类专业及相关专业的教材或教学参考书，也可作为有关理论研究工作者、企业管理者和营销人员的参考读物。

图书在版编目(CIP)数据

消费者行为学/肖立，孙爱东主编. —2版. —北京：北京大学出版社，2017.12
（高等院校经济管理类专业"互联网+"创新规划教材）
ISBN 978-7-301-27157-5

Ⅰ. ①消… Ⅱ. ①肖…②孙… Ⅲ. ①消费者行为论—高等学校—教材 Ⅳ. ①F713.55

中国版本图书馆 CIP 数据核字（2018）第 011448 号

书　　　名	消费者行为学（第2版） XIAOFEIZHE XINGWEIXUE
著作责任者	肖　立　孙爱东　主编
责任编辑	王显超　刘　丽
数字编辑	陈颖颖
标准书号	ISBN 978-7-301-27157-5
出版发行	北京大学出版社
地　　　址	北京市海淀区成府路205号　100871
网　　　址	http://www.pup.cn　新浪微博：@北京大学出版社
电子邮箱	编辑部 pup6@pup.cn　总编室 zpup@pup.cn
电　　　话	邮购部 010-62752015　发行部 010-62750672　编辑部 010-62750667
印刷者	北京虎彩文化传播有限公司
经销者	新华书店
	787毫米×1092毫米　16开本　21.75印张　510千字 2011年3月第1版 2017年12月第2版　2022年1月全新修订　2024年5月第5次印刷
定　　　价	56.00元

未经许可，不得以任何方式复制或抄袭本书之部分或全部内容。
版权所有，侵权必究
举报电话：010-62752024　电子邮箱：fd@pup.cn
图书如有印装质量问题，请与出版部联系，电话：010-62756370

第 2 版前言

近年来，随着市场经济的迅速发展，我国的市场形势发生了根本性变化，买方市场的逐步形成，使消费者日益成为影响市场运行的支配性力量和决定性因素。对消费者心理和行为的研究，一方面，有利于企业提高营销决策水平，增强营销策略的有效性；另一方面，有利于引导消费者树立正确的消费观念，选择合理的消费方式，提高消费水平和消费能力，做到科学消费和文明消费。

在西方国家，大部分高校在20世纪70年代开设"消费者行为学"课程。消费者行为学不仅是市场营销专业学生的必修课，而且还受到管理、传播等专业学生的欢迎和重视。此外，许多大型企业和公司都设有专门的研究机构，把对消费者行为的调查研究作为制定营销战略目标的重要依据。而在我国的高等教育中，"消费者行为学"课程开设得较晚，直到2003年，教育部才将"消费者行为学"列入营销专业的必修课程之中。目前，我国许多高校非市场营销专业学生也会选修"消费者行为学"课程，以提高其消费水平和能力。消费者行为学在我国的研究、应用和传播进入了一个崭新的发展时期。

为适应我国高等院校，尤其是应用型本科院校人才培养的需要，编者在编写本书的过程中充分吸收、借鉴了国内外消费者行为研究及营销应用的基本理论和最新成果，博采众长并加以发展和创新。

本书内容经过反复推敲，按照循序渐进的原则确定体系结构，以便于读者学习理解；内容言简意赅，在保证消费者行为学研究基本体系的基础上，没有过多强化理论基础系统的深度；本书引用案例多为中国本土案例，数量多、内容新、可读性强；充分体现"互联网+"时代数字化教材编写要求，对部分内容进行二维码化处理，读者可以在学习相关内容时用手机扫描二维码，直接在手机上学习知识点的拓展知识或者进行习题、内容的补充学习；设置板块丰富多样，包括教学目标、教学要求、导入案例、资料、本章小结、习题等，其中习题包括选择题、判断题、填空题、名词解释、问答题、论述题、案例应用分析及实践活动等多种题型，以便读者系统地学习和巩固每一章所学的知识点。

本书是首批纳入"高等院校经济管理类专业'互联网+'创新规划教材"的重点教材升级项目；编者对教材中的资料作了大幅度更新及补充，资料引用数增加50%，资料更新率达70%。

编者在编写本书的过程中参考了国内外许多专家学者的著作，限于篇幅不一一列举，在此一并致以深深的谢意！

由于编者水平有限，书中疏漏和不足之处在所难免，恳请广大读者提出宝贵意见，以便进一步修改和完善。

【资源索引】

编　者
2017年6月

目 录

第1部分 导论

第1章 消费者行为学概述 3
- 1.1 消费、消费者与消费者行为 4
  - 1.1.1 消费 5
  - 1.1.2 消费者 5
  - 1.1.3 消费者心理与消费者行为 6
- 1.2 消费者行为学研究内容 7
  - 1.2.1 消费者购买行为 7
  - 1.2.2 消费者心理活动 7
  - 1.2.3 消费群体心理与行为 7
  - 1.2.4 社会环境与消费者行为 8
  - 1.2.5 市场营销与消费者行为 8
- 1.3 消费者行为学学科性质和发展 9
  - 1.3.1 消费者行为学学科性质 9
  - 1.3.2 消费者行为学发展历程 11
  - 1.3.3 消费者行为学研究趋势 12
- 1.4 消费者行为研究意义和方法 14
  - 1.4.1 消费者行为研究意义 14
  - 1.4.2 消费者行为研究方法 16
  - 1.4.3 消费者行为研究的困难性 22
- 本章小结 23
- 习题 23

第2部分 消费者购买行为和决策过程

第2章 消费者购买行为 29
- 2.1 消费者购买行为理论 31
  - 2.1.1 习惯建立理论 31
  - 2.1.2 信息加工理论 32
  - 2.1.3 风险减少理论 32
  - 2.1.4 边际效用理论 34
  - 2.1.5 其他观点 35
- 2.2 消费者购买行为模式 36
  - 2.2.1 消费者购买行为的一般模式 36
  - 2.2.2 科特勒刺激-反应模式 37
  - 2.2.3 尼科西亚模式 37
  - 2.2.4 恩格尔-科拉特-布莱克威尔模式 38
  - 2.2.5 霍华德-谢思模式 39
- 2.3 消费者购买行为分析 41
  - 2.3.1 消费者购买行为的一般特征 41
  - 2.3.2 消费者购买行为类型 44
  - 2.3.3 消费者购买行为分析方法 50
- 本章小结 54
- 习题 55

第3章 消费者购买决策过程 58
- 3.1 问题认知 60
  - 3.1.1 问题认知过程 60
  - 3.1.2 影响问题认知的因素 61
  - 3.1.3 激发消费者对问题的认知 63
- 3.2 信息搜集 64
  - 3.2.1 内部信息搜集 65
  - 3.2.2 外部信息搜集 66
- 3.3 评价选择 68
  - 3.3.1 确定产品评价标准 68
  - 3.3.2 确定产品评价标准的相对重要性 69
  - 3.3.3 确定备选产品在每一标准下的绩效值 71
  - 3.3.4 选择评价规则 72
- 3.4 购买 74
  - 3.4.1 从购买意向到实际购买 74
  - 3.4.2 店铺的选择 76
  - 3.4.3 无店铺购买 79
  - 3.4.4 冲动性购买 80
- 3.5 购后行为 84
  - 3.5.1 产品安装与使用 84

3.5.2 产品闲置 85	5.4.4 消费动机类型 158
3.5.3 产品处置 86	5.4.5 消费动机测量 162
3.5.4 产品使用评价 87	5.4.6 消费动机激发 162
本章小结 92	5.4.7 消费动机冲突 163
习题 93	5.5 气质、性格与消费者行为 164

第 3 部分 消费者心理活动过程

第 4 章 消费者个体心理过程 99

- 4.1 消费者的认知过程 102
  - 4.1.1 感觉 102
  - 4.1.2 知觉 105
  - 4.1.3 学习 112
  - 4.1.4 记忆 117
- 4.2 消费者的情绪过程 123
  - 4.2.1 消费者情绪、情感 123
  - 4.2.2 消费者态度 125
- 4.3 消费者的意志特征与过程 132
  - 4.3.1 消费者意志特征 132
  - 4.3.2 消费者意志过程 132
- 本章小结 134
- 习题 135

第 5 章 消费者个性 139

- 5.1 消费者个性心理结构 141
  - 5.1.1 消费者个性的含义 141
  - 5.1.2 消费者个性特征 142
  - 5.1.3 个性与消费者行为 142
- 5.2 消费兴趣、消费信念和消费观 145
  - 5.2.1 消费兴趣 145
  - 5.2.2 消费信念 146
  - 5.2.3 消费观 147
- 5.3 消费需要 147
  - 5.3.1 需要的含义及分类 147
  - 5.3.2 消费需要的含义及特征 148
  - 5.3.3 消费需要的发展趋势 151
- 5.4 消费动机 155
  - 5.4.1 动机的含义及功能 155
  - 5.4.2 消费需要、动机和行为 156
  - 5.4.3 消费动机特征 157

- 5.5 气质、性格与消费者行为 164
  - 5.5.1 气质与消费者行为 164
  - 5.5.2 性格与消费者行为 168
- 5.6 能力与消费者行为 169
  - 5.6.1 能力的含义 169
  - 5.6.2 消费能力的构成与差异 170
  - 5.6.3 能力与消费行为表现 173
- 本章小结 174
- 习题 175

第 4 部分 消费群体心理与行为

第 6 章 消费群体心理与行为 181

- 6.1 消费群体概述 183
  - 6.1.1 消费群体的含义 183
  - 6.1.2 消费群体的形成 183
  - 6.1.3 消费群体对消费心理的影响 184
  - 6.1.4 消费群体细分 184
- 6.2 不同年龄群体的消费心理与行为 187
  - 6.2.1 少年儿童群体的消费心理与行为 187
  - 6.2.2 青年群体的消费心理与行为 190
  - 6.2.3 中年群体的消费心理与行为 192
  - 6.2.4 老年群体的消费心理与行为 194
- 6.3 不同性别群体的消费心理与行为 197
  - 6.3.1 女性群体的消费心理与行为 197
  - 6.3.2 男性群体的消费心理与行为 202
- 6.4 不同收入群体的消费心理与行为 204
  - 6.4.1 高收入群体的消费心理与行为 204

6.4.2 中等收入群体的消费心理与
行为 205
6.4.3 低收入群体的消费心理与
行为 206
6.5 不同职业群体的消费心理与行为 207
6.5.1 文教卫生科研人员的消费心理与
行为 208
6.5.2 商贸人员的消费心理与
行为 208
6.5.3 农民群体的消费心理与
行为 209
本章小结 211
习题 212

第5部分　社会环境与消费者行为

第7章　社会环境与消费者行为 217
7.1 社会文化与消费者行为 219
7.1.1 文化与消费者行为 219
7.1.2 亚文化与消费者行为 220
7.1.3 价值观与消费者行为 224
7.1.4 宗教信仰与消费者行为 226
7.1.5 消费习俗 227
7.2 社会阶层与消费者行为 229
7.2.1 社会阶层的含义 229
7.2.2 社会阶层的特征 229
7.2.3 社会阶层的划分 231
7.2.4 不同社会阶层消费者的
行为差异 236
7.3 家庭与消费者行为 238
7.3.1 家庭的含义及类型 238
7.3.2 影响家庭消费行为的因素 ...239
7.3.3 家庭生命周期 241
7.3.4 家庭购买决策 243
7.4 参照群体与消费者行为 247
7.4.1 参照群体的含义与类型 247
7.4.2 参照群体的心理作用机制 ...248
7.4.3 参照群体对消费者行为的
影响 249

7.4.4 参照群体影响在营销中的
应用 253
7.5 消费流行 254
7.5.1 消费流行的含义与特点 254
7.5.2 消费流行的种类及方式 255
7.5.3 消费流行周期及营销策略 ...256
7.5.4 消费流行发展趋势 257
本章小结 259
习题 260

第6部分　市场营销与消费者行为

第8章　营销因素与消费者行为 267
8.1 市场细分、市场定位与
消费者行为 269
8.1.1 市场细分与消费者行为 269
8.1.2 市场定位与消费者行为 273
8.2 新产品开发、推广与消费者心理 276
8.2.1 新产品的含义及分类 276
8.2.2 新产品购买者的消费心理 ...277
8.2.3 新产品设计的心理策略 278
8.2.4 新产品推广的心理策略 280
8.3 品牌、包装与消费者心理 281
8.3.1 品牌的心理作用基础 281
8.3.2 品牌的心理作用过程 282
8.3.3 品牌名称与消费者心理 283
8.3.4 品牌设计与消费者心理 284
8.3.5 商品包装与消费者心理 285
8.4 价格策略与消费者心理 288
8.4.1 价格的心理机制 288
8.4.2 消费者价格心理表现 289
8.4.3 价格制定与消费者心理 291
8.4.4 消费者对价格调整的反应 ...293
8.4.5 价格调整的心理策略及
技巧 294
8.5 终端销售点的选择与消费者行为 297
8.5.1 终端销售点的选择原理 297
8.5.2 终端销售点选择与
消费者行为 297

8.6　促销策略与消费者行为......299
　　　　8.6.1　广告与消费者行为......299
　　　　8.6.2　其他促销方式与
　　　　　　　消费者行为......302
　　本章小结......305
　　习题......306

第9章　企业营销伦理与消费者权益......311

　　9.1　企业营销伦理......313
　　　　9.1.1　企业营销伦理的含义......314
　　　　9.1.2　企业营销伦理失范表现......314
　　　　9.1.3　企业营销伦理的影响因素......321
　　　　9.1.4　企业营销伦理的建立......322
　　9.2　消费者权益......324
　　　　9.2.1　消费者运动......324
　　　　9.2.2　消费者保护立法......326
　　　　9.2.3　消费者保护组织体系......327
　　　　9.2.4　消费者权益......329
　　　　9.2.5　消费者权益争议的解决......333
　　本章小结......335
　　习题......336

参考文献......339

第1部分

导　论

第1章 消费者行为学概述

教学目标

通过本章学习，理解消费、消费者、消费者心理及消费者行为的含义；理解消费者心理与消费者行为二者的关系；掌握消费者行为学研究内容；了解消费者行为学学科性质、形成及发展趋势；理解消费者行为研究的意义；掌握消费者行为研究的基本方法。

教学要求

知识要点	能力要求	相关知识
消费者行为的含义	(1) 理解消费、消费者、消费者心理及消费者行为的含义 (2) 理解消费者心理与消费者行为二者的关系	(1) 消费 (2) 消费者 (3) 消费者心理 (4) 消费者行为
消费者行为学研究内容	掌握消费者行为学研究内容	(1) 消费者购买行为 (2) 消费者心理活动 (3) 消费群体心理与行为 (4) 社会环境与消费者行为 (5) 市场营销与消费者行为
消费者行为学学科性质	了解消费者行为学学科性质	(1) 综合性 (2) 微观性 (3) 发展性 (4) 应用性
消费者行为学研究的发展	(1) 了解消费者行为学研究的发展历程 (2) 了解消费者行为学研究的趋势	(1) 萌芽期 (2) 应用期 (3) 变革与发展期

续表

知识要点	能力要求	相关知识
消费者行为学研究意义及方法	(1) 理解消费者行为学的研究意义 (2) 掌握消费者行为研究的基本方法	(1) 询问法 (2) 观察法 (3) 实验法 (4) 投射法 (5) 量表法

导入案例

"双11"购物狂欢节席卷全球

2009年11月11日,天猫(当时称淘宝商城)开始在"光棍节"举办促销活动,最早的出发点只是想做一个属于淘宝商城的节日,让大家能够记住淘宝商城。选择11月11日,也是一个有点冒险的举动,因为"光棍节"刚好处于传统零售业"十一"黄金周和圣诞促销季中间。但这时候天气变化较大,正是人们添置冬装的时候,当时想试一试,看网上的促销活动有没有可能成为一个对消费者有吸引力的窗口。结果一发不可收拾,"双11"不仅仅成为了电商的狂欢,也变成了全球消费者的购物狂欢节。

2009年,淘宝商城的单日交易额达到5 000万元。

2010年,"双11"单日销售额达到9.36亿元,每秒超过2万元的交易。

2011年,淘宝商城和淘宝网联合促销,创下52亿元的纪录。

2012年,天猫与淘宝总销售额达到191亿元,其中,天猫132亿元,淘宝59亿元。

2013年,天猫"双11"总成交高达350.18亿元。

【拓展视频】

2014年,各大电商和转型中的电商,全力加入"双11"。天猫"双11"交易总额为571.12亿元。苏宁易购"双11"自有商品销售件数同比增长487%,开放平台销售额同比增长735%。京东商城和拍拍网2014年"双11"共售出超过3 518万件实物商品。

2015年,天猫开始引入外国品牌。2015年11月11日晚间10点30分,美国纽约证券交易所(New York Stock Exchange,NYSE)在北京"水立方"为2015天猫"双11"全球狂欢节举行远程开市敲钟仪式。2015年11月11日24时,阿里巴巴公布"双11"交易数据,全天整体交易额912.17亿元,全球已成交国家/地区232个。

"忘掉黑色星期五和网购星期一吧,中国的光棍节才是全球最大网购狂欢!"法新社称,阿里巴巴将继续在全球最大网络零售活动中占据统治地位。阿里巴巴希望将"双11"变成全球购物节。

(资料来源:聚焦双十一网购狂欢节 纽交所为天猫双十一开市敲钟.[EB/OL].[2015-11-11].央视网.)

1.1 消费、消费者与消费者行为

现代市场营销观念强调以消费者为中心,消费者心理和行为是商品经济条件下影响市场运行的基本因素。现阶段,加强消费者行为研究对于我国发展社会主义市场经济和企业开展营销活动具有极为重要的理论与现实意义。

在对消费者行为展开研究之前,应首先对消费、消费者、消费者心理和消费者行为等基本概念有一个认识。

1.1.1 消费

1. 消费的概念

消费是指人们为了满足生产或生活需要而对物质产品和服务进行消耗的过程。根据消费的性质，可将其分为生产消费和生活消费两种。生产消费是指人们使用和消耗各种生产要素、进行物资资料和劳务生产的行为和过程。生产消费过程既是生产的主观要素(劳动力)的消耗过程，又是生产的客观要素(生产资料)的消耗过程。生活消费又称为个人消费，也就是日常生活中所说的消费，是指人们在生活过程中为了满足自己的需要而对物质产品和服务的使用与消耗。生活消费既是人类维持生存与发展的必要条件，又是社会再生产过程得以存续的基础。生活消费是消费者行为研究的主要对象。

2. 消费的二重性

(1) 消费的自然性。消费的自然性是指人们消费生活资料及服务以满足自身生理和心理需要的自然过程。为维持自身生存和发展，人们需要消费各种物质生活资料与精神产品来满足多样化的生理和心理需要，如消费食物以解除饥饿，消费衣物以防御寒冷，消费影视产品以愉悦精神，这些都反映了消费的自然过程。

(2) 消费的社会性。消费的社会性是指人们的消费活动不能脱离社会孤立地进行，而总是在一定生产关系下从事的。正如马克思所说"我们的需要和享受具有社会性质"。生产关系的性质和表现形式不同，消费活动的内容和形式也有所不同。特定生产关系下的经济体制对消费也有直接影响，在不同的经济体制下人们往往形成不同的消费观念和消费方式。这些内容将在本书后面章节一一阐述。

1.1.2 消费者

消费者是指为了满足生产或生活需要而获取、使用或消费各种产品或服务的个人或组织。广义的消费者既可以是个人或家庭，也包括各类企业、政府机构和非营利性组织等。本书所研究的消费者仅限于因生活性需要而获取、使用或消费各种产品或服务的个人或家庭。

由于对商品需求的表现不同，消费者又可分为现实消费者和潜在消费者。现实消费者指对某种商品或服务有现实需要，并实际从事商品购买或使用活动的消费者。潜在消费者是指当前尚未购买或使用某种商品，但在将来的某一时间有可能转变为现实消费者的人。例如，青少年消费者大多对厨房炊具用品缺乏现实需求，但在将来组建家庭后，就会对其产生实际需求。因此，就现阶段而言，青少年是厨房炊具用品的潜在消费者。通常，消费者需求的潜在状态是由于缺乏某种必备的消费条件所致，如需求意识不明确、需求程度不强烈、购买能力不足、缺乏有关商品信息等。而一旦所需条件具备，潜在消费者随时可能转化为现实消费者。

随着市场竞争的加剧，如何争夺有限的市场、有限的消费者已成为众多企业的一件大事。一些企业不仅仅着眼于争夺眼前的消费者，更致力于培养未来的消费者。因为潜在消费者是企业开拓新市场、在竞争中保持并提高市场占有率的重要因素。

中国公务机租赁市场前景受关注

随着公务飞机被精英阶层普遍接受，市场竞争也愈演愈烈，目前国内公务机包机租赁市场无疑是一块巨大的"蛋糕"。从2009年开始，国内公务机市场蓬勃发展，包机租赁多用于一些500强企业的公务考察及高端人士的旅行。据中通社报道，到2020年，中国将有1000~2000架公务机，中国将超越美国成为世界上最大的私人飞机拥有国。

据胡润百富榜最近公布的报告，中国国内财产超过1000万元人民币的富豪达82.5万人，超过1亿元的富豪达5.1万人，超过10亿元的富豪达1900人。根据推算，其中约有30万人是公务机的潜在消费者。

目前，北京、上海、广州等重要城市都建有专业化的公务航空贵宾楼，而深圳、杭州、南京等地区也已在计划中。据了解，除国内航空公司外，国际公务机巨头也频繁现身中国，欲争夺公务机这块"蛋糕"。

(资料来源：夏毅. 中国公务机租赁市场前景受关注 30万潜在消费者. [EB/OL]. [2010-07-20]. 中新网.)

在我国，无论是理论界还是企业界，一般都将"消费者"与"顾客"互相替代使用。在西方经典的营销学著作中，尽管并没有明确给"消费者"与"顾客"下定义，但在使用时却有很明显的区别。通常，"消费者"是指企业产品、服务的最终使用者和受益者，而"顾客"则是指与企业直接进行商业交往的人或群体。

1.1.3 消费者心理与消费者行为

消费者心理与消费者行为是两个既有区别，又有联系的概念。

消费者心理是指消费者在处理与消费有关的问题时所发生的心理活动，即消费者在寻找、选择、购买、使用、评估和处置相关产品或服务时所发生的心理活动。消费者行为是指消费者在处理与消费有关问题时所表现出的行为，是指消费者在获取、使用和处置产品或服务过程中所表现出来的行为过程，以及事先决定这些行动的决策过程。消费者心理是一种纯粹的内部心理活动，是不可见的；消费者行为是一种外部表现，是可见的。从发生时间上看，二者可以同时发生，也可以在不同时间发生。

消费者心理与消费者行为又有密不可分的联系，表现为：①消费者心理支配消费者行为，根据消费者心理可以推断消费者行为；②消费者行为受消费者心理支配，必然包含着一定的心理活动，根据消费者行为可以分析消费者心理。由于消费者心理支配消费者行为，研究消费者心理就等于研究消费者行为；又由于消费者行为受消费者心理支配，研究消费者行为必须研究消费者心理，二者密不可分。

1.2 消费者行为学研究内容

消费者心理与行为作为一种客观存在的现象,如同其他现象一样,有其特有的活动方式和内在运行规律。消费者行为学就是研究消费者在消费活动中的心理与行为特点及规律,以便适应、引导、改善和优化消费行为的一门现代经营管理科学。

消费者行为学以消费者在消费活动中的心理和行为现象作为研究对象。实际生活中,这些心理和行为现象表现形式多样,涉及消费者的行为方式、个人心理特征、消费者群体、社会文化环境等多方面和领域。

1.2.1 消费者购买行为

购买行为是消费者心理活动的集中外现,是消费活动中最有意义的部分。消费者购买行为研究中,消费者决策过程是关键性环节,因为消费者行为研究要解决的根本问题就是"消费者如何进行购买决策"。消费者的决策过程主要包括问题认知、信息搜集、评价选择、购买决策以及购买后的行为。

当消费者感到现实状态与理想状态存在差距而需要采取某种行动时,问题认知或问题认识即已发生;行动的第二步是进行信息搜集,包括内部信息及外部信息的搜集;在信息搜集的基础上,消费者将展开产品评价及选择,根据产品评价标准对各种备选产品或品牌进行比较、评价,对获得最高评价的产品,消费者可能形成购买意向;如果购买意向非常强烈,就会产生购买行为;购买产品后,还将发生产品处置、使用和评价等购后行为。

1.2.2 消费者心理活动

消费者心理活动是指消费者赖以从事消费活动的基本心理要素及其作用方式,包括消费者个体心理过程及个性心理等。

消费者行为学运用心理学有关原理和要素分析法对消费者的心理活动展开研究,通过对心理过程中的认知过程、情感过程、意志过程等基本活动过程,以及知觉、注意、记忆等心理要素的分析,揭示消费者心理现象的一般规律,把握其心理和行为活动中的共性。

另外,消费者行为学通过研究消费者的能力、气质、性格等个性心理特征,了解消费心理现象的个别性或特殊性,进而解释不同消费者之间在行为表现上存在的种种差异。同时对影响消费者行为的最直接因素——需要和动机展开研究,系统分析现代消费者的需求内容、动机类型及其发展变化趋势,从而为购买行为的研究奠定基础。

1.2.3 消费群体心理与行为

消费在直接形态上表现为消费者个人的行为活动,但从社会总体角度看,消费者行为又带有明显的群体性。现实生活中,消费者由于年龄、性别、职业、收入水平、社会地位相同或相近,因而在消费需求、消费观念、消费习惯及消费能力等方面表现一定的相似性。具有上述相同消费特征的若干消费者构成一定的消费者群体。消费者群体是社会消费活动的客观存在。研究不同消费者群体在消费心理和消费行为方式上的特点与差异,有助于从宏观角度把握社会总体消费的运动规律,同时对商品生产者和经营者准确地细分消费者市场、制定最佳营销策略，具有重要的指导意义。因此，消费者群体心理与行为特点就成为消费者行为学的研究对象之一。

1.2.4 社会环境与消费者行为

现实中，消费者及其所从事的消费活动都是置于一定的外部环境之中。一方面，消费者个人或消费者群体，其心理活动的倾向及其行为的表现，在很大程度上都要受到外部环境的影响和制约；另一方面，消费者在适应环境的同时，也会以不同方式影响和作用于环境。

影响消费者行为的环境因素包括社会环境因素和其他环境因素。社会环境因素包括文化因素、参照群体、社会阶层、家庭等；其他环境因素包括购物环境因素、情境因素等。分析各种环境因素与消费者心理及行为的相互影响和作用方式，对于了解消费者心理与行为活动的成因、掌握其运动规律具有重要意义。

1.2.5 市场营销与消费者行为

现代市场经济条件下，消费者与之大量接触，受其影响最为深刻、直接的环境事物就是企业的市场营销活动。消费者心理及行为与企业的市场营销活动之间有着极为密切的内在联系，二者相互影响，又互为作用。一方面，企业的营销活动会对消费者心理及购买行为产生直接影响；另一方面，企业所采取的营销策略、手段又必须以消费者的心理与行为为基础，满足消费者的需求、欲望、消费习惯、购买能力等。市场营销既是适应消费者心理的过程，同时又是对消费心理加以诱导，促成其行为实现的过程。探讨这一过程中消费者如何对各种营销活动作出反应，以及怎样针对消费者的心理特点改进营销方式、提高营销效果，是消费者行为学研究的主要对象和内容之一，也是其研究目的和任务所在。

资料 1-2

消费者心理与行为研究项目

根据消费者心理行为研究的内容，可以归纳出 12 大类 50 多个小类的常规性研究项目。
(1) 消费兴趣：个人消费兴趣研究、消费时尚与潮流研究。
(2) 消费者认知：消费信息渠道研究、消费者认知特点研究、消费者卷入研究。
(3) 广告认知：广告诉求研究、广告故事版测试、广告效果研究监测。
(4) 产品形象：产品概念跟踪研究、产品名称测试、产品功能测试、产品原型测试、产品价格研究及测试、产品包装测试、产品属性综合研究、产品形象研究。
(5) 品牌形象：品牌形象研究、品牌形象测试、广告概念研究、品牌形象跟踪研究。
(6) 情感与态度：消费者情感研究、消费者态度研究、消费者态度测量。
(7) 需要、动机、决策、购买：需要与动机研究、需要与动机测量、购买决策模式研究、决策阻力与风险研究。
(8) 营业环境：购物环境研究、服务质量要素探索、购买行为研究。
(9) 消费经验与满意度：产品质量跟踪、服务质量跟踪、消费者经验跟踪、消费者满意度研究。

(10) 行为变化：购买频率研究、品牌忠诚度研究、消费习惯研究。

(11) 消费群体心理：消费群体研究、消费者背景特征研究、价值观与生活态度研究、消费风俗与习惯研究、消费行为趋势研究。

(12) 外部影响因素：社会热点研究、文化热点研究、重大社会事件跟踪、重大自然现象跟踪。

(资料来源：罗子明. 国内消费者心理研究概况[J]. 北京工商大学学报，2003, (5).)

【拓展资料】

1.3 消费者行为学学科性质和发展

消费者行为学是在商品经济进一步发展，市场供过于求日渐严重，企业间竞争加剧的社会经济背景下形成并发展起来的。消费者行为学的研究与心理学、社会学、人类学和经济学等多门学科的发展进程紧密相连。

1.3.1 消费者行为学学科性质

作为现代经济管理科学体系的一个重要组成部分，消费者行为学在学科性质上具有综合性、微观性、发展性和应用性等特点。

1. 综合性

现实生活中，消费者的心理和行为现象极为复杂，变化多端，其影响因素更是多种多样。如果仅从单一角度运用单一学科的知识进行研究，很难完整准确地把握其全部特点和规律。因此，长期以来，有关学者和专家不断尝试从多维角度，运用多门学科的理论和方法对消费心理及行为进行综合性研究。这一领域的研究实际上涉及了生理学、心理学、社会心理学、社会学、人类文化学、信息科学、经济学、市场学、广告学及计量技术等多门学科的许多研究成果，并直接借鉴、采用了这些学科的部分研究方法。如心理学作为专门研究个体的心理活动及其规律的科学，有关心理过程、个性心理及知觉、注意、需要、动机、态度等基本理论和概念，构成了研究消费者个体心理活动及行为表现的理论基础；社会学中有关社会组织方面的研究，如家庭、相关群体、社会阶层等，为探索社会环境与消费者行为的相关关系提供了重要依据；社会心理学有关个体与群体的互动关系、群体功能特征等方面的研究，尤其是关于社会知觉、社会态度、群体规范、群体压力、人际关系、服从心理等内容，对研究消费者的态度形成、消费者群体心理与行为特点、从众行为、消费习俗与流行的形成等具有直接指导意义；文化人类学关于人与所处文化、亚文化的研究，则给消费者心理与行为研究以重大启示，即存在于一定文化背景中的消费者，其心理与行为必然带有该文化的鲜明烙印，只有从社会文化这一广阔的视野和角度出发，才能深刻理解不同国家、民族、地域及不同时代的消费者心理与行为的种种差异。

以上诸学科分别从不同角度揭示了社会环境中人的心理与行为的一般规律，从而成为这一领域不断丰富和发展的重要理论基础和主要学科来源。除此之外，其他学科如经济学、经营学、广告学、传播学等都在各自的研究领域不同程度地涉及消费者和消费活动问题。例如，经济学研究消费者在经济运行中的地位和作用，以及驱动消费者进行行为选择的利益机制；广告学则探讨如何利用传播媒介传递商品信息，诱导消费者的购买欲望和行动；等等。由此可见，消费者行为学带有明显的多元化特征，它是一门在多学科交叉融汇的基础上形成的综合性、边缘性学科。

2. 微观性

现代经济科学是一个极其广泛的研究领域。随着生产力的迅速发展和人类知识水平的提高，该领域的学科不断趋于细分，出现了宏观经济学、微观经济学等一系列分支学科。其中对消费活动的专门研究分为两个领域：①侧重于从宏观角度探讨消费在社会再生产过程中的地位与作用、消费者的总量与构成、消费方式及发展趋势等，而对消费活动的主体——消费者自身很少作深入分析的消费经济学。②专门以消费者自身为对象，剖析消费者个体及群体心理与行为的消费者行为研究。

消费者心理与行为主要是从微观经济——企业市场营销的角度出发，把人作为市场活动的主要参与者和消费活动的主体加以研究，目的在于从消费者心理及其行为层面揭示市场运行过程中消费运动的内在规律，引导和促进企业生产经营活动的顺利进行。从这一意义上说，消费者的心理和行为在基本性质上属于经济科学的范畴。该学科弥补了经济科学对微观消费活动研究的不足，并由此在现代经济科学的庞大学科系列中占有重要位置，成为其不可或缺的组成部分。

消费者行为主要研究内容

西方消费者研究通常是在宏观和微观两个层次上进行。

在宏观层面上，消费者行为与消费生活方式概念相联系，通常是对消费群人口统计特征及消费行为特征的描述，这类研究更多的是描述性研究(descriptive research)。目前针对中国消费者行为所进行的调查，多数也属于生活方式调查，方法是测量恩格尔等人提出的生活方式的四个维度，即态度(attitude)、活动(activity)、观点(opinion)、人口统计特征(demographic)来描述消费者的生活方式。根据四个维度的表现，消费者从总体上被分为若干类型；其中，美国 SRI 国际公司开发的 VALS2 就是一个著名的生活方式测量工具，但是，这种工具的有用性也受到诠释主义的质疑，研究发现，按照这种分类方法并不能区分出消费者生活方式的差异，不仅如此，这种方法在美国以外的国家应用也很少。

【拓展资料】

在微观层面上，消费者行为则通常与消费者认知、态度、购买意愿以及决策过程等具体购买行为相联系，倾向于对消费者在具体的信息沟通、购买决策、产品使用、品牌态度等方面的行为进行解释和说明，多属于解释性研究(interpretive research)。对于营销者而言，消费者的购买决策更容易直接观察，因此，在营销者眼里的消费行为更多的是指消费者在广告认知、信息沟通、购买决策等方面表现出的消费行为。

(资料来源：杨晓燕. 中国消费者行为研究综述[J]. 经济经纬，2003，(1).)

3. 发展性

消费行为学作为一门独立学科正式形成于 20 世纪 60 年代。其间，该学科虽然有了长足的发展，但在体系设置、理论构造、内容方法等方面尚待完善。作为相对年轻的学科领域，消费者行为学尚处在不断发展变化中。随着各相关学科自身的发展，消费者行为学科赖以存在和借鉴的某些理论、观点被加以补充和修正。某些新的理论、观点被不断充实到原有的研究体系中。这一状况的继续，使得消费者行为的研究对象、范围和内容处于不断更新、扩大和发展之中。

不仅如此，随着社会环境自身条件的变化，消费者的心理倾向和行为表现也会相应改变，所以，对消费者行为的研究也是在不断发展的。

4. 应用性

消费者行为的研究目的在于帮助商品生产者和经营者掌握消费者心理和行为的特点及一般规律，并运用这一规律预测消费变化趋势，及时采取最佳营销手段，激发消费者的购买欲望，促成有效购买，并在满足消费者需要的基础上提高企业经济效益。因而，消费者行为学的研究有极强的应用性，即能够给商品生产者和经营者实际的指导和帮助。为此，消费者行为研究在阐述基本原理的同时，特别注重具体方法、措施和手段的研究，如采用何种方法激发消费者的消费欲望；通过哪些措施诱导消费者的购买动机；如何运用各种促销手段促成消费者的购买行为；如何运用心理学、社会学、社会心理学等方法研究消费者的需求、动机，测量其消费态度等。

1.3.2 消费者行为学发展历程

关于消费者行为的专门研究始于19世纪末20世纪初，其发展历程大致可分为萌芽时期、应用时期、变革与发展时期。

1. 萌芽时期(1930年以前)

萌芽时期大约从19世纪末到20世纪30年代，是消费者行为学始创并得到初步发展的时期。这一阶段，西方各国经过工业革命，生产力大幅度提高，商品生产和增长速度超过市场需求的增长，生产能力的相对过剩和有支付能力需求的相对不足之间的矛盾突出，企业间竞争加剧，经营者们开始重视商品推销与刺激需求。为适应这种需要，学者们着手研究商品的需求与销售问题。最早从事这项研究的是美国社会学家凡勃伦，1899年，他在著作《有闲阶级论》中提出了广义的消费概念。他认为过度消费是在一种希望炫耀的心理下被激发的。以他为代表的消费心理研究引起了心理学家和社会学家的兴趣，也受到了企业的密切关注。1901年，美国著名社会心理学家斯科特首次提出要运用心理学原理指导广告宣传。同时期，美国心理学家盖尔出版了《广告心理学》一书，系统地论述了在商品广告中如何应用心理学原理增加广告的宣传效果，引起消费者更大的兴趣。1908年，美国社会学家E. A. 罗斯出版了《社会心理学》一书，重点分析了个人和群体在社会生活中的心理与行为，开辟了群体消费心理的新研究领域。1912年，德国心理学家闵斯特伯格出版了《心理学与经济生活》一书，阐述了在商品销售中，橱窗陈列和广告对消费者心理上的影响。1920—1930年，丹尼尔·斯塔奇出版了《斯塔奇广告回忆指南》和《广告学原理》两本著作，着重论述消费者心理学在广告中的运用。还有许多学者在市场营销学和管理学的著作中也研究了消费心理与消费行为问题，"行为主义"心理学之父约翰·华生的刺激-反应理论揭示了消费者接收广告刺激与产生行为反应的关系，被广泛地运用于消费者行为研究中。这一时期的各项研究都从各个侧面涉及消费心理与行为问题，为消费者行为学的产生奠定了基础。但是研究的重点是促进企业的产品销售，而不是满足消费需求，在实践中的应用较少，尚未引起社会和企业界的广泛重视。

2. 应用时期(1930—1960年)

应用时期是从20世纪30—60年代，消费者行为研究得到迅速发展并广泛地应用于企业市场营销实践中。1929—1933年的资本主义经济危机，使生产严重过剩，商品积压，销售非常困难。针对这种供过于求的市场状况，各个企业都在思考着产品销路的问题。而第二次世界大战后的美国，由于军需品需求下降，转而生产民用消费品，导致市场骤然膨胀，消费者的需求和欲望也随之变化，难以捉摸。这一切使得企业的营销思路发生了重大转变，它们开始重视市场调研，重视消费者。这一时期，市场学、推销学等在市场营销中得到广泛应用，并收到显著效果。这为完善消费者行为学创造了有利条件，并使其成为一门独立的学科，为产品销售服务。20世纪50年代以来，心理学在各个领域的研究应用都取得了重大成果，吸引了更多学者进入这一领域，提出了更多的新理论。欧内斯特·迪士特开展了消费动机的研究；美国密歇根大学的G. 卡陶纳开展了消费期望和消费态度的研究；哥伦比亚大学的拉吉斯费尔德和E. 卡兹开展了人格影响的研究；哈佛大学的R.A. 鲍尔开展了知觉风险的研究；罗杰·L. 诺兰开展了新产品初步设计研究和定位研究；心理学家海尔提出了消费者潜在或隐藏的购买动机的理论；美国著名心理学家马斯洛在系统地研究人的需求的基础上提出需求层次理论。这些研究丰富了消费者行为学的研究内容，促使其从其他学科中分离出来，成为一门独立的学科。1960年，美国心理学会成立了消费心理学科分会，标志着消费心理学作为一门独立的学科正式诞生。

3. 变革与发展时期(1960年至今)

20世纪60年代以后，消费者行为研究呈加速发展趋势，研究范围大大扩展，研究方法也日益多样化，消费者行为学作为一门独立学科的地位开始得到确认。

1968—1972年发表的研究成果，比1968年以前所发表的全部研究成果都要多。这一时期有关消费者心理与行为的文字研究成果不仅数量激增，而且质量也越来越高，研究方法也越来越科学。更多的新兴学科，如计算机、经济数学、行为学等，被应用到消费者行为学研究中。而且，有关消费者研究的内容也有了重大突破。

1968年，第一部消费者行为学教材《消费者行为学》由俄亥俄州立大学的恩格尔、科拉特和布莱克维尔合作出版；1969年，美国的消费者研究协会正式成立；1974年，《消费者研究》杂志(JCR)创刊；埃弗雷特·罗杰斯关于创新采用与扩散的研究，提出创新扩散理论；拉维吉和斯坦勒开展了关于广告效果的研究；费希本等人开展了关于组织行为的研究；谢恩等人开展了关于组织购买行为的研究和关于消费者权益保护问题的研究。20世纪80年代以来，除了前述研究在深度和广度上得到进一步发展以外，还出现了一些备受关注的新的研究领域或主题，如关于消费者满意与不满的研究、关于发展品牌资产和建立长期顾客关系的研究等。

1.3.3 消费者行为学研究趋势

进入21世纪，消费者行为学研究进一步发展。目前，消费者行为研究呈现如下趋势。

1. 多学科参与研究

现在，参与消费者行为研究的不仅有心理学、市场营销学和经济学的学者，也有管理学、社会学、人类文化学、法学等其他学科的理论工作者。消费者行为的研究成果已广泛运用到工商管理、传播、公共政策的制定与管理等各个领域。

2. 角度趋向多元化

长期以来，人们只从商品生产者和经营者的单一角度研究消费者心理与行为，关注点集中在帮助企业通过满足消费需要来扩大销售，增加盈利。目前，这种单一局面已被打破，许多学者开始把消费者心理及行为同更广泛的社会问题联系在一起，从宏观经济、自然资源和环境保护、消费者利益、生活方式等多种角度进行研究。

3. 研究参数趋向多样化

在最初的研究中，人们主要是利用社会学、经济学的有关概念作为参数变量，根据年龄、性别、职业、家庭、收入等来分析和解释各种消费心理与行为的差异。由于社会环境急剧变化和消费者自身素质的提高，消费行为开始复杂化，已有的变量难以满足消费者心理与行为分析的需要。为准确把握日益复杂的消费行为，研究者开始引入文化、历史、地域、民族、道德传统、价值观念、信息化程度等一系列新的变量。新变量的加入为消费者心理与行为研究的精细化提供了可能性。

4. 研究方法趋于定量化

新变量的加入使各参数变量之间的关系更加复杂，单纯对某一消费现象进行定性分析是不够的。当代学者越来越倾向于采用定量分析方法，运用统计分析技术、信息处理技术以及运筹学、动态分析等现代科学方法和技术手段，提示各变量之间的内在联系。定量分析的结果使建立更加精确的消费行为模式成为可能。而各种精确模型的建立，又进一步推动了对消费现象的质的分析，从而把消费者行为学的研究提高了一个新的水平。

5. 研究国界的突破

消费者行为很大程度上受社会、文化等外部因素的制约，因此，不同文化背景下的消费者行为呈现很大的差异性。传统上，由于美国一直是消费者行为研究的中心，绝大多数研究都是在美国本土进行，并以美国消费者作为分析样本，因此，消费者行为研究带有浓厚的美国色彩。随着国际经济全球化进程的加快和全球市场的逐步形成，西欧、日本及其他一些新兴的工业化国家和地区，在参与国际市场竞争的过程中，对研究、了解消费者行为表现出日益浓厚的兴趣，从而推动了这些国家和地区的学者积极投身到消费者行为研究的行列之中。各国学者的交流、合作日益频繁。

近10年来，不少学者试图将消费者行为领域的已有成果和理论整合为一个全面、系统的理论体系，但迄今为止，这方面的工作并未取得实质性进展。更确切地说，到目前，在消费者行为领域尚未形成一种被普遍接受或被大多数人公认的系统理论。这说明消费者行为学作为一门学科，还有待于进一步发展、完善，也预示着它还有着广阔的发展空间与前景。

资料 1-4

消费行为理论研究

消费行为理论是消费经济学的一个重要组成部分。它所研究的课题是社会成员的个人消费行为，一般包括 4 个方面的内容：

第一，个人的消费需求是如何产生的？除了生理的、自然的需要而外，经济的、社会的和心理的因素起着什么样的作用？

第二，消费者打算用什么方式(购买，租赁，借用……)来满足自己的欲望？

第三，消费者如果准备用购买商品和劳务的方式来满足欲望的话，他打算选择什么样的商品和劳务？

第四，假定消费者已打算选择某种商品和劳务，那么在实际购买之前，他还面临着哪些与此有关的问题，这些问题促使他最后作出决定：买，还是不买？此时此地购买，还是另择时间和地点？

上述这四个问题，既是经济学中要探讨的问题，也是社会学和心理学所涉及的问题。因此，消费行为理论被认为是经济学、社会学和心理学之间的边缘学科或交叉学科。而在经济学领域内，它又与价格理论、收入分配理论、福利理论、增长理论和市场销售理论有着十分密切的关系。

(资料来源：厉以宁. 现代资产阶级经济学消费行为理论述评[J]. 北京大学学报(哲学社会科学版)，1979，(5).)

1.4　消费者行为研究意义和方法

1.4.1　消费者行为研究意义

消费者行为研究对企业营销活动的决策、消费者消费方式的选择和国家宏观经济政策的制定均有重要的理论价值和实践意义。

1. 企业营销活动的市场基础与决策依据

随着社会经济的发展和生产力的提高，商品供应日益丰富，消费需求复杂多变，消费者消费意识增强，供过于求的买方市场加剧了企业间的竞争。为了在激烈的市场竞争中求得生存和发展，企业必须密切关注市场需求变动趋势，研究并掌握消费者心理与行为规律，有针对性地研制开发适合消费者需求偏好的产品和服务，制定符合消费者行为规律的营销策略。消费者行为的研究、消费者心理和行为规律的掌握，是企业营销活动的市场基础与决策依据。

资料 1-5

传统汽车企业集团抢滩汽车共享市场

近日，丰田汽车宣布，已与汽车共享业的"鼻祖"Uber 签署合作备忘录，双方将联手开拓新的拼车服务。丰田为何青睐 Uber？一直以来，打车应用平台的专职司机都是一笔数目可观的购车人群。"在 Uber 的全球平台上，丰田汽车是最受欢迎的车辆，我们也期待与丰田汽车通过多元的方式在未来进行合作。"Uber 首席商业官 Emil Michael 表示。在双方发布的共同声明中表示，二者将在 Uber 平台上开展融资租赁业务，购买者可以从丰田金融服务公司租赁车辆，作为 Uber 司机，获取收入后可相应抵扣租车费用。

对于丰田这样的传统车企来说，促进销量仅仅是合作的次要原因，更深层的考虑是通过 Uber 平台深入了解消费者打车行为。长期以来，由于经销商的存在，车企并未与客户真正接触。像 Uber、Gett 等打车软件公司拥有大量的用户数据，这对于丰田、大众等传统车企研究消费用户习惯来说无疑是珍贵的数据资源。如果能够通过资本介入打车应用平台的方式，从而获得与客户直接交换信息的途径，对于车企来说是一种全新的生态。"通过分析用户的行为模式，从而窥探用户的消费心理，对于传统车企未来的谋篇布局是十分有利的。"

【拓展资料】

（资料来源：崔小粟. 丰田投资 UBER，传统车企投石问路汽车共享[N]. 中国经营报，2016-06-13.）

2. 正确引导消费需求

引导消费需求既是国家和社会的任务，也是企业的任务。引导消费主要表现在引导消费者建立正确的消费观念和消费方式。消费方式指消费者在一定生产方式和客观条件制约下发生的物质消费和精神消费行为的模式、习惯和总体特征，包括消费者在衣食住行、工作休息、娱乐交往等活动中体现出的价值观、道德观、审美观。随着人们生活水平的普遍提高，消费结构趋向多样化，消费观念更为开放。在健康、文明、科学的消费观念和消费方式占据主导地位的同时，某些畸形的消费观念和消费方式也在滋长，并给消费者和社会造成严重的危害。如讲究排场、阔气的奢侈消费，盲目攀比的炫耀消费，封建迷信的落后消费等。对消费者行为的研究，可以引导消费者树立正确的消费观念，选择合理的消费方式，作出明智的购买决策，提高消费水平和自我保护能力，做到科学消费和文明消费。

资料 1-6

买贵不买对

2011 年 7 月 29 日，要价 118.8 元的"限量版"高价矿泉水惊现杭州；稍早，由蓝带集团从美国进口的橡木桶陈酿啤酒 720 毫升零售价高达 398 元；而就在 7 月初，涪陵榨菜集团生产的 600 克装"沉香"榨菜要价 2 200 元被曝光……

由熊猫粪便种植而长成的熊猫生态茶售价高达 22 万元/斤。用"国宝"粪便滋养出来的茶叶，具有防癌效果？

五粮液股份有限公司于 2005 年推出的"巴拿马金奖五粮液"，当时的售价大概是 8 万多元，现在约为 30 万元。这款酒的瓶体采用经典酒坛造型，底部镶嵌莲花宝座，底座和盖头由 180g 纯 24K 纯金制作。五粮液股份有限公司董事长刘中国表示此款酒不算过度包装。

2012 年 9 月 3 日，新疆亚欧博览会新疆展区，一款哈密瓜卖到了 66 600 元的天价。2013 年 7 月 18 日，在武义县举行的赛梨会上，当天产生重量达 1 050 克的梨王被 28 888 元天价拍走。

2014 年，江苏南京穿上"金马甲"的龙凤蟹横空出世，吸引了公众的注意。龙凤蟹规格为公蟹 300 克、母蟹 200 克。所谓"金马甲"，也就是包装螃蟹用的纯金盒子，公蟹包装黄金重超过 200

克、母蟹包装黄金约135克，另外还有作为赠品的纯银蟹8件。穿上"金马甲"的龙凤蟹每对要价99 990元。

2015年12月，北京亮马河饭店请了郭德纲、石富宽、潘长江等"大腕"助阵，圣诞晚宴最贵的超过6 700元/位。

2015年8月26日，武汉国际广场"寐MINE"专柜的家居巡展馆展示一款39.8万元的羽绒被。这床羽绒被被芯材质是全年绒产量仅2 000公斤的冰岛燕鸭绒。"每年全球限量十床，每床3斤重。"一款近10万元的德国进口鹅绒被每月能卖出10套左右。

【拓展视频】

3. 国家宏观经济政策制定的依据

国家宏观经济政策的制定必须以市场供给和消费需求的实际状况及其发展趋势为依据。在买方市场占主导的今天，消费者心理活动和行为模式的变化则会直接引发市场状况的改变，进而对国民经济产生连锁影响。例如，消费者物价上涨预期过强，则会出现抢购现象，其结果是哄抬物价。因此，只有了解消费者心理与行为规律，掌握消费需求的变动与发展趋向，才能制定正确的宏观经济政策，促进市场供给和消费需求的动态平衡，以保证国民经济的健康和快速增长。

房地产调控"十年三松"

2006年至2016年，这十年的政府工作报告中对房地产政策的定调"有紧有松"。其中2009年、2015年以及2016年的政府工作报告中，有关房地产的表态，主要使用"支持""完善"等字眼，强调促进房地产市场平稳健康发展。相比之下，其余的7年涉及房地产的表态多使用了"严控""抑制"等字眼，强调要严打投资投机，抑制房价过快上涨。

住建部部长陈政高公开表态，要求一线城市从紧楼市，并提出5个方向。这5大方向包括：实行严格的限购政策，同时实行严格的差别化税收和信贷政策；增加土地供应面积，及时披露相关信息；增加中小户型供应数量，搞好保障性房屋供应建设；打击各种交易中的违法违规行为；正确引导舆论。

【拓展资料】

(资料来源：纪睿坤.房地产调控"十年三松"：楼市2016年首迎减负[N].21世纪经济报道，2016-03-08.)

1.4.2 消费者行为研究方法

消费者行为研究的基本方法有询问法、观察法、实验法、投射法和量表法等。询问法、观察法和实验法常用于对消费者行为的定量分析，而投射法、量表法多用于对消费者行为的定性分析。

1. 询问法

询问法又称访谈法，是指研究人员采用询问的方法，直接或间接地了解消费者心理状态和行为趋向的一种研究方法。询问法是消费者心理和行为研究中最常用的基本方法，它的最大特点在于促进研究人员和消费者之间的人际沟通。

根据与消费者接触方式的不同，询问法可分为当面访谈、电话访谈和邮寄问卷3种。

(1) 当面访谈。当面访谈是指研究人员通过与消费者面对面地交谈和询问，进而了解消费者心理状况和行为趋向。当面访谈既可以是研究人员对单个消费者的个别口头询问或交谈，也可以是通过座谈会等形式邀请多个消费者一起交谈。当面访谈的优点在于：①可以启发、激励被访者进行合作，或者帮助被访者正确理解并回答问题，有利于提高被访者回答问题的积极性和参与度；②可以根据被访者的态度、心理变化及其他非语言信息，适时调整访谈的范围或询问的问题，具有较强的灵活性；③可根据被访者的具体心态和现场情景，判断访谈所获资料的真实性。但是，当面访谈也存在相应的缺陷：①对研究人员的综合素质和访谈技巧要求较高；②与被访者的接触比较困难，调研成本高，无法在较大范围内展开调研；③对访问人员的工作管理和访谈进程不易控制。

(2) 电话访谈。电话访谈是指研究人员利用电话等通信工具与消费者交谈或进行询问来达到了解消费者心理活动和行为趋向的目的。电话访谈的优点在于：①获取相关信息资料速度快，调研成本低；②覆盖面广，适用于研究人员与被访对象之间受时间或空间距离限制的情况，或被访对象无法或不便面对研究人员的场合；③被访对象可能愿意回答一些不便面谈的问题。电话访谈的不足在于：①受电话设施和话费的限制，无法深入了解情况或者询问复杂的问题；②无法针对被访对象的性格特点进行引导，也无法利用图表、照片等背景材料来说明问题，难以判断访谈材料的真实性。

(3) 邮寄问卷。邮寄问卷指研究人员将调查问卷寄给消费者，通过对消费者填好寄回的问卷的分析来了解调查对象的心理状态和行为趋向。邮寄问卷的优点在于：①调研的范围广，成本低；②研究对象有充分的时间填写问卷；③有利于某些敏感性问题的调研。邮寄问卷的不足在于：①问卷回收率低；②信息反馈时间长；③无法判定所提供的信息是否真实。

2. 观察法

观察法是消费者行为学研究中的一种最基本的研究方法，是指在日常的消费活动中，通过观察消费者的外在行为探究其心理活动的方法。最早使用观察法对购物行为进行研究的是芝加哥大学的 William D. Wells 和 Leonard A. Lo Sciuto。他们在 1966 年进行的研究使用了"定点自然观察法"，即观测人员在固定的地点(通道)记录顾客的购物行为，共搜集 1 500 个样本，探索了陪同购物的儿童对父母最终购买行为的影响。

观察法不是直接向消费者询问，而是利用研究人员的感觉器官或借助先进的技术、设备来记录与考察消费者的行为或活动。观察法由于目的明确、简便易行，所获得材料比较系统而且真实可靠，所以在实践中应用比较广泛。无论是在研究商品的商标、广告宣传、包装、橱窗和柜台设计效果，还是研究商品价格、销售方式和手段对购买的影响，市场营销及消费者对新产品的认同程度，均可以采用观察法。

观察法的主要优点在于：①研究人员对特定消费者的观察通常是在观察对象并不知情的情况下进行的，观察对象没有心理负担和外部压力，心理表露较为自然，所获得的观察资料也更加真实、可靠；②研究人员的观察过程并不需要发生与观察对象的语言交流或人际往来活动，有利于排除语言等相关因素的干扰；③观察法操作简便、易行，灵活性也较强。观察法的缺点在于：①研究人员所能观察的往往是事物的表面现象或观察对象的行为特征，难以观察对象的心理活动；②观察活动参与的人员数量较多，所需的时间较长，难以进行大范围的消费者行为调查;③观察资料的充分、真实与可靠程度取决于观察人员的业务水平和综合素质。

观察购物者

美国许多零售商场安装了密密麻麻的监控设备,目的不是防止偷盗,而是记录购物者的行走路线和购物行为。在亚利桑那州的 Bashas 超市进行的研究显示,只有 18%的消费者去过摆放问候卡的过道,而问候卡是商店的高利润产品。超市的店面规划经理决定将问候卡摆放到鲜花和健康食品的过道区之间,这两个区域能够吸引 62%的店内客流。变动之后,问候卡的季度销售量增加了 40%。

(资料来源:J 保罗·彼得,杰里.C 奥尔森.消费者行为与营销战略.8 版.大连:东北财经大学出版社,2010.)

3. 实验法

实验法是心理学研究中应用最广且成效也最大的一种方法,包括实验室实验法和自然实验法两种。实验室实验法是指在专门的实验室内,借助仪器、设备等进行心理测试和分析的方法。这种方法因借助仪器会得到比较科学的结果,但是存在无法测定比较复杂的个性心理活动的缺点。自然实验法是指在企业通过适当地控制和创造某些条件,刺激和诱导消费者的心理,或者是利用一定的实验对象对某个心理问题进行试验,最终记录下消费者的各种心理表现。这种方法具有主动性、系统性的特点,因此被广泛使用。

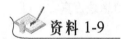

背景音乐对顾客消费行为的影响

随着生活水平的提高,人们越来越注重休闲消费,其中休闲餐饮就是其中之一。人们的就餐不仅仅是满足口腹之欲,而是追求更加良好的服务体验。大众点评网曾经做过的休闲消费报告显示,休闲餐饮发展迅速,各大城市休闲餐厅商户数量不断攀升。在休闲餐厅里,顾客可以感受到优美的环境、悠扬的音乐、浪漫的气氛,获得良好的服务体验。因此本研究选用休闲餐厅作为现场实验和收集数据的场所。

研究选取的是沈阳市位于中街商业区附近的一家休闲餐厅,它的人均消费额为 50~100 元,为尽可能消除样本偏差,本研究在连续 6 天内进行数据的收集,并且在同一时间(晚餐时间)进行。

实验人员在连续 6 天内,每天晚上从六点开始,在背景音乐音量既定的条件下,第一天播放古典/慢速音乐;第二天播放流行/慢速音乐;第三天播放古典/快速音乐;第四天播放流行/快速音乐;第五天播放古典/慢速音乐;第六天播放流行/快速音乐。在音乐播放期间,调查人员邀请已经用完餐并等待结账的顾客参与调查。

为了达到调查效果,要求被调查者视力和听力均正常,且无耳鸣现象,精神状态正常。

实验结果显示:

第一,背景音乐会对顾客行为产生影响。

第二,背景音乐类型对顾客消费行为倾向有显著影响,在播放背景音乐时,注意背景音乐类型的选择。在休闲餐厅中播放古典的、优雅的音乐,可以烘托该餐厅的品位,使顾客的自我感知增强,从而促进其顾客公民行为的产生。而播放流行音乐或乡村音乐更加贴近大众,但会使顾客降低对该餐厅品位的认识。

第三,背景音乐节奏对顾客消费行为倾向有显著影响,因此要对音乐节奏有所把握,休闲餐厅中播放的音乐比较柔和而且节拍较慢为好。慢节奏的音乐,能够使人放松、沉静,可以使人静下心享受就餐的过程,心情愉悦,从而促进顾客消费行为的产生。

第四,既然背景音乐类型和节奏的交互作用显著,因此在休闲餐厅中选择背景音乐时,在音乐音量一定的情况下,要综合考虑背景音乐类型和节奏对顾客消费行为的影响,例如,在播放现代音乐时,尽量选用较慢节奏的音乐,而播放古典音乐时,可以选用较快节奏的音乐,这些有助于顾客消费行为的产生。

(资料来源:宋扬,潘峰.背景音乐结构性因素对顾客消费行为的影响[J].消费经济,2015,(2).)

4. 投射法

投射法是利用无意识的刺激反应而探询个体内心深层心理活动的一种研究方法。投射法不是直接向消费者明确提出问题以求回答,而是给消费者一些意义并不确定的刺激,通过消费者的想象或解释,使其内心的愿望、动机、态度或情感等深层次的东西在不知不觉之中投射出来。因为消费者通常不愿承认或并未意识到自己的某些愿望或动机,他们在探索或推断他人的想法、动机或态度时,往往会不知不觉地暴露或表明自己的心理活动。常用的投射法有语言联想法、主题感知测验法和角色扮演法。例如,在角色扮演法中,实验者向被测试者描述某种情景,然后让测试者充当情景中的某一角色,观察被测试者在该情景中的反应,从而取得实验结果。这是一种间接调查的方法,让被测试者在不知不觉中自然地流露出自己的真实动机和态度。

速溶咖啡的尴尬

速溶咖啡是20世纪40年代开始进入市场的。速溶咖啡物美价廉,配料又无须特别技术,而且特别节省时间,很适合现代人的生活节奏。然而,当厂商在广告中大力宣传该产品的上述特点时,并没有受到消费者的青睐,相反受到冷落。于是,生产厂家请来了消费心理学家,让他们找出问题的症结,以确定消费者拒绝这种省时省事产品的原因。

心理学家首先调查了人们对雀巢公司较早的一种速溶咖啡——内斯(Neseafe)速溶咖啡的态度,使用传统的问卷调查方法对一个有代表性的消费群体(样本)进行了调查。这些接受调查的人首先被问及是否饮用速溶咖啡,有人回答"是",也有人回答"否"。然后,再问那些回答为"否"的人,他们对这种产品有何看法。大部分人都回答说,他们不喜欢这种咖啡的味道。令人不解的是,回答"否"的人并没有喝过速溶咖啡,怎么会形成"味道不好"的印象呢?于是又请这些人实际品尝速溶咖啡与新鲜咖啡,结果大部分人却又说不出它们在味道上的真正差别。因此,厂商深信:不喜欢这种咖啡的真正原因并不是它们的味道不好!他们进而怀疑在消费者不喜欢速溶咖啡的背后有一些更为深层的原因。因此,又进行了另一个心理学的深入研究。

为了深入地了解消费者拒绝购买速溶咖啡的真实动机,心理学家梅森•海尔(Mason Haire)改用了一种称之为角色扮演法的投射技术,进行了深层的研究。海尔这次不再直接去问人们对这种咖啡的看法,而是编了两张购物清单(表1-1),然后把这两张购物清单分别让两组妇女(调查对象)看,并请她们描述一下写这两张购物清单的"主妇"有什么特点。两张清单上的内容几乎完全相同,只有一个条目不一样,那就是购物清单A上包含了速溶咖啡,购物清单B上则包含了新鲜咖啡。

表 1-1　关于速溶咖啡与新鲜咖啡的两张购物清单

购物清单 A	购物清单 B
1 听朗福德发酵粉	1 听朗福德发酵粉
2 片沃德面包	2 片沃德面包
1 捆胡萝卜	1 捆胡萝卜
1 磅内斯速溶咖啡	1 磅麦氏新鲜咖啡
1.5 磅汉堡	1.5 磅汉堡
2 听狄尔桃	2 听狄尔桃
5 磅土豆	5 磅土豆

当两张购物清单分别被两组妇女看过以后,请她们简要描述一下按此清单购物的家庭主妇的形象。结果,看了购物清单 A 的那组妇女,有 48%的人称该购物者为懒惰的、生活没有计划的女人,很少(4%)的人把该购物者说成俭朴的女人,显然大部分人认为该购物者是一个挥霍浪费的女人,还有 16%的人说她不是一位好主妇。在另一组看了购物清单 B 的妇女中,很少人把该购物者说成是懒惰的、生活没有计划的女人,更没有人把她指责为不好的主妇(表 1-2)。

表 1-2　关于速溶咖啡与新鲜咖啡的购物者形象的描述

咖啡类型 家庭主妇形象	购物清单 A (含速溶咖啡)	购物清单 B (含新鲜咖啡)
懒　惰	48%	4%
不会计划家庭购物和进行时间安排	48%	12%
俭　朴	4%	16%
不是个好主妇	16%	0%

所得的结果显示出两组妇女所描写的想象中两个购物主妇的形象是完全不同的。它揭示出当时接受调查的妇女们内心里存在一种心理偏见,即作为家庭主妇应当以承担家务为己任,否则,就是一个懒惰的、挥霍浪费、不会持家的主妇。而速溶咖啡突出的方便、快捷的特点,恰与这一偏见相冲突。在这个心理偏见之下,速溶咖啡成了主妇们消极体验的产品,失去了积极的心理价值。换言之,省时省事的宣传在消费者(家庭妇女)心目中产生了一个不愉快的印象。这个实验揭示了主妇们冷落速溶咖啡的深层动机:因为购买此种咖啡的主妇被认为是喜欢凑合、懒惰的、生活没有计划的女人,所以速溶咖啡广告中宣传的易煮、有效、省时的特点就完全偏离了消费者的心理需求。

实验之后,广告主改变了广告主题,在宣传上不再突出速溶咖啡不用煮、不用洗煮具等省时省事的特点,转而强调速溶咖啡具有美味、芳香,以咖啡的色泽、质地来吸引消费者。避开家庭主妇们偏见的锋芒,消极印象被克服,速溶咖啡销路从此就被打开了。

速溶咖啡的故事告诉人们,对于消费者的购买心理的深层把握是多么重要。在消费者心目中,产品的价值有时不表现在其物理特性上,而是体现在商品所表达的行为特点或心理特点上。而这些行为特点和心理特点又常常是隐含的,存在于深层心理之中,要求人们运用心理学的分析方法将它们挖掘出来。

(资料来源:荣晓华,孙喜林.消费者行为学[M].大连:东北财经大学出版社,2001.)

5. 量表法

量表法是运用量表形式测定被调查者对问题的态度的询问方法，包括直接量表和间接量表法。其中，直接量表由调查者设计问题并询问被调查者，被调查者在有关量表上评定其态度；间接量表则由被调查者按其态度或意愿，在大量的备选问题或语句中选择出合适的语句代表其态度。

量表法的优点：①由于量表中所提出的问题、规定的指导语和回答方式都是统一的，调查结果比较客观。②数量化量表多是一种半数量的等级化。如研究婚姻及子女情况对某种病的影响，把未婚定为0，有一个孩子定为1，多子女定为2。这种数量化有利于使一些模糊的问题能够进行数理分析和计算机统计。③全面量表法也可视为一种标准式的书面会谈，这种方法不容易遗漏问题，有利于全面收集资料和诊断。④简明易懂，既适于个人诊断，也适于大范围的群体诊断。此法还省钱、省时、省人力。

量表法的缺点：①如果检查者不能严格按照指导语去做；如果检查者未经专门培训；如果检查者在工作中掺入个人主观愿望和受个人个性影响；如果被检查者不理解或不配合，则客观性大大受影响。②为了简明扼要，任何量表包含的内容都不可能完美无缺。如果检查者认识不到这一点，极可能遗漏重要资料，得出错误的诊断。③量表法不适于对一些复杂问题的深层研究。

目前，很多企业进行消费者行为研究时会综合使用上述方法，这样可以更科学、更准确地判断消费者的心理变化。另外，随着社会的不断发展，消费者行为的研究方法必将不断完善。

资料1-11

消费者心理研究方法

消费者心理行为研究的方法中，观察法、访谈法、调查法所占比重最大，实验法所占比重最小。这与基础心理学有一定区别，后者实验法所占比重更大一些，实验法是建立现代心理科学的基石。

"购买行为研究""广告效果监测"主要依据观察法，甚至于"服务质量研究"也都使用观察法。观察法可以最大限度地减少调查人员对消费者消费过程的干扰。当然现代观察法必须使用先进的仪器与设备进行行为记录，而极少使用人力方法进行观察。"购买行为研究"中，典型的观察过程是在柜台进行，由电子扫描系统自动记录消费者所购商品的品种、品牌、数量、价格等信息，同时依据情况附加时间、消费者编号等参数。这是零售研究中商业价值最大的信息，多数企业希望从这些数据中判断竞争规模、品牌占有率等，柜台记录处的保密性较强。"广告效果监测"是在家庭电视接收设备中，加装一个自动记录系统，将电视机开机以后的频道与接受时段信息全部记录下来，调查员定期将信息取回进行数据处理。智能程度高的记录仪还可以以红外线方式识别主人是否"真"的在观看节目，并将数据自动传回数据处理中心。

一些"服务质量研究"项目使用观察法，由专业性调查公司培训专门的人才实施这类方法。如神秘顾客法就是典型的观察法，用于对商业零售环境的服务质量监测。这类研究主要依靠观察者的目力进行，对观察者的要求较为严格，观察者需要接受较长时间的专业训练。同时对人格品质也有相应的要求，因为观察者很少使用记录设备，观察者的态度很容易影响观察结果，严格的训练与良好的人格品质可以大大减少观察误差。目前，国内一些管理机制健全的服务型外资企业或合资企业逐渐实施"服务质量研究"项目，基本上都是使用神秘顾客法。

国内使用的调查法包括入户调查法、街头拦截访问法、电话访问法、中心地测试法,以及产品留滞测试法。使用调查法一般需要将消费者限定在一定的环境里,如家里或专门的研究场地;为了取得比较标准的数据,需要对消费者使用统一的操作定义;并使用统一的格式记录调查结果。有些专家更愿意将入户调查、街头拦截访问称为"面访",因为这些方法的使用必须与消费者直接见面。国内入户调查与街头拦截占调查量的80%左右,电话访问占10%左右,其他调查占10%左右。而发达国家或地区的比例是电话调查占60%以上,入户调查占10%左右,街头及其他调查占30%。电话调查是未来消费者调查的主要方法,按发达国家或地区水平估计应该达到50%~60%,它可以更好地尊重消费者隐私、提高调查速度,避免国内难度越来越大的入户调查问题。国家统计局的数据表明,2002年国内城市居民电话普及率已达80%,将为电话调查法的实施创造更加方便的条件,抽样误差会大大减少。

访谈法中,以座谈会法的使用比例最高,个人深度访谈、专家访谈所占比例不高,其中座谈会法占消费者访谈研究的一半以上,甚至有些研究公司专门从事座谈会的研究业务。座谈会法在未来研究消费者的市场上仍将起重要的作用,它的快速、方便、信息量大等优势是其他方法难于取代或超越的。

实验法在消费者心理行为研究中使用得较少,仅在产品测试中用到,一些保密性强、技术含量高的高科技产品开发中会引入实验法,少数外资企业在国内市场研究快餐食品消费、通讯产品性能时使用实验法。实验法必须经过严格的实验设计和准备,企业常常无法持有足够的耐心。

(资料来源:罗子明.国内消费者心理研究概况[J].北京工商大学学报,2003,(5).)

1.4.3 消费者行为研究的困难性

对众多企业而言,消费者的需求及其消费行为是企业制定经营战略和营销策略的依据和出发点。任何一个企业,只有适应市场,也就是适应消费者需要,才能取得经营上的成功。

但是对消费者行为的研究却是一项十分艰巨、困难的工作,这主要是因为影响消费者行为的主观因素非常多,而其中很多因素有很大的随机性和偶然性,同时这些因素又是不断变化和相互作用的。

消费者行为研究的困难性主要表现在以下几个方面。

1. 因素的复杂性

消费者的消费行为受到多种主观因素和外界客观因素错综复杂的影响。消费者的消费行为与其经济能力、对事物的认知和态度、个性及当时的心理状态等各种主观因素有密切的关系。而人的心理活动过程又是十分复杂且难以测量的。此外,由于消费者生活于社会之中,其消费需求和消费心理都是在同其他人的交往中产生和发展的。因此,客观环境以及各种错综复杂的群体关系也在对消费者的行为产生影响。而且,这些外界客观因素还经常因为社会大环境的变化而发生变化,这就给消费者行为研究增加了难度。

2. 研究手段的限制

消费者的心理活动及其变化、消费者的行为特点,主要是通过观察和调查的方法,然后由研究人员根据调查结果作出主观判断。因此,消费者行为学的研究经常受到调研经费、样本选取、被调查者的合作态度及研究人员本身水平和经验等许多方面的限制。而且在现代社会中,由于社会变化节奏加快,消费者心理和行为变化也变得非常快,因此要掌握其规律性就显得更加困难。

3. 获得信息的滞后性

由于当前社会处于信息时代，商品供应日益丰富，有关商品的信息较为复杂，信息容量也空前增多，另外，社会节奏也日益加快。但由于手段有限，所以消费者行为学的研究人员获得的信息往往会有滞后性，在进行具体的研究工作中会碰到很大的困难，研究成果和实际情况有时会存在一定的差异。

尽管存在上述困难，但随着市场经济的发展和企业竞争激烈程度的加剧，企业将更为重视对于消费者行为和市场态势的研究，可以预见，消费者行为学的研究领域将更加广阔。

本章小结

消费者行为是指消费者在处理与消费有关问题时所表现出的行为，是指消费者为获取、使用和处置产品或服务过程中所表现出来的行为过程，以及事先决定这些行动的决策过程。消费者心理与消费者行为有着密不可分的联系，消费者心理支配消费者行为，根据消费者心理可以推断消费者行为；消费者行为受消费者心理支配，必然包含着一定的心理活动，根据消费者行为可以分析消费者心理。

消费者行为学研究的内容主要包括 5 个部分：消费者购买行为、消费者心理活动、消费者群体心理与行为、社会环境与消费者行为、市场营销与消费者行为。

消费者行为学在学科性质上具有综合性、微观性、发展性和应用性等特点。

消费者行为研究始于 19 世纪末 20 世纪初，其发展大致分为萌芽时期、应用时期、变革与发展时期。目前，消费者行为研究呈现如下趋势：多学科参与研究、角度趋向多元化、研究参数趋向多样化、研究方法趋于定量化及研究国界的突破。

消费者行为研究对企业营销活动的决策、消费者消费方式的选择和国家宏观经济政策的制定均有重要的理论价值和实践意义。

消费者行为研究的基本方法有询问法、观察法、实验法、投射法和量表法等。询问法、观察法、实验法和量表法等常用于对消费者行为的定量分析，而投射法多用于对消费者行为的定性分析。

习　　题

一、选择题

1. 以下哪些因素可能会形成潜在消费需求？（　　）
   A．需求意识不明确　　　　　　　　B．购买欲望不强烈
   C．购买能力不足　　　　　　　　　D．缺乏有关的商品信息
2. 《消费者行为学》在学科性质上的特点有（　　）。
   A．综合性　　　　　　　　　　　　B．宏观性
   C．应用性　　　　　　　　　　　　D．发展性

3. 首先提出将心理学应用到广告活动中的是(　　)。
   A. 斯科特　　　　　　　　　B. 卢因
   C. 科特勒　　　　　　　　　D. 法约尔
4. 消费者行为学研究内容主要包括(　　)。
   A. 消费者的购买行为　　　　B. 消费者的心理活动基础
   C. 消费者群体的心理与行为　D. 市场营销与消费者心理
5. 消费心理学作为一门独立学科正式诞生的标志是(　　)。
   A. 1960 年美国心理学会成立了消费心理学科分会
   B. 1901 年美国心理学家斯科特出版《广告心理学》一书
   C. 德国心理学家冯特在莱比锡创立了第一个心理学实验室
   D. 美国工程师泰勒创立了"泰勒制"

二、判断题

1. 缺乏有关的商品信息是形成潜在消费需求的原因之一。　　　　　　　(　　)
2. 消费者心理是其行为的基础，而行为是其心理的表现。　　　　　　　(　　)
3. 市场营销既是适应消费者心理的过程，同时又是对消费者心理加以引导、促成其行为实现的过程。　　　　　　　　　　　　　　　　　　　　　　　　　(　　)

三、填空题

1. 广义的消费包括_____和_____。
2. 一般来说，消费者心理是行为的_____，而行为是心理的_____。
3. 消费者行为学以_____为研究对象。
4.《消费者行为学》的学科特点有_____、_____、_____和_____。
5. 1901 年，_____国的心理学家_____首次提出将心理学应用到广告活动中。

四、名词解释

1. 现实消费者
2. 潜在消费者
3. 消费者心理
4. 消费者行为

五、问答题

1. 如何理解消费者心理和消费者行为之间的关系？
2. 消费者行为学的研究内容主要包括哪些方面？
3. 对消费者的心理与行为进行研究有什么现实意义？
4. 研究消费者行为主要有哪些方法？它们各自的优缺点是什么？

六、论述题

1. "每位消费者都是独特的，任何着眼于一般消费者的研究都是徒劳无益的"。对此你有何评论？

第1章 消费者行为学概述

2．列举一次主要是依据理性思考而作出购买决定的情境，简要描述当时的情境和购买过程。

3．列举一次主要是依据情感而作出购买决定的情境，当时希望从中获得何种情感？

4．列举并描述一次主要是由于环境压力而作出的购买。

七、案例应用分析

中国消费者消费心理的变化

20世纪90年代，中国消费者陷入非正常购物怪圈，一些消费者家庭消费支出打破了计划性，不是量入为出，而是有钱就花，为了追赶消费潮流，盲目地把货币变成商品；一些消费者家庭没有处理好即期消费和中远期消费的关系，在市场上超常购物，有的消费者无消费目的地多买多存，影响了中远期消费；一些消费者的购物心理短时期内出现逆向转移，购买心理动机由求稳、求全、求廉、求实发展为随多、喜新、争胜、保值，又发展为求稳、求全、选择、求廉。这个非正常的购物圈，不仅圈住了消费者正常消费的手脚，也制约了我国消费品生产、流通、消费的正常运行，许多生产企业由此陷入困境，企业销售人员竭尽全力进行推销，仍没有减轻企业产品货满为患、资金占压过多、无法运营的压力。

1990年以后，中国消费者的消费心理出现了变化，人们在购买行为上出现了"十买十不买"。

十买是：①名牌、质高、价格适中的商品买；②新潮、时代感强的商品买；③新颖别致、有特色的商品买；④迎合消费者喜庆、吉祥心理的商品买；⑤名优土特商品买；⑥拾遗补缺商品买；⑦卫生、方便、节省时间的商品买；⑧落实保修的商品买；⑨价廉物美的商品买；⑩日用小商品买。

十不买是：①削价拍卖的商品不买；②宣传介绍、摆"噱头"的商品不买；③不配套服务的商品不买；④无特色的商品不买；⑤缺乏安全感的商品不买；⑥一次性消费的商品不买；⑦无厂家、产地、保质期的"三无"商品不买；⑧监制联营商品不买；⑨粗制滥造的商品不买；⑩不符合卫生要求的商品不买。由此可见，近年来人们的消费心理和行为明显地更加理性化。

(资料来源：职业经理MBA实践教程编写组. MBA《消费心理学》案例集[Z]，2010.)

思考题

1．上述事例能否说明消费者的消费心理对市场波动产生重要的影响？为什么？

2．20世纪90年代以来，消费者在购买行为中出现"十买十不买"的原因何在？

3．运用自我观察法剖析个人消费心理的特点。

八、实践活动

1．访问一位经理或店主，询问哪些变量是影响消费者行为的重要因素。

2．访问两位最近购买过大件商品的消费者和另外两位购买小件商品的消费者，他们的购买决策过程在哪些方面相同？在哪些方面不同？

第 2 部分

消费者购买行为和决策过程

第 2 章 消费者购买行为

教学目标

通过本章学习，了解消费者购买行为理论；掌握消费者购买行为的一般模式；了解科特勒刺激-反应模式、尼科西亚模式、恩格尔-科拉特-布莱克威尔模式、霍华德-谢思模式等消费者购买行为模式；掌握消费者购买行为的分类及企业营销策略；掌握消费者购买行为分析方法。

教学要求

知识要点	能力要求	相关知识
消费者购买行为理论	了解消费者购买行为理论	(1) 习惯建立理论 (2) 信息加工理论 (3) 风险减少理论 (4) 边际效用理论
消费者购买行为模式	(1) 掌握消费者购买行为的一般模式 (2) 了解其他消费者购买行为模式	(1) 刺激-反应模式 (2) 科特勒刺激-反应模式 (3) 尼科西亚模式 (4) 恩格尔-科拉特-布莱克威尔模式 (5) 霍华德-谢思模式
消费者购买行为特征及类型	(1) 了解消费者购买行为的一般特征 (2) 掌握根据不同标准划分的消费者购买行为类型的表现及企业对应的营销策略	(1) 复杂型购买行为 (2) 广泛选择型购买行为 (3) 减少失调感的购买行为 (4) 习惯型购买行为
消费者购买行为分析方法	理解消费者购买行为分析方法	5W1H 分析法

导入案例

生活方式改变 移动互联网上的衣食住行

不知从什么时候起，生活与移动互联网已经变得形影不离，只需要轻轻地点触指尖，就能够随时随地获取想要的信息。我们的生活方式也正因此被移动互联网所改变着。

1. 衣

【拓展视频】

移动互联网的高速发展除了浏览器端外，更多的是促进了APP应用的快速增长，在人们日常生活关于"衣"的话题中，服装团购有"凡客""唯品会""梦芭莎"；商家推荐有"优衣库""银泰百货""李宁商城"；折扣信息有"品牌打折提醒"、"八千优惠"；服装搭配技巧有"美丽说""蘑菇街""美丽搭配"等，丰富的APP应用让更多的移动互联网用户参与进来。此外，智能手机的使用时间和空间与PC电脑形成互补，上下班的路途中所占时间比是最多的，因此，移动购物正逐渐成为日常消费的主流。

2. 食

在移动互联网火热的今天，很多企业利用吃喝玩乐本地化的特征，运用移动互联网带给消费者全新的感受，人们查找餐馆、美食不再需要在固定的传统PC前缓慢找寻，甚至是需要口口相传，只要通过手中移动智能终端内置的LBS服务既能立刻寻找出附件有哪些美食，甚至是可以看到其他消费者在这些餐厅的评价。我们还可以告知商家到店的时间，完全能够有效地避免吃饭难的问题，服务质量也会提高很多，真正实现了移动互联网去改变生活。美食团购类(大众点评、美团网)、美食优惠券类(布丁优惠券、爱帮生活)、美食推荐类(美食达人、食神摇摇)以及美食菜谱分享(美食杰、网上厨房)，形形色色的应用能够从各方面带给消费者实惠和帮助，而巨大的安装使用数据也表示了消费者对于这类服务的态度。

3. 住

目前对于移动智能终端的"住"类话题，相信很多朋友更加熟悉是酒店团购(去哪儿、携程无线)、酒店预订(汉庭酒店、七天连锁酒店)类的APP应用，在我们日常的工作出差或者旅游时，通过这类应用往往都能够很快地找到让自己满意并且性价比十足的酒店房间，相比传统的互联网预订更加省时方便。租房类和买房类APP应用是近几年在"住"的领域开始兴起的移动互联网形式。目前新浪乐居、搜房网、安居客等房产网站已经推出了房产类APP应用，而赶集网和58同城等生活分类信息网站也在其移动智能手机端提供租售服务。虽然在移动互联网领域这些租售类APP应用目前还算是新兴的势力，但随着产业的不断深入、形式的不断创新，以及消费者对于这类需求的增加，必然会给其带来良好的发展。

4. 行

据了解，目前滴滴打车已经覆盖北京市超过3万量的出租车，通过这类应用，乘客只需要提供用车时间、出发地和目的地，以及加价金额后，司机即可同步听到语音播报，之后可以根据路况和自己的位置来判断是否接单。不但解决了很多人打车难的问题，也给司机师傅带来明显的收入提升，自然就收到这部分群体的欢迎。打车类APP应用非常盛行。而除了打车类的APP应用外，"行"的领域覆盖面比较广泛，可以分为车票预订类(携程无线、高铁时代)、车票信息类(航旅纵横、超级火车票)、旅行规划类(艺龙旅行、去哪儿旅行)、地图导航类(百度地图、高德地图)和公交查询类(搜狗公交、爱帮公交)，通过细分领域精确定位人群，并且提供深度个性化服务，依托于移动互联网让人们的出行更加顺利。

(资源来源：丁建一.生活方式改变 移动互联网上的衣食住行. [EB/OL]. [2013-06-27]. 天极网.)

消费者购买行为指消费者为满足自身需要而发生的购买和使用商品的行为活动。消费者进行消费时，在众多的产品中会有自己的选择，这些选择往往是不相同的。每一个消费者进行消费行为决策时，往往会经过理性的思考，在反复分析、研究、比较、判断后才作出决定，但有时却是一种随机的决策，其决策过程则受到很多非理性因素的影响。

2.1 消费者购买行为理论

长期以来，营销人员都希望能够对个体消费者的行为进行有效预测，从而制定相应的营销策略。不仅如此，在学术界，许多学者努力探索消费者购买活动的规律，他们试图从理论上阐述、预测消费者的购买行为。许多解释消费者购买行为的理论由此诞生。

2.1.1 习惯建立理论

习惯建立理论认为，消费者的购买行为实际上是一种习惯的建立过程。消费者对消费对象和消费方式的喜好是在重复使用和消费中逐步建立起来的。这个过程不需要认知过程参与。消费者在内在需要激发和外在商品的刺激下，购买了该商品，并在使用过程中感觉不错，那么他可能会再次购买并使用，如果多次的购买和使用给消费者带来的是愉快的经历，购买、使用和愉快的多次结合，最终在消费者身上形成了固定化反应模式，即消费习惯建立了。每当产生消费需要时，消费者就会想到这种商品，并随之产生相应的购买行为。

习惯建立理论完全符合斯金纳操作条件学习理论，是行为主义心理学观点在消费行为研究上的应用。消费者主动的购买和使用行为在先，愉快这种正强化在后。此过程丝毫不见认知因素的影子。多次的购买和使用与愉快经验的结合就在消费者身上形成了固定的联结，一种新的条件反射建立了(图 2.1)。

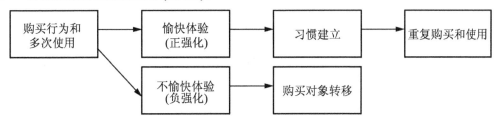

图 2.1 消费习惯建立模式

习惯建立理论能够解释许多现实生活中的消费行为，尤其对那些习惯性消费行为能提供比较满意的解释。在日常生活中，每个人都有许多这样的习惯性购买行为存在，如对牙膏、香皂等都有其固定的消费偏好，而不会轻易选择新的消费对象。这样做可以使人最大限度地节省用于选择的精力投入，同时又避免了非必要的消费风险的发生。

资料 2-1

新购物时代：越来越简单的购物

快递员送来一个包裹，沈畅在签收的时候想了半天。

这是一款机车包，不久前她在刷微博时看到有关注账号分享了这款商品，点击进入页面发现不错，不到2分钟，就直接用支付宝付款了。

但她显然已经忘记自己买过这个东西了。这件事放在一两年前，几乎是不可能的，因为她曾经的购物方式是，需要买什么，总要上淘宝搜一搜，再比个价，下单之后总会期待包裹的到来。

而现在，她发现自己的购买欲望会被瞬间激发，加上极为便捷的购买场景，购物时间成本的降低，买东西，已经成了一个高频习惯。无论在等车看手机的时候、电脑前刷微博的时候，甚至在总会打开的微信里面，随时随地都可以进行"购买动作"，就像昨天在地铁里，她只是掏出手机，通过二维码扫描，就以1元的价格拿到了一瓶可乐一样。

"购物这件事"越来越平滑简单。因为没有障碍，甚至让人忽略了它的形态。这是一个巨大时代的来临。

(资料来源：孙彤.新购物时代：购物场景和决策过程的渐变.商业价值，2013.)

2.1.2 信息加工理论

信息加工理论不是某一种理论的名称，而是某一类理论的统称。信息加工理论把人看做一个信息处理器，而人的消费行为就是一个信息处理过程，即信息的输入、编码、加工、储存、提取和使用的过程。消费者面对各种大量的商品信息，要对信息进行选择性注意、选择性加工、选择性保持，最后作出购买决定并作出购买行为(图2.2)。这个过程可以用心理学原理解释为：商品信息引起了消费者的有意或无意注意，那么大脑开始对所获得的信息进行加工处理，这个过程包括知觉、记忆、思维和态度，购买决定产生了。

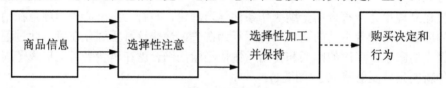

图2.2　购买决策信息加工模式

需要注意的是信息加工理论的理论假设前提是"人是理性的"。而事实上，人是理性和非理性的复合体，其纯粹的理性状态和非理性状态都是非常态，所以在应用信息加工理论时必须注意这个问题。可以说，信息加工理论揭示了人的一个侧面，能够解释消费行为的某些种类和某些部分。如消费者的随机性购买和冲动性购买，受教育程度较低和智力较低的消费者的购买行为，则其信息加工过程不明显，或者说谈不到什么真正的信息加工。习惯性购买行为也不存在明显的信息加工过程。那些受过良好教育的人，有面临高卷入的购买行为，同时又有大量的商品信息可利用时，信息加工理论就能为此时的购买行为提供比较完美的解释。

2.1.3 风险减少理论

风险减少理论认为，消费者购买商品时要面临各种各样的风险，而这种风险和人的心理承受力会影响人的消费行为。所谓风险指消费者在购买商品或服务时，由于无法预测和控制购后的结果是否令自己满意而面临或体验到的不确定性。这种观点认为，消费者的消费行为就是想方设法寻求减少风险的途径。消费者对可能存在和发生的风险的心理预期会影响到他的购买行为。风险的大小以消费者的主观感受为指标。

风险减少理论认为,消费者进行消费时承受的风险主要有 6 种类型:产品功能风险、生理健康风险、经济风险、社会风险、心理风险和时间风险。这方面内容将在第 4 章重点阐述。

风险减少理论认为,个体所体验到的风险水平受 4 种因素影响。

(1) 消费者个体付出的成本大小。对具体消费者而言,通常,其付出的成本越大,相应感受到的风险就可能越大,在采取购买行为时就会越谨慎。这里所说的成本包括心理成本、生理成本、时间成本、机会成本、经济成本和社会成本等。

(2) 消费者对风险的心理承受能力。个体的心理素质差异以及个体对购买结果的心理预期水平的差异是构成消费者心理承受力的两大因素。

(3) 服务产品的购买风险大于实物产品。实物产品在购买前可以有实物供消费者进行比较、判断,从而避免了一些风险的发生。服务产品有两个主要特点:即产品的无形性和生产与消费的同时发生性。消费者在购买前通常无法对其功能和质量等进行判别,而这种判别和鉴定只能在消费行为发生之时进行,这样风险就可能已经发生。服务产品的无形性和生产消费的同时发生性使得消费者一旦遭遇风险,难以提供实证性证据用于申诉,因而自身权利难以得到保障。

(4) 购买风险与产品经营者有关系。通常情况下,人们认为实力雄厚的大公司一般不会欺诈,更值得信赖;而与小公司打交道会感知到更多的风险。购买有固定销售场所的产品比购买无固定销售场所的产品感知到的风险小。流动商贩和邮购的购买风险相对大些。

风险减少理论认为,消费者为了控制由于购买决策所带来的风险,在作出决策时总是使用一些"风险减少策略"来尽力控制风险的发生,从而达到增加自己决策决心的目的。消费者常用的控制风险的方法有 6 种:①尽可能多地搜集产品的相关信息;②尽量购买自己熟悉的或使用效果好的产品;③通过购买名牌产品来减少风险;④通过有信誉的销售渠道购买产品;⑤购买高价产品,人们信奉一分钱一分货,价高则货好;⑥寻求安全保证。如企业提供的退货制度、权威机构的检测报告、保险公司的质量保险或者免费试用等。

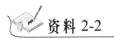
资料 2-2

勿贪便宜被骗子骗

晋城市工商局发布了 2016 年消费警示,提示消费者勿贪便宜被骗子骗。

警示 1 警惕非法集资,拒绝高利诱惑

当前,我国非法集资形势依然严峻,非法集资手法花样翻新,个别不良企业以"上市"为噱头,向公众发售或转让"原始股";部分中介机构设立"股权众筹"融资平台,打着"上市"幌子,"自导自演"公开推销所谓"原始股";个别企业以提供借款担保名义违规吸收资金;个别文化艺术品等交易平台,违规进行类期货、类证券交易等。

晋城市工商局提醒:对此类非法集资和诈骗犯罪活动,请大家保持高度警惕,远离非法集资,拒绝高利诱惑;对陌生、来历不明的电话、邮件、传单、网络宣传、推介会等推销的"天上掉馅饼"式的"投资机会",请多一分怀疑,少一分侥幸。务必牢记,投资有风险,风险须自担;务必牢记,参与任何投资前,或遇到难以准确辨别投资信息真伪情况时,可及时向当地行政主管部门或合法金融机构咨询核实。

警示2 购车环节存猫腻,签订合同勿大意

2015年,家用汽车投诉大幅增加,主要反映购车过程中的订金争议、合同中的不合理格式条款争议、部分商家扣留合格证等。

晋城市工商局提醒:一是选购车辆要多跑、多看、多问,充分了解,谨慎选择,交付订金应签订书面合同,不轻信销售人员的口头介绍与承诺,并将可能存在的争议事项,及时在购车合同中提出,以维护自身的合法权益;二是如发现经销商的购车合同涉嫌"霸王条款",要理直气壮地提出,必要时可拨打12315电话举报;三是要保存好发票和说明书等相关资料,严格按照说明书规定的时间或里程范围到特约维修站进行保养,并做好详细记录,若发现消费纠纷,应及时协商解决,或拨打12315电话投诉,以维护自身合法权益。

警示3 警惕美容院免费试用设陷阱

2015年,12315中心接到多起消费投诉举报,反映美容店消费存陷阱。一是美容店预付卡消费有风险,慎防商家停业或换主;二是美容店以"免费使用""免费体验"等名义设陷阱,试用后强迫消费者继续高额消费;三是美容店内产品琳琅满目,甚至有些店家称自己的护肤产品有"独特秘方",实际质量难保障。

晋城市工商局提醒:谨慎预付卡消费,警惕小优惠大陷阱,建议选择具有美容服务资质、信誉度高的美容院消费,查看卫生许可证、营业执照是否齐全;购买或使用美容院推荐的产品前,应先了解产品是否为正规企业生产的合格产品,进口商品还应看是否有进口许可证;警惕"免费体验"暗含玄机。

警示4 家庭装修警惕消费陷阱

家庭装修类投诉比2014年同期上升36.6%,反映的问题主要包括套餐虚假宣传、谎报水电改造费、虚报工程量、主材偷梁换柱等。

晋城市工商局提醒:一是切勿将套餐当"大包"。部分家装企业为吸引客户,特意省去一些在装修工程中的必做项目,以超低价吸引消费者,消费者误以为就是"大包"。二是注意水电路改造猫腻。经营者在介绍水电路改造时,经常以口头许诺的方式,向消费者许诺改造费用,同时,配件收费与配件品牌也未写入合同,为后期增项与偷工减料提供方便。三是注意工程量预算与实际发生的出入。消费者应对自己房屋实际尺寸丈量后,再结合预算书进行计算,减少工程量误差。四是警惕无证黑公司。建议选择有施工资质的装饰公司,择优而选,避免消费陷阱。五是使用行业统一的示范性文本。规范性合同文本有利于保护消费者合法权益,减少合同纠纷。

(资料来源:贾升亮. 晋城市工商局发布2016年消费警示:勿贪便宜被骗子骗[N]. 山西市场导报,2016-03-31(6))

2.1.4 边际效用理论

边际效用理论从人的需要和需要满足的角度宏观地解释消费者购买行为。边际效用理论认为,消费者购买商品的目的就是要用既定的钱最大限度地使个体的需要得到满足,即以一定的钱买来尽可能多的商品,从而达到总效用和边际效用的最大化。

效用指商品满足人的需要的能力,通俗地说就是一种商品能够给人带来多大的快乐。总效用指消费者在一定时间内消费某种商品而获得的效用总量。随着商品消费的增加,总效用也增加,但却是以递减的速度增加,即增长率递减。另外,随着消费量增加,总效用将达到一个最大值,此后,若继续增加消费量,其总效用非但不会增加反而会下降。边际效用是指每增加一个单位的商品所增加的总效用,即总效用的变量。在一定时间内,一个人消费某种商品的边际效用,随着其消费量的增加而减少的现象称为边际效用递减规律。

如早餐喝一杯牛奶正好，如果喝两杯就已经没有意义了，其边际效用为零，如果喝四杯牛奶则会使人非常难受，边际效用变为负数。

边际效用理论对消费者的消费行为规律进行了深入分析，即消费者在钱的数量一定的条件下，努力寻求总效用和边际效用两者的最大化。边际效用理论的思想基础是享乐主义哲学和传统的理性人假设。按照边际效用理论的解释，消费者本质上是一个最大限度地追求享乐和舒适的理性的"机器"，随时随地计算如何使自己的收益最大化。边际效用理论对人的冲动性消费、习惯性消费、信念性消费等现象无法作出解释。边际效用理论的最大价值在于对人的复杂消费行为的解释。

2.1.5 其他观点

1. 消费行为是一种象征性行为

这种理论认为，产品是一种社会语言，消费者的消费行为就是如何运用产品来表达人的身份、地位，人与人关系的程度、友情深度等。产品要能使消费者达到用于社会象征的目的，必须具备3个特点：①产品能见度高，消费者使用时容易暴露，易于引起他人的注意；②产品的变化程度大，具有某种程度的新颖性和不同款式及功能；③产品的个性化突出，不与其他产品雷同。

资料 2-3

奢侈品成"身份象征"

20年前在法国巴黎、意大利米兰的名牌店外面曾经有很多很多日本女孩在排队。因为，店里面限制客人的总数，后来店里还限制一个人可以购买的总量。于是，日本女孩就开始向当时还不是很多的中国游客借护照，以护照为凭借中国人的名额买东西。

20年后的今天，恐怕很难再有人能借到中国人的护照。因为，中国人的护照都已换成购买奢侈品的凭证，而且欧洲名牌店的外面，现在站着好多好多的中国女孩。

很多外国人以为这是因为中国人太有钱，有财力，把奢侈品当成家常便饭来购买。但仔细观察或许您会明白，中国人买奢侈品不仅仅是因为有钱，更因为奢侈品在中国是某种身份的象征。许多人节衣缩食也要买个法国手袋、瑞士手表……

(资料来源：奢侈品成"身份象征"中国系最大消费国. [EB/OL]. [2012-09-02]. http://v.ifeng.com/news/finance.)

2. 消费行为是一种解决问题的行为

这种理论认为，消费行为基本上是一种解决问题的行为。人在生理上、心理上出现的各种缺乏状态，使人产生紧张不安，就要想办法解决，其结果往往是作出消费决定，通过获得某些商品或服务来满足自己的需要。

3. 消费行为是一种选择决定的过程

这种理论认为，消费者的消费行为是一个在目的、步骤、策略中反复进行选择、作出决定的过程。选择的各个步骤可能会在同一时间内进行，而消费者用不同策略所实现的最后选择可能不同。选择过程一般是：选择消费目标——选择一种消费策略——最后决定。

4. 消费是一种不间断的学习过程

这种观点认为，消费者的消费行为发生于不断的学习过程中，通过学习获得经验，改变原有的消费行为，使消费行为比以前更为科学。学习过程如图 2.3 所示。

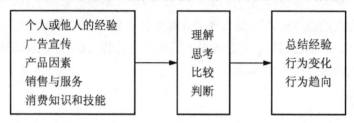

图 2.3 刺激-学习-反应

2.2 消费者购买行为模式

上面介绍的消费者行为理论，其着眼点是从宏观、整体上解释消费者为什么要购买商品，而消费者购买行为模式则是从中观的角度探讨消费者实际的购买行为。消费者购买行为模式是指用于表达消费者购买行为过程中的全部或局部变量之间因果关系的理论描述。研究消费者购买行为模式，对于更好地满足消费者的需求和提高企业市场营销工作效果具有重要意义。国内外许多的学者、专家对消费者购买行为模式进行了大量的研究，并且提出一些具有代表性的典型模式。

2.2.1 消费者购买行为的一般模式

消费者购买行为是人类社会中最普遍的一种行为活动。它广泛存在于社会生活的各个空间、时间，成为人类行为系统中不可分割的重要组成部分。

在现代社会生活中，由于购买动机、消费观念、消费方式与购买习惯的不同，各个消费者的购买行为千差万别。尽管如此，在形形色色的消费者购买行为中，仍然存在某种共同的、带有规律性的特征。心理学家在深入研究的基础上，指出了消费者购买行为中的共性，即消费者购买行为的一般模式：刺激-反应模式(S-O-R 模式)，如图 2.4 所示。

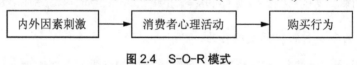

图 2.4 S-O-R 模式

刺激-反应模式(S-O-R 模式)，即"刺激-个体生理、心理-反应"模式。该模式表明消费者的购买行为是由刺激所引起的，这种刺激来自消费者身体内部的生理、心理因素和外部的环境。消费者在各种因素的刺激下，产生动机，在动机的驱使下，做出购买商品的决策，实施购买行为，购后还会对购买的商品及其相关渠道和厂家做出评价，这样就完成了一次完整的购买决策过程。由于这一过程是在消费者内部(消费者心理活动过程)自我完成的，因此，心理学家称之为"暗箱"或"黑箱"。

2.2.2 科特勒刺激-反应模式

美国市场营销学专家菲利浦·科特勒在其《市场营销管理(亚洲版)》中提出一个非常简洁的消费者购买行为模式,他认为,消费者行为模式一般由3部分构成(图2.5):第一部分包括企业内部的营销刺激和企业外部的环境刺激两类刺激,它们共同作用于消费者以期引起消费者的注意;第二部分包括购买者的特征和购买者的决策过程两个中介因素;第三部分是购买者的反应,是消费者购买行为的实际外化,包括消费者对产品、品牌、经销商、购买时机、购买数量的选择。

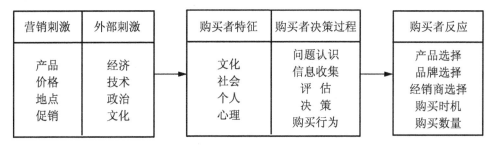

图 2.5 科特勒刺激–反应购买行为模式

2.2.3 尼科西亚模式

尼科西亚(Nicosia)在《消费者决策程序》(1966年)一书中提出这一决策模式。该模式由四大部分组成:第一部分,从信息源到消费者态度,包括企业和消费者两方面的态度;第二部分,消费者对商品进行调查和评价,并且形成购买动机的输出;第三部分,消费者采取有效的决策行为;第四部分,消费者购买行动的结果被大脑记忆、储存起来,供消费者以后的购买参考或反馈给企业,如图2.6所示。

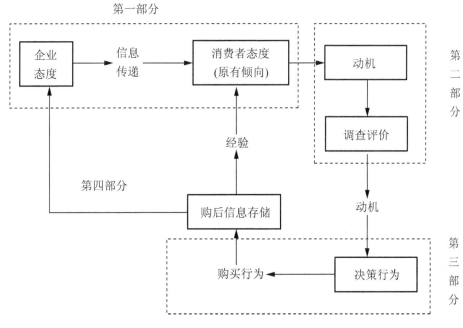

图 2.6 尼科西亚模式

2.2.4 恩格尔-科拉特-布莱克威尔模式

恩格尔-科拉特-布莱克威尔模式(EKB 模式)是由恩格尔(Engel)、科特拉(Kollat)和布莱克威尔(Blackwell)在 1968 年提出,并于 1984 年修正而成的理论框架。EKB 模式强调消费者的购买决策过程,其模式分为中枢控制系统(消费者的心理活动过程)、信息加工、决策过程及环境因素 4 部分,如图 2.7 所示。

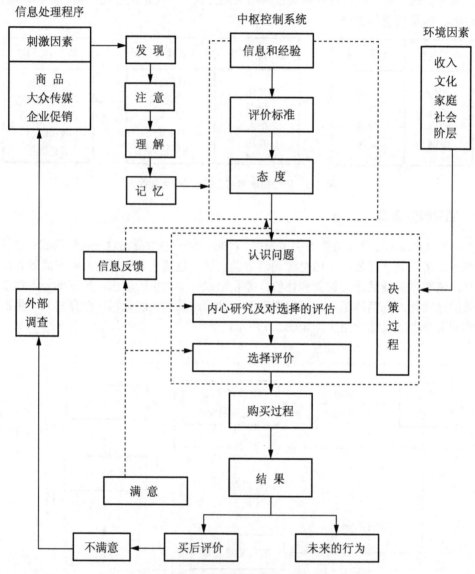

图 2.7 恩格尔-科拉特-布莱克威尔模式

具体地讲,EKB 模式可以说是一个购买决策模式,它详细地描述了消费者购买决策过程:在外界刺激物的作用下,使某种商品暴露,引起消费者心理上的知觉、注意、记忆,形成信息与经验储存起来,从而构成消费者认知问题的最初阶段;在动机、个性及生活方式的作用下,消费者对问题的认识明朗化,并开始寻找符合自己意愿的购买对象,这种寻找在评价标准、信念、态度及购买意向的支持下向购买结果迈进；经过产品品牌评价进入备选方案评价阶段，消费者进行选择而实施购买，得出输出结果而完成购买；最后，对购买结果进行评价，得出满意与否的结论，形成信息与经验，影响未来的购买行为。

2.2.5 霍华德-谢思模式

霍华德-谢思模式是由学者霍华德(Howard)与谢思(Sheth)合作在《购买行为理论》(1969年)一书中提出的，其重点是从刺激或投入因素(输入变量)、外在因素、内在因素(内在过程)及反应或者产出因素分析消费者的购买行为，如图2.8所示。

刺激或投入因素包括3个刺激因子：产品刺激因子，如某产品的质量、价格、特征、可用性及服务等；符号刺激因子，如通过推销员、广告、媒体等把产品特征传递给消费者；社会刺激因子，如家庭、相关群体、社会阶层等。

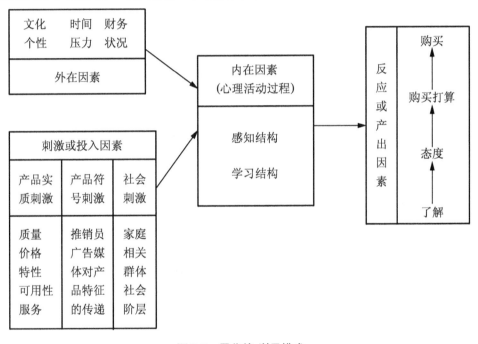

图2.8 霍华德-谢思模式

外在因素是指购买决策过程中的外部影响因素，如文化、个性、财力、时间压力等。其中，时间压力指消费者主观认为在购买前可花时间的多少，或他实际上只能花在购买上的时间多少。通常情况下，时间压力能抑制或缩短消费者购买决策过程，使消费者仓促决策，并可能导致不理想的购买。

内在因素是指介于刺激和反应之间起作用的因素。它是霍华德-谢思模式最基本、最重要的因素。它主要说明投入因素和外在因素如何在心理活动中发生作用，从而引出结果。这种模式认为，消费者内心接受投入因素的程度受到需求动机和信息反应敏感度的影响，而对信息反应的敏感度又取决于消费者购买欲望的强度以及"学习"的效果。消费者往往对有兴趣的产品显示出"认知觉醒"，对无关的产品信息则表现出"认知防卫"。至于消费者的偏好选择，则受内心"决策仲裁规则"的制约。所谓"决策仲裁规则"，是指消费者根据动机强度、需求紧迫度、预期的欲望满足程度、消费需要性以及对过去消费产品的感觉等,将各种产品按序排列,侧重实施购买的一种心理倾向。

反应或产出因素,指购买决策过程所导致的购买行为,它包括认识反应、情感反应和行为反应 3 个阶段。认识反应是指注意和了解;情感反应是指态度,即购买者对满足其动机的相对能力的估计;行为反应包括购买者是否购买或购买何种品牌的认识程度预测和公开购买行动。

霍华德-谢思模式认为投入因素和外界因素是购买的刺激物,它通过唤起和形成动机,提供各种选择方案信息,影响购买者的心理活动(内在因素)。消费者受刺激物和以往购买经验的影响,开始接受信息并产生各种动机,对可选择产品产生一系列反应,形成一系列购买决策的中介因素,如选择评价标准、意向等,在动机、购买方案和中介因素的相互作用下,便产生某种倾向和态度。这种倾向或者态度又与其他因素如购买行为的限制因素结合后,便产生购买结果。购买结果形成的感受信息也会反馈给消费者,影响消费者的心理和下一次的购买行为。

霍华德-谢思模式利用心理学、社会学和管理学的知识,从多方面解释了消费者的购买行为,适用于各种不同产品和各种不同消费者的购买模式,其参考价值较大。

资料 2-4

西方消费者行为研究的理论范式

1. 理性决策消费行为模式

该理论范式盛行于 20 世纪七八十年代,它遵循实证主义研究方法,假设消费者是理性决策人,消费行为是消费者寻求问题解决的纯粹理性过程,与消费者的气质、动机、情感心境等个性心理无关,其关注重点是消费者的消费决策过程与影响因素。在理性决策人的假设前提下,经济学和认知心理学研究者提出了不同的消费行为模式。经济学认为,消费是作为"经济人"的消费者在充分竞争和完全信息的市场环境下按照效用最大化原则选择商品的过程。在认知心理学派研究者眼中,消费是作为"认知人"的消费者为了满足需要而寻找商品服务的信息加工过程,即先意识到问题存在,然后收集信息,在此基础上评价、比较、筛选,最后作出购买决定。感知和知觉、学习和记忆、信念和态度等认知心理过程与消费者决策行为之间的关系是他们的研究主题。

2. 情感体验消费行为模式

该模式认为,消费者是"情感人",消费行为是一个消费者受内在动机驱动而寻求个体心境体验的情感经验过程。该模式根植于个性心理学、社会学、文化人类学等学科理论,遵循阐释主义研究方法论,着重从消费者个体心理感受的角度理解消费者行为的内在根据,研究重点是需要、动机、生活形态、自我概念、象征等消费者个性心理与消费购买行为的关系。

3. 行为主义消费行为模式

该模式自 20 世纪 90 年代以来逐渐流行,它把消费者视为按特定行为模式对环境刺激作出反应的"机械人",消费是一个源于环境因素影响的条件反射行为,并不一定经过一个理性决策过程,也不一定依赖已经发展起来的某些情感。促成消费发生的环境因素很多,如强烈的金钱刺激、文化规范的影响、物质环境或经济上的压力,以及厂商的营销活动等。研究消费者在这些环境影响下的学习、态度以及行为反应模式是这一研究模式的主要内容。研究者运用的是控制实验法、观察法、抽样调查等实证主义方法,理论依据来自于行为主义心理学和社会心理学的研究结论,包括 S-R(刺激-反应)研究范式、行为学习理论、文化和亚文化、相关群体和意见领袖的影响作用等。

(资料来源:罗纪宁.消费者行为研究进展评述:方法论和理论范式[J].山东大学学报,2004,(4).)

2.3 消费者购买行为分析

2.3.1 消费者购买行为的一般特征

由于影响消费者购买行为的因素很多,而且行为本身又常常是复杂多变的,所以只能以抽象的方式来分析其一般特征。

1. 消费者的购买行为和其心理现象的相互联系

消费者的购买行为是消费者心理的外在表现,消费者的心理现象是消费者行为的内在制约因素和动力。消费者的心理活动过程和个性心理特征是消费者心理现象的两个方面,它们制约着消费者的一切经济活动,通过消费者的购买行为具体表现出来。所以在认识购买行为时,必须将消费者的购买活动与人的心理过程和个性心理紧密结合起来。

2. 个体的消费行为必然受到社会群体消费的制约与影响

每个消费者都是社会人,是某种社会群体,如一个家庭、一个社会阶层、一个民族等不同集体的成员。作为某种社会群体的成员的消费者,其消费行为必然受到所处的自然环境和社会环境的影响。

美籍亚裔人的购买模式

美国有70%的亚洲人是移民,大多数年龄在25岁以下。美国商务部统计局的统计数字表明,亚裔美国人是美国增长最快的种族亚文化群体。这一群体由中国人、日本人、菲律宾人、朝鲜人、亚洲印第安人、东南亚各国及太平洋岛国的人组成。由于亚裔文化多种多样,要将这一群体的购买模式加以概括非常困难。有关亚裔美国消费者的研究提出,这一文化群体的个人和家庭可分为两类群体:①"同化"的亚裔美国人。他们精通英语,受过高等教育,担任专家和经理职位,表现出的购买模式与典型的美国人非常相似。②"未同化"的亚裔美国人。他们是新进的移民,仍保持自己原来的语言和风俗习惯。美国安休斯-布希农场公司的农产品销售部所销售的8个不同品种的加州米,便各标以不同的亚洲标签,以覆盖一系列的民族和口味。该公司的广告还述及中国、日本、朝鲜对不同种类饭碗的各自偏好。

一些研究还表明,作为一个整体的美籍亚裔亚文化群体,具有一些共同的特征,如勤奋、家庭观念强烈、欣赏教育、中等家庭的收入超过白人家庭。而且这一文化群体也是美国最具创业心的群体,这可从亚洲人企业成员的表现得到证明。根据这些特质,美国人寿保险公司大都会将亚洲人作为一个主要的保险目标市场。

(资料来源:Eric N,Berkowits.*Marketing*(4thed).Irwin Profewwional Publishing,1994.)

3. 消费行为具有明确的目的性和很强的自主性

消费的目的是满足消费者的需要，消费行为的直接目的是实现消费者的消费动机，所以消费行为的目的是非常明确的。如人们到商店购买食品，其目的不外乎以下几种：①由于饥饿；②出于对一种新口味食品的好奇心；③出于证实他们的说法与广告宣传的内容等。消费行为的自主性是消费行为区别于其他行为的重要标志之一。任何消费行为的进行都是在人们自主地支付了货币之后才能实现的。虽然，现代商业的发展使消费者支付货币的时间具有更大的灵活性，但支付相应的货币才能获取商品的所有权与使用权，这一基本前提并没有发生本质变化。这一基本条件的限定决定了消费行为必然要以自觉自愿地支付货币才能取得商品的所有权为特征。

购物空间变迁展现消费者自主性

自 20 世纪 80 年代以来，城市居民购物模式的变化体现了消费者自主性的提高。购物模式变迁主要表现为：支付手段从现金付款转变为信用卡支付；购物观念从关注商品的实用性能转变为商品的外观风格；而最明显的则是购物空间的变迁——从小型零售店到百货商场乃至当今的大型超市和 Shopping Mall。购物空间的不断变迁使不断提高的消费者自主性得以可视化。

中国城市购物空间经历过两次重大变化：①购物空间从流动空间转变为固定空间，地摊叫卖是对传统再分配体制下零售店的补充，城市居民可以在固定的时间和地点买到匮乏商品，但也会上假冒伪劣商品的当；②购物空间从排斥消费者到吸引消费者参与。这个过程又经历了两个阶段：先是从传统的零售店到大型百货商场，这种转变使消费者可以任意浏览商品并要求售货员多次更换商品；再就是从百货商场到大型超市或 Shopping Mall，这种转变让消费者有充分的自由来挑选商品，拉近了消费者与商品的空间距离。

显然，购物空间变迁的背后隐含着消费者自主性的变化。这个变化无论从消费者还是商家身上均可以找到根据。以消费者为例，地摊叫卖式的购物让消费者承担了买到假冒伪劣商品的消费风险，再分配体制下的零售店购物使消费者要承受售货员不佳的服务态度，百货商场购物使消费者不会再有售货员的无端挑剔，但仍免不了售货员的嫌烦；相反，大型超市购物却给消费者提供了无尽的消费自由。你可以随意地触摸商品而无须背上道德谴责的压力，因为这是你作为消费者的权利；你可以因为囊中羞涩摒弃掉一些商品而不必遭受售货员的白眼，因为这也是你作为消费者的权利；你甚至可以仅仅停留在视觉消费层面而不必去购买商品，因为这还是你作为消费者的权利。那么，商家又是如何做的呢？不少商家为了吸引顾客使尽浑身解数，如营造美观的商店空间、提供方便快捷的消费服务、举办各式各样的促销活动，而"顾客就是上帝"这个口号早已深入人心。从购物空间来看，商家刻意营造美观的商店空间，使消费者在购物的过程中不仅获得视觉上的美感和身心上的愉悦，而且在挑选商品过程中可以随心所欲，消费者的自主性可见一斑。

近年来，关于消费者自主性、消费者权威和消费者运动的评论文章已日益增多。上海市社会科学院的研究员卢汉龙曾在《中国的城市消费革命》一书中指出，消费者自主性的产生，主要是源于市场化的发展，而这种发展又是通过货币消费的形式来实现的，货币消费不仅打破了国家对社会生活的干预，而且扩大了消费者选择商品、服务的品种和范围，结果使消费者逐渐获得了主动权。

(资料来源：张杨波. 购物空间变迁展现消费者自主性[N]. 南方日报，2006-09-21.)

4. 消费行为具有很强的关联性

消费行为的关联性有两种表现方式：当消费者满足一种消费需要实现一种消费动机的时候，他可能会为了得到更加满意的消费效果，而对另一些相关的商品产生消费需要和消费动机。如人们购买了西服之后，一般都需要相应的领带、衬衫等商品与之配套，这是消费行为关联性的表现形式之一。当消费者满足了一种需要或者实现了一种消费动机的时候，还可能产生新的消费需要，并因此激发新的消费动机。如上述消费者在购买西服及配套商品后，发现穿上西服后人的精神状态发生了变化，希望自己内在的气质也有所改变，于是增加了对知识的渴望，从而激发了受教育的需要，产生购买书籍的动机，这是消费行为关联性的又一种表现形式。

资料 2-7

电影关联消费市场前景巨大

2010 年，中国电影票房年收入突破了 100 亿元，目前还保持着年均 30%以上的增幅。但在中国整个电影产业收入中，71%的贡献来自于票房，电影衍生品和周边消费仅占 19%；而在欧美，票房收入占比不到二成，电影衍生品和周边消费对整个产业的贡献达到 62%。

举例来说，目前在电影院播放的适合孩子看的影片很少，不少人认为儿童电影受众群体有限，消费力不强。其实，如果父母带着孩子一起去看一部儿童电影，一家三口的电影票消费按照优惠价虽然只有数十元，但只要购买一个和电影相关的卡通玩具，再加上看电影前后的餐饮、零食消费，花上三四百元是很常见的。

(资料来源：赵子慧. 电影关联消费市场前景巨大[N]. 南京日报，2012-03-14.)

5. 消费行为具有发展变化性

消费行为是人类社会行为的一个组成部分，会随着社会各种条件的发展而不断地变化发展。从消费者本身的角度来说，消费者本人的生理、心理的变化，如年龄的增加、消费习惯的改变、某一时间内的情绪与情感的变化、个人生活中的重大改变等，都会对消费行为带来影响。从消费者所处的社会环境的角度来看，社会的风俗习惯会因时间的推移而改变，消费的时尚、潮流等也会不断更新，消费者所处的世界的物质文明与精神文明都会不断提高，所有这些都有可能改变消费者的行为。消费者的消费行为会随着消费者本身及社会环境的发展而不断发展。

资料 2-8

二维码悄然改变消费行为模式

有一天，当你走过地下通道或过街天桥时，能想象出铺天盖地的小广告被整齐划一的二维码广告取代的场景吗？随着越来越多人在使用二维码进行名片交换、会议签到、票务管理、电子优惠券等功能时，二维码正悄然改变着人们的消费行为。

日前，有网友在微博上晒出在北京三元桥地铁某出口处发现的"出国办证、全市最低"的二维码小广告，迅速成为了人们热议的话题。随后，发布该广告的公司承认这只是一个"创意"而已，该公司为出国自助游的客户提供免费旅游签证咨询，并不是"办假证的"。二维码的应用领域越来越广阔和多元化。

(资料来源：唐迎寅. 二维码悄然改变消费行为模式[N]. 上海商报，2013-02-27.)

2.3.2 消费者购买行为类型

在购买活动中，每个消费者的购买行为各不相同，区分不同类型的消费者的购买行为，找出不同类型购买行为的差异，对企业开展营销活动有重要的参考价值。

对消费者购买行为进行分类的标准很多，每一种分类方法都可以从不同的侧面反映出消费者购买行为的特点。

1. 根据消费者购买时的介入程度和产品品牌的差异程度分类

不同消费者在购买同一商品或同一消费者在购买不同商品时的购买复杂程度不同，究其原因，是受诸多因素影响的，其中最主要的是购买介入程度和品牌差异大小。西方学者阿萨尔(Assael)根据购买者在购买过程中参与者的介入程度和品牌间的差异程度，将消费者购买行为分为4种类型，如表2-1所示。

表2-1 消费者购买行为类型

品牌差异＼介入程度	高度介入	低度介入
品牌差异大	复杂型购买行为	广泛选择型购买行为
品牌差异小	减少失调感的购买行为	习惯型购买行为

(1) 习惯型购买行为。对于价格低廉、经常性购买的商品，消费者的购买行为是最简单的。这类商品中，各品牌的差别极小，消费者对此也十分熟悉，不需要花时间进行选择，一般随买随取就可以了。例如，买油、盐之类的商品就是这样。这种简单的购买行为不需要经过搜集信息、评价产品特点、最后作出重大决定这种复杂的过程。

对于多数消费者习惯性购买的产品，由于产品本身与同类其他品牌相比难以找出独特优点以引起顾客的兴趣，企业一方面可以利用价格与销售促进吸引消费者试用，另一方面，开展大量重复性广告加深消费者印象，一旦顾客了解和熟悉了某产品，就可能经常购买以至形成购买习惯。

资料 2-9

习惯型购买行为

在一项研究中，研究者观察了120位消费者在3家连锁店购买洗衣粉的行为。观察结果表明，对于绝大多数消费者来说，购买洗衣粉的行为是一种习惯性的购买行为。在这120位消费者中，72%的消费者只看了一种品牌包装的洗衣粉，只有11%的消费者看了两种以上品牌或包装的洗衣粉；83%的消费者只拿起了一种洗衣粉，只有4%的消费者拿起了两种以上的洗衣粉。很明显，多数消费者几乎没有在不同品牌或同一品牌不同包装的洗衣粉之间作比较分析，而是完全出于经验和习惯对产品进行选择。

(资料来源：甘瑁琴，王晓晓. 消费者行为学[M]. 北京：北京大学出版社，2009.)

(2) 广泛选择型购买行为，又称寻求多样化购买行为。有些商品品牌之间有明显差别，但消费者并不愿花太多的时间选择品牌，而且也不专注于某一产品，而是经常变换品种。这样做往往不是因为对产品不满意，而是为了寻求多样化，想换换口味。如购买饼干，上次买的是巧克力夹心，而这次想购买奶油夹心。

面对这种广泛选择的购买行为，当企业处于市场优势地位时，应注意以充足的货源占据货架的有利位置，并通过提醒性的广告促成消费者建立习惯性购买行为；而当企业处于非市场优势地位时，则应以降低产品价格、免费试用、介绍新产品的独特优势等方式，鼓励消费者进行多种品种的选择和新产品的试用。

资料 2-10

百里挑一，还是三心二意？

贝恩公司联合 Kantar Worldpanel 的研究结果显示，中国购物者行为基本可被归类为"品牌忠诚"和"多品牌偏好"这两种。

三心二意

研究显示，中国绝大多数消费者在购买大部分品类时均表现出"多品牌偏好"行为。2011 年，中国平均每户家庭购买饼干的品牌数是 6.2 个，而饼干品类中的高频率购买者，所购买的品牌数高达 10.4 个。面巾纸类，一般购物者过去一年内的平均购买次数为 6.7 次，通常徘徊在 3～4 个品牌中交替选择。高频率购买者的平均购买次数则高达 14 次，与此同时，他们选择的品牌个数也增加至 5～6 个。

中国饼干市场领导品牌奥利奥的高频率购买者在为奥利奥贡献了约六成销售额的同时，也为各主要竞争品牌分别贡献了 25%～35%的销售额。事实上，奥利奥的高频率购买者将高达 3/4 的饼干开支贡献给了其他饼干品牌。衣物洗涤用品品类，领导品牌雕牌的高频率购买者为雕牌贡献了超过一半的销售额，同时也为各个竞争品牌贡献了大量的销售额，雕牌的高频率购买者将其 2/3 的衣物洗涤用品开支贡献给了其他品牌。

百里挑一

与"多品牌偏好"行为的品类相反，在"品牌忠诚"行为的品类中，一个品牌的高频率购买者更加忠诚于该品牌，并很少选择其他竞争品牌。

婴儿配方奶粉品类中，消费者所选择的品牌数量并没有随着其购买频率的增加而明显增加，其高频率购买者在过去半年中平均购买频率为 13.4 次，一般消费者平均购买频率为 7.1 次。然而，两者所选择的品牌数量差异并不大，分别为 1.8 个和 1.5 个。美赞臣的高频率购买者为美赞臣贡献了 40%的销售额，他们将高达 85%的婴儿配方奶粉开支贡献给了美赞臣，而在竞争对手上的花费非常少。婴儿纸尿片品类中的帮宝适超过半数的销售额来自其高频率购买者，而他们对其竞争对手贡献率不到 6%，同时帮宝适高频率购买者将其 80%的婴儿纸尿片开支贡献给了这一品牌。除了婴儿配方奶粉和婴儿纸尿片，在另外 4 个品类中也发现了"品牌忠诚"行为的特征，即牛奶、啤酒、口香糖和碳酸饮料。我们发现"品牌忠诚"行为品类中的高频率购买者并不会随着其购买频率的提高而增加品牌购买数量。

【拓展资料】

(资料来源：Bruno Lannes.贝恩分析，2012.)

(3) 复杂型购买行为。当消费者选购价格昂贵、购买次数较少、冒风险的和高度自我表现的商品时，则属于高度介入购买。如果消费者属于高度参与，并且了解现有各品牌、品种和规格之间具有显著差异，则会产生复杂的购买行为。复杂的购买行为指消费者需要经历大量的信息收集、全面的产品评估、慎重的购买决策和认真的购后评价等各个阶段。如某消费者想购买笔记本电脑，但又不知硬盘、内存、主板、中央处理器、分辨率、Windows等为何物，对于不同品牌之间的性能、质量、价格等无法判断，贸然购买有极大的风险。由于对这些产品的性能缺乏了解，为慎重起见，消费者往往需要广泛地收集有关信息，并经过认真的学习，产生对这一产品的概念，形成对品牌的态度，并慎重地作出购买决策。

对这种类型的购买行为，企业应设法帮助消费者了解与该产品有关的知识，并设法让他们知道和确信本产品在比较重要的性能方面的特征及优势，使他们树立对本产品的信任感。这期间，企业要特别注意针对购买决定者做介绍本产品特性的多种形式的广告，运用印刷媒体、电波媒体和销售人员宣传产品的优点。

(4) 减少失调感的购买行为。指消费者并不广泛收集产品信息，并不精心挑选品牌，购买过程迅速而简单，但是在购买以后会认为自己所买的产品具有某些缺陷或其他同类产品有更多的优点而产生失调感，怀疑原先购买决策的正确性。地毯、房内装饰材料、服装、首饰、家具和某些家用电器等商品的购买大多属于此类购买行为。此类产品价值高，不常购买，消费者看不出或不认为不同品牌的产品有什么差别，他们的注意力更多的是集中在产品价格是否优惠，购买时间、地点是否便利。购买之后，会因使用过程中发现产品的缺陷或听到其他同类产品的优点而产生失调感。对于这类购买行为，企业要提供完善的售后服务，通过各种途径经常提供有利于本企业和产品的信息，使顾客相信自己的购买决定是正确的。

2. 根据消费者购买目标分类

(1) 全确定型购买行为。指消费者在购买商品以前，已经有明确的购买目标，对商品的名称、型号、规格、颜色、式样、商标以至价格的幅度都有明确的要求。这类消费者进入商店以后，一般都是有目的地选择，主动地提出所要购买的商品，并对所要购买的商品提出具体要求，当商品能满足其需要时，则会毫不犹豫地买下商品。这类消费者不需要他人的介绍，但在实际营销活动中为数较少。

(2) 半确定型购买行为。指消费者在购买商品以前，已有大致的购买目标，但具体要求还不够明确，最后购买需经过选择比较才完成。如购买空调是原先计划好的，但购买什么牌子、规格、型号、式样等心中没数。这类消费者易受他人观点的影响，一般需要提示或介绍，营销人员可见机参谋，以坚定其购买决心。这类消费者为数众多，应是服务的重点对象。

(3) 不确定型购买行为。指消费者在购买商品以前，没有明确的或既定的购买目标。这类消费者进入商店主要是参观游览、休闲，漫无目标地观看商品或随便了解一些商品的销售情况，有时感到有兴趣或合适的商品偶尔购买，有时则观后离开。这类消费者的购买行为与否，与商店内外环境及消费者心理状态有关。对这类消费者，营销人员应主动热情服务，尽量引起他们的购买兴趣。

3. 根据消费者购买态度与要求分类

(1) 习惯型购买行为。指消费者由于对某种商品或某家商店的信赖、偏爱而产生的经常、反复的购买。由于经常购买和使用,他们对这些商品十分熟悉,体验较深,再次购买时往往不再花费时间进行比较选择,注意力稳定、集中。

(2) 理智型购买行为。指消费者在每次购买前对所购的商品,要进行较为仔细的研究比较。购买选择时感情色彩较少,头脑冷静,行为慎重,主观性较强,不轻易相信广告、宣传、承诺、促销方式以及售货员的介绍。

(3) 经济型购买行为。指消费者购买时特别重视价格,对于价格的反应特别灵敏。购买无论是选择高档商品,还是中低档商品,首选的是价格,他们对"大甩卖""清仓""血本销售"等低价促销最感兴趣。一般来说,这类消费者与自身的经济状况有关。

资料2-11

超市促销鸡蛋,顾客凌晨排队

振兴路一家新开业超市打出鸡蛋促销广告:2.99元一斤,每人每天限购3斤。由于鸡蛋的价格比市场价便宜近1元钱,如此优惠价格吸引了一些老年市民早晨5点就来排队抢购。

25日早上7点多,该超市尚未开门,门外就已排出几十米长的队,其中大多数是老人,大家焦急地等着抢购特价鸡蛋。8点整,超市工作人员打开大门,说明每天前100位顾客享受优惠价格,开始给前100位顾客发带有编号的纸条,凭纸条买鸡蛋。排在队伍后面的市民一听,脸立刻拉下来。"门口贴的促销广告,没说只限前100位。等大家费劲排好队了再说,这不是浪费我们的时间吗?"60多岁的李女士抱怨说。

但也有市民窃喜,排在队伍前面的楚老太说,她以前到超市买过特价鸡蛋,"超市一般都会限定人数。"所以她把全家4口人发动起来,凌晨5点多开始排队。不过当他们赶到超市时,发现还有来得更早的。

26日清晨5点半左右,楚老太两口又来到该超市门口排队,她说只要超市搞促销她就来,"今天儿子和儿媳上班,就没喊他们两个。"排队的老人中有些看上去身体很虚弱,但他们仍坚持站着排队,有经验的老人则带来了马扎坐着等,生怕自己的位置被别人抢去。其实,每人限购3斤鸡蛋,最多省不到3元钱。"即使有尿咱也得憋着!"一位满头白发的老人说,"不然你上厕所回来,后面的人还以为你插队呢。"

(资料来源:张召旭,李雪. 超市促销鸡蛋顾客凌晨排队[N]. 齐鲁晚报,2010-07-27.)

(4) 冲动型购买行为。指消费者容易受商品的外观、包装、商标或其他促销努力的刺激而产生的购买行为。购买一般都是以直观感觉为主,从个人的兴趣或情绪出发,喜欢新奇、新颖、时尚的产品,购买时不愿意反复地选择比较。

(5) 感情型购买行为。指消费者购买时容易受感情支配,往往以商品是否符合个人感情需要而产生的购买行为。这类消费者心理活动丰富、易兴奋、富于感情,想象力和联想力较丰富。

(6) 疑虑型购买行为。指消费者具有内倾性的心理特征,购买时小心谨慎和疑虑重重。购买一般缓慢、费时多。常常是"三思而后行",常常会犹豫不决而中断购买,购买后还会疑心是否上当受骗。

(7) 随意型购买行为。指消费者由于缺乏经验或奉命购买,在选购时缺乏主见,主要通过营销人员的提示和帮助完成购买行为。

消费者行为学(第2版)

资料 2-12

出厂新车标明新油耗 准车主买车打消疑虑

2010年1月1日起,消费者在选购新车时也可以根据油耗标识判断汽车的节能性。对于这一工信部出台的"真实"油耗,众多准车主表示欢迎,认为这是消费知情权的一大进步;经销商也反映,油耗标识打消了买家的顾虑,对销售方是好事。

1. 能耗数据由第三方测评得出

中国汽车技术研究中心刘玉光透露,出于公平、公正,此次工信部对车企送检车型进行检测的是天津、长春和襄樊等地的第三方检测机构,在对汽车测定时,分别模拟车辆在城市市区道路和市区以外其他道路条件下的行驶状态,通过测量期间二氧化碳、一氧化碳和碳氢化合物的排放量,计算得出市区、市郊和综合燃料消耗量。

准车主买车,先看能耗标识。在省城润通别克4S店的展厅内,正在看车的韩小姐告诉记者:"以前买车,只能听销售顾问介绍汽车油耗,现在一看新的油耗标识就知道,买车就更踏实、更放心了。"

而对于工信部发布的油耗数据,早就研究着买一辆新版凯越的市民彭先生告诉记者,"刚才我看了,工信部检测的1.6L凯越油耗值有3个,其中市区工况10.4L,市郊工况6.6L,综合工况则为8.0L;和我在爱卡、新浪论坛里看的车友测评百公里油耗在7.5L~8.5L差不多。"

记者在省城部分汽车经销商处看到,新车出厂时随车说明书上标注的所谓"理论油耗",是在等速、无风等特定环境下产生的。平常实际驾驶的环境千变万化,油耗也自然大相径庭。

2. 打消买家顾虑经销商欢迎

汽车经销商对能耗标识也是十分欢迎。在工信部综合油耗榜上名列前茅的吉利汽车省城经销商房李经理表示,"以前厂家公布的油耗数据总是会有顾客质疑,现在有了统一标准的全方位测试数据,能让顾客更全面地了解我们所销售汽车的燃油效率,在购车的时候会更明确一些。"

即使是号称"油老虎"的大排量车和SUV的经销商,也对油耗标识表示欢迎,凯迪拉克山东经销商坤驰汽车的王超经理表示,"以前都说大排量油耗高,依据的都是使用者的一些经验之谈。我们销售的大排量车油耗自然是不能和经济型车比,工信部这个第三方测评数据,会让消费者对所有的车型都能平等地进行对比,对我们的车有一个全面的认识。"

(资料来源:崔滨. 出厂新车标明新油耗—准车主买车打消疑虑[N]. 齐鲁晚报,2010-01-03.)

4. 根据消费者对商品及消费行为的主观看法分类

(1) 实用型购买行为。这类消费者在购买商品时,会把商品的实际效用放在第一位来考虑。他们购买决策时的主要依据是商品质量与价格的性价比,以及商品使用率的高低。

(2) 炫耀型购买行为。这类消费者制定购买决策时以他人的评价作为首要依据。他们购买某一商品时,看重的是该商品能否引起他人的好评、羡慕。

(3) 个性化的购买行为。这类消费者的评价能力和审美标准与众不同,个性一般比较独特。他们在购买商品时,既不考虑商品的实用性,也不在乎别人的看法,而是根据自己独特的审美观,购买认为符合自己个性的商品。

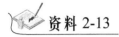

资料 2-13

消费者个性化需求催热"私人定制"

"私人定制"可不仅仅是冯导电影里专门为人圆梦的业务,在如今的服装界、珠宝界甚至是零售行业,都开始玩起了"私人定制"。

市场概况:男士西服定制特别受欢迎。

"裁艺轩"专门接受服装"私人定制"业务。公司和杰尼亚等大牌公司都有合作协议,可以定制到和大牌一样的面料。款式方面,公司则会根据各地杂志上的流行趋势,设计出样册,供顾客选择。顾客在店里下单后,就直接发到香港的工厂去做,几天后半成品会从香港寄过来,让顾客试穿,提出修改意见,最后才是成衣拿到顾客手里。该店林经理说:"现在店里30%的定制单都是一些年轻男士的礼服,休闲的商务男装也占了一部分。几年生意做下来,发现男人们对于'定制'比较接受,他们对服装要求比较在意。"

而消费者越来越个性化的需求,也迫使这些定制店的老板们经常飞赴香港或者国外一些城市去取经。鼓楼一家专门承接女装定制的老板说,现在拿着大牌图片来找我们定制的女性也越来越多。

黄金、鞋履、床品等,百货商场也开始"玩"起定制。

服装品牌的私人定制,也让零售商嗅到了这块市场的商机,第二百货商店目前已经联合"鳄鱼恤"推出了羊绒衫特别定制服务。顾客可以根据企业的样本,按照个人的喜爱,定制出各款的羊绒衫。

二百推出"私人定制"的野心或许不仅仅在羊绒衫这一个品类上。"今后顾客个性化的需求会越来越多。"该商场相关负责人说,通过这项服务,我们会尽可能联系多个厂家来为顾客提供这一项特别的服务,今后,如果消费者有什么特殊需求的,都可以到二百来进行定制。

考虑"私人定制的"百货商场并不止二百一家,银泰、新世界百货等传统商场都或多或少推出此类服务。

谁在追捧"私人定制"?价格如何变得亲民?

像之前提到的"裁艺轩",一套西服的定制价格大约在一万元,更贵的,两三万元的也都有。这个价格包括了定制费、布料费、制作费用等,很多顾客感觉还是值得的。很多喜欢来高端"私人定制"的顾客,大多是一些企业主,或者国企单位的高层等,他们对于产品品质的追求远大于对品牌的追求。

定制费用的标准很难衡量,要看产品的难易程度,当然,高端和低端的产品定制价格也不相同。像杭州大厦有一个珠宝俱乐部,专门接收珠宝定制,曾有客人来要求定制珠宝,光是设计定制费就是30多万元,很多时候,顾客为了追求一个好的设计,设计费用高于主石价格的情况也不少见。

【拓展视频】

另外,像目前在网上提供"私人定制"服务的淘宝卖家也有很多,除了订制书籍的,那些专门订制个人印章、订制宝宝年历、台历,以及各种订制礼品的业务,也属于"私人定制"范畴,当然,这些价格也比较便宜,大多在几十元到几百元不等。

这是一个个性化消费的时代。

消费者越来越个性化的需求即是商机,如专做男装的雅戈尔集团,早在2006年就已经退出了"私人定制"这项服务,顾客在现场量身后,将数据输入电脑,系统即可与CAD设计软件、服装制作业务管理模块实现数据对接,使雅戈尔具有迅速反应的"量身定制"能力。

(资料来源:俞秋艳. 消费者个性化需求催热"私人定制"[N]. 现代金报,2014-02-21.)

5. 根据消费者在购买现场的个性心理反应分类

(1) 沉着型购买行为。这种购买行为是指消费者神经反应过程平静而灵活性低，反应比较缓慢而沉着，因此环境变化刺激对他们影响不大。这种购买行为的购买主体在购买活动中往往沉默寡言，情感不外露，举动不明显，购买态度慎重，不愿谈与商品无关的话题，也不爱听幽默或玩笑式的语句。

(2) 温顺型购买行为。有些人由于神经反应过程比较脆弱，在生理上不能忍受或大或小的神经紧张，对外界的刺激很少在外表上表现出来，但内心体验较持久。这种心理特征表现在购买行为上，一般称为温顺型。此类购买者在选购商品时往往遵从介绍作出购买决定，很少亲自重复检查商品的品质。这类购买行为对商品本身并不过多考虑，而更注重服务态度与服务质量。

(3) 健谈型购买行为。有些人由于神经反应过程平静而灵活性高，能很快适应环境，但情感易变，兴趣广泛。这种心理特点表现在购买行为上就是健谈型或活泼型。这类购买行为的购买者在购买商品时，能很快地与人们接近，愿意交换商品意见，并富有幽默感，爱开玩笑，有时甚至谈得忘乎所以，而忘掉选购商品。

(4) 反感型购买行为。此类消费者在个性心理特征上具有高度的情绪易感性，对于外界环境的细小变化都有所警觉，显得性情怪僻，多愁善感；在购买过程中，往往不能忍受别人多嘴多舌，对售货员的介绍异常警觉，抱有不信任的态度，甚至流露出讥讽性的神态。

(5) 激动型购买行为。有的人由于具有强烈的兴奋过程和较弱的抑制过程，因而情绪易于激动，在言谈举止和表情神态上都有急躁的表现。这种心理特征表现在购买行为上，就是激动型或傲慢型。此类消费者选购商品时在言语表情上显得傲气十足，甚至用命令的口气提出要求，对商品质量和服务要求极高，稍有不合意就会发生争吵。

实际购买中，同一消费者，由于时间、环境、收入、购买对象等多方面因素的影响，会呈现出不同的购买行为类型。因此，要用发展变化的眼光来观察、判断消费者的行为。

2.3.3 消费者购买行为分析方法

消费者购买行为5W1H分析法，即Who、What、Why、Where、When、How。5W1H直接反映出消费者的购买行为，通过5W1H分析可以了解消费者购买行为的规律性及变化趋势，以便制定和实施相应的市场营销策略。

1. 谁买(Who)

购买活动是一项复杂的行为，金额越大，复杂度就越高，参与意见的人越多，决策的时间也会越长。在一般的购买活动中，人们可能扮演的角色有5种，营销人员必须对家庭各个成员的角色与影响力认识清楚，以便针对特定的角色，设计出对应的产品特征与诉求重点。

消费者在购买活动中可能扮演下列5种角色中的一种或几种：①发起者，第一个提议或想到购买特定产品的人；②影响者，对最后购买决策具有某种影响力的人；③决策者，对全部或部分购买决策具有决定权的人；④购买者，实际从事购买行为的人；⑤使用者，消费或使用该产品或劳务的人。

消费者以个人为单位购买商品时，5种角色可能由一人担任；以家庭为购买单位时，5种角色往往由家庭不同成员分别担任。在以上5种角色中，营销人员最关心决策者是谁。某些产品很容易辨认购买决策者，如女性一般是化妆品的购买决策者，男性一般是烟酒的购买决策者，高档耐用品的购买决策往往由多人协商做出。有些产品不易找出谁是购买决策者，此时就要分析家庭成员的影响力。辨认谁是商品的实际购买者也很重要，因为他们往往有权部分更改购买决策，如买多少，何时何地购买等，企业应据此开展商品陈列和广告宣传活动。

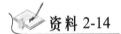

资料 2-14

儿童、家长、老师，一个都不能少

从2000年起B品牌乳酸奶饮料在L市的竞争对手不断涌现，对手的竞争力也不断加强。原直接竞争对手娃哈哈灵活地采取了更具针对性与对抗性的进攻型营销策略，使其在第一季度销量明显提升。消费者需求正发生着从量变到质变的转变，品牌纷争正蚕食着B品牌的市场份额。

为了夺回失去的"江山"，B品牌在L市进行了调查研究，发现在营销战略和策略上的失误是导致其销售量下降的主要原因。其中一条是没有解决好使用者、决策者、与影响者对品牌喜好的一致性问题。乳酸奶饮料的消费者是儿童，决策购买者是家长，幼儿园、小学老师则是消费决策的主要影响者之一。儿童与成人接受信息的内容与方式差别甚大，要提高市场竞争力，必须同时提高品牌在消费者、决策者和影响者心目中的知名度与美誉度，三者一个都不能少。

(资料来源：王亚夫. 儿童、家长、老师，一个都不能少[J]. 工厂管理，2002，(12).)

2. 买什么(What)

决定买什么是消费者最基本的任务之一，它主要包括以下内容：购买什么产品或服务？顾客需要什么？顾客的需求和欲望是什么？对顾客最有价值的产品是什么？满足顾客购买愿望的效用是什么？顾客追求的核心利益是什么。

"买什么"是决策的核心和首要问题。不确定买什么，当然就谈不上有任何购买活动的产生。决定购买目标不只停留在一般的类别上，而且要明确具体的对象。例如，夏季到了，为了防暑降温，不能仅仅从买空调还是买电扇中作出抉择。如果决定前者，还必须明确空调是买分体的还是买立式的？买什么品牌？买什么颜色？等等。

3. 为什么买(Why)

确定购买原因，主要包括以下内容：为何购买？(购买目的是什么？)为何喜欢？为何讨厌？为何不购买或不愿意购买？为何买这不买那？为何选择本企业产品，而不选择竞争者产品？为何选择竞争者产品，而不选择本企业产品？尽管是同一件商品，但消费者购买动机往往不同，实施购买行为的原因也多种多样。如同样是购买金银首饰，有人是为了美观，有人是为了保值增值。

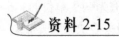

京城黄金饰品销售火爆

"售货员,把这条项链拿给我看一下。"一个小伙子操着湖北口音,指着一条千足金项链说。售货员把项链放在盘子里,小伙子仔细地看了又看,说:"我给女朋友发条彩信,项链是为她买的,还得她喜欢。"说着拿出手机拍照。那位湖北小伙说,他马上要跟女朋友订婚,想从北京给她买条项链作为定情物。

"像他这样的顾客三八节期间更多,送女友的、送妻子的、送母亲的,大多都买黄金饰品。"柜台边的销售人员在一旁幽默地插话:"要说火爆,还数今年春节。"她介绍说,各种牛年生肖摆件、金条及牛造型立体挂坠等贺岁类产品受到顾客欢迎,公司独家推出的"福运牛"金饰贺岁系列,把"福运金钱"与"转运金珠"搭配编织成项链、手链、手机挂件等不同造型的饰品,成为春节期间的抢手货,每日销量高达几千件。

对于黄金在生活中所起作用,选择黄金首饰具有"点缀"效果的消费者大大多于选择"保值""特殊纪念"等作用的消费者,比例占据被访者人数的30%。这一结果表明,随着珠宝产业的日益发展以及人民生活水准的普遍提高,消费者心中认定黄金首饰保值的传统观念正逐渐淡化,选择购买黄金首饰扮靓的消费者比例有所提高。

(资料来源:王明峰. 中国有望成第一大消费国 黄金消费迎来黄金期[N]. 人民日报,2009-04-30.)

4. 在哪里买(Where)

在哪里买即确定购买地点。购买地点的决定受多种因素的影响,诸如路途的远近、可挑选的商品品种、数量、价格以及商店的服务态度等。一般来说,各个商店都可能会有不同的吸引力。例如说,这个商店可供选择的货物品种不多,但离家却很近;而那个商店货物的价格略高,可是服务周到。消费者决定在哪里购买与其买什么关系十分密切。有研究发现,购买衣服最常见的决定顺序是商店类型、商店、品牌、地点选择,而购买照相机的决定顺序是品牌、商店类型、商店、地点选择。

5. 何时买(When)

何时买即确定购买时间。决定何时购买受下述因素影响:消费者对某商品需要的急迫性、市场的供应情况、营业时间、交通情况和消费者自己的空闲时间等。此外,商品本身的季节性、时令性也影响购买时间。

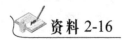

2015年国庆假期消费统计

商务部发言人沈丹阳称:2015年国庆黄金周全国零售和餐饮企业实现销售额约10 820亿元,比去年同期增长11%。

"十一"黄金周,北京102家商企实现销售额74.1亿元,同比增长9.3%;江苏重点商贸流通企业国庆黄金周期间实现销售额约138.53亿元,同比增长10.9%;湖南省315家零售、餐饮企业国庆黄金周期间销售额比去年同期增长约12.5%;陕西省商品市场销售实现238.4亿元,同比增长11.6%;湖北省零售和餐饮企业实现销售额147.5亿,其中餐饮营业额近40亿元,同比增长13.9%;四川省零售和餐饮企业实现销售额291亿元,分别较节前和去年国庆增长15%和12%左右。

"十一"黄金周,山东省以392.1亿元列旅游总收入排行榜第一名;四川省成为接待游客总数最多的省份,达5 349.76万人次。根据表2-2排行榜中的数据显示,山东省、四川省、河南省、山西省、陕西省和湖南省旅游总收入超过200亿元(表2-2)。纳入国家旅游局监测的125个传统热点景区7天共接待游客2 962.17万人次,门票收入15.88亿元。

表2-2 2015年"十一"黄金周全国各省区市旅游收入排行榜

名次	省区市	旅游总收入/亿元	同比增长/(%)	接待游客总数/万人次	同比增长/(%)
1	山东	392.1	12.80	5 139.1	8.20
2	四川	316.45	24.50	5 349.76	14.50
3	河南	266.2	11.70	4 570.4	10.50
4	山西	213.47	16.15	3 357.63	17.22
5	陕西	200.9	26.50	4 088.6	24.30
6	湖南	突破200	7.98	突破3 700	7.58
7	安徽	178.6	11.20	5 101.5	10.20
8	湖北	165.9	12.48	3 517.05	11.07
9	贵州	136.35	21.30	2 116.22	20.60
10	福建	124.37	25.80	1 848.99	20.40
11	北京	83.1	7.10	1 151.6	1.60
12	天津	68.35	8.10	764.19	1.10
13	重庆	65.04	13.16	2 087.22	12.38
14	吉林	59.45	28.50	1 001.45	19.60
15	甘肃	54	16.50	900	15.80

注:以上数据来源各省区市旅游局公开统计数据。

(资料来源:2015年庆假期旅游消费情况统计.[EB/OL].[2015-10-08].中商情报网.)

6. 如何买((How)

如何买涉及的是购买方式的确定。例如,是直接到商店选购,还是函购、邮购、预购或托人代购;是付现金、开支票,还是分期付款等。

资料2-17

护肤品消费行为调查

在这个拼颜值的时代,消费者很乐意为自己的美丽买单。日前,北京、上海、广州、天津、重庆、大连、厦门、青岛、深圳、沈阳、长春、哈尔滨、南京、杭州、济南、武汉、成都、西安、昆明等19个城市的消费者协会共同发布了《护肤品消费行为调查报告》。报告显示:

年龄在18~40岁的消费者对护肤品的关注度较高。46.96%的消费者平均每月购买护肤品的支出为

100~500元，38.19%的消费者在100元以下，11.10%的消费者在500~1000元。

近八成的消费者并不十分了解自己的肤质状况。而对于肤质可以进行专业检测，有47.86%消费者对此表示"不了解"。

补水产品最受青睐，选择人数占到了59.41%；选择防晒、美白、提拉紧致、抗衰老产品的人数也都占到了35%左右。由于近年来雾霾等空气污染现象严重，很多人出现皮肤过敏等问题，因此，有33.16%消费者表示会选择"解决空气污染导致皮肤受损的护肤品"。

洗面奶每天的使用率最高，有75.18%的消费者经常使用；其次是乳液、爽肤水，有57.25%的消费者经常使用。

6月1日，我国降低护肤品进口关税税率高达60%，但59.97%的消费者不知道关税下调能给自己节省多少钱，另有70.95%的消费者表示关税下调对自己选择护肤品影响不大。

分别有53.30%和41.68%的消费者是通过电视广告和他人推荐获取护肤品的相关资讯，排名最为靠前。电视广告等宣传是消费者获取护肤品资讯的主渠道。但调查显示，57.10%的消费者在选择护肤品时仅受到广告的"一点影响"，15.42%的消费者则"不受影响"，只有27.48%的消费者表示"影响很大"。另有65.14%的消费者表示不会因为喜欢某个明星而选择他代言的护肤品。

无论是在了解护肤品资讯的渠道上，还是在推荐人群或机构的可信赖程度上，"家人或朋友的推荐"都被众多消费者纳入考量指标。而美容网站编辑、微博微信上的美容专家/达人、演艺明星的信赖度普遍较低，美容大奖的信赖度则垫底。

70.88%的消费者将功效作为其购买护肤品时主要考虑的因素，另有61.19%和54.38%的消费者主要考虑价格和品牌，而包装对于消费行为的影响力最低。有四成消费者购买护肤品时会关注其成分，这说明消费者的理性程度和成熟程度都在不断提高。

随着营销渠道的多样化，消费者选购护肤品的渠道也正呈现多元化趋势，除了商场、超市、化妆品专卖店仍是消费者最常使用的护肤品购买渠道以外，42.83%的消费者经常网购护肤品。但67.22%的消费者表示"不愿意通过微信朋友圈购买"，仅有7.68%的消费者经常通过微信购买护肤品。

消费者对于微信这一渠道显然还是不够放心，同时，电视购物这一渠道也不让人放心，仅有4.30%的消费者经常通过电视购物购买护肤品。对于消费者日渐接受的网购，也仍有74.82%的消费者担心买到假冒伪劣的护肤品，这成为网购消费者最大的担心。

面对时下各种优惠促销活动，44.91%的消费者最喜欢的是打折；其次是现金返还，说明消费者更喜欢让他们能够看得见、摸得着的促销方式。

(资料来源：宋博. 护肤品消费行为调查报告出炉消费者购买渠道呈多元化[N]. 中国经济时报，2015-07-06.)

本章小结

本章首先对消费者购买行为理论作了相关阐述。习惯建立理论认为，消费者的购买行为实际上是一种习惯的建立过程，消费者对消费对象和消费方式的喜好是在重复使用和消费中逐步建立起来的，这个过程不需要认知过程参与。信息加工理论认为，消费行为是一个信息处理过程，即信息的输入、编码、加工、储存、提取和使用的过程。消费者面对各种大量的商品信息，要对信息进行选择性注意、选择性加工、选择性保持，最后作出购买决定并作出购买行为。风险减少理论认为，消费者购买商品时要面临各种各样的风险，消费行为就是想方设法寻求减少风险的途径。边际效用理论认为，消费者购买商品的目的就是要用既定的钱最大限度地使个体的需要得到满足，即以一定的钱买来尽可能多的商品，从而达到总效用和边际效用的最大化。

消费者购买行为理论，主要是从宏观、整体上解释消费者为什么要购买商品，而消费者购买行为模式则是从中观的角度探讨消费者实际的购买行为。刺激-反应模式是消费者行为的一般模式。该模式表明消费者的购买行为是由刺激所引起的,这种刺激来自于消费者身体内部的生理、心理因素和外部的环境。消费者在各种因素的刺激下,产生动机,在动机的驱使下,做出购买商品的决策,实施购买行为,购后还会对购买的商品及其相关渠道和厂家做出评价。除刺激-反应模式外,本书还介绍了科特勒刺激-反应模式、恩格尔-科拉特-布莱克威尔模式、尼科西亚模式、霍华德-谢思模式等消费者行为模式。

消费者购买行为的一般特征主要体现在:消费者的购买行为和其心理现象的相互联系;个体的消费行为必然受到社会群体消费的制约与影响;消费行为具有明确的目的性和很强的自主性;消费行为具有很强的关联性;消费行为具有发展变化性。

对消费者购买行为进行分类的标准很多,每一种分类方法都可以从不同的侧面反映出消费者购买行为的特点。根据消费者购买时的介入程度和产品品牌的差异程度,分为习惯型、广泛选择型、复杂型及减少失调感的购买行为;根据消费者购买目标,分为全确定型、半确定型及不确定型购买行为;根据消费者购买态度与要求,分为习惯型、理智型、经济型、冲动型、感情型、疑虑型、随意型购买行为;根据消费者对商品及消费行为的主观看法,分为实用型、炫耀型、个性化的购买行为;根据消费者在购买现场的个性心理反应,分为沉着型、温顺型、健谈型、反感型及激动型购买行为。

消费者购买行为5W1H分析法,即Who、What、Why、When、Where、How。5W1H直接反映出消费者的购买行为,通过5W1H分析可以了解消费者购买行为的规律性及变化趋势,以便制定和实施相应的市场营销策略。

习 题

一、选择题

1. (　　)是行为主义心理学观点在消费行为研究上的应用。
   A．习惯建立理论　　　　　　　　B．信息加工理论
   C．风险减少理论　　　　　　　　D．边际效用理论
2. 信息加工理论的理论假设前提是(　　)。
   A．经济人假设　　　　　　　　　B．被动人假设
   C．情感人假设　　　　　　　　　D．理性人假设
3. 消费者购买行为的一般模式是(　　)。
   A．S-O-R模式　　　　　　　　　B．尼科西亚模式
   C．EKB模式　　　　　　　　　　D．霍华德-谢思模式
4. 商品品牌之间有明显差别,但消费者不专注于某一产品,而是经常变换品种,这种行为属于(　　)。
   A．习惯型购买行为　　　　　　　B．复杂型购买行为
   C．广泛选择型购买行为　　　　　D．减少失调感的购买行为
5. 消费者在购买活动中可能扮演的角色有(　　)。
   A．购买者　　　　　　　　　　　B．影响者
   C．决策者　　　　　　　　　　　D．使用者

二、判断题

1. 《消费者行为学》以经济人假设为基础。（   ）
2. 边际效用理论的思想基础是享乐主义哲学和传统的理性人假设。（   ）
3. 消费者购买行为理论是从宏观上、整体上解释消费者为什么要购买商品。（   ）
4. 消费者购买行为模式是从宏观角度探讨消费者实际的购买行为。（   ）
5. 消费行为会随着社会各种条件的发展而不断变化。（   ）

三、填空题

1. 强调消费者对信息进行加工的过程，通过对内外部信息的加工整理，消费者会作出自己的购买选择。这就是关于消费者的_____人假设。
2. 消费者购买行为的一般模式是_____。
3. 根据消费者购买时的介入程度和产品品牌的差异程度，消费者购买行为可分为_____、_____、_____和_____。
4. 消费者的购买决策一般包括：为什么买、买什么、买多少、在哪里买、_____和_____。

四、名词解释

1. S-O-R 模式
2. 习惯型购买行为
3. 理智型购买行为
4. 感情型购买行为
5. 经济型购买行为
6. 5W1H 分析法

五、问答题

1. 对于营销人员来说，掌握消费者购买行为理论有什么价值？
2. 阐述风险减少理论的主要内容。消费者常用的风险控制方法有哪些？
3. 试分析消费者购买行为的一般模式，并举例说明其应用价值。
4. 消费者的购买行为具有哪些特征？

六、论述题

1. 实例说明，根据购买介入程度和品牌差异程度，消费者行为分为哪几种类型？针对上述不同的消费行为类型，相关经营者的营销重点有何不同？
2. 什么是 5W1H 分析法？举例说明 5W1H 法的主要内容。

七、案例应用分析

高级折扣零售店——塔吉特公司

作为一家直接与终端消费者打交道的企业，美国塔吉特公司(Target)对消费者的研究十分深入，消费者购买行为模型被他们作为一个非常重要的工具使用，并取得显著成效。

第 2 章 消费者购买行为

塔吉特公司1962年成立,在美国47州设有1330家商店,为客户提供当今时尚前沿的零售服务,物美价廉。不管是在Target商店还是在线Target.com,客户都能从数千件风格独特的商品中作出选择,享受到乐趣横生、简单方便的购物体验。

1. 塔吉特定位顾客群

塔吉特的创始人发现,折扣商场价格虽低,但很多女性并不去那里购物,因为她们不喜欢店里的商品、服务和气氛。以她们的收入,这些妇女属于中等或中上阶层,应该去高级百货店购买,但她们还是喜欢拣便宜货。在分析她们对于产品的品位和生活方式之后,"女性到底希望在什么样的地方购物"的答案逐渐浮出水面:如果有家商店能提供愉快、省时的购物体验,商品质量高于传统折扣商场,价格又比百货公司低很多,那么女性会很乐于光顾。

"在折扣店中走高级路线是可行的。"塔吉特的创始人约翰·吉斯(John Geisse)说。他觉得折扣商场这个行业除了低价商品之外,还有更多可发挥的空间。

2. 减少和剔除

和沃尔玛的"天天低价"相比,塔吉特对于低价的承诺有适度的保留。塔吉特将自己的顾客群定位于80%是女性,年龄平均为40岁左右,家庭年收入平均为5.1万美元,略高于沃尔玛的4万美元,大大高于凯玛特的2万美元。

塔吉特的店面设计强调了"平价"的因素:减去过于繁复精致的装饰和复杂花哨的陈列。在商品陈列和楼面设计上,塔吉特的策略是协助顾客尽快买到想买的东西,因此楼面规划和各种标志设计都便于顾客找到方向。它的商品通道指示设有3个相交立面,顾客从任何角度都可以看得到。卖场各处都设有价格扫描器,顾客还可就近利用店内的红色电话联络客服部门。

3. 创造和增加

塔吉特采取的商品战略是提供只能在塔吉特买得到的独家商品,尤其是设计师特别设计的商品,如此不但能够满足顾客对质量的要求,也大幅提升了塔吉特高级、时髦的形象。这些为塔吉特设计独家商品的设计师都站在流行和时尚的前端,因此也可以为未来的趋势提供丰富的消息。自从格雷夫斯的产品在塔吉特商店出现以来,美国大众的热情使这家商店的销售增长率达到了两位数。

同时,塔吉特增加了原来大众零售店所匮乏的"体面"氛围——不仅仅是装修上的舒适体面,更包括对待顾客有如上宾。塔吉特员工礼貌又有效率的服务在普通折扣商店相当少见。

自从这一系列改变后,塔吉特仿佛被打上了质量优良的戳记。高阶层的顾客互相比较到塔吉特采购省了多少钱,而且到处炫耀最近在塔吉特买的东西——新衣服、锅具组、电视或DVD机。塔吉特希望传达给顾客的信息是:"我们拥有你在别家店找不到的高质量商品,而且价格不贵。"

(资料来源:恩蓉辉. 高级折扣零售店 塔吉特百货重新定义顾客群体.新浪财经,[2005-10-20].)

思考题

试用所学的消费者购买行为理论分析塔吉特公司成功的原因。

八、实践活动

访问两位营销经理,询问消费者购买行为类型划分对企业营销活动开展有什么价值。

第 3 章

消费者购买决策过程

教学目标

通过本章学习，掌握科学、合理消费购买决策的程序和方法；掌握消费者购买决策过程中每一个阶段对应的企业市场营销活动内容。

教学要求

知识要点	能力要求	相关知识
问题认知	(1) 理解问题认知的含义 (2) 掌握问题认知过程 (3) 掌握激发消费者问题认知的途径	(1) 问题认知 (2) 问题认知过程 (3) 影响问题认知的因素 (4) 激发消费者问题认知的途径
信息搜集	掌握信息搜集的来源	(1) 记忆来源 (2) 个人来源 (3) 大众来源 (4) 商业来源 (5) 经验来源
评价选择	(1) 掌握评价选择过程 (2) 理解选择评价的基本规则	(1) 确定产品评价标准 (2) 确定产品评价标准的相对重要性 (3) 确定备选产品在每一标准下的绩效值 (4) 选择评价的基本规则
购买行为	(1) 掌握影响消费者店铺选择的因素 (2) 了解无店铺零售业分类 (3) 理解冲动性购买的含义及影响因素 (4) 掌握消费者如何减少冲动购买的技巧	(1) 店铺选择 (2) 无店铺销售 (3) 冲动性购买

第3章 消费者购买决策过程

续表

知识要点	能力要求	相关知识
购后行为	(1) 了解产品的安装、闲置及处置 (2) 掌握消费者满意与不满的形成过程、影响因素及营销对策	(1) 产品的处置形式 (2) 消费者满意与不满的形成 (3) 消费者满意的行为反应 (4) 消费者不满的行为反应

导入案例

Charlote 的医疗新选择

夏洛特(Charlote)是一位公立学校的年轻女老师,年薪约 40 000 美元。有一天,她收到了医生来信,信的内容让她很吃惊!医生通知她将实行年收费的政策,费用是 1500 美元。实际上这个不能称为费用,这个是预订费。除了预订费,她还必须为每次看病支付费用。尤其是,缴费的时间是在 1 月 1 日,正好在圣诞节后,这个时候夏洛特的支票账户存款处于最低额。

夏洛特开始从学校系统的福利办公室寻找解决问题的办法,从那里她知道自己面临两种选择——一种是州立医疗系统,一种是众多卫生维护组织(HMO)中的一家。这些医务所的差别在于每个月的费用。州立医疗系统是免费的,所有的支出都由州政府承担。而卫生维护组织则需要每个月支付费用。卫生维护组织的两种方案中,方案 A 需要每个月支付 32 美元,而方案 B 需要每个月支付 41.05 美元。但是州卫生计划中包含每年 350 美元的纳税抵扣。所以,如果夏洛特的医疗费用额度未达到在州医疗保险偿付额,她必须为每次诊视支付 10 美元。至于承保范围,不管是州计划还是卫生维护组织计划都非常相似,她不能在这两者间作出决策。

夏洛特的医疗记录表明去年她看过 5 次医生,每次的诊视费用为 35 美元。她做的检验费用需要另外支付,共计有两次检验,第一次花去 229.67 美元,第二次是 72.88 美元。

此外,卫生维护组织要求病人只能求诊已经加入卫生维护组织的医生,而州卫生计划则没有任何限制。夏洛特花费了数周的时间,向朋友和同事询问,请他们推荐医生。

在决定了哪些医生比较好之后,夏洛特向这些医生的办公室打电话,询问进一步的信息。她认为比较重要的其他因素有诊所的地点、营业时间(是否在周末或晚上营业)、能够见到自己的医生而不是哪个医生有空就看、医疗仪器设备配置以及医生是否是卫生维护组织的会员。同时,夏洛特规定上述评价因素对其医生选择的影响程度不一样,于是,她对这些评价因素的重要性(加权数)作了相关确定,加权数总和为 100。

在收集了信息和建议后,夏洛特将选择范围缩小到 4 位医生(表 3-1)。

表 3-1 Charlote 的医生选择方案

指标 \ 医生	加权数	Jones	Smith	Williams	Connors
他人建议	45	7	9	8	10
诊所地点	10	10	8	9	9
营业时间	15	8	5	7	9
能否看自己的医生	20	是	否	否	是
服务	10	是	是	是	否
是否属于卫生维护组织	0	否	是 A	是 B	否

然后，她开始统计这几项加权值并排序，以便做出决定。在内心深处她希望不管选中哪个医生，他都不会在下一年实行年预订金制度。这时她想知道选择一个卫生维护组织医生，还是选择州计划中的医生更保险？她推测，如果一个医生不属于卫生维护组织，他将更不受约束地去做出这样的收费变更。她开始重新考虑改变分配给是否加入卫生维护组织的评估值，但最终改变了想法，因为在她看来，这项决定已经变得够复杂了。

现在，她想，"我今晚已经为此作出决定了。所以，如果我加上这些值……。"

(资料来源：Martha McEnally 著. 消费者行为学案例[M]. 袁瑛，刘志刚，译. 北京：清华大学出版社，2004.)

消费者购买决策是指消费者为了满足某种需求，在若干个可供选择的购买方案中，经过分析、评价、选择并且实施最佳的购买方案，以及购后评价的活动过程。由于消费者所要购买的商品的种类、价格、个人的能力以及经济条件等因素不同，消费者的购买决策过程有时比较简单，有时较为复杂。但一般来说，消费者购买决策过程包括以下 5 个阶段：问题认知、信息搜集、评价选择、购买和购后行为，如图 3.1 所示。很明显，购买过程在开始购买前就开始了，并且购买后还要延续很长时间。营销人员需要关注整个购买过程，而不是只注意购买决定。

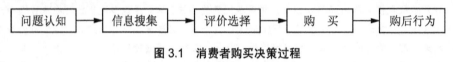

图 3.1　消费者购买决策过程

3.1　问 题 认 知

3.1.1　问题认知过程

问题认知是由消费者的理想状态与实际状态之间的差距引起的。当消费者的期望状态与实际状态平衡时，消费需求是潜在的。而当消费者的实际状态或期望状态发生变化时，就会构成一种刺激，促进消费者发现自己的潜在需求，进而产生寻求满足需求的方法、途径的动机的产生。例如，你想过个愉快的周末，当发觉在周末孤孤单单、心情烦躁时，你会把这当作一个问题看待，因为你的实际状态(心情烦躁)与理想状态(快乐)之间有差距。作为对此的反应，你可以上电影院看电影或去拜会朋友或去做别的能让你心情愉快的其他事情。

消费者在意识到某个问题以后，是否采取行动和采取何种行动取决于两个方面的因素：①理想状态与感知的现实状态之间差距的大小或强度；②该问题的相对重要性。如某位消费者希望自己拥有一套 100 平方米的住宅，而现在他的住宅面积只有 90 平方米。此时，该消费者的理想状态与现实状态之间虽然存在差距，但由于差距较小，如果没有其他促动因素，这一差距可能不会导致消费者采取购买新住宅的决策行动。另外，即使现实状态与理想状态之间存在较大差距，但如果由此引起的问题相对于其他消费问题处于较次要的位置，此时该问题也不会进入下一步的决策程序。如某位消费者想换辆款式更新的汽车，但由于要负担儿子自费上大学的费用，在经济能力有限的前提下，该消费者换车的计划可能要暂时搁置起来。

消费者所追求的生活方式和现在所处的情境决定了他的理想状态和现实状态。理想状态与现实状态是否存在差异、差异的性质及其大小决定了消费者对现实状态是否满意。在不满意的情况下,可能会引发问题认知,从而触发进一步的决策活动,如图 3.2 所示。

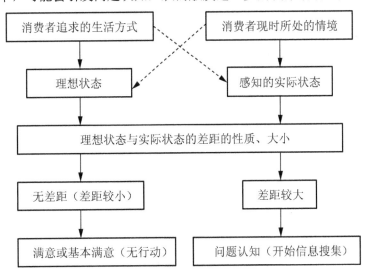

图 3.2　问题认知过程

(资料来源:Hawkins D L,Best R J,Coney K A.*Consumer Behavior*:*Building Marketing Strategy*. Mc Graw-Hill,1998.)

3.1.2　影响问题认知的因素

引起期望状态和实际状态之间产生差异的诱因受到外部和内部两方面因素的影响。

1. 缺货

很多情形下,消费者意识到某一购买问题仅仅是由于产品已经或即将用完,从而会去购买这些产品。此时的购买决策通常是一种简单和惯例的行为,如牙膏用完了,去超市购买。

2. 不满意

需求确认产生于消费者对正在使用的产品或服务不太满意。例如,消费者认为去年购买的衣服款式已过时,不流行了,决定重新购买衣服。

 资料 3-1

换房需求成消费绝对主流

从官方公布的成交数据及市场人士统计的成交结构来看,自住群体中的换房需求,已经取代首次置业需求成为目前住房消费的主流。

1. 近六成人为改善居住购房

本次联合调查中,将购房目的分为 5 种,分别是改善居住条件、解决居住条件、投资、养老和为子女购房。结果显示,在未来有购房需求的受访者中,因为要改善居住条件而购房的人占了 55.8%,成为最主要的购房目的,居于首位。

2．超三成人为解决居住购房

在上述五类购房目的中，有30.5%的人表示购房是为解决居住需要，即业内所说的首次置业刚性需求。在五类购房目的中，这种需求的比例仅次于改善型需求而位居第二位。

3．投资型需求不断增加占比超过20%

有自住需求，也有投资需求的楼市，才是一个正常的楼市。如果说，上半年的广州楼市还是靠自住需求支撑起来的话，那么从年中开始，楼市的"接力棒"已经多了一股投资者的力量，这股力量迅速推动楼市成交增加及楼价走高。

4．超一成人购房有两种目的

就目前的市场状况看，除了上述3种购房目的外，其实还有一批群体，他们购房的目的除了自住外，也会兼顾投资功能。这个群体多数为二次或三次置业人士，他们拥有两套或多套物业，故而不会有住房的迫切感。房产作为一种投资产品，承担着理财的功能。这个群体不一定是炒家，更多的是长线放租受益者。这种购房心态诞生的大背景同样也是因为通胀预期。

(资料来源：陈玉霞. 换房需求成消费绝对主流[N]. 羊城晚报，2009-12-25.)

3．环境或处境的改变

一个人的生活变化会激起许多新的需要。如很多刚毕业的大学生在走上工作岗位后，会发现平时在大学校园里十分得体的服装，在新的工作环境里会变得不协调和使人感到不合适，从而会添置许多新衣服。一个人的职务提升时，他会购买一些更高档的服装以使自己显得更体面些。

4．相关产品的购买

获得一件产品可能激发对另一件产品或一系列产品的需要。一个购买了新房的消费者会产生购买多种家居物品，如家具、厨房用品、电器等的需求。因此，很多公司将新房购买者视为重要的目标市场。

5．营销因素

在很多情况下，营销者并不只是被动地对消费者产生的需要作出反应，而是希望有消费者尚未意识到该问题之前激发消费者产生需要。如部分企业在推广新产品或新品牌时，运用比较广告凸现新产品的优点，同时影射市场上现有产品的局限和不足。

资料 3-2

《阿凡达》——创造需求

全球票房一路扶摇直上，突破15亿美元，场面之火爆，难以想象。影评人、媒体、观众几乎一面倒的欢呼、喝彩。

由此引出一个话题：把《阿凡达》当做一个产品，这个产品受欢迎的程度史无前例，世所罕见。为什么会出现这种情况，是因为《阿凡达》的营销做得好？还是因为《阿凡达》满足了消费者的需求，抑或是创造了消费需求，引起口碑"连锁反应"？

这就是影片《阿凡达》火爆背后的营销悖论。何为悖论？即表面上看起来自相矛盾，而实际上可能都是正确的观点。

营销本质上是满足需求,达到营销目标的整个过程是对需求进行过程管理。但在现实中,往往并非如此。

很多产品,尤其是高科技产品,通过市场调研很难获得准确的"需求"的界定,更难以用调研结果来进行决策。卡梅隆敢于花十几年时间构思、创作、拍摄一部《阿凡达》是由衷让人钦佩的,相比国内粗制滥造的"产品""山寨"的产品不知道要强多少倍。难怪青年导演陆川看了《阿凡达》之后感叹:这部电影足以让中国的电影人汗颜。

当然了,人家底子厚,有足够的资本和基础进行"厚积薄发"。二十世纪福克斯、派拉蒙等全球电影公司全力支持。但回过头来说,就算是有大投资和制作,没有好的构思、创意、技术、流程、团队,又怎么会有《阿凡达》一夕的爆发呢?

成功的营销,好产品是根本,而不仅仅是炒作。可惜中国的营销界已经出现了太多的舍本逐末,忽略了根本。《阿凡达》在国内不用大规模的宣传,用的最好的宣传就是口碑营销,口口相传,看起来很落后的方式。但就是这种"落后"方式,让寒冬里每家电影院门口排起"长龙"。这不由得使人们惊呼:产品的魅力也是如此美丽。

坚持创新,但绝对不要脱离根本;行动迅速,但不要浮躁虚无。"阿凡达"式营销的悖论还会继续在中国市场上上演,"创造需求"还是"满足需求"在很长一段时间都会是世界营销界和中国营销界争论的话题。

但至少,在《阿凡达》的奇迹之后,我们完全有理由相信,"创造需求"将更加能赢得消费者的心,更加能激发市场的潜力和潜能,尽管艰难和风险并存。

(资料来源:蒋军.《阿凡达》——创造需求的成功案例[N]. 湖北日报,2010-01-19.)

3.1.3 激发消费者对问题的认知

在很多情况下,营销者不只是被动地对消费者意识到的问题作出反应,而是希望在消费者尚未意识到该问题之前激发消费者对问题的认知。

1. 一般性问题认知与选择性问题认知

一般性问题认知中涉及的差别可以通过同一类别产品中的不同品牌来缩小。如,牛奶行业协会的宣传海报试图让人们认识到牛奶能满足他们对钙的需要,却没有提到任何品牌的牛奶。激发一般性问题认知情况:当问题比较隐含或者不是很重要时,并且存在以下种情况之一:情况处于产品生命周期的早期;企业占有非常高的市场占有率;外部信息搜集相对有限;全行业协作努力。选择性问题认知中涉及的差别只有某个特定的品牌能够予以解决。如,哈药六牌钙+锌"长个+增加食欲"。虽然增加一般性问题认知通常会导致整个市场的扩大,但企业更多地试图激发选择性的问题认知来增加或保持其市场份额。

2. 激发问题认知的方法

由于消费者对问题的认知是由理想状态与现实状态的差异大小以及该问题的相对重要性所决定,所以,企业可以通过改变消费者对理想状态与现实状态的认识来影响两者间的差距,或者还可以通过影响消费者对现有差距重要性的认识来达到目的。

企业可以通过广告及各种促销等手段来影响消费者的理想状态。营销者常在广告中宣传其产品的优越之处,并希望这些优点被消费者看重。企业还可以通过广告及各种促销等手段来影响消费者对现有状况的认知。 消费者可能习惯性地重复选择某一品牌,而不考虑是否有性能更好、品质更优的替代产品。此时，生产新的替代品的企业需要打破消费者的惯常决策模式，使其意识到他现在所购买的产品并不是最好的。同样，一些企业在推广新产品或新品牌时，运用比较广告凸显新产品的优点，同时影射市场上现有品牌的局限和不足，也是出于同样的目的。

3. 问题认知的时机

消费者常常在购买决策发生困难或找不到解决办法时才产生问题认知。如，事故发生后才想起保险，觉得不舒服又不想去药店时才想到家里该备点感冒药。

有时营销者试图在事后帮助消费者去解决问题，如送药上门。但更常用的策略是在问题发生之前就激发问题认知，这无论对消费者还是对营销者都是有益的。有些公司如保险公司、旅游公司，主要通过大量的广告宣传引起问题认知，另外一些公司则更多依赖卖场商品陈列或其他店内手段激发消费者对问题的认知。

3.2 信息搜集

在产生需要的基础上，消费者受满足需要的动机驱使，开始寻找各种解决问题的方案。为使方案具有充分性与可靠性，消费者必须广泛搜集相关信息。消费者对产品或服务信息的搜集可从内部和外部两个方面着手(图 3.3)。

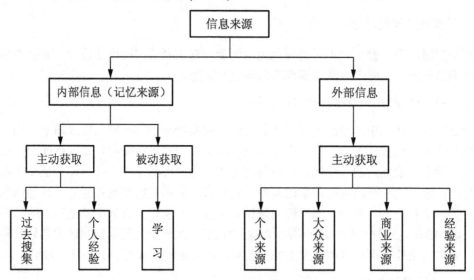

图 3.3 消费者购买信息来源

资料 3-3

中国汽车用户购车信息渠道

2002 年的新华信轿车满意度调查结果显示，无论是从"各个级别的轿车"的角度还是从品牌的角度看，不同信息渠道对购车者决策的影响程度都是一致的。购车者最看重的 7 个信息渠道是：有经验的亲友介绍、车展、试乘试驾、以往车辆使用经验、媒体评论、电视广告和销售人员介绍。其中，亲友介绍占第一位；车展、试乘试驾和以往车辆使用经验也是提及率较高的渠道，可见自己和周围人的亲身经历被购车者视为最重要和值得信赖的渠道。

从购买决策过程的不同阶段看，购车信息行为也有明显差异，这成为厂商制订推广计划和广告的根本依据。①意见征询阶段。主要是向用车和买车的亲友打听，打听以价格范围为基础的若干目标品牌。②信息探索阶段。以主动接触传统媒体为主，报纸信息占非常重要的地位。③目标锁定阶段。信息的收集将更具体和有针对性，开始利用非接触性信息来源：厂家网站、目标经销商网站、非目标厂家和经销商网站。④实际决策阶段。以走出去获取非传统媒体信息为特点，包括车展、经销商的实车、经销商介绍。这一阶段是"百闻不如一见"，耳听为虚，眼见也为虚，要手摸为实。

2015年的中国汽车行业用户满意度测评结果显示：汽车用户购车参考的主要信息来源主要包括，"车展、车市4S店""互联网""亲戚朋友推荐"。这三项信息来源的提及率分别是68.7%、61.3%、57.4%。其中，"互联网"的提及比例升高了3.5个百分点。

(资料来源：新华信市场研究咨询有限公司.2002年度新华信轿车满意度研究报告，2002.
中国质量协会.2015年中国汽车行业用户满意度(CACSI)测评结果.[2015-10-09].汽车产经网.)

3.2.1 内部信息搜集

内部信息搜集指消费者在自己的记忆中寻找并提取有关产品、服务或其他购买信息，以解决当前面临的购买问题。通过过去的信息搜寻活动、个人经验和低介入度学习所形成的记忆或内部信息是大多数消费者最主要的信息来源。在很多情况下，消费者依靠储存在记忆中的信息解决面临的购买问题。

从记忆中提取的信息大致有3种类型：第一类是关于产品评价标准的信息：例如，购买电脑时，希望它具备哪些基本的特征，如内存多少、硬盘多大、处理器达到什么样的要求。这些产品特征或特点就构成了购买电脑的评价标准。第二类是关于备选品牌的信息：仍以购买电脑为例，如市场上有哪些品牌的电脑、哪些品牌的电脑可以考虑购买、哪些品牌的电脑不在考虑之列等。第三类是关于备选品牌具体特征和属性方面的信息：如消费者考虑购买一台IBM或联想电脑，他将需要从记忆中提取有关上述两种品牌在价格、性能、维修方便性等方面的具体信息。

品牌信息是消费者在内部信息搜寻过程中着重寻找和提取的购买信息。图3.4列出了消费者在内部信息搜集过程中对品牌的归类。图中的意识域是消费者知悉或意识到且有可能作为备选品的品牌。意识域可进一步分为3个次级域，即激活域、惰性域和排除域。激活域由备选品牌中予以进一步考虑的产品或品牌组成。如果从一开始消费者就对激活域里的品牌感到满意，信息搜集将集中于这些品牌在特定评价标准上的表现。如果未形成激活域或对激活域里的品牌缺乏信心，消费者可能会做外部信息搜集，最终形成一个完整的激活域。惰性域由那些消费者了解但不关心的产品或品牌组成。消费者对惰性域里的品牌既无特别的好感也无恶意，通常会接受有关这些品牌的正面信息，但不会主动搜寻这些信息。排除域里的产品或品牌是消费者不喜欢或不予以考虑的。即使有关这些品牌的信息较易获取，消费者也会不予理会。

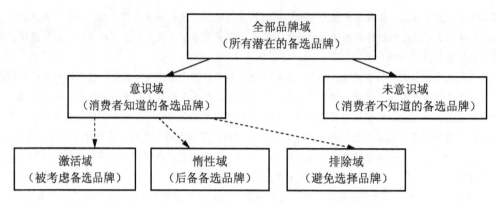

图 3.4　内部信息搜集过程中消费者对品牌的归类

3.2.2　外部信息搜集

如果通过内部搜集未能找出合适的解决办法，那么搜集过程将集中于与问题解决有关的外部信息。外部信息搜集是指消费者从外部来源，如同事、朋友、商业传媒及其他信息渠道，获得与某一特定购买决策相关的数据和信息。消费者获取外部信息的来源或渠道多种多样，但一般来说主要有4个方面。

1. 个人来源

个人来源包括朋友、同事、家人、邻居、亲戚及互联网上的网民等。著名咨询机构麦肯锡2008年发布的《中国消费者调查报告》显示：亲友推荐仍是中国用户获取产品信息评价的首选，而且其重要性有所增长。推荐方式在中国远比其他方式更为重要。例如，在购买笔记本电脑的时候，55%的中国被访者称，有亲友在购买之前推荐了产品品牌；而在美国，这一比例为37%，其他地区则更少。

康盛创想(Comsenz)和艾瑞(iResearch)联合发起的2008年《第四届中国网络社区发展状况调查报告》显示，社区网友意见对网民购买行为产生直接影响，除了电视广告因素影响较大外，有42.5%的社区网友在购买商品时首要考虑其他人的意见，其中对身边亲人和朋友的推荐以及社区网友意见的信任程度分别达到22.1%和20.4%，如图3.5所示。

2. 大众来源

大众来源也称公共来源，包括大众媒体、政府机构、消费者组织等。大众媒体刊载的有关信息、报道及有关生活常识的介绍对某些产品的购买是非常有帮助的。如我国技术质量监督局，定期或不定期的对某些产品进行检测并将结果公之于众，为消费者选择产品提供了有用的信息。另外，中国消费者协会的刊物传递的有关信息对消费者也是非常有用的。

越晒越白的防晒霜　29 800 元的沉香手串

2015年3月至4月，上海韩束化妆品有限公司投放电视广告推销其化妆品"晒美白"，广告宣称(使用其产品)"越晒越白，越晒越润"。经医学专家证实，皮肤越晒越白的宣传违反目前已掌握的科学常识，当事人亦承认其产品无法使皮肤越晒越白。广告构成虚假宣传,被工商部门依法处罚款110万元。

2015年3月至4月,中元智合(北京)商贸有限公司为销售木质手串投放电视广告,宣称5种手串为各类红木材质,其中一串为沉香材质,广告中含有"中国权威发行,都是卖29 800元的价格"等内容。经查,手串检验报告显示仅有花梨木和紫檀木两款为红木类,其余3款为普通木材,且均不含沉香材质;当事人仅通过广告直销形式销售,并无所谓"权威发行",也未曾以29 800元价格销售(广告销售价格仅为1 680元)。当事人的行为构成发布虚假广告,被工商部门依法处罚款9.9万元。

(资料来源:上海市工商局. 上海公布十大典型违法广告案例.[EB/OL]. [2016-01-06]. 国家工商总局网站.)

【拓展资料】

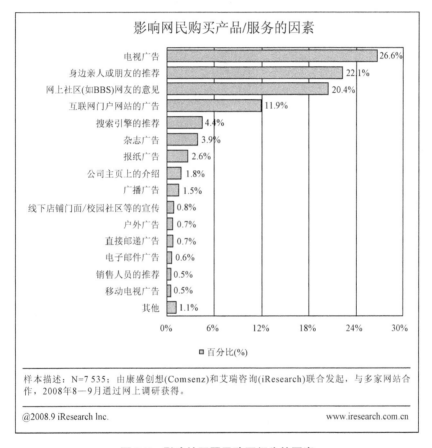

图3.5　影响社区网民购买行为的因素

3. 商业来源

商业来源包括广告、店内信息、产品说明书、宣传手册、推销员、展览等。

以广告为例,虽然它在信息方面的作用随产品和消费的不同而异,但它的总体影响是非常大的。据统计,约有41%的受访者表示,在电视上看到产品广告才会考虑购买一种新产品,而且电视的影响力评分仅次于口碑相传。对于奢侈品和消费类电子产品而言,电视广告几乎是进入我国大众市场的必经之路。另外,由于不是每家企业都可以承担得起电视广告的费用,所以在电视上做广告也被众多消费者视为新产品信誉的象征,尤其是针对不了解的或者可能存在不安全因素的商品。

随着互联网技术的发展，互联网广告影响力增长迅猛。据中国互联网络信息中心统计，截至 2015 年年末，国内互联网用户规模达到 6.88 亿人，互联网普及率达到 50.30%。中国人非常注意网友对产品的评论意见。在年龄为 18～44 岁的消费者中，有 1/5 的人在没有首先上互联网研究一番的情况下，不会轻易购买一种产品或服务。毫不奇怪，中国和外国面向消费者的企业都纷纷对互联网营销大量投资。网络广告一直在以每年 20%～30%的速度增长，是印刷媒体增长率的两倍。

4. 经验来源

经验来源包括对产品的观察、操作、检查与使用等。如消费者到不同商店比较各种产品的价格，亲自观测产品或试用产品。经验来源获得的信息最直接，也最为消费者所信赖。然而，受时间、知识等资源条件的约束，在很多产品的决策过程中，消费者很难完全或主要依赖于经验来源获得信息。

上述 4 种信息来源中，一般消费者得到的多数商品信息来自商业来源，这些来源由营销者控制，商业来源通常只是通知购买者；最有效的来源是个人来源，尤其是在消费者对服务的选择上，个人来源会为购买者证明和评估商品好坏；经验来源获得的信息最直接，也最为消费者所信赖。

3.3 评价选择

在信息搜集的基础上，消费者将形成一个品牌考虑域或激活域。激活域里的品牌可能只有两三个，也可能有五六个，甚至更多。在众多的品牌中，消费者将如何处理信息和决定品牌？评价选择就是消费者处理信息和决定品牌的过程，如图 3.6 所示。

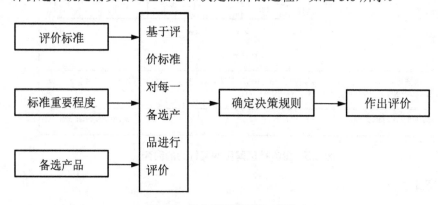

图 3.6 购买评价与选择过程

3.3.1 确定产品评价标准

评价标准，实际上是消费者在选择备选品时所考虑的产品属性或特征。这些属性或特征与消费者在购买中所追求的利益、所付出的代价直接相关。评价标准会因人、因产品、因情境而异。如购买手机时，有人十分关心手机的外观、价格、售后服务，而有人则十分关心手机品牌、功能、质量等。

第3章 消费者购买决策过程

中国汽车用户购买评价因素

2015年中国汽车行业用户满意度(CACSI)测评结果显示：用户购车看重的六大因素是品牌知名度高、安全性高、汽车性能好、质量可靠性高、车型好看和舒适性高。品牌知名度首次成为用户挑选汽车提及最多的要素。"价格便宜"已连续两年跌出前六位。数据表明，价格因素在选车中地位进一步下降，而用户挑选汽车，对汽车的品牌、安全性、性能和质量更加关注。

2015年用户挑选汽车关注度最高的十大车型是：哈弗H6、途观、福克斯、速腾、朗逸、CR-V、卡罗拉、帕萨特、五菱宏光、新捷达。

(资源来源：中国质量协会. 2015年中国汽车行业用户满意度(CACSI)测评结果. [EB/OL]. [2015-10-09]. 汽车产经网.)

从市场营销角度，首先要确定在某一具体的产品购买上，消费者采用哪些评价标准。为此，营销人员可以运用各种直接或间接的调查方法。例如，可采取问卷或专题小组访谈，直接询问消费者在某一特定购买中使用哪些方面的信息，在比较各备选品时考虑哪些因素。直接方法的最大问题是它假定消费者知道为什么购买或为什么喜欢某一品牌，同时，它也假定消费者愿意提供营销者所需要的信息。实际上，消费者可能不愿或无力准确地回答企业所提出的问题。例如，他们可能给研究人员提供为社会所接受而不是反映其真实情感的信息。另外，消费者也可能会忘记在最近的购买中所运用的最重要标准。因此，在运用此方法时，为了获取有效信息，研究人员务必小心。

在消费者无力或不愿直接表明其评价标准的情况下，企业需要用间接的调查方法。常用的间接方法有投射技术和知觉图像。投射技术要求受访者判断或指出"他人"在购买某种产品时所采用的评价标准，"他人"的想法很可能就反映了受访者本人的心迹，由此可以间接确定受访者的标准。投射技术在判断和发现情感标准时尤为有用。知觉图像一般要求消费者两两比较各备选品的相似性，然后将判断结果输入计算机，由计算机绘制出一张张反映各备选品相似度的知觉图。知觉图的横轴、竖轴被假定是消费者判断相似性时所采用的评价标准。由于营销研究人员必须凭直觉或通过进一步的研究来推断这些标准，并将其标到知觉图的各个轴上，因此这一过程难免带有主观性。

3.3.2 确定产品评价标准的相对重要性

一旦了解了消费者所采用的评价标准，接下来要确定的是各种评价标准的相对重要性。如对手机的评价中，有人认为价格最重要，有人认为品牌最重要，有人认为外观最重要，而有人认为功能最重要。确定产品评价标准的相对重要性，既可以采用直接测量法，也可以采用间接测量法。表3-2采用的是使用十分普通的一种直接测量方法——恒和量度法(Constant Sum Scale)。该方法要求消费者根据每一产品属性的相对重要性赋予其相应的权数，并使权数之和为100。

表 3-2　某消费者购买笔记本电脑时的评价标准及重要性权数

评 价 标 准	重要性权数
价　格	30
重　量	25
显示质量	20
处理器	10
售后服务	10
电池寿命	5
总　计	100

目前，确定重要性权数最常用的间接衡量方法是关联分析或联合分析法(Conjoint Analysis)。该方法要求消费者对具有相同属性但不同水平的一系列产品作出整体偏好评价，然后对数据进行分析，得出各种属性及各种水平的相对重要性。

应当指出，仅仅询问消费者哪些产品属性最重要尚不足以确定消费者选择行为的真正因素。例如，在选择乘坐哪一家航空公司的飞机时，安全无疑是最重要的考虑因素，但如果消费者认为各家航空公司在这一属性上并无实质差别，此时决定其选择行为的可能并非安全属性，而是其他因素。因此，采用直接方法询问时最好分两步走：首先是询问消费者在购买决策时考虑哪些重要因素，接下来再问不同品牌间在哪些因素上差别不大、哪些因素上存在显著差异。表 3-3 提供了运用该方法的一个实例，表中数据来自对美国一个小城的银行新储户的调查。

表 3-3 的结果表明，虽然某些属性如银行的营业时间非常重要，但消费者认为不同银行在这些方面差别很小。因此，这些因素并非选择银行的最重要的决定因素。某些属性如支票账户的透支优待虽然各银行在规定上有很大不同，但它们对消费者选择在哪家银行开户影响也很小。只有那些被大多数消费者视为非常重要、同时各家银行又存在很大差别的属性，如员工的友好态度、信用的可获性等才是选择的决定性因素。

表 3-3　银行客户的评价标准与选择行为的决定因素

A. 银行属性重要性评价	
属　性	平均评价值
服务速度与效率	4.44
银行职员的友好态度	4.39
信用的可获性	4.07
营业时间长短	4.06
全面服务的提供	3.96
支票账户的服务费率	3.86
银行的位置	3.76
支票账户透支优待	3.42
朋友或亲戚的推荐	3.26
24 小时自动柜员机	3.09
停车的方便性	3.09
收费卡的可获性	2.61

续表

量度值为1~5　1=根本不需要　5=极为重要
B. 银行属性差异性评价

属　　性	平均评价值
朋友或亲戚的推荐	2.66
银行职员的友好态度	2.54
支票账户透支优待	2.43
信用的可获性	2.4
24小时自动柜员机	2.35
支票账户的服务费率	2.36
停车的方便性	2.36
服务速度与效率	2.34
银行的位置	2.27
全面服务的提供	2.17
收费卡的可获性	2.10
营业时间长短	1.91

量度值为1~4　1=非常相似　4=极为不同
C. 选择行为的决定属性排序

属　　性	平均评价值
银行职员的友好态度	11.15
服务速度与效率	10.39
信用的可获性	9.77
支票账户的服务费率	9.11
朋友或亲戚的推荐	8.67
全面服务的提供	8.59
银行的位置	8.54
支票账户透支优待	8.31
营业时间长短	7.75
24小时自动柜员机	7.32
停车的方便性	7.29
收费卡的可获性	5.48

决定分值=平均重要性评价值×平均差异性评价值

(资料来源：R.Wayne Colemn.Determinance Versus Importance in the Bank Selection Process. In Michael H. Morris ed. Atlantic Marketing Association Proceedings. Volume 5，Orlando, FL, 1998.)

3.3.3　确定备选产品在每一标准下的绩效值

　　排序法、语意差别量表法、李克特量表法(相关内容将在第4章阐述)等可用于测量备选品牌在各个评价标准上的绩效值。其中，使用最为普遍的是语意差别量表法。表3-4显示的是某消费者对联想笔记本电脑主要产品属性作出的评价。

表 3-4 联想笔记本电脑属性绩效值评价

产品属性	语意差别量度					绩效值
	1	2	3	4	5	
价　格	昂贵				√便宜	5
重　量	重		√		轻	3
显示质量	清晰度低		√		清晰度高	3
处理器	不好				√好	5
售后服务	水平低		√		水平高	3
电池寿命	短√				长	1

注：量表上取的分值低，表明消费者赞同度低，满意度低；量表上取的分值高，表示消费者赞同度高，满意度高。

3.3.4 选择评价规则

假设某消费者正在选购一台笔记本电脑，已初步确定在下列 6 种品牌中加以选择，该消费者对上述 6 种品牌电脑的相关产品属性分别作出了评价(表 3-5)。该消费者将选择哪种品牌呢？这将取决于他运用什么样的选择规则或决策规则。

消费者通常运用的选择评价规则有 5 种，即连接式决策规则、重点选择规则、按序排除规则、编纂式规则、补偿性选择规则(加权平均法)。上述 5 种规则可单独运用，也可结合起来运用。

表 3-5 某消费者对笔记本电脑的评价

产品属性	联想	佳能	康柏	苹果	IBM	东芝
价　格	5	3	3	4	2	1
重　量	3	4	5	4	3	4
显示质量	3	3	3	5	3	3
处理器	5	5	5	2	5	3
售后服务	3	3	4	3	5	3
电池寿命	1	3	1	3	1	5

说明：1 表示很差，5 表示很好。

1. 连接式决策规则

在这种选择规则下，消费者对各种产品属性应达到的最低水平作出了规定，只有所有属性均达到了规定的最低要求，该产品才会被作为选择对象。在上述电脑选购中，若消费者规定各评价属性得分值不能低于表 3-6 所示标准，则只有佳能和康柏可作进一步考虑。之后，再借助于其他的选择规则，从两者中选择一个最为满意的。在产品购买中，运用连接式决策规则排除那些不符合最低标准的备选品牌，有助于减轻信息处理工作量。连接式规则也常用于低介入度的购买中，此时，消费者在很多品牌中每次评价一个品牌，然后选择第一个符合所有最低标准的品牌。

第 3 章　消费者购买决策过程

表 3-6　消费者规定的最低接受标准

产 品 属 性	最低接受标准
价　格	3
重　量	4
显示质量	3
处理器	3
售后服务	2
电池寿命	1

2. 重点选择规则

重点选择规则又称为分离式规则，指消费者为那些重要的属性规定最低的绩效值标准。这一标准通常制定得比较高，只有在一个或几个重要属性达到了规定的标准后，该品牌才会被作为选择对象。在前述的个人电脑购买中，如果消费者只考虑价格、重量和显示质量这 3 个属性，而且要求这些属性的评价值均在 4 以上，则只有苹果电脑符合选择要求。

运用此规则，有时获得的备选品牌不止一个，此时，还需要运用其他选择规则作进一步筛选。

3. 按序排除规则

按序排除规则要求消费者对评价标准按重要程度排序，并对每一标准规定一个删除值，然后，在最重要的属性上检查各品牌是否能够通过删除点，不能通过者则被排除。如果有一个以上的品牌通过第一道删除关口，则再考虑第二重要属性，检查哪些品牌在这一属性上能够通过删除点。如此继续，直至剩下最后一个品牌为止。在前述的个人电脑购买中，如果各产品属性和相应的删除值如表 3-7 所示，则苹果电脑为最终选择结果。

表 3-7　消费者对电脑属性的排序及相应的删除值

产 品 属 性	排　　序	删　除　值
重 量	2	4
显示质量	3	4
售后服务	5	3
价 格	1	3
电池寿命	6	3
处理器	4	3

4. 编纂式规则

编纂式规则要求消费者将评价标准按重要程度排序，然后，在最重要的属性上对各品牌进行比较，在该属性上得分最高的品牌将成为备选品牌。如果得分最高的品牌不止一个，则在第二重要属性上进行比较。若在该属性仍分不出高低，则比较第三重要的属性，直至找到最后剩下的一个品牌。编纂式规则与按序排除规则比较相似，差别只是编纂式规则在每一步都寻求最佳表现的品牌，而按序排除规则只是寻求表现满意的品牌。在前述电脑购买中，若价格、重量被消费者视为最重要的两个属性，则联想将成为最终选择结果。

5. 补偿性选择规则

补偿性选择规则，也称期望值选择规则。根据此规则，消费者将按各属性的重要程度赋予每一属性相应的权数，同时结合每一品牌在每一属性上的评价值，得出各个品牌的综合得分，得分最高者就是被选择的品牌。在前述电脑购买中，若消费者对电脑各属性的评价如表3-8所示，则苹果综合得分85分为最高，成为最终选择结果。

表3-8 消费者对电脑评价属性赋予的权重

产 品 属 性	权 重 得 分
价　格	30
重　量	25
显示质量	20
处理器	10
售后服务	10
电池寿命	5
总　分	100

在补偿性选择规则下，某一属性上的劣势可以由其他属性上的优势来弥补，而在前述4种选择规则下，较优的属性与较劣的属性不能相互抵偿。

3.4 购　买

实际购买涉及很多行动与决策，如店铺选择、购买时机、品牌选定、货币支付等。

3.4.1 从购买意向到实际购买

对于复杂购买或介入程度很高的购买，消费者将按照前面介绍的决策程序搜集信息和对备选产品进行评价、比较，并在此基础上形成对某一品牌的购买意向。然而，在形成购买意向后，消费者不一定最终购买。一般来说，在购买意向形成后有3类因素影响消费者的最终购买。

(1) 他人态度。消费者的很多购买是在征求他人意见后进行的。朋友、家人、同事等的态度对购买行为能否最终完成有着重要影响。如果他人的否定态度很强烈，而且该人与购买者关系密切，或者他人在所购买产品领域具有丰富的购买知识与经验，购买者推迟购买、改变购买意向或终止购买行动的可能性会相应增大。

(2) 购买风险。一般而言，购买风险越大，消费者对采取最后购买行动的疑虑就越多，或者对购买就更为谨慎，从而更容易受他人态度和其他外部因素的干扰和影响。

(3) 意外因素。这又可具体分为两个方面：①与消费者及其家庭有关的因素，如收入的变化、例外的开支、工作的变动、身体上的不适；②与产品或市场营销活动有关的因素，如新产品的出现、产品价格的变动、商品的脱销等。

第3章 消费者购买决策过程

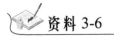

买房"五连环"

在纸上谋算了1个小时，考量各种可能后，周怡(化名)还是决定赌一把，先交了房子的定金。担忧春节后二手房价反弹，持币观望的购房人开始入市，三位买家竟意外串出"五连环"。

忧涨价提前买房计划

"3月30日，房本满5年。""3月31日，交税过户。""4月1日，办理网签。"……

周怡密密麻麻写在纸上的，是她反复推敲的每一步买卖房流程，"一步耽误，剩下的时间就不够了。"

名下在回龙观有套小两居的周怡，属于"卖小买大"的改善型购房人，想往城里换套三居迎接未来的宝宝。2014年10月，周怡曾遇到一套合适的房子，可因为回龙观的房子没满5年，觉得有税卖不上价，她最终没下手。"当时判断房价还会下降的。"

结果，2015年伊始，公积金贷款政策松动，高价地王出现，二手房市场温度未降反升，一下令她沉不住气了。上一周，她提前了买房计划，火速在西南四环看了一套房子，报价420万元。此时，距离回龙观的房子满5年，还剩一个半月的时间。

"先交定金，等房本满5年后再办理手续行么？"周怡和业主商量，等房子满5唯一卖掉后，她再办理网签过户手续，就能享受首套房贷的首付和利率。这一问，竟问出了"五连环"。

"五连环"环环相扣衔接

周怡将自己比作A君，仔细梳理了"五连环"的前因后果：在回龙观有房的A君，向往城里的生活，看上了B君的房子；在西南四环有套三居的B君，因为想为孩子买套学区房，决定把房子卖给A君，去买C君的学区房；家住东城的C君，则看上了D君名下一套更大的房子；而A君买B君房子，前提是她能将自己名下的房子卖给E君。

"五个人都是想买、想卖，可交易时间却有错位。"一环与一环间的衔接，是周怡最大的苦恼。她必须在3月30日房本满5年后才能把房子卖给E君，可卖给她的B君却要求最晚4月12日就得过户，因为他和A君签订的购房合同中明确得在那个日期前办完过户，A君好腾挪出指标去买新房。也因此，B君才着急卖房，报价比别人便宜了10万元。

"资格审核、网签、交税、申请贷款、批贷到过户，怎么计算，12天的时间都很紧张。"周怡清楚，一旦某个环节耽搁了，她无法在4月12日走完部手续，就得面临高额的税费成本。这是她最怕看到的。

怡涨价却又盼涨价

在周怡这套房串联起的"五连环"中，三位买家都是定了房后再腾挪首套房购房资质的改善型买家。

"为何不等回龙观的房子满5年后，再踏踏实实卖了再买？"周怡表示，风风火火地买房，就是担心后市要回暖，怕4月份出手时房价会比现在反弹。也正是同样的心态，这起连环单中才有了三位着急的买家。

"无论如何，值得赌一把。"她不停地祈祷，在办完全部手续前，房价不要幅度太大。如此一来，她多给卖家交点定金，对方就不太可能反悔。

然而，她又忍不住想象，等房子到手后，多点升值空间。"新出的高价地王就在南四环，也许西南边的整体房价都会窜一截。"

(资料来源：赵莹莹.三位买房人意外串出五连环 买房人成了卖房人.北京晚报，2015-01-14.)

3.4.2 店铺的选择

店铺选择是购买过程中非常重要的一环。影响消费者店铺选择的因素很多,主要有店铺的业态类型、店铺的位置与规模、店铺的形象、店铺的促销手段及消费者特征等。

1. 店铺的业态类型

2004 年颁布的国家标准《零售业态分类》,按照有无固定营业场所将零售业分为有店铺零售业态和无店铺零售业态两大类。按照零售店铺的结构特点,根据其经营方式、商品结构、服务功能,以及选址、商圈、规模、店堂设施、目标顾客等因素,有店铺零售业态具体分为食杂店、便利店、折扣店、超市、大型超市、仓储会员店、百货店、专业店、专卖店、家居建材店、购物中心、厂家直销中心等12种业态(表3-9)。

表3-9 有店铺零售业态分类和基本特点

业态	基本特点			
	选址	商圈与目标顾客	规模	商品(经营)结构
食杂店	位于居民区内或传统商业区内	辐射半径300米;顾客以相对固定的居民为主	营业面积一般在100平方米以内	以香烟、饮料、酒、休闲食品为主
便利店	商业中心区、交通要道以及车站、医院、学校娱乐场所、办公楼、加油站等公共活动区	商圈范围小,顾客步行5分钟内到达;顾客主要为单身者、年轻人,顾客多为有目地购买	营业面积100平方米左右,利用率高	即时食品、日用百货为主,有即时消费性、小容量、应急性等特点,商品品种多达千种,售价高于市场平均水平
折扣店	居民区、交通要道等租金相对便宜的地区	辐射半径2 000米左右;顾客主要为商圈内的居民	营业面积为300~500平方米	商品平均价格低于市场平均水平,自有品牌占有较大的比例
超市	市、区商业中心,居住区	辐射半径2 000米左右;顾客以居民为主	营业面积在6 000平方米以下	经营包装食品、生鲜食品和日用品
大型超市	市、区商业中心、城郊结合处、交通要道及大型居住区	辐射半径2 000米以上;顾客以居民、流动顾客为主	营业面积在6 000平方米以上	大众化衣、食、日用品齐全,一次性购买,注重自有品牌开发
仓储会员店	城郊结合处的交通要道	辐射半径5 000米以上;顾客以中小零售店、餐饮店、集团购买和流动顾客为主	营业面积在6 000平方米以上	以大众化衣、食、日用品为主,自有品牌占相当部分,商品种类繁多,实行低价、批量销售
百货店	市、区级商业中心,历史形成的商业集聚地	顾客以追求时尚和品味的流动顾客为主	营业面积为6 000~20 000平方米	综合性,门类齐全,以服饰、鞋类、箱包、化妆品、家庭用品、家用电器为主
专业店	市、区级商业中心以及百货店、购物中心内	顾客以有目的选购某类商品的流动顾客为主	根据商品特点而定	以销售某类商品为主,体现专业性、深度性、品种丰富,选择余地大

续表

业 态	基本特点			
	选 址	商圈与目标顾客	规 模	商品(经营)结构
专卖店	市、区级商业中心，专业街以及百货店、购物中心内	顾客以中高档消费者和追求时尚的年轻人为主	根据商品特点而定	以销售某一品牌系列商品为主，销售量少、质优
家居建材商店	城郊结合处、交通要道或消费者自有房产比较高的地区	顾客以拥有自有房产的顾客为主	营业面积在6 000平方米以上	商品以改善、建设家庭居住环境有关的装饰、装修等用品、日用杂品、技术及服务为主
购物中心	社区购物中心	市、区级商业中心	商圈半径5 000~10 000米	建筑面积5万平方米以内	20~40个租赁店，包括大型综合超市、专业店、专卖店、饮食服务及其他店
	市区购物中心	市级商业中心	商圈半径10 000~20 000米	建筑面积10万平方米以内	40~100个租赁店，包括百货店、大型综合超市、各种专业店、专卖店、饮食店、杂品店及娱乐服务设施等
	城郊购物中心	城郊结合处的交通要道	商圈半径30 000~50 000米	建筑面积10万平方米以上	200个租赁店以上，包括百货店、大型综合超市、各种专业店、专卖店、饮食店、杂品店及娱乐服务设施等
厂家直销中心	一般远离市区	顾客多为重视品牌的有目的的顾客	单个建筑面积100~200平方米	为品牌商品生产商直接设立，商品均为本企业的品牌

2. 店铺的位置与规模

店铺位置对消费者是否和在多长时间里光顾某一店铺具有重要影响。一般来说，消费者的居住地离店铺越近，其光顾该店铺的可能性越大，反之则越小。同样，店铺的规模也影响消费者是否到该店铺购物。除非对快速服务和方便特别在意，在其他条件相同的情况下，消费者通常更愿意到规模大的店铺购物。

消费者对店铺的位置与规模的重视程度，视消费者所要购买的商品的属性或重要性而定。如果消费者要购买的是一些小件商品或便利品，一般就会到就近的零售店购买；对于需要高度介入的商品，如电脑、高档时装，人们就不会怕路远，而选择到规模较大的、信誉较好的店铺进行购买。

3. 店铺的形象

店铺形象是指消费者基于对店铺的各种属性的认识所形成的关于该店铺的总体印象。这种印象的获得不仅来自消费者对店铺的功能性特征如价格、方便性和商品选择范围的感知，也来自他对非功能性特征如建筑物、商店内部装修、气味、广告等的感觉与体验。表3-10列出了构成店铺形象的9个层面的具体内容。

表3-10 店铺形象构成层面与构成要素

构成层面	构成要素
商　品	质量、品种、式样、价格
服　务	提供按月付款、销售人员、退货方便、信用、送货
主　顾	顾客
硬件设施	清洁、店堂布置、购买便捷、吸引力
方　便	店铺位置、停车
促　销	广告
商店气氛	温馨、有趣、兴奋、舒适
机　构	店铺声誉
邮　购	满意

由于构成店铺形象的组成成分多而复杂，消费者对每一组成成分的感知又不是完全由被感知对象的实际状况所决定，所以不管店铺自身是否有意识地塑造其形象，消费者都会逐步形成关于该店铺的总体印象。

对零售商而言，重要的是衡量消费者对其店铺的感知或总体印象。如果消费者运用的店铺选择标准能够被识别，零售商就能够据此确定消费者在哪些重要的标准上是如何评价该商店的。这样，就可以考虑强化或改变店铺形象的策略。

测量店铺形象的方法很多，采用较为普遍的是语意差别法。该方法的第一步是识别决定店铺形象的重要属性，包括无形的和有形的属性；第二步是制定用来测量店铺属性在消费者心目中表现水平的等级量表；第三步是运用前面的等级量表对店铺形象展开调研并加以分析。

店铺形象并非可以完全用正面或负面来评价。例如，某个店铺被视为新潮的、现代的；而另一个店铺则被视为保守的，新潮或保守作为店铺特性是好是坏要依据情况而定，不同消费者判别的标准不一样。

应该指出，不仅单个店铺具有形象，不同类型的店铺，如百货店、折扣店、二手店以及不同的商业区和购物方式(如邮寄购物、电话购物)均有其各自的形象。因此，零售商不仅要关注其店铺形象，还应关注其所在的商业区域的形象。

4. 店铺的促销手段

现在的店铺越来越看重促销手段对吸引消费者的作用。例如，在某城市，某店铺采取了比较有新意的促销手段，如会员制的积点消费、购物抽奖等，其他店铺会纷纷效仿。虽然，消费者对各种各样的促销手段习以为常，但不可否认的是促销使店铺的客流量及营业额确实有大幅度的提高。

在各种各样的促销手段中，消费者最钟情的是实实在在的打折或降价。当然，这是在保证质量的前提下。现在的消费者逛店铺买东西时，首先要问营业员的经常是这样一句话："这件商品打几折？"好像不打折反而是不正常的。因此，对于商家来说，如何避免消费者对促销手段的依赖就是一个需要解决的问题。因为在其他条件不变的情况下，消费者的购买力是一定的，单纯的价格战会对店铺形象产生一定的负面影响，因为在消费者对店铺的印象中，价格、质量、服务和其他重要属性都是有相互关联的。

5. 消费者特征

以上关于影响消费者店铺选择的因素都是从店铺角度探讨的，除此之外，消费者个人特征也是影响消费者店铺选择的重要因素。

首先，消费者的个性会影响其对店铺的选择。例如，有自信心的消费者更愿意去那些专卖店、新型的或小型的店铺，他们甚至愿意去那些可以讨价还价的店铺购物；而那些缺乏自信心的消费者则倾向于选择那些自己熟悉的或信誉有保证的商店或大型商场购物。

其次，消费者的风险知觉会影响消费者对店铺的选择。关于消费者的风险知觉在第4章有专门论述。

最后，消费者的购物导向也是店铺选择的重要因素。所谓购物导向，指的是消费者特别强调某些活动的购物方式或风格，它与每个人的生活方式密切相关。研究发现，与零售商交往的经验、所处的家庭生命周期阶段以及收入水平等，都有助于预测一个人的购物导向。例如，多数大学生由于缺乏必要的收入，一般很少到大型商场或品牌店购物，更倾向于去可以讨价还价的小店铺购物。

3.4.3 无店铺购买

根据2004年国家颁布的《零售业态分类》，无店铺零售划分为电视购物、邮购、网上商店、自动售货亭和电话购物5种业态(表3-11)。

表3-11 无店铺零售业态分类和基本特点

业 态	基 本 特 点		
	目标顾客	商品(经营)结构	商品售卖方式
电视购物	以电视观众为主	商品具有某种特点，与市场上同类商品相比，同质性不强	以电视作为向消费者进行商品宣传展示的渠道
邮购	以地理上相隔较远的消费者为主	商品包装具有规则性，适宜储存和运输	以邮寄商品目录为主向消费者进行商品宣传展示，并取得订单
网上商店	有上网能力，追求快捷性的消费者	与市场上同类商品相比，同质性强	通过互联网络进行买卖活动
自动售货亭	以流动顾客为主	以香烟和碳酸饮料为主，商品品种在30种以内	由自动售货机器完成售卖活动
电话购物	根据不同的产品特点，目标顾客不同	商品单一，以某类品种为主	主要通过电话完成销售或购买活动

无店铺销售与传统销售方式相比，具有下列优势：①节省"店铺"的装修设计、广告促销、招聘人员、存货保证等一系列投入，从而具有价格优势，使得商家和消费者双赢；②提供个性化的产品和服务，甚至为客户量身订做，而不必增加太多的成本；③借助于技术，一定程度上可能减少厂商和消费者之间的信息不对称；④减少渠道冲突。

资料 3-7

中国电视购物行业市场潜力巨大

2006 年至今,国家广电总局相继出台了一系列措施对电视购物行业进行有效规范,在一定程度上遏制了早期电视直销购物公司(购买卫视频道广告时段投放购物广告)对行业带来的不良影响,而一批拥有广电背景、电视台开办、专业公司运营的家庭购物频道的出现,则改写着中国电视购物行业格局。

从 2009—2011 年,中国电视购物行业销售额每年均保持 50%以上的增速,2011 年整个市场销售额达到 455 亿。在电视购物较为发达的美国、韩国及日本,电视购物行业销售额约占社会消费品零售总额的 8%～12%,按中国 2011 年社会消费品零售总额 18.12 万亿计算,这一比例不足 1%。专家表示,未来国内电视购物行业销售额突破千亿只是时间问题。

(资料来源:朱津津.电视购物行业发展前景获一致看好.搜狐财经[2012-09-24].)

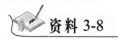

资料 3-8

大学校园中受欢迎的自动售货机

南昌大学出现自动售货机,便捷实用

已经是深夜 11 点了,一阵阵寒风袭来,南昌大学前湖校区四栋学生宿舍楼前,历史系 2012 级的张振在摆满货物的自动售货机面前驻足,几分钟之后一桶老坛酸菜牛肉面从出货口出来,他抱着面离开。南昌大学前湖校区各个学生宿舍楼下都设置有一台自动售货机,加上各专业楼、主教楼等,整个学校大概安装有几十台,颇受学生欢迎。新一代多功能售货机可以通过联网系统,实时监控每一台的货道与运营状态,还可以用支付宝付款,支持多种机型的无线支付和取货,手机轻轻一点,即可完成购买。

美国一大学设立自动售货机可借用 MacBook

德雷塞尔大学是费城三大名校之一。为了学生们学习更方便,最近在其图书馆门口装了一台全新的自动售货机,学生们在这台机器上经过简单 4 步操作即可借用 MacBook 或其他品牌的笔记本,免费使用时间为 5 个小时,超出 5 小时则要付 5 美元/小时的使用费。有了这台机器,学生们可以 24 小时借用电脑,学校不需要再雇佣人工看守或登记。目前学校的管理人员正考虑再提供一些 iPad 给学生使用。

(资料来源:1. 南昌大学现自动售货机 便捷实用受学生欢迎.江西晨报,2014-12-10.
2. 杨肃观.美国一大学设立自动售货机可借用 MacBook,http://tech.sina.com.cn/mobile [2013-01-15].)

3.4.4 冲动性购买

在传统的营销学中,消费者经常被假设成"经济人",从这一点出发,假设消费者在制定购买决策的过程中是理性的。但实际上却不是这样,消费者同样有着感性的一面,而且在感性因素驱使下的购买决策的情况很常见。在日常生活中,消费者常常作出冲动性的购买行为。

1. 冲动性购买的含义及特征

冲动性购买指顾客进入商店之前没有购买意图或计划,而进入商店后基于突然或一时的念头马上采取行动的一种购买行为模式。冲动性购买不同于常规的购买模式,具有冲动购买行为的顾客在进入购物场所之前，不仅尚未形成购买意图，而且还可能尚未意识到购买需求，购买决策完全是在进入购物场所之后形成的。

随着大卖场的兴起和扩张，消费者在商场里见到众多的产品，这使得他们可以在到达商场之后再进行购买决策。根据美国学者 Solomon 的调查：85%的糖果和口香糖、75%的口腔清洁用品、70%的化妆品都是在冲动性购买行为下售出的。据对北京一些大型超市的顾客调查及对中日之间消费行为的比较分析，目前北京、上海、广州等经济发达的大城市的消费者在超市中的非计划购买率基本接近80%。

严格地讲，冲动性购买与无计划购买还不完全一样。前者是基于对某种产品的一时性情感所进行的购买，含有情感多于理智或非理智性购买的意蕴。无计划购买包含的范围更为宽广，它不仅包括冲动性购买，还包括很多纯理性的购买。例如，消费者虽在进店前没有想到要买某种商品，但在店堂内看到营业员的演示后认识到它的优越性，并在再三权衡后购买了该商品，这应当说在很大程度上是一种理性的购买而非冲动性购买。

英国零售学者彼得.J.麦戈德瑞克以消费者的购买计划和理性程度两个指标，将消费者的冲动购物行为划分为4种类型。①纯冲动购物：消费者违反了常规的购物模式，非常的不理性，是一种全新的"发烧"式的购物行为。②提醒冲动购物：当顾客看到某个商品的时候，回想起家中的存货不多或想起广告或其他的信息引起的购买行为。③建议性冲动购物：当顾客看到一种第一次看到的商品，感觉需要购买，这些购买行为完全是出于理性和功能性考虑的。④计划冲动购物：当顾客进入商店的时候已经有了购买具体商品的打算，但是也抱着有特价商品随机购买的想法。

罗克(Rook)认为，消费者冲动性购买行为具有4个特征：①冲动性，即突然涌现出来的一种强烈的购买欲望，而且马上付诸行动，这种行动和常规的购买行为不同；②强制性，即有一种强大的促动力促使顾客马上采取行动，在某种程度上顾客一时失去对自己的控制；③情绪性，即突然的购买促动力常常伴随着激动的或是暴风骤雨般的情绪；④不计后果性，即促动购买的力量是如此强烈和不可抵挡，以至于对购买行动的潜在不利后果很少或根本没予以考虑。

2. 影响消费者冲动购买的因素

商品因素、顾客因素和零售店因素是影响消费者冲动购买的主要因素。

(1) 商品因素。冲动购买行为多发生在顾客卷入购买程度较低、价值低、需频繁购买的便利品。顾客对这类产品的一般性能、用途、特点比较熟悉，且花费不多，又是必须的开支，类似的产品不需比较，做出冲动购买的情况特别多。另外，如玩具、糖果、小食品、便服等休闲商品的外观、包装、广告促销、价格、销售点等对销售起着重要作用，品牌上的随机性较大，冲动购买性也很强。

(2) 顾客因素。主要包括以下几个因素。①个性心理特征：从气质类型看，胆汁质的消费者最容易出现冲动性购买；抑郁质的消费者在购买过程中更习惯于按部就班的消费，不容易出现冲动性购买。从性格类型看，随意型的消费者在消费态度上比较随意，没有长久稳定的看法，在购买过程中容易受到外部多种因素的影响而出现冲动购买。②收入：

消费者非计划购买率的增加与收入水平的提高有着直接的关系。这主要是因为，随着人们富裕程度的提高，对食品、日用品等生活必需品的购买风险意识降低。③购物清单与时间压力：零售研究发现，在相同的零售购物条件下，带着购物清单前来购物的顾客其冲动性购买比例低于没有购物清单的顾客。同时，休闲时间的多少和具体购物时的时间宽裕程度也会影响到顾客在零售店内的浏览时间，两者变化的程度与顾客冲动性购买的关系成正比。④心境和情绪：当处于愉悦心境的时候，消费者想要保持这种情感，就产生了心境维持动机，而冲动性购买就是延长这种积极情感的一种方法。愉悦的心境也可以在一定程度上鼓励消费者有意识地通过冲动性购买行为来延长愉悦的心境体验。此外，商品或购物环境而引发的积极情绪可以使消费者产生想要购买的欲望，并进而导致购买行为发生。⑤其他因素：有调查反映，新婚夫妇往往没有消费计划，消费冲动行为较多。在消费者最容易冲动购物的商品类别上，男女有别，男性青睐高技术、新发明的产品，而女性在服装鞋帽上很难克制自己的购物欲望。日本有一个专门研究消费者形态的机构统计，女性冲动性购买的比率为34.9%。换句话说，每3名女性消费者里面，就有一个是冲动性购买者。

(3) 零售店因素。主要包括以下几个因素。①商店类型：研究表明，顾客的冲动性购买在不同的购物地点和不同类型的零售店中有很大差异。据有关调查资料显示，在美国，将近1/3的百货商店购物、一半的超级市场购物和2/3的杂货店购物都是属于冲动购买，而在折扣店中顾客的冲动性购买比例高达62.4%。②零售店环境：零售店周围的交通条件、建筑特色等外部环境和货位分布、产品陈列与摆放布局、灯光照明等内部环境都可以增加顾客在店内及货架前浏览的时间与感知产品的机会，促使顾客产生冲动性购买行为。③卖场促销：卖场促销是影响顾客冲动购买行为的直接诱因，卖场促销活动产生的种种营销刺激，特别是促销创新所带来的强烈刺激，会直接诱发顾客相应的心理反应，做出即刻购买的决策。卖场广告创新主要通过广告手段的现代化、广告覆盖空间的最大化，以及广告效应的整体化来达到使顾客产生冲动性购买的促销效果，而卖场营业推广创新则通过营业推广方式的多样化、营业推广内容的特色化和突出非价格促销手段作用的方式来诱发顾客的冲动性购买行为。④零售服务导购：由于冲动性购买行为是顾客进入购物场所之后才做出的购买决策，因此零售店的服务导购行为对顾客的购买心理与行为的影响就显得尤为重要。零售服务导购人员健康的体态、精神饱满的容貌、熟练的推销技巧等都会给顾客留下良好的第一印象，恰到好处地引导顾客进行购买。

冲动买车的人不少

刚买的新车，购置税交了，牌也上了，车子却不要了。几天前，车主小俞就把上牌才3天的新车开进了二手车市场。他身边的很多人不理解——花了十多万元的车，怎么说不要就不要了呢？

记者询访了杭州二手车市场的多位商户，发现小俞这样，把全新的车开去二手车市场卖的，几乎每周都有。虽然只开了几天，但新车的折旧损失却不少。那么，他们为什么要这么做呢？

第3章 消费者购买决策过程

"我们这里来了辆才上牌3天的新车。"记者接到了杭州旧机动车交易市场一位商户的电话。赶去一看,车牌放在后备箱,还没来得及挂上,车子却已经在二手车市场出售了。

记者随后联系到了这辆车的车主小俞。5月下旬,小俞约了朋友,抱着"打探行情"的心态,来到了城北一带看车。走进第一家4S店,朋友就向他推荐了两厢小车飞度。尽管当时小俞觉得,这款车有点小,而且亮亮的颜色更适合女孩子开,但朋友和4S店销售员拼命向他推荐,说"车小点容易停车""这辆车性价比很高,男人开的也很多",禁不住鼓动的小俞当场下了单。

过了近半个月,新车到手。接下来,装潢、买保险、交税、上牌,车价9万元,全部完成花了近11万。可是,开回去第一天,小俞就不满意了。"同事们都说,这车这么鲜亮,是女孩子开的嘛!你一个大男人,开起来怪怪的。"

这样的感觉,在开上车后的几天越来越明显。后来,家里从父母到女朋友,都觉得这车"不适合他"。"我恼了,心想把它卖掉算了,损失点也无所谓。"

冲动买车的人还不少。近日,记者在杭州旧机动车交易市场走访了多家商户,发现像小俞这样,新车买来不久就卖掉的真不少。几乎每个月都会有,很多车的行驶里程只有1 000多公里,有的只有几百公里,基本上是全新的。

从普通轿车到豪华车,什么样的车都有。一次,一位在杭州办公司的老板,开着一辆上牌不到1个月的车来卖。"这辆车,他买来花了10万,可开回去以后,身边的朋友都说他这辆车档次不够,他也越开越不爽,没面子啊!于是就拿来卖了。"

"有提来车以后,开着开着觉得不喜欢的;也有背着家人买车,却遭到强烈反对的;也有买车以后资金周转出现问题,无奈卖车的。"不过很多商户表示,这些人都有个共同点。"全是当时没考虑清楚,被人鼓动,一冲动买了车。最后,只好为自己的非理性消费埋单。"

"因此,在买车的时候,千万要想好了再下单。否则,折旧出血是免不了的。"业内人士提醒。

(资料来源:赵路. 上牌3天就卖掉,亏了1万元[N]. 钱江晚报,2010-6-19.)

3. 冲动购买的营销启示

日常消费中很多购买是冲动性的和无计划性的这一事实,意味着制造商和零售商在营销过程中应更多地将注意力放在店内商品展示和店内促销上。

(1) 商品陈列生动化。商品陈列尽量做到一目了然,尽量达到每种商品的最大显露度,将畅销货和高利润品放置在顾客视线最先进入的地方,如商店的底层或出入口附近,尽量做到伸手可及,避免商品陈列过高,以达到吸引顾客的目的。气味芳香的商品,摆放在最能刺激顾客嗅觉的位置。式样新颖的商品,摆放在与顾客视平线等高的货架上,以其醒目的位置吸引顾客去购买。用途多样的商品摆放在顾客易于触摸观察的位置,能起到促进购买的心理效力。收银台附近摆放糖果、香烟、电池等商品,利用顾客等待交款的时机增加冲动购买的可能。尽量做到琳琅满目,充分显示商品的个性特点、美感和质感。尽量做到一尘不染,给顾客留下舒适的印象。此外商品的各种形式的价格优惠要突出、醒目,吸引顾客注意力。

(2) 营造良好的现场气氛。现场气氛是营销人员通过创造性地设计现场环境,产生的一种情感,提高顾客在现场购物的可能性。现场的人越多,想看想买的人就越多。顾客将拥挤程度视为商品受欢迎的程度,围观的人越多,商品就越有吸引力。

(3) 加大现场促销力度。成功的促销活动可以增加商场的销售、提高自己的竞争力并削弱竞争对手，给商场带来喜人的回报。促销活动包括现场促销人员推销、POP广告陈列、特价促销等。

4. 消费者减少冲动购买的技巧

冲动购买有一个共同的特点，就是会买到一些不太需要的东西。那么如何防止冲动购买呢？

(1) 是否真的需要它？这是总原则，当有了购买冲动时，想一想，是否真的需要它。如果把它买下，会带来什么好处？这个好处能持续多久？"好处"发生的频率高吗？你是否已经有了可以实现相同或相近功能的东西？新购买的物品带来的功能性或者应用面的"提升"是否很必须？旧的物品是否真的影响了你的使用？有一个判断的小技巧，就是回想一下，你是不是不止一次在生活中觉得"如果有这个东西"就好了？如果是，就买！

(2) 不带信用卡或者带够刚好需要的现金。如果你手中有钱或者钱包里有信用卡，你会比身上没带钱或信用卡时更容易买东西。如果你正准备去一个地方，在那里你有潜在可能知道你自己会在不该花钱的地方花钱，那么仅仅带必要的最少数额的钱。

(3) 记录你的开支。每周或每月，看看你花掉的每一分钱，数数哪些是不必要的。你可能叹息不已，那下一次当你准备花钱的时候都在心中想想这个数字，想想如果这些钱用来投资会怎么样。

(4) 建立一个"等待期"。在看完上面几点后如果你仍然准备买，那么在买之前等待一段时间。在作出购买决定之前给你自己24小时。走出商店，回家，睡一觉。如果第二天你仍然认为这次购买是值得的，那么去买下它。

(5) 注意购物伙伴的选择。购物时，尽量选择理性的朋友陪同。

(6) 避开容易花钱的处境。如果有人建议去购物中心，或者其他类似地方，你可以邀请他们到你家，或者去公园或博物馆之类公共休闲场所。充满着花钱机会的环境非常容易导致从你的口袋拿出钱来放进其他人的口袋。

3.5 购后行为

消费者在作出购买产品的行为之后，就进入了购后过程，消费者通过自己的使用和他人的评价，对自己购买决策进行一次再评价，来判断其购买是否满意。消费者对其购买的产品是否满意，不仅影响到以后的个人购买行为，还影响到周围人群的购买意愿。

3.5.1 产品安装与使用

很多产品尤其是耐用性消费品，需要安装调试，才能使之处于可使用的状态。例如，空调、电脑、热水器等，均需要进行安装、调试工作。即使是那些对安装有较少要求的产品如儿童玩具，对很多消费者来说，"拼装"或"组装"仍是一项令人生畏的工作。很明显，消费者在使用前的准备阶段所获得的体验，对决定其满意状况具有十分重要的影响。因此，提供必要的安装服务和安装与使用说明，对提高消费者满意度大有裨益。

绝大多数购买者在购得产品后会加以使用，了解消费者如何使用和消费其产品对企业非常重要。目前，许多公司试图运用标准的调查问卷或集中小组访谈来获得关于产品使用的有关信息。这一类调查有助于改进产品设计，有助于企业开发新产品，为现存产品揭示新的用途或市场。例如，宝洁公司的餐具洗洁精，设计人员认定消费者在厨房洗碗时是先将洗洁精倒入盛满水的水池里，再用抹布洗碗，然后再用清水漂。但实际调查发现，大多数消费者是先将洗洁精直接挤到要洗的碗上，再用抹布擦掉污渍，再用清水漂。于是研究人员们立即研究出了浓度更低的洗洁精。这不仅降低了成本，也减少了消费者的漂洗负担。

在产品使用过程中，消费者可能采用创新性方式使用产品，或将产品使用到设计时没有考虑到的场合。这会带来两个方面的后果。就积极方面而言，这将扩大产品的用途，从而增加产品的销售。如阿恩·翰墨发现酵母除了用于烹饪外，还被消费者用于冰箱的清洗和除味。发现这一新用途后，阿恩·翰墨公司利用媒体大做广告，由此使它生产的酵母销量大增。从消极或潜在的不利方面看，产品的某些设计超过设计范围的使用，可能给消费者带来伤害。所以，企业在设计产品时不仅要确保在正常条件下的使用安全，还应合理预计消费者可能将产品作何种使用。对那些有可能导致身体伤害的使用应作出警告。如果企业发现消费者对正确使用其产品存在困惑，则应通过重新设计，使产品更易使用，或对消费者进行教育，使其掌握正确的使用方法。

资料 3-10

勿盲目使用高标号汽油

加油是再平常不过了，可是车主是否了解汽油的作用呢？有时候，汽油并不仅仅是提供能量，它还起到为燃油泵冷却的作用，因此在使用时，不要等到油箱中的汽油快耗尽时再去加油。使用比规定标号低的汽油，会导致发动机产生爆震；但盲目使用高标号汽油也是不对的。

高标号汽油的燃烧速度慢，点火角度需要提前。如果低压缩比的发动机盲目使用高标号的汽油，不仅经济上浪费，而且，从理论上讲还会引起着火慢、燃烧时间长，以致燃烧热能不能被充分转化成功率，在行驶中产生加速无力的现象，并且还会因为燃烧气体的温度过高，高温废气可能烧坏排气阀。虽然这种现象很少发生，听起来有点骇人听闻，但不能不防。

(资料来源：潘斌. 燃油快耗尽再去加油 勿盲目使用高标汽油[N]. 广州日报, 2013-08-27.)

部分企业已开始对消费者的产品使用行为进行分析。除了以上讨论的相关方面，了解以下几个因素对企业营销十分有用。①使用频率：一般而言，企业希望消费者尽可能频繁地使用其产品；②使用量或消费量，即每次的消费数量；③使用的时间间隔，即两次使用之间的时间长短。

3.5.2 产品闲置

消费者购买的产品并非全部使用。产品闲置指买了一种产品将其搁置起来不用或购买商品后对于产品的潜在用途仅作非常有限的使用。产品闲置的最主要原因是很多产品的购买决策与使用决策不是同时作出，两者之间存在一个时间延滞，在此时间段内一些因素会促使消费者推迟消费，甚至决定将产品闲置不用。如消费者购买了运动器材，但总没有腾出时间来使用。产品闲置的另外一个原因可能是企业或营销者并没有为产品的使用和消费创造出令人满意的条件与环境，我国银行发行的信用卡数量不少，但大量信用卡闲置不用，其原因主要是这些信用卡使用起来并不如获取时想象得那么安全和方便。

产品的闲置不用，无论对消费者还是企业均是一种损失。消费者浪费了金钱，营销者也不大可能获得重复销售。而且，营销者很难找到合适的补救措施对消费者施加有效的影响。

资料 3-11

闲置信用卡，市民需及时注销

刷卡消费早已不是什么新鲜事，不少市民都办理了各式各样的信用卡，但也有一些市民办卡之后从未使用。最近有市民反映，"休眠"信用卡不仅会"吃钱"，还会"抹黑"信用记录。

"我还没激活信用卡，怎么会欠银行的钱？"李女士非常纳闷。原来，李女士办了一张信用卡，卡到手后，因觉得使用机会不多，便一直未激活。后来她将这张卡遗失，直至今年3月，李女士准备贷款买车，在银行办理按揭手续时，才发现自己有信用卡不良记录，并在批复贷款时遭到银行拒绝。

既没激活，更没使用，那么引起不良记录的欠款到底从何而来呢？银行有关人士告诉记者，每一张信用卡都有制作成本，从用户申请成功的那一刻起，银行一直要付出数据处理、信息维护等成本，所以即使没有使用，每年也可能会产生年费。

对未激活的信用卡，目前一些银行暂时不收取年费，但也有一些银行要收费，其年费收取标准从50元到100元不等。同时一些银行还规定，如果持卡人长期不使用信用卡，且余额不足以缴纳年费的情况就属透支；客户如果一直不还款，就会登上银行的信用不良记录"黑名单"。欠费的持卡人在日后申请贷款或者申办其他信用卡时，都会受到影响。

有关人士建议市民，应及时清理手中的信用卡，把闲置、无用的卡注销，以避免不必要的费用支出；同时，还应随时留意经常使用的信用卡的余额、账单等信息，避免产生不良信用记录。

(资料来源：王志霞. 闲置信用卡市民需及时注销 避免影响信用记录[N]. 渤海早报，2009-04-05.)

3.5.3 产品处置

产品处置决定不仅影响那些对产品进行处置的个体的购买决策，还会影响该市场上其他个体的购买决策。一方面，由于物理空间或财务资源的限制，消费者在取得替代品之前，必须处理掉原有产品。例如，由于空间较小，住公寓的家庭在买入新的卧房家具之前必须处理掉现有的家具。若现有产品难以处理，消费者可能会放弃新产品的购买。因此，协助消费者处置产品无论是对制造商还是零售商均是有利的。另一方面，消费者经常作出的卖出、交易或赠送二手产品的决策可能导致形成一个庞大的旧货市场，从而降低市场对新产品的需求。现场旧货出售、二手货集市交易、跳蚤市场、分类广告和电子公告板正在迅速发展，如图3.7所示。

【拓展视频】

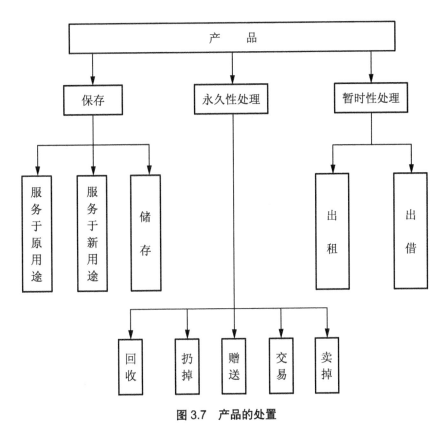

图 3.7 产品的处置

3.5.4 产品使用评价

在产品使用过程中或产品使用之后，消费者会对产品的功效或表现形成感知。这一感知水平可能明显高于期望水平，也可能明显低于期望水平或与期望水平持平。对购买的满意程度取决于最初的期望水平和实际感知水平。

图 3.8 描述了消费者满意与不满的大致形成过程。如果一个商店或品牌的功效或表现符合一个低水平的期望，则结果通常既不是满意也不是不满意，而是非满意，即可能不会失望，也不会抱怨该零售店或产品，但下一次遇到类似购买问题时，消费者可能会寻找更好的备选对象。对一个品牌的感知功效低于期望水平通常会导致消费者的不满。如果感知水平与期望水平差别过大或原先的期望水平过低，消费者可能会重新开始整个决策过程，导致问题识别的品牌极可能被列入排除域，从而在新一轮决策中不再被考虑。不仅如此，抱怨和负面的传言也可能由此产生。当对产品功效的感知与最小期望水平匹配，即功效水平等于或高于最小期望水平时，通常会导致消费者的满意甚至忠诚。

 资料 3-12

好评、中评、差评

网购当前已经成为市民生活的一部分，目前，中国电子商务协会发布《2014 网络交易平台打假研究报告》，网购消费者满意度在 90%以上，网上零售的市场占比每年增长 50%以上。

好评：便宜又实惠，为网购"点 32 个赞"。

对热衷于网购的市民来说，随时随地、想淘就淘的网购热浪是一年更比一年盛，"七天无理由退货"的规定，无疑是给网购市民们多加了一层保护伞。

中评：理性看网购，不温也不火。

部分市民对网购持平常心态，他们认为网购不过是购物的一种新方式，即使网购以后，也不会在网上留言给予好评或差评。

差评：纯粹碰运气，"挥泪告别"网购。

"网购时，您有没有被坑过？是否买到过不满意的产品？"在城区随机采访的 30 位受访者中，21 位向笔者吐槽："网购纯粹是碰运气，运气好时可能用便宜的价钱买了个宝，运气不好时，买的东西经常气死人。"

(资料来源：钟雯.好评 中评 差评： 网上购物 你打多少分.[N]内江日报，2014-12-25.)

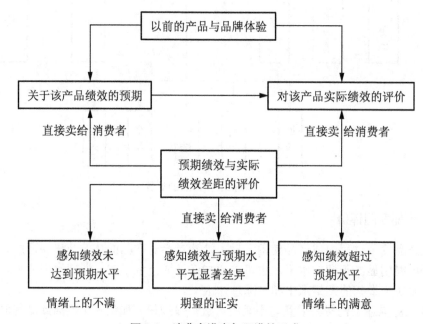

图 3.8　消费者满意与不满的形成

(资料来源：Woodruff R D，Cadoe E R，Jenkins R L.Modeling Consumer Satisfaction Process Using Experience-Based Norms[J].Journal of Marketing Research,1983(8).)

1. 消费者满意及其行为反应

近年来，企业逐渐将经营理念定位在如何能使顾客忠诚，因为"忠诚的顾客"是建立稳定的、良好的客户关系的重要基础。有研究指出：满意度很高的顾客，其忠诚度是一般顾客的 5 倍；顾客满意度持续上升的公司，其年获利将提升 10%以上；而顾客满意度持续下降的公司，年获利至少会下降 14%。

消费者或顾客对产品或企业的高度满意可为企业带来以下好处：①较长期忠诚该企业，重复购买企业产品；②购买企业更多的新产品和提高购买产品的等级；③向他人推荐企业及企业产品；④忽视竞争品牌和广告，对价格不敏感；⑤向企业提出产品或服务建议；⑥由于交易惯例化，而比用于新顾客的服务成本低。

提高消费者对产品或企业的满意度可以从两个方面入手：①通过改进产品、服务、人员和形象，来提高产品的总价值；②通过服务与销售网络系统，减少顾客购买产品的时间、精神与体力消耗，从而降低总成本。

资料3-13

提高顾客忠诚度的十大原则

(1) 控制产品质量和价格。只有过硬的高质量产品，才能真正在人们的心目中树立起"金字招牌"，从而受到人们的爱戴。此外，要尽可能地做到按顾客的"预期价格"定价。所谓"预期价格"，是大多数消费者对某一产品的"心理估价"。

(2) 了解企业的产品。服务人员应该主动地了解企业的产品、服务等相关信息，尽量预测到客户可能会提出的问题。

(3) 了解企业的顾客。企业应该尽可能地了解相关顾客的情况，这样就可以提供最符合他们需求和消费习惯的产品和服务。

(4) 提高服务质量。企业的每位员工都应该致力于为顾客创造愉快的购买经历，并时刻努力做得更好，超越顾客的期望值。

(5) 提高顾客满意度。顾客满意度在一定意义上是企业经营"质量"的衡量方式。通过客户满意调查、面谈等，真实了解企业的顾客目前最需要的是什么，什么对他们最有价值，再想想他们能从服务中得到这些认知的最好的做法。

(6) 超越顾客期待。不要拘泥于基本和可预见的水平，而向客户提供渴望的甚至是意外惊喜的服务。

(7) 满足顾客个性化要求。企业必须改变"大众营销"的思路，注意满足顾客的个性化要求。

(8) 正确处理顾客问题。要与顾客建立长期的相互信任的伙伴关系，就要善于处理顾客的抱怨或异议。研究显示，通常在25个不满意的顾客中只有一个人会去投诉，其他24个则悄悄地转移到了其他企业的产品或服务上。一般而言，在重大问题投诉者中，有4%的人在问题解决后会再次购买该企业产品，而小问题投诉者的重购率则可达到53%，若企业迅速解决投诉问题，重购率将在52%～95%之间。

(9) 让购买程序变得简单。企业无论在商店里、网站上还是企业的商品目录上，购买的程序越简单越好。

(10) 服务内部顾客。内部顾客是指企业的任何一个雇员。每位员工或者员工群体都构成了对外部顾客供给循环的一部分。如果内部顾客没有适宜的服务水平，使他们以最大的效率进行工作，那么外部顾客所接受的服务便会受到不良影响，必然会引起外部顾客的不满，甚至丧失外部顾客的忠诚。

(资料来源：李朝曙. 提高顾客忠诚度的十大原则[N]. 中国证券报，2008-01-18.)

2. 消费者不满及其行为反应

消费者不满一般是指消费者由于对交易结果的预期与实际情况存在较大的出入而引起的行为上或情绪上的反应。一旦消费者对所购买的产品或服务不满，随之而来的问题就是如何表达这种不满。不同的消费者、同一消费者在不同的购买问题上，不满情绪的表达方式可能会有所不同。

消费者表达不满情绪的方式一般有以下几种，如图 3.9 所示。

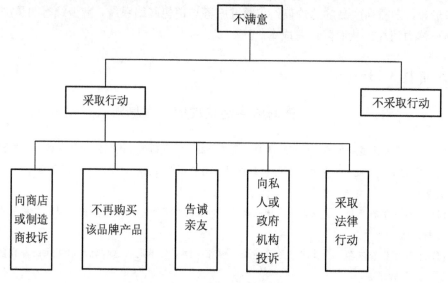

图 3.9　消费者不满时的反应

(1) 自认倒霉，不采取任何行动。消费者之所以在存在不满情绪的情况下，采取忍让、克制态度，主要原因是他们认为采取抱怨行动需要花费时间、精力，所得的结果往往不足以补偿其付出。很多消费者在购得不满意的产品后，没有采取任何行动，多是抱有"抱怨也无济于事"的态度。虽然如此，消费者对品牌或店铺的印象与态度显然发生了变化。换句话说，不采取行动并不意味着消费者对企业行为方式的认可，这点企业应当知晓。

(2) 采取私下行动。例如，转换品牌，停止光顾某一商店，将自己不好的体验告诉周围的人，使他们确信选择某一品牌或光顾某一商店是不明智之举。

(3) 直接对零售商或制造商提出抱怨，要求补偿或补救。打电话或直接找销售人员或销售经理进行交涉，要求解决问题。

 资料 3-14

"双 11"买买买变退退退

【拓展资料】

"双 11"过去了十多天，随着所购"宝贝"陆续到货，不少人又开启了"退货模式"。退货的理由五花八门，有的因为"货不对板"，有的因为"价格高了"，有的因为"冲动是魔鬼"。

快递公司有关人士称，"双 11"后每天退货的人数增加了四五倍，快递员三头六臂都忙不过来。"双 11"时买买买，"双 11"后退退退，这已成为每年"双 11"期间的例行节目。退货的理由五花八门，实际上，有些人什么理由都没有，想退就退，就像当初买东西时也没有充分理由，想买就买。极端的例子是，来自广东顺德的朱小姐，"双 11"购买的东西 90%都退了货。

(资料来源：刘鹏飞，温利，何波. 双十一续集：买买买变退退退[N].广州日报，2015-11-20.)

(4) 要求第三方予以谴责或干预。如向新闻媒体求助，诉说自己对产品或商店的不满意；要求政府行政机构或消费者组织出面干预，维护自己权益；对有关制造商或零售商提起法律诉讼等。

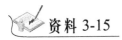

资料 3-15

网民消费情绪指数

工业和信息化部电子科学技术情报研究所网络舆情研究中心调查显示：消费者网购满意指数超七成，仍有近三成左右消费者对网络购物持不满意情绪。

从消费情绪的表达途径来看，除12315投诉、微博、微信以外，56%的消费情绪选择通过新闻途径进行表达；通过论坛表达的，占比43%；通过博客来表达的，占比1%。本次监测数据显示，愿意就网络购物发布个人情绪的消费者中，男性占比62%，女性占比38%。这一数据充分说明，在网络购物环节中，消费者自我权益保护意识和情绪表达方面，男性消费者比女性消费者更为积极。

(资料来源：中心与中国消费者报联合发布网民消费情绪指数. 工业和信息化部电子科学技术情报研究所网络舆情研究中心，2015-10-28.)

研究显示，只有一小部分不满的消费者会直接对企业采取抱怨行动。安德鲁逊和培斯特在对2 400户居民的调查中发现，大约有1/5的购买都不同程度地存在不满意的情况。在不满情形下，消费者采取抱怨行动的不足一半。至于消费者采取何种抱怨行动，主要取决于下列因素：消费者不满的程度或水平；消费者对抱怨本身的态度；从抱怨行动中获得的利益大小；消费者的个性；对问题的归因，即将责任归咎于谁；产品对消费者的重要性，如对于价值不大、经常购买的产品，不足15%的不满消费者会采取某种抱怨行动，而对于汽车等耐用消费品，出现不满时50%以上的消费者会采取行动。对不满采取抱怨行动最频繁的是服装类产品，大约有75%的不满顾客会采取行动来表达自己的不满。

一般而言，消费者抱怨是基于两方面考虑：①获得经济上的补偿，如要求更换产品、退货，或者要求对其损失给予补偿；②重建自尊或维护自尊，当消费者的自我形象与产品购买紧密相连时，不满意的购买可能极大地损害这种形象。

消费者表达不满的大多数做法会损害作为当事者的企业利益，这种损害可能是直接的，如失去销售机会；也可能是间接的，如形成负面的态度。因此，营销者一方面必须设法将消费者不满降至最低水平；另一方面，一旦发生不满，就应采取有效的补救办法。

很多企业意识到，完全消除消费者的不满可能并不现实，但有一点企业是可以做到的，那就是尽可能地减少消费者购后不满意的发生。①引导合理预期：营销者在购前阶段注意引导消费者形成对产品或服务的合理预期，对产品的促销应做到恰如其分，应避免因言过其实而过分抬高消费者的预期；合理确定产品价格，过高的价格必然引导消费者形成对产品的高预期；保持产品质量的稳定性。消费者购后的满意与否，最终还是要靠产品的质量来保证，产品质量的不稳定是消费者购后不满意的重要原因之一。②加强售后服务：随着新技术和新产品的不断涌现，产品的性能不断提高，使用或操作方法也越趋复杂。营销者应注意在产品促销、包装和使用说明，或者安装调试服务过程中，向消费者详细介绍产品的使用方法及其注意事项，避免因产品使用不当而导致消费者的不满；应加强相应的售后服务，减少或避免因售后服务不到位而引起的消费者不满意。③积极应对抱怨：企业建立一种应付和处理消费者投诉或抱怨的内部机制。如设立免费的消费者热线，消费者需要抱怨时可以拨打免费电话来和企业的代表取得联系。一项调查表明：54%~70%的投诉顾客，如果投诉得到解决，他们还会再次同该企业做生意；如果顾客的投诉很快得到解决，数字会上升到惊人的95%；顾客投诉得到妥善解决后，他们就会乐意把满意的处理结果告诉尽可能多的人。

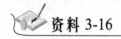

资料3-16

惠普回应"质量门"：延长保修期并考虑补贴

2010年3月15日，惠普就日前中国消费者对其笔记本电脑的投诉向消费者致歉，并宣布为受影响的客户提供延长两年保修服务，并考虑针对曾支付过主板的邮寄和维修费用的用户支付补贴。

惠普全球副总裁，中国惠普信息产品集团总经理张永利表示："由于产品和服务问题给客户带来的不便，惠普向客户郑重道歉。惠普始终坚守对中国的承诺，倾听来自客户的声音，果断采取行动，从而作出正确决策。"

惠普此次针对投诉作出致歉回应的同时，宣布推出一项"客户关怀增强计划"，对问题笔记本进行主板维修并延长两年保修，对于费用等细节，惠普表示正在商讨方案，并于近期公布。

惠普在"客户关怀增强计划"中作出了以下承诺。

(1) 如果客户的电脑在受影响的型号范围之内，且进行过主板维修，惠普将为其提供自维修之日起，对主板再延保两年的服务。

(2) 如果客户的电脑在受影响的型号范围之内，且在自2010年3月15日(周一)起的180天内出现相似症状，客户可以与惠普联系。如果客户的电脑主板需要进行维修，则可获得自维修之日起，对主板再延保两年的服务。

(3) 如果客户的电脑在受影响的型号范围之内，客户可以将其电脑送到惠普授权服务中心进行免费检测。

(4) 如果客户的电脑在受影响的型号范围之内，且曾支付过主板的邮寄和维修费用，惠普正在商讨方案，如何补贴客户。详细信息将于近期在惠普官方网站上公布。

此外，该"客户关怀增强计划"还将包括开通客户支持专线400-610-0039-9和800-810-0039-9，同时，惠普在近期将延长所有惠普笔记本服务中心的运营时间从早8点半至晚9点。

惠普称，如客户有其他产品问题，所有惠普常规的客户支持渠道仍将继续保持畅通，包括：惠普售后服务电话400-610-3888或800-810-3888；惠普客户投诉电话400-610-0039或800-810-0039；绿色通道用户邮箱cfs.hpcs@hp.com。

惠普表示，正在和国家质量监督检验检疫总局密切配合，以确保客户提出的问题得到妥善处理。

(资料来源：李铁成.惠普回应"质量门"：延长保修期并考虑补贴.网易科技[2010-3-15].）

 本章小结

消费者购买决策过程一般要经过问题认知、信息搜集、评价选择、购买及购后行为5个阶段。问题认知是指消费者意识到理想状态与实际状态存在差距，从而需要采取进一步行动。影响问题认知的因素有很多，主要包括对某种商品的缺乏或不满意、消费者所处环境或处境的改变、相关产品的购买、企业营销因素的运用等。企业可以通过各种分析方法发现和识别消费者问题，在此基础上通过广告、促销等手段影响、激发消费者的问题认知。

购买决策过程的第二个阶段是信息搜集，包括内部信息搜集和外部信息搜集。内部信息搜集指消费者将过去储存在记忆中的有关产品、服务和购买信息提取出来，以解决当前面临的消费或购买问题。

外部信息搜集指从外部来源如同事、朋友、商业媒体等获取与某一特定购买决策相关的数据和信息。

在信息搜集的基础上，消费者将采用一定的评价标准对所考虑到的备选产品(方案)进行评价和比较。在运用评价标准对各备选产品(方案)作出评价后，消费者将运用一定的选择规则从中选择出他认为最合适的产品或品牌。常用的选择规则有连接式规则、重点选择规则、按序排除规则、编纂式规则和补偿性选择规则等。

一旦确定了要购买的产品或品牌，接下来消费者很可能采取实际的购买行动。然而，也有一些因素如他人态度、购买风险、意外情况等使消费者改变购买意向。实际上，消费者的购买并非全部是有计划的，无计划或冲动性购买占有相当大的比重。不仅如此，很多购买也不一定是采用传统的店铺式购买方式。传播技术的发展、人们生活方式的改变，使非店铺型购物方式日益受到欢迎。

虽然非店铺购物方式成长迅速，但占支配地位的仍是店铺型购物方式。店铺选择是购买过程中非常重要的一环，店铺的业态类型、位置与规模、形象、促销手段及消费者特征等是影响消费者店铺选择的主要因素。

购买产品并非是消费者决策过程的结束，相反，围绕该产品的使用与不用、产品与包装的处置及该产品的使用评价会产生很多的决策活动。消费者可能按预定的目的和用途使用产品，也可能用于其他用途或场合。在某些情况下，消费者还可能将产品闲置，不作利用。产品与包装的处置日益受到企业的关注。消费者采用丢弃、保存、赠送、出售等多种方式处置产品，这些产品处置方式对消费者下一轮购买决策具有直接或间接的影响。

如果产品的实际绩效水平与期望的绩效水平趋于一致，消费者可能既不会感到十分满意，也不会感到十分不满。当产品的实际绩效水平高于期望的绩效水平时，消费者会感到满意，否则会感到不满。在满意的情况下，消费者可能形成重复购买甚至品牌忠诚。在不满的情况下，则可能导致抱怨、负面口传、不再购买该产品或不光顾该店铺等多种行为。面对消费者的抱怨与不满，一些企业作出了积极反应，如设立消费者投诉热线与机构、提供保险服务等。

习 题

一、选择题

1. 消费者购买决策的正确过程是( )。
   A. 问题认知、信息搜集、评价选择、购买行为、购后评价
   B. 问题认知、评价选择、信息搜集、购买行为、购后评价
   C. 信息搜集、问题认知、评价选择、购买行为、购后评价
   D. 问题认知、信息搜集、购买行为、评价选择、购后评价
2. 一般情况下，购买以下商品时，往往采用零信息搜集的是( )。
   A. 食糖　　　　B. 地毯　　　　C. 移动电话　　　　D. 豪华轿车
3. ( )属于外部信息来源。
   A. 个人来源　　B. 记忆来源　　C. 经验来源　　　　D. 大众来源
4. ( )获得的信息最直接，也最为消费者所信赖。
   A. 个人来源　　B. 记忆来源　　C. 经验来源　　　　D. 大众来源
5. 冲动购买具有( )特征。
   A. 冲动性　　　B. 强制性　　　C. 情绪性　　　　　D. 不计后果性

6. 消费者表达不满情绪的方式一般包括( )。
   A. 自认倒霉
   B. 采取私下行动
   C. 直接对零售商或制造商提出抱怨
   D. 要求第三方给予谴责或干预

二、判断题

1. 问题认知是由消费者的理想状态与实际状态之间的差距引起的。( )
2. 在消费者对服务的选择上，商业来源是最有效的。( )
3. 在补偿性选择规则下，产品某一属性上的劣势可以由其他属性上的优势来弥补。( )
4. 在形成购买意向后，也就意味着消费者将实施最终购买。( )
5. 卖场促销是影响顾客冲动购买行为的直接诱因。( )
6. 一般而言，消费者抱怨主要是基于获得经济上的补偿。( )
7. 只要经营得当，企业完全可以消除消费者的不满。( )

三、填空题

1. 消费者对产品或服务信息的搜集可从_____、_____两个方面着手。
2. 消费者外部信息搜集来源主要有_____、_____、_____和_____。
3. 无店铺零售划分为_____、_____、_____、_____和_____ 5 种业态。
4. 消费者的购后评价会出现_____、_____和_____ 3 种情况。
5. 消费者对商品购买的满意程度取决于_____和_____。
6. 当商品的实际效用和消费体验与消费者原先的期望相符或大于期望时，就是_____的购后评价。
7. 当商品的效用达不到期望的水平，属于_____购后评价。
8. 消费者表达不满情绪的方式一般有_____、_____、_____和_____。
9. 一般而言，消费者抱怨主要是基于_____和_____两方面考虑。

四、名词解释

1. 消费者购买决策
2. 问题认知
3. 冲动性购买

五、问答题

1. 如何激发消费者对下列产品或活动的问题认知？
(1)健身俱乐部；(2)儿童补钙产品；(3)血压计；(4)减肥茶；(5)健康保险。
2. 信息搜集发生于什么时候？内部信息搜集与外部信息搜集有何区别？
3. 你在购买下列产品或服务时使用哪些信息源？
(1)衣服；(2)洗衣粉；(3)手机；(4)理发；(5)洗发液。
4. 以自己或熟悉的人为例，分析品牌忠诚形成的原因及对企业的意义。

5. 你对下列产品如何加以处置，阐述选择这类方式的原因？
(1)用过的教材；(2)不穿的旧衣服；(3)饮料瓶；(4)质量完好但款式旧的手机。

6. 什么是冲动购买？作为一名消费者，如何尽可能地减少冲动购买？

7. 消费者如何减轻购买后不满意？为了减轻购后不满意，市场营销人员可以为消费者提供什么帮助？

六、论述题

1. 描述你最近作的两次购买，是什么因素促发了问题认知？它们是影响你的理想状态、现实状态还是同时影响两个方面？

2. 描述最近发生的两次购买活动，一次进行了广泛的信息搜集，另一次则作了非常有限的信息搜集。是什么因素造成了这种差别？

3. 列出你高考填报志愿的学校名单及专业名称，阐述你是如何搜集相关信息，并加以选择的。

4. 举例说明，你曾经表达不满的购买情形，企业或零售商做了(应做)些什么才(会)平息你的不满？

七、案例应用分析

陈莉买房实录

踏访一年寻婚房

经过相知、相恋，陈莉和男朋友决定步入婚姻殿堂，因此，寻找一个承载他们甜蜜生活的"爱巢"成为头等大事。陈莉和男朋友都在昆山工作，所以决定在昆山安家。依据6万元左右的年收入和结婚等实际情况，他们两人决定买套2室的房子，面积限定在80～100平方米，总价控制在40万元左右。

心动立即行动。他们开始关注楼市，通过上网、看电视新闻、报刊杂志等渠道了解昆山楼市，寻找适合自己的房源。周末，他们俩则一起踏盘、咨询、看房。售楼处、楼盘现场成了他们"约会"的地点，留下了他们爱的足迹。经过近一年的踏访，他们最终把目光锁定在3个楼盘：新江南康居、观邸以及新城·翡翠湾。

反复比较终下单

新江南康居是拆迁安置房，现房，价格合适，二、三月份时，价格为4 100元/平方米。"当时特别中意，不过面积偏大，后来因为面积大就放弃了。"观邸在青阳路与同丰路交汇处，是昆山城东主干道上的一个新盘，处在开发阶段。2007年下半年，陈莉去看时，价格为4 200元/平方米左右，要到2009年6月左右才能交房。她觉得交房时间晚，还是放弃了。选择新城·翡翠湾，因为她觉得小区安静，建筑风格、外立面都不错。她说，新城·翡翠湾的配套也可以，去商业街、农贸市场都很方便。

"买房子时，要多比房型、价格及周边的配套。"陈莉告诉记者，新城·翡翠湾要到2009年11月份才交房，比观邸还要晚，她之所以放弃观邸，选择新城·翡翠湾，正是看中了新城·翡翠湾的环境、价格及其配套。

担心房子缩水

2008年5月，陈莉购买了新城·翡翠湾的房子，面积为89平方米，价格为4 080元/平方米，首付9万元，月供2 800元，贷款15年。

"今年房价一直变化不断，经常听说谁买的房子亏了，业主围攻售楼处……心里特别担心房子缩水，还好我的房子没有多大变化。"

(资料来源：高祥兰. 实录：看看新苏州人如何买房[J]. 扬子楼市，2009-02-19.)

思考题

1．陈莉买房的主要原因有哪些？

2．陈莉购房过程中主要通过哪些途径获悉房产信息？

3．哪些因素影响了陈莉的购买决策？其中最重要的因素有哪些？

4．用消费者行为学理论描述和解释陈莉的购房决策过程。

八、实践活动

1．以"我准备买的第一辆车"为主题，阐述其购买决策过程(购后评价这一环节可暂时不作要求)，并在班上交流。

2．开展一次汽车消费满意度调研活动，测量消费者的购买满意程度，报告并讨论调查结果。

3．设计一份问卷在校园内展开调查，了解在校大学生将产品搁置不用的情况及原因，将调查结果写成报告并在班上作交流。

第 3 部分

消费者心理活动过程

第 4 章 消费者个体心理过程

教学目标

通过本章学习，理解感觉、知觉的含义及特征；了解经典性条件反射理论、操作性条件反射理论、认知学习理论和社会学习理论内容；掌握消费者的学习内容及方法；掌握记忆的心理过程及影响遗忘的因素；了解情绪、情感的含义及影响因素；掌握消费者态度的测量方法；掌握消费者态度的改变；了解消费者的意志过程。

教学要求

知识要点	能力要求	相关知识
感觉与知觉	(1) 理解感觉、知觉的含义及特征 (2) 掌握知觉风险的类型及减少知觉风险的方式 (3) 掌握错觉现象在营销中的应用	(1) 感觉的含义及特征 (2) 感觉阈限 (3) 知觉的含义及特征 (4) 知觉风险 (5) 错觉
学习与记忆	(1) 了解学习理论的内容 (2) 掌握消费者学习的内容及方法 (3) 掌握记忆的心理过程、类型及影响遗忘的因素	(1) 消费者学习的内容 (2) 消费者学习的方法 (3) 记忆过程 (4) 记忆类型 (5) 遗忘
情绪、情感	了解情绪、情感的含义及影响因素	(1) 情绪、情感的含义、类型 (2) 影响消费者情绪、情感的因素

续表

知识要点	能力要求	相关知识
消费者的态度	(1) 了解消费者态度的含义及组成方法 (2) 掌握消费者态度的测量方法 (3) 掌握消费者态度的改变	(1) 消费者态度的含义、组成 (2) 李克特量表 (3) 语意差别量表 (4) 消费者态度的改变
消费者的意志过程	了解消费者的意志过程	(1) 消费者意志的特征 (2) 消费者的意志过程

导入案例

充满惊喜的可口可乐

可口可乐隐形自动贩卖机，仅情侣经过时现形

为了庆祝情人节，可口可乐公司推出了一款高级隐形自动贩卖机，并把它安装在路旁。只有当情侣经过时，原本看似空无一物的路边才会突然亮起，并出现一段浪漫的巨型广告。紧接着，专属于情人的可爱贩卖机便会现出原形。另外，该自动贩卖机还会询问每对情侣的姓名，并将他们的名字印在瓶身上，打造出真正独一无二的情侣饮料。

可口可乐条形码，竟然扫出一首歌来

通过改装超市条形码扫描系统，在其他商品被扫描时，清一色的"嘀"声后，可口可乐却欢乐地"噔噔噔噔噔"唱起来。当枯燥、一成不变的生活突然来点新鲜，足以让人欢乐。几乎每一位听到可口可乐穿过扫描仪时发出的经典音乐，都会开心地绽放笑容。这种好感度的培养与建立，真心很赞。

【拓展视频】

"快乐重生"法：可乐瓶二次利用

在用户购买可口可乐的时候赠送喷头或是一些教程，教用户如何废物利用。该项目率先在越南落地执行，相对来说越南比中国贫困很多，对这种废物利用更加有需求，后期会逐渐推广到全亚洲地区。

和平贩卖机1：让印度巴基斯坦握手言和

可口可乐与李奥贝纳雄心勃勃的 campaign，希望通过放置在两个国家拥有 3D 触摸屏技术的自动售货机，以减轻印度和巴基斯坦之间的紧张关系。活动现场，两个国家的人民通过内置在售卖机中的摄像头与 Skype 技术，可以互相看见对方，只要双方齐心协力完成触摸屏上的图案：笑脸、心形甚至一段舞蹈，双方会各自获得一听可口可乐。此时，两个国家的人民放下仇恨，很开心地享受"握手言和"的欢乐。此广告获得2014金铅笔互动类金奖。

和平贩卖机2：让国际米兰和 AC 米兰球迷握手言和

同一个城市，有两支顶级球队真是伤感情。在米兰，国际米兰与 AC 米兰每年都火拼得不可开交，狂热的球迷们也各自为阵，见到对方更是分外眼红。一个代表和平主义的可口可乐贩卖机在圣西罗球场亮相了。贩卖机分别放置在球场两侧的入口处，只有这一方按下去，另外一方才会吐出可口可乐，通过贩卖机上的视频和音频连接，能直接与对方球迷对话。

人工彩虹庆南非成立20周年

一直有彩虹之国之称的南非成立已有20年。为了庆祝这个特别的日子，可口可乐选定在约翰内斯堡城市广场的大楼顶部安装配水装置，喷水装置会根据太阳的角度来洒水(好高端)，进而顺利形成彩虹。风雨后才能现彩虹，彩虹作为美好的化身，七彩的颜色是最好的幸福色彩。

可口可乐电话亭，所谓幸福就是有人为你着想

每一天都有很多南亚劳动力来到迪拜工作赚钱以获得更好的生活。他们平均一天只有6美元的收入，可打电话给家里却不得不花每分钟0.91美元的费用。迪拜可口可乐联合扬罗必凯广告公司开发了一款可以用可乐瓶盖当通话费的电话亭装置，把这些电话亭放到工人们生活的地区，每一个可口可乐瓶盖都可以免费使用三分钟的国际通话费。所谓幸福，就是能听到孩子的叫声，能听到家人的声音。

新加坡可口可乐：幸福从天而降

可口可乐日前联手新加坡奥美打造一项传递快乐的活动：各大工地上空飞来无数架装载着红色箱子的遥控飞机，带着可口可乐和鼓舞的话语从天而降，以慰问新加坡多达2 500名建筑工人，为其鼓舞士气、重振精神并分享快乐。

可口可乐校园创意营销，双人可乐瓶盖

新进大学谁都不认识，难免无聊无互动，于是可口可乐为了能让新进校的学生互动起来，开发了这个特殊的瓶盖，只有当两个人一起反向旋转可乐的时候，可乐才能打开。

怎么拯救世界上雨量最大的小镇？

远在南美洲的哥伦比亚，世界上雨量最大的小镇——Floro，虽然每年降雨量高达12 717毫米，但是住在这里的人却缺少最重要的一样东西——饮用水。住在这里的人们，其中有很多人一辈子都没喝过一口饮用水，水质的不洁也引发了很多疾病。Coca-Cola用无数只可口可乐瓶子收集雨水，拍卖雨水给一些管理高层和名人们，装满Floro雨水的瓶子也将在网上义卖，收集到的善款将为Floro建一座雨水处理厂，这样能让Floro当地的人们喝上清洁的水，减少常见病的患病率。

【拓展视频】

可口可乐MINI货柜，带给你生活小快乐

可口可乐迷你货柜亭是正常货柜亭的三分之一大小，让人感觉似乎进入了小矮人的世界，萌感十足。麻雀虽小，五脏俱全，这里有专职的售货员，有迷你贩卖机，还有杂志、报纸、食物等。虽然很小，却足够引人注目。货柜亭虽不大，带来的幸福感却很大。这些都写在为此驻足的人们的脸上。

可口可乐公益广告，婴儿们的欢乐颂萌萌哒

可口可乐公益把世界各地婴儿的哼哈声，剪辑成了欢乐颂……这是一个公益广告，他们有一个很酷的目标：让每个出生的婴儿都免受艾滋病毒感染，实现"无艾滋一代"。每天全球有650个婴儿携带者HIV病毒出生。但我们相信在你的帮助下，这个数字能够减少到0。

无孔不入的可口可乐：把我们的户外广告扯回家包礼物吧！

新年要送礼物吧？送礼物要包装吧？包装要包装纸吧？……来来来，走过路过别错过，你现在看到的户外广告，扯下来就是一大张喜庆的红色包装纸！Idea极其简单，却又因为免费、体贴、容易获得而产生了极大的传播效应。默不作声，一分钱不花就把自家的LOGO印在了千千万万份礼物上。

可口可乐温暖公交站台：让冬日暖暖如夏

瑞典乌普萨拉，冬季日照时间很短，人们多少也会有些压抑吧。不过，现在，当你走到乌普萨拉街头的一个可口可乐公交站台，当可乐自动售货机感知你到来时，便会在黑暗中亮起暖暖的红光；接着广告牌开始播放瑞典夏季草甸美景，音响里传来欢乐的鸟鸣，一朵朵鲜花投影在地上，伴随着有加热功能的广告灯，好像一下子就阳光明媚，身在夏天啊！

巴西可口可乐：智慧城市户外广告

一个独特的滑板斜坡被安装在里约热内户的弗拉门戈公园，斜坡是可口可乐标志经典的白色条纹。远处看，是一块极其简约到只剩 LOGO 的广告牌。近看，广告牌上的飘带则是立体的。这一活动的目的是鼓励青少年发现有趣和乐趣的活动，激发更积极的生活。

(资料来源：2014 年度可口可乐十五大经典营销案例. [EB/OL]. [2015-01-14]. http://www.meihua.info/a/51963.)

心理活动是消费者行为的基础，是影响其行为诸因素中的首要因素。消费者在寻找、购买和使用商品与劳务的过程中，随时随地受到各种心理机能或心理要素的支配。其中，某些带有共性的心理机能或要素，彼此联系、相互依赖，共同作用于消费者行为的始终，由此构成了一个统一的心理过程。研究消费者的心理过程，有助于企业掌握消费者的共性心理规律，从总体上认识和研究消费者的心理。

消费者的个体心理过程，指的是消费者在其购买行为中的心理活动的全过程，是消费者的不同心理活动现象对商品现象的动态反映，大致可以分为认知过程、情绪过程和意志过程 3 个部分。其中，意志过程有赖于认知过程，并促进认知过程的发展和变化。同时，情绪过程对意志过程也具有深刻的影响，而意志过程又反过来调节情绪过程的发展和变化。

4.1 消费者的认知过程

消费者购买行为的心理活动，是从对商品的认知过程开始的，这一过程构成了消费者对所购买商品的认识阶段和知觉阶段，是消费者购买行为的重要基础。消费者主要通过自身的感觉、知觉、学习、记忆等心理活动，来完成认知过程的全部内容。

4.1.1 感觉

消费者对商品的认知过程是从感觉开始的。感觉是人脑对直接作用于感觉器官的客观事物个别属性的反映。感觉是最简单、最低级的一种心理现象，但又是认知过程及全部心理活动的基础和起点。感觉的生理基础是：客观事物作用于人的感觉器官，引起神经冲动，这种神经冲动再由神经传导至大脑皮层的特定部位，便产生了感觉。

消费者感觉是商品外部的个别属性作用于消费者不同的感觉器官而产生的主观现象。在消费活动中，当消费者与商品等消费对象发生接触时，会借助眼、耳、鼻、舌、体肤等感觉器官感受商品的物理属性(如颜色、形状、大小、软硬、光滑、粗糙等)和化学属性(气味、味道等)，并通过神经系统传递至大脑，从而引起对商品的各种感觉，包括视觉、听觉、嗅觉、味觉、肤觉等。例如，一种新型护肤品，消费者用眼睛看到奶白色膏体，用鼻子嗅到清纯的香气，用手触摸膏体细腻柔滑，搽在皮肤上有滋润感，由此产生对该护肤品颜色、状态、香型、质地等方面的感觉。

作为认识过程的心理机能之一，感觉有其特殊的表现形态和作用方式，具体包括感受性、感觉适应、联觉等。

1. 感受性

感受性是指感觉器官对刺激物的主观感受能力，通常用感觉阈限的大小来度量。消费者的每一种感觉都有两种感受性，即绝对感受性和相对感受性。在消费活动中，并不是任何刺激都能引起消费者的感觉。如要产生感觉,刺激物就必须达到一定的量。那种刚刚能够引起感觉的最小刺激量,称为绝对感觉阈限。对绝对感觉阈限或最小刺激量的觉察能力,就是绝对感受性。绝对感受性是消费者感觉能力的下限。凡是没有达到绝对感觉阈限值的刺激物,都不能引起感觉。例如,声音的感觉频率大致在 20~200 000Hz,超过这一范围,无论响度如何变化人都听不到。一般情况下,电视广告的持续时间若少于 3 秒钟,就不会引起消费者的视觉感受。因此,要使消费者形成对商品的感觉,必须了解他们对各种消费刺激的绝对感受性和绝对感觉阈限值,并使刺激物达到足够的量。

在刺激物引起感觉之后,如果刺激的数量发生变化,但变化极其微小,则不易被消费者察觉。只有增加到一定程度时,才能引起人们新的感觉。例如,一种商品的价格上涨或下降 1%~2%时,消费者可能毫无察觉;但如果调幅达 10%以上,则会立刻引起消费者的注意。这种刚刚能够觉察的刺激物的最小差别量称为差别感觉阈限。

资料 4-1

真长高了吗?

春节一过,小芳就年满 18 岁了,但一米五六的身高却令她很自卑,不时地在父母面前提起这件事。如何帮助女儿长高成了父母的一块心病。小芳的爸爸无意间看到了一则电视直销广告:无论你的父母有多高,使用美国筑本筑高助长系统三效合一,孩子都会比遗传高度长高 8 公分以上。100 天平均增高 9.6 公分,最高 12.5 公分!

广告中产品试用者的现身说法让张先生一家兴奋不已:有长高 9 厘米的,有长高 7 厘米的,甚至有人在 100 天之内,长高了 11 厘米!张先生花 1 290 元订购的产品就由厂家寄过来了。

60 天过去了,小芳丝毫没有长高,看着眼前这个神奇的增高仪,家人的心里很不是滋味……

(资料来源:增高广告:模特穿内增高鞋 尺子有猫腻. [EB/OL]. [2008-11-27]. http://v.baidu.com/watch/4601295132357748580.html.)

德国生理学家韦伯于 1834 年发现,个体可觉察到的刺激强度变化量与刺激强度之比为常数(称为韦伯系数),这就是著名的韦伯定律。对于不同的感觉,其韦伯系数是不同的。对于听觉的响度而言,韦伯系数是 1/11;对视觉明度而言,韦伯系数是 1/62。

韦伯定律在市场营销中有多方面的运用。例如,在降价过程中,如果价格变化的绝对量相对于初始价格太小,消费者可能就没有觉察,从而对销售产生的影响就很小。一些企业在消费者没有觉察的前提下对产品加以改变,如减少食品的容量、大小等,实际上也是运用了韦伯定律。美国有一家食品公司,在 23 年之内,基本的牛奶巧克力条的价格先后才调整了 3 次,可是,它的重量却变动了 14 次。其中重量的多次变化均未引起多数消费者的察觉。宝洁公司从 1898—1998 年对"象牙牌"(Lvory)肥皂的包装做了 19 次改变,每次改变的差异很微小,变动幅度保持在消费者的差别阈限范围内,从未对市场销售造成不良影响。但当人们把 1898 年和 1998 年的肥皂包装作比较时,发现其规格差异惊人。

差别感觉阈限与差别感受性成反比。即原有刺激量越大,差别阈限值越高,差别感受性则越小;反之也成立。这一规律清楚地解释了一个带有普遍性的消费心理现象,即各种商品因效用、价格等特性不同而有不同的差别阈限值,消费者也对其有不同的差别感受性。

例如，一台彩电的价格上调几元或十几元，往往不会引起消费者的注意。但如果一件小食品提价几角钱，消费者就十分敏感。了解消费者对不同商品质量、数量、价格等方面的差别感受性，对合理调节消费刺激量、促进商品销售具有重要的作用。

2. 感觉适应

消费者的感受性会受到时间因素的影响。随着刺激物持续作用时间的延长，消费者因接触过度而造成感受性逐渐下降，这种现象叫做感觉适应。感觉适应表现在两个方面：①感官因刺激过久或过强而降低感受性；②感官刺激的长期缺乏而提高感受性。各种感觉都存在适应性。"居鲍鱼之肆久而不闻其臭，入芝兰之室久而不闻其香"，讲的是嗅觉的适应性。消费者会明显感觉出某种新型洗发液使用后的舒适度，但随着使用时间的延长，消费者就不再感到分外舒适。要使消费者保持对消费刺激较强的感受性，就要调整消费刺激的作用时间，经常变换刺激物的表现形式。使消费者产生新的感觉，激起其新的购买愿望，才能为企业创造新的商机。例如，采用间隔时间播放同一内容的广告；不断变换商品的包装、款式和色调。

资料 4-2

青 蛙 效 应

"青蛙效应"源自十九世纪末，美国康奈尔大学曾进行过一次著名的"青蛙试验"：他们将一只青蛙放在煮沸的大锅里，青蛙触电般地立即窜了出去。后来，人们又把它放在一个装满凉水的大锅里，任其自由游动。然后用小火慢慢加热，青蛙虽然可以感觉到外界温度的变化，却因惰性而没有立即往外跳，直到到后来热度难忍而失去逃生能力而被煮熟。科学家经过分析认为，这只青蛙第一次之所以能"逃离险境"，是因为它受到了沸水的剧烈刺激，于是便使出全部的力量跳了出来；第二次由于没有明显感觉到刺激，因此，这只青蛙便失去了警惕，没有了危机意识，它觉得这一温度正适合。然而当它感觉到危机时，已经没有能力从水里逃出来了。

3. 联觉

人体各感觉器官的感受性不是彼此隔绝的，而是相互影响、相互作用的，即一种感觉器官接受刺激产生感觉后，还会对其他感觉器官的感受性发生影响，这种现象就是联觉。消费者在同时接受多种消费刺激时，经常会出现由感觉间相互作用引起的联觉现象。巧妙运用联觉原理，可以有效地对消费者行为进行调节和引导。

视觉中颜色视觉最容易产生联觉。颜色可以引起温度觉，如红、橙、黄等颜色给人以温暖的感觉，被称为"暖色"；青、蓝、紫等颜色，给人以寒冷的感觉，被称为"冷色"。颜色也可以引起距离的感觉，红、橙、黄等颜色给人以前方突出的感觉，能产生接近感，因而被称为进色；青、蓝、紫等颜色给人以向后退去的感觉，能产生深远感，因而被称为退色。色觉还可以引起轻重觉，如家具选用淡而鲜艳的颜色，会给人轻巧感；选用深而浓暗的颜色，则给人以沉重感。

第4章 消费者个体心理过程

资料 4-3

红色杯装咖啡味浓　　蓝色汽车易被追尾

　　日本东京三叶咖啡屋老板做了一次现场检验。他邀请了30多位朋友,每人都各自喝4杯完全相同的咖啡,但是盛咖啡的杯子颜色不同,分为咖啡色、红色、青色和黄色4种。试饮的结果,居然对完全相同的咖啡得出迥异的结论。对咖啡色杯子里的咖啡,2/3的人说"太差",用青色杯子的人则异口同声说"太淡",用黄色杯子的人大部分认为"不浓,刚好",用红色杯子的人却说"太浓了"。三叶老板依据这次试验的结果,将咖啡屋里的杯子一律改为红色。这样一来,咖啡用量减少了,却给顾客留下特别深的印象,成为三叶咖啡屋招徕顾客的手段。

　　冷色调的汽车,相对于暖色调的汽车更容易被追尾。在驾驶过程中,如果前面有蓝色的车,要多加小心,因为蓝色属于冷色调,有一种缩小的感觉。如果与前方蓝色车实际距离为一米,看上去的视觉距离则会大于一米。这种色彩引起的距离误差,给人距离够大的感觉,更容易造成追尾。如果前方是红色的车,会有一种膨胀感,容易引起后车驾驶员注意,因此暖色调的车与冷色调的车相比起来不容易被追尾。

(资料来源:1. 傅浙铭. 营销理念与顾客研究[M]. 广州:南方日报出版社,2003.
2. 周小平,史宗伟. 你知道吗 蓝色汽车易被追尾[N]. 重庆晚报,2014-11-30.)

4.1.2 知觉

　　当消费者对商品产生心理印象,也即对商品产生感觉之后,在感觉的基础上,消费者的意识还会随着对感觉材料的综合处理,把商品所包含的许多不同的特征和组成部分加以解释,在头脑中形成进一步反映商品的整体印象。这一过程就是消费者的知觉过程。

　　知觉是人脑对直接作用于感觉器官的客观事物的整体反映。知觉是在感觉基础上形成的,但并不是感觉的简单总和,还会受到过去经验的制约。在日常生活中,消费者对商品从感觉到知觉的认识过程,在时间上几乎是瞬间或同步完成的。

　　消费者知觉是消费者对消费对象的主动反映过程。这一过程受到消费对象特征和个人主观因素的影响,从而表现出某些独有的活动特性,具体表现在整体性、选择性、理解性、恒常性等方面。

1. 知觉的特征

1) 知觉的整体性

　　心理学研究表明,尽管知觉对象由许多个别属性组成,但是人们并不把对象感知为若干个相互独立的部分,而是趋向于把它知觉为一个统一的整体。图4.1中的图形,从客观的物理现象看,这个图形不是完整的,是由一些不规则的线和面堆积而成的。可是,谁都会看出,图形能明确显示其整体意义:是由2个三角形重叠,而后又覆盖在3个黑色方块上所形成。居于图中间第一层的三角形虽然实际上都没有边缘,没有轮廓,可是,在知觉经验上却都是边缘最清楚、轮廓最明确的图形。

图 4.1　知觉的整体性

　　在认知商品的过程中,消费者经常根据消费对象各个部分的组合方式进行整体性知觉。如饮食文化中，食品消费讲究色、香、味、形、营养五大特点。除根据消费对象各部分的组合方式进行整体认知外，知觉的整体性还表现在对消费对象各种特征的联系与综合上。人们通常把某种商品的商标、价格、质量、款式、包装、服务等因素联系在一起，形成对该商品的整体印象。知觉的整体特性使消费者能够将某种商品与其他商品区别开来。当环境变化时，可以根据消费对象各种特征间的联系加以识别和辨认，从而提高知觉的准确度。

2) 知觉的选择性

消费者并非对所有刺激都作出反应，而是有选择地把其中一部分刺激作为信息加以接收、加工和理解，这种在感觉基础上有选择地加工处理信息并加以知觉的特性，即知觉的选择性。

有研究表明，平均每天潜在地显现在消费者眼前的广告信息达 1 500 个，但被感知的广告只有 75 个，而产生实际效果的只有 2 个。商店里的商品琳琅满目，为什么消费者能够注意到一部分商品而对另一部分商品视而不见呢？这是知觉的选择性在起作用。

引起消费者知觉选择的原因，首先源于感觉阈限和人脑信息加工能力的限制。凡是低于绝对感觉阈限和差别感觉阈限的较弱小的消费刺激，均不被感觉器官所感受，因而也不能成为知觉的选择对象。只有达到足够强度的刺激才能为消费者所感知。其次，消费者自身的需要、欲望、态度、偏好、价值观念、情绪、个性等，对知觉选择也有直接影响。凡是符合消费者需要、欲望的刺激物，或消费者持明显好感的刺激物、在快乐的心境下等，往往成为首先选择的知觉对象；而与需要无关的、持否定态度的、心情苦闷等情形下，事物则经常被忽略。此外，防御心理也潜在支配着消费者对商品信息的知觉选择。当某种带有伤害性或于己不利的刺激出现时，消费者会本能地采取防御姿态，关闭感官通道，拒绝信息的输入。

知觉的选择性特点可以运用于商业设计中的许多场所，如营业环境中为了突出商品的形象，可以利用注意的心理特点，加强商品与背景之间的对比强度；在柜台布置中，为了突出名贵商品的价值，也可以将商品背景衬以特殊的包装品，强化顾客对商品的注意。

资料 4-4

看不见的大猩猩

【拓展视频】

美国伊利诺伊大学心理学专家丹尼尔·西蒙斯与同事 1999 年进行一项实验，让志愿者看一段打篮球视频，要求他们数出三名穿白衣者传球次数。实验结果显示：人把注意力集中在某事物上时，会对意想不到的事物视而不见，即使它就发生在眼前。

3) 知觉的理解性

知觉是在知识经验的参与下形成的。消费者在以往的生活实践中积累了一定的商品知识和经验，借助这些知识和经验，消费者才能对各种感觉到的信息加以选择和解释，认知为可以理解的确定的事物。从图 4.2 中，人们看到的是一些黑色斑点，一时分辨不出是什么，当有人说出这是一条"狗"时，马上这些斑点便显示成一条"狗"的轮廓。

理解在知觉中起着重要作用。首先，理解使知觉更为深刻。在知觉一个事物的时候，与这个事物有关的知识经验越丰富，对它的认识也就越深刻；其次，理解使知觉更为精确。例如，不懂外语的人听初学者说外语，只能听到一些音节，熟悉外语的人能听出他讲得是否正确，连发音的细微差异都能辨别出来；最后，理解能提高知觉的速度。例如，人们看报纸或杂志时，如果内容简单而又熟悉，常可"一目十行"。

知觉的理解性，可能符合客观属性，是正确的，也可能是片面的甚至是错误的。例如，人们习惯于把商品的包装好理解为商品的质量也很好，把广告宣传频率高的企业理解成规模大、资金雄厚的企业等。如果缺乏必要的知识经验和相应的概念词语，消费者就不能形成对商品的正确知觉。消费实践和知识经验水平

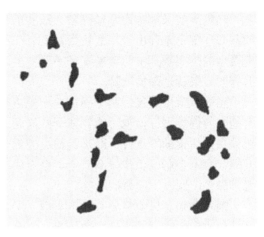

图 4.2　知觉的理解性

的不同，造成消费者之间在知觉理解能力和程度上的差异。知识经验的不足将直接导致消费者对商品的知觉迟缓和肤浅。企业在做宣传工作的时候，要引导消费者正确地理解商品，避免出现片面的、甚至是错误的理解。

4）知觉的恒常性

由于知识经验的参与和整体知觉的作用，人们对客观事物的认知更加全面深刻。即使知觉的条件发生变化，知觉的映像仍能保持相对不变，即具有恒常性。知觉的这一特性使消费者能够避免外部因素的干扰，在复杂多变的市场环境中保持对某些商品的一贯认知。有些传统商品、名牌商标、老字号商店之所以能长期保有市场份额，而不被众多的新产品、新企业所排挤，重要的原因之一就是消费者已经对它们形成恒常性知觉，在各种场合条件下都能准确无误地加以识别，并受惯性驱使连续进行购买。知觉的恒常性可以增加消费者选择商品的安全系数，减少购买风险；但同时也容易导致消费者对传统产品的心理定势，阻碍其对新产品的接受。

消费者知觉与消费者感觉既紧密联系又相互区别。知觉必须以感觉为基础。因为任何客观事物都是由若干个别属性组成的综合体，事物的整体与其个别属性是不可分割的。消费者只有感觉到商品的颜色、形状、气味、轻重等各方面属性，才有可能形成对该商品的整体知觉。感觉到的个别属性越充分、越丰富，对商品的知觉就越完整、越正确。但是，知觉不是感觉数量上的简单相加，它所反映的是事物个别属性之间的相互联系，是建立在各个个别属性内在联系基础上的事物的完整映像。此外，知觉是在知识经验的参与下，对感觉到的信息加以加工解释的过程。没有必要的知识经验，就不可能对客观事物的整体形象形成知觉。因此，知觉是比感觉更为复杂深入的心理活动，是心理活动的较高阶段。

现实当中，消费者通常以知觉的形式直接反映商品等消费对象，而不是孤立地感觉它

们的某个属性。因此，与感觉相比，知觉对消费者的影响更直接，也更为重要。知觉的形成与否决定消费者对商品信息的理解和接受程度；知觉的正误偏差制约着消费者对商品的选择比较；经知觉形成的对商品的认知，是购买行为发生的前提条件。

2. 知觉风险

知觉风险又被称为感知风险，最初的概念由哈佛大学的鲍尔(Raymond Bauer)在 1960 年从心理学中延伸出来，他认为消费者在产品购买前可能无法预知购买是否正确，因此，消费者的购买决策中隐含着某种不确定性，消费者能够知觉到的这种不确定性或者不利且有害的结果就是知觉风险。

感知风险主要包括两个因素。一是决策结果的不确定性，如，买了一台笔记本电脑，可能它的性能很好，也可能存在一些问题，如常常莫名其妙地死机，运行速度慢等。二是错误决策后果的严重性，即可能损失的重要性。例如，如果买的这台笔记本电脑总是出现问题，会不会影响工作效率，会不会造成工作的失误，会不会因为买了这台糟糕的电脑而受到家人、朋友、同事的嘲笑。

消费者知觉风险主要有以下类型：①功能风险，指产品不具备人们所期望的性能或产品性能比竞争产品差所带来的风险，如汽车的油耗比企业承诺的高、电池寿命比正常预期的短；②物质风险，指产品可能对自己或他人的健康与安全产生危害的风险，如食品的卫生标准是否达到法律规定的要求，食用该食品是否对身体健康产生不良影响；③经济风险，指担心产品定价过高或产品有质量问题，从而导致经济上产生损失所产生的风险；④社会风险，指因购买决策失误受到他人嘲笑、疏远而产生的风险，如购买的产品是否会被他人接受和欣赏，还是会受到他人的否定；⑤心理风险，指因决策失误而使消费者自我情感受到伤害的风险，如所买产品是否能体现自己的形象；⑥时间风险，指购买某种产品可能会使消费者有时间上的损失。

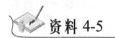
资料 4-5

央视再曝微整形黑幕：一女孩打玻尿酸失明

半年前，央视新闻曾经报道过一家非法微整形培训机构在没有进行过专业消毒的宾馆里进行培训的情况，这些受培训的学员没有一个人具有行医资格。节目播出后，这家培训机构的网站就被关闭了，半年时间过去了，再次打开网站的时候，这家培训机构仍在北京、上海、深圳、郑州等地开展注射培训。培训的项目包括了除皱、填充、瘦脸、溶脂、注射等课程。每期学员差不多都有二三十人，培训费仍然是半年前的价格每人 8 800 元。经过五天的培训，这些学员就可以出师，很多人也就开始了他们的"微整形注射师"的职业生涯。

去年，27 岁的李萌在一位没有微整形从业资质的朋友那里注射玻尿酸对额头进行填充的时候，左眼瞬间就看不见了。经过几个月的治疗，虽然李萌左眼的外观已经看不出什么异常。但由于李萌注射的药物注射到血管里面了，波及了眼动脉和视网膜主动脉，最终导致左眼失明。

目前，在我国非法进行微整形的私人作坊比比皆是，不仅美容院有，发廊、美甲店也都做起了微整形的生意。"我觉得你打个苹果肌会好一些，因为你脸有点儿太平太瘦，额头、太阳穴、面颊、苹果肌，法令纹、鼻子、下巴、嘴，全套的，23 000 元，一共 30 支。"这些美容店和美甲店的老板告诉记者，他们平时做美容或者做美甲的利润与做微整形来比，简直是天壤之别。

知情人告诉记者，美容院拿货的渠道都是通过网络，供货商从来不与进货商见面。正规的玻尿酸，医疗机构通过医药公司拿货价在1 700元左右，而那些非法微整形机构通过网络购买的假的玻尿酸价格只有300元，单是进货成本就节省了1 400元。

协和医科大学的整形美容外科博士陈焕然介绍，医学是很严肃的，就没有美白针这么一回事儿。注射后对人体是有短暂的美白的作用，这些东西打进去之后就干扰了皮肤黑色素的代谢，让你分泌的黑色素细胞就被抑制了，当然皮肤亮一些白一些，但是对你肝脏功能、肾脏功能的损害是不可逆的。而像溶脂针、干细胞，国家都没有批准用于微整形，现在市场上打的比较多的生长因子也千万不能注射。生长因子打进皮肤后，会刺激你的皮肤的细胞无限地增生，它激发了细胞的代谢，不断地复制生长，经常反复地溃疡就变成了恶性肿瘤。

（资料来源：杨泽宇.央视再曝微整形黑幕：一女孩打玻尿酸失明. [EB/OL]. [2016-05-07]. 澎湃新闻网.）

消费者知觉风险的大小受产品特征、产品价格、消费者的购买经验、购买目的、对产品知识的掌握、购买的参与程度及消费者的个体特征等因素的影响。大量研究表明，参与程度高的复杂购买行为导致的感知风险最大，价格昂贵、购买不频繁、有很高的自我表现作用的产品会导致购买风险加大。在购买过程的各个阶段，消费者感知风险的水平是不同的。在确认需要阶段，由于没有立即解决问题的手段或不存在可利用的产品，感知风险不断增加；开始收集信息后，风险开始减少；感知风险在方案评价阶段继续降低；在购买决策前，由于决策的不确定性，风险轻微上升；假设购买后消费者达到满意状态，则风险走低。

资料4-6

预存卡消费暗藏多种风险

"办个会员卡吧，打8折""预存500元，给您积分，送你礼品""办个年卡吧，预存300元当500元花"……现如今，小到美甲、饮品小店，大到美容美发、健身KTV、大型超市，都在推出名目繁多的预存消费。然而，预存消费是馅饼还是陷阱？

许多消费者多因方便、优惠选择预存消费。"有些如洗车、美发，我本来都要消费，办完卡后不用备零钱，并且折扣省钱，有时还有赠品，很划算。"爱购物的王丽娟办过很多会员卡，她打开一个专门放卡的小包向记者展示，健身卡、洗车卡、美发卡、品牌服装店折扣卡、大型超市购物卡、饭店优惠卡、化妆品店折扣卡，共有18张卡，其中预存消费卡有13张。

虽然预存消费卡折扣优惠多多，但消费卡不记名、卡里余额不返现等单方面规定，无疑增加了消费风险。据沈阳市消费者协会披露，近年来，关于预存消费的投诉特别多。过期不退还现金、办完卡后店家突然消失……很多消费者都吃了预存消费的亏。

周健在一家健身房花2 000元办了一张年卡，由于工作忙，一个月只去两三次。上周，他发现，健身房已经出兑，找不到老板人影。娄美芝在自家附近的一家洗衣店预存了500元，办了一张会员卡，洗了两次衣服。上个月，洗衣店以更换老板为由，说娄美芝的卡作废，卡内余额不退。

目前我国没有一部法律、法规对预存消费的发卡商家的资格、发卡数量、发卡限额、法律责任等进行规范。虽然预存消费卡折扣优惠多多，但消费卡不记名、卡里余额不返现等单方面规定，无疑增加了消费风险。消费者协会提醒，预存消费要慎重选择商家，弄清预存消费到期时间、消费项目等细节，妥善保管发票、合同等，以方便在发生纠纷时，通过法律途径维护自身权益。

（资料来源：刘旭. 预存卡消费暗藏多种风险[N]. 工人日报，2014-11-13.）

消费者一旦知觉到某种风险的存在，必然会想办法来降低风险。消费者减少知觉风险常用的方式有以下5种。

第一，主动搜集信息。信息搜集越多，消费者对各品牌的功能、属性了解也越多，消费者知觉到的风险也会适当降低。

第二，保持品牌忠诚。在存在购买风险的情况下，从外部搜集信息无疑有助于降低风险，但信息的搜集是需要成本的。这些成本包括时间成本、资金和精力的投入。如果消费者对现在品牌尚感满意，他可以通过重复选择该品牌，即形成品牌忠诚来避免由于选择新品牌而带来的不确定感。

第三，购买品牌和高价产品。品牌和价格常被消费者作为产品质量的指示器，不少消费者基于"便宜无好货""优质优价"的心理而对产品质量作出判断。虽然，这种推断不一定总是正确的，但很多消费者仍会在品牌、价格和质量之间建立这种关系。

第四，从众购买。模仿和跟随其他大多数消费者的购买行为是一种消费者常使用的降低知觉风险的方法，尤其在中国文化的影响下，跟风购买似乎总让消费者有一种不会出错的安慰心理。

第五，寻求商家保证。如果企业或卖方通过包修、包换、包退等方式对产品或服务提供保证，使消费者的风险部分或完全地转移。

由于知觉风险的存在，消费者有可能会增加信息搜集行为，从而延迟、更改购买决策，或者索性因为担心知觉风险而放弃购买行为，即使消费者购买了该商品，也会在产品的使用中因为某种心理暗示而格外关注该商品的使用效果，从而一旦商品存在某些问题，消费者会更容易产生不满情绪。这些无疑对企业来讲都是十分不利的。企业必须在分析消费者知觉风险的基础上，降低消费者的知觉风险，促成消费者购买行为。主要包括以下工作：①通过各种媒体，尤其是借助于权威或强势媒体发布、传播有关产品、企业的各种信息，让消费者尽可能多地了解产品及企业的信息，便于作出正确购买决策；②提高品牌知名度和忠诚度，由于大多数消费群体缺乏足够的购买知识，常常借助品牌衡量产品质量，因此，在初次购买中，品牌知名度是消费者借以降低知觉风险的常用工具，同时在日后的购买中，因为时间的稀缺，保持习惯或忠诚购买是消费者用来回避购买风险的常用做法；③提供商家或厂家保证，部分或完全地转移消费者的风险。

3. 错觉

错觉指由于某些因素的作用，人们的知觉经常会偏离事物的本来面目而发生歪曲。错觉是对客观事物的一种不正确的、歪曲的知觉。错觉产生的原因一般认为有主客观两个方面。客观上是由于客观环境的变化引起的，主观上，往往与人们过去的知识、经验、习惯、定势、情绪、动机、兴趣、价值观等心理或生理因素有关。错觉是客观存在的正常现象。《列子》中记载了"两小儿辩日"的故事，里面所说的"日初出大如车盖，而日中则如盘盂"，就是典型的错觉案例。太阳或月亮接近地平线时，看起来比其位于正空时要大50%左右，虽然在这两个位置时太阳或月亮的视网膜投像是一样大的。

常见的错觉有视错觉、听错觉、味错觉、嗅错觉、触错觉及时间错觉、运动错觉、形重错觉等。最常见、研究最多、应用最广泛的是视错觉(图 4.3)。

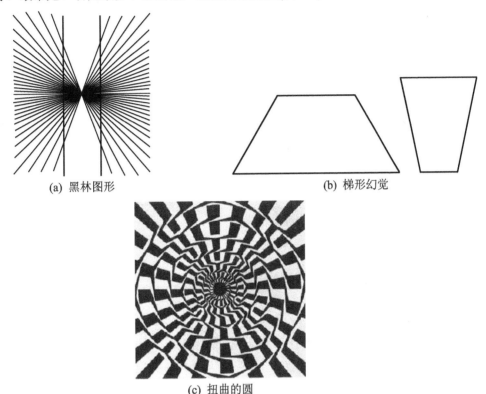

图 4.3　视觉错觉图

错觉现象在营销活动中有广泛的应用前景，在商品经营中巧妙地利用消费者的错觉，有时会取得意想不到的效果。例如，在商场的橱窗设计、商品陈列和内部装潢等方面，适当地利用消费者的错觉，则可能产生积极的心理效应。对商场环境进行装潢和布置时，应考虑到人知觉的规律，避免纯粹物理学意义上的设计安排。设计安排是给人看的，应该看起来好，而不是物理意义上合乎规范。否则，装潢陈设就不是艺术了，而变成物理学了。在商品的陈列中充分利用镜子、灯光之类的手段，可以使空间显大，使商品显得丰富多彩。再如，利用颜色错觉进行包装设计，一般来说，黑色、红色和橙色给人以重的感觉，绿色、蓝色给人以轻的感觉。如果笨重的物体采取浅色包装，会使人觉得轻巧、大方；分量轻的商品，采用浓重颜色的包装，给人以庄重结实的感觉。

 资料 4-7

欺骗你的眼睛

前不久，年度视错觉奖(illusion of the year)网站公布了 2015 年的获奖者。今年的视错觉奖都有哪些值得一看的视错觉入选？

1．分裂颜色

实验一开始，你会看到两条色彩和运动方向完全一样的闪烁彩带，但是当彩带嵌入到黄/蓝色向左移动的图案时就变成了青红相间并且向右移动的彩带；而当嵌入到红/青色向右移动的图案时，却变成了黄蓝相间的并且向左移动的彩带。这个实验表明，当完全一样的客体处于不同环境时，可以产生截然不同的视觉效果。

2．令人迷惑的车棚

实验中，我们可以看到一个似乎被镜子改变了形状的车棚，它一面看起来是拱形的，另一面看起来却是波浪形。其实真实的车棚不是拱形也不是波浪形。人们的大脑在解释图像的时候，会更加偏爱"直角"，他们会倾向于认为车棚的边缘线是处于垂直地面的平面之中的。这样一来，人们就产生了车棚是拱形或波浪形的错觉。

3．雨中归来

《下班归来》是英国画家劳里的一幅作品，在这个视错觉作品中，画中的人们遇到了糟糕的雷雨天，随着画面的闪动，人们会感觉画面中，原本静止的人物开始沿着道路走动了起来。而事实上，这些人只是在原地重复着前后移动的动作而已。在面对方向不明的运动时，人们会倾向于认为，运动方向是"向前"的，所以即便是很小的位置变化，也会很容易被人的大脑捕捉并扩大这种变化。

4．第三只手错觉

在这个试验中，研究者为了让被试者产生"拥有第三只手"的错觉，告知实验参与者，他们可以通过一种"脑机接口工具"，来控制虚拟手的活动，于是在被试者尝试了几次操控虚拟手的行为后，真的相信了自己能控制这只虚拟手。这服务就是当"第三只手"的手指突然被截断的时候实验者的反应。实际上，脑机接口的连线并没有接通，虚拟手的运动只是研究者为了配合被试者的想象而主动操控罢了。

【拓展视频】

5．雪花百叶窗错觉

百叶窗的存在，似乎使雪花下落的速度看起来更加快了。这是因为，在一片雪花刚刚进入百叶窗的时候，百叶窗的另一边冒出了另外一片较早的雪花，这时大脑会将两片雪花加工成同一片并脑补它在百叶窗后的运动轨迹。

（资料来源：欺骗你的眼睛 2015 年度 5 大视觉错觉奖. [EB/OL]. [2015-06-26]. 360 个人图书馆.）

4.1.3 学习

学习是脑的重要功能。从心理学角度看，学习是人对某种体验（直接经验、间接经验）所产生的一种相对持久的行为变化，是通过神经系统不断接受环境信息，获得新的行为模式的过程。消费者通过学习可以改变相应的消费行为，这些消费行为反过来会影响市场的变化。如原来不熟悉、不认识的商品，通过学习可以逐渐地熟悉、认识该商品；原来不了解的企业，学习后对该企业的生产经营情况就会有了解，这样在做购买决策时产生的联想更多、决策与思考速度更快。

1．学习理论

1）经典性条件反射理论

经典性条件反射理论是由俄国生理学家伊万·巴甫洛夫(Ivan Pavlov)提出来的。巴甫洛夫在研究消化现象时，观察了狗的唾液分泌，即对食物的一种反应特征。他的实验方法是，把食物显示给狗，并测量其唾液分泌。在这个过程中，他发现如果随同食物反复给一个中性刺激，即一个并不自动引起唾液分泌的刺激，如铃响，狗就会逐渐"学会"在只有铃响但没有食物的情况下分泌唾液。一个原是中性的刺激与一个原来就能引起某种反应的刺激相结合，而使动物学会对那个中性刺激作出反应，这就是经典性条件反射的基本内容。

经典性条件反射理论认为，借助于某种刺激与某一反应之间的已有联系，经由练习可以建立起另一种中性刺激与同样反应之间的联系。

一般来说，在低介入情境下，经典性条件反射比较常见，因为此时消费者对产品或产品广告可能并没有十分注意，也不太关心产品或广告所传达的具体信息。然而，在一系列对刺激物的被动接触之后，各种各样的联想或联系可能会由此建立起来。应特别指出的是，在低介入情境下，消费者所学到的并不是关于刺激物的信息，而是关于刺激物的情感反应。正是这种情感反应，将导致消费者对产品的学习和试用(图 4.4)。

图 4.4 经典条件反射过程中的消费者学习

资料 4-8

音乐对消费者选择的影响

迄今为止，关于经典条件反射理论在营销中的试验，最著名的当属哥伦比亚大学的戈恩教授，他证实了经典条件反射原则在广告中的应用。在这项试验中，戈恩教授选择了两段音乐旋律，其中一段取自电影Grease(该电影受到受试消费者的喜爱)，另一段取自传统的印度音乐(受试消费者不喜欢这种音乐)。然后他放映了有关两种钢笔的幻灯片广告，这两种钢笔除了颜色不同外，其他各方面都是一样的；而之前的测试已经表明了消费者对两种颜色的喜欢程度是相同的。一种钢笔配以电影 Grease 的音乐，而另一则广告配以印度音乐。结果更多的消费者喜欢配以 Grease 音乐广告的钢笔。因此，将两种几乎相同的钢笔分别配上消费者喜欢和消费者不喜欢的音乐刺激物，就为消费者设定了条件，使消费者更加偏好他们所喜欢音乐的钢笔。

(资料来源：江林. 消费者心理与行为[M]. 北京：中国人民大学出版社，2007.)

2) 操作性条件反射理论

操作性条件反射理论是由美国著名心理学家斯金纳(Skinner)提出来的。该理论认为，学习是一种反应概率上的变化，而强化是增强反应概率的手段。

操作性条件反射理论的基本思想实际上很简单，归结为一点就是强化会加强刺激与反应之间的联结。联结学习或刺激与反应之间的学习，在很大程度上取决于对强化物的安排。金伯尔(Kimble)发现，如果给予连续强化，即在每次正确反应后就给以强化物，个体对正确反应的学习速度很快，但当强化物不再呈现或中止强化时，正确反应的消退速度也很快。相反，如果强化是间断性的或部分的，即不是对所有正确反应而只是对部分正确反应予以强化时,虽然最初对正确反应的学习速度较慢,但在强化物消失后,行为消退的速度也比较慢。

操作性条件反射理论认为,企业应通过采用诸如样品发放、有奖销售等方式促使消费者试用,在试用的基础上,使消费者对产品形成好感(图4.5);而在经典性条件反射下,消费者形成对产品的喜爱在先,试用在后。

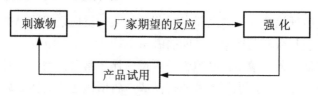

图4.5　操作性条件反射下消费者的学习过程

操作性条件反射理论特别强调强化物对学习的重要性。由此,提醒企业在营销实践中应格外重视产品质量的一致性,因为保持产品质量的稳定,能更好地满足消费者的需要,从而强化消费者对该产品的反应。强化学习原理还为企业的以下营销活动提供了理论支持:①通过发送样品,提供奖券,给予折扣,鼓励消费者对产品的试用;②对消费者购买行为给予奖励,如通过发送赠品等强化刺激;③进行用户访问,或在用户购买产品后给予信函或其他方式的祝贺;④创造良好的购物环境,以使购物场所成为一种强化因素或强化力量;⑤在广告宣传中,强调用户群的卓尔不凡,强调产品使用场合的独特性,以此对消费者行为予以强化。

一般来说,操作性条件反射作用更适合于高介入度的购买情境。因为在高介入情境下,消费者对购买回报将会有意识地予以评价。以购买西服为例,消费者将西服购买回家后很可能会从象征性和功能性两个方面对购买行为作出评价,在此情形下,强化无疑会在消费者心理上产生重要影响。如果有别人对消费者所买的西服予以赞许,或者在某些场合目睹他人穿同样品牌西服时的风采,均会对消费者起到正面的强化作用。在低介入的购买情境下,除非产品的功效远远低于预期,否则消费者不会对购买做太多的评价。故此,低介入情境下的满意购买虽然对行为也具有强化作用,但相对而言不如高介入情境下的作用那么大。

操作性条件反射理论对营销的启示是:给予顾客奖券、奖品或其他促销物品,在短期内就可以增加产品的销售,但当这些手段取消后,销售量会立即下降。因此,企业要与顾客保持长期的交换关系,还需采取一些间断性的强化手段。此一发现所揭示的原理,对解释产品或品牌形象为什么难以改变的事实也有一定的启发意义,因为品牌形象是建立在消费者对品牌的间断性体验的基础上的,是消费者在长期的消费体验中,经过点滴的积累逐步形成的,因此,构成品牌形象的各种联想和象征含义也需要经过很长的时间才可能逐步消退。

3) 认知学习理论

认知学习理论是20世纪中叶之后发展起来的理论。德国心理学家柯勒通过观察黑猩猩在目的受阻的情境中的行为反应,发现黑猩猩在学习解决问题时,并不需要经过尝试与错误的过程,而是通过观察发现情境中各种条件之间的关系,然后才采取行动。柯勒称黑猩猩此种类型的学习为顿悟(insight)。在柯勒看来,顿悟是主体对目标和达到目标的手段之间关系的理解，顿悟学习不必靠练习和经验，只要个体理解到整个情境中各成分之间的相互关系，顿悟就会自然发生。

继柯勒的顿悟学习实验之后，美国心理学家托尔曼与霍齐克于1930年所做的关于潜伏学习的试验，对行为主义的强化学习原理做了进一步反驳。该项实验发现，在既无正强化也无负面强化的条件下，学习仍可以采用潜伏的方式发生。关于这一点，现实生活中的很多现象都可以对此提供支持。例如，在接触各种广告的过程中，消费者可能并未有意识地对广告内容予以学习，在其行为上也未表现出受某则广告影响的迹象，但并不能由此推断消费者没有获得关于该广告的某些知识与信息。也许，当某一天消费者要达成某种目标时，会突然从记忆中提取源自该广告的信息，此时，潜伏的学习会通过外显行为表现出来。

迄今，关于认识学习的理论很多，除上面介绍的顿悟学习、潜伏学习以外，还有温勒的"场"理论、皮亚杰的"图式论"、布鲁纳的"结构-发现"式学习理论等。这些理论虽互有差异，但其共同特点是强调心灵活动如思维、联想、推理等在解决问题、适应环境中的作用，认为学习并不是在外界环境支配下被动地形成刺激与反应之间的连接，而是主动地在头脑内部构造定型、形成认知结构的，学习是新旧知识同化的过程。

认识学习理论认为，信息刺激、环境影响及消费者过去的经验等因素，会共同影响消费者的学习效果，学习者可能不需要重复学习才能形成经验，而是首先有了心理上的准备，与当前学习的信息共同整合，构成了学习的效果。例如，消费者购买商品之前，不一定要"吃一堑"才"长一智"，而是从商店服务人员的表情、态度或者其他顾客对商品的评价，来学习、认识商品的质量，不一定要亲自购买才有体会，了解这些相关信息就可以做到心里有数，这种现象说明消费者对于购物情境有了认知，从中学习到了商品的知识。

4) 社会学习理论

社会学习理论是由美国心理学家阿尔伯特·班杜拉(AlbertBandura)于1977年提出的，它着眼于观察学习和自我调节在引发人的行为中的作用，重视人的行为和环境的相互作用。

按照班杜拉的观点，以往的学习理论家一般都忽视了社会变量对人类行为的制约作用。他们通常是用物理的方法对动物进行实验，并以此来建构他们的理论体系，这对于研究生活于社会之中的人的行为来说，似乎不具有科学的说服力。由于人总是生活在一定的社会条件下的，所以班杜拉主张要在自然的社会情境中而不是在实验室里研究人的行为。班杜拉认为，人的行为，特别是人的复杂行为主要是后天习得的。行为的习得既受遗传因素和生理因素的制约，又受后天经验环境的影响。生理因素的影响和后天经验的影响在决定行为上微妙地交织在一起，很难将两者分开。班杜拉认为行为习得有两种不同的过程：一种是通过直接经验获得行为反应模式的过程，班杜拉把这种行为习得过程称为"通过反应的结果所进行的学习"，即直接经验的学习；另一种是通过观察示范者的行为而习得行为的过程，班杜拉将它称为"通过示范所进行的学习"，即间接经验的学习。

班杜拉的社会学习理论强调的是观察学习。观察学习具有以下特点：①观察学习并不必然具有外显的行为反应。行为的获得和表现过程被分开，观察者仅通过观察便可习得行为，并不一定需要外显的操作；②观察学习并不依赖直接强化。在没有强化作用的情况下，观察学习同样可以发生；③观察学习不同于模仿。模仿是指学习者对榜样行为的简单复制，而观察学习则是从他人的行为及其后果中获得信息，它可能包含模仿，也可能不包含模仿。例如，两辆汽车行驶在公路上，前一辆车不小心撞上了路桩，后一辆车急忙绕行，以避免与前面的一辆车碰撞。在这个例子中，后一辆车的司机的行为是观察学习的结果，但并不涉及任何模仿的因素。

在观察学习的过程中，人们获得了示范活动的象征性表象，并引导适当的操作。观察学习的全过程由注意过程、保持过程、再造过程和动机过程4个阶段(或4个子过程)构成。注意过程是观察学习的起始环节，在注意过程中，示范者行动本身的特征、观察者本人的认知特征及观察者和示范者之间的关系等诸多因素影响着学习的效果。在观察学习的保持阶段，示范者虽然不再出现，但他的行为仍给观察者以影响。要使示范行为在记忆中保持，需要把示范行为以符号的形式表象化。通过符号这一媒介，短暂的榜样示范就能够被保持在长时记忆中。观察学习的第三个阶段是把记忆中的符号和表象转换成适当的行为，即再现以前所观察到的示范行为。这一过程涉及运动再生的认知组织和根据信息反馈对行为的调整等一系列认知的和行为的操作。能够再现示范行为之后，观察学习者(或模仿者)是否能够经常表现出示范行为要受到行为结果因素的影响。行为结果包括外部强化、自我强化和替代性强化。班杜拉把这3种强化作用看成是学习者再现示范行为的动机力量。

2. 学习的内容

消费者的学习是对商品购物、享受服务过程中各个环节内容知识的学习和相关技能的获得。

(1) 商品、服务知识。消费者要了解商品的性能、使用方法、安全性能、辨别优劣等知识。

(2) 维权知识和方法。在消费过程中，因商品质量问题、安全问题而引发的各种纠纷是不可避免的。消费者要掌握缺陷商品的退换办法，了解投诉方法和渠道，以及其他一些必要的维权知识。

(3) 消费技能。生活中常能发现，有的人经常买到一些又好又便宜的商品，有的人则恰恰相反，买的东西贵，而且质量差。这里面就有消费技能的问题。消费者要掌握鉴别商品质量优劣的技能，学会在交易中与对方砍价的方法。

(4) 消费观念。消费者的消费观与其他价值观一样，是使用一种价值判断来衡量事物，并且在这种判断标准的指导下，避开消极的、不能接受的商品和消费行为，而去追求积极的、符合已有价值判断的商品和消费行为。人们的消费观是其已有价值观念在消费领域的反映，可以通过消费学习强化、获得甚至改变个体的消费观。

(5) 消费态度。消费态度是人们对待某一商品(或服务)，或从事某项消费活动前的心理倾向性，它影响着消费决策和行为的方向。消费态度与人的情感因素相联系，有一定的主观性和自发性，但它也是学习的结果。消费者通过学习，领悟到某种商品的特性，并与自己的兴趣爱好、价值观等加以对照，作出不同的态度反映。

消费者通过学习可以改变他的购买态度和行为方式，态度和行为方式的改变对于生产企业和商品销售者来说具有很大意义。因此，企业的营销策略应该强化消费者对企业和产品的良好印象，提高产品质量和适用性，强化消费者原来的行为，增加消费者行为的频率，形成稳定的消费，成为企业的忠实顾客。

3. 学习的方法

(1) 模仿法。模仿就是仿效和重复别人行为的趋向。模仿在行为的学习过程中起着重

第4章 消费者个体心理过程

要作用。儿时的各种动作、生活习惯、语言等都是在模仿中学习的。一些明星的发型、服饰甚至生活方式,之所以能很快在某些人群中流行开来,就是由于模仿使然。模仿可以是有意的、主动的,也可以是无意和被动的。当被模仿行为具有榜样作用,社会或团体又加以提倡时,这种模仿就是自觉进行的。如某种饮食方法被某名人奉为强身健体、延年益寿之法,而传媒又对此大加渲染之后,社会上就会有很多人自觉地予以模仿。在社会生活中,很多模仿都是无意识的,如某个群体的成员不自觉地带有该群体的言谈举止等。模仿可以是机械地模仿,也可以是创造性地模仿,前者如开和明星一样品牌的汽车,理和明星一样的发型;后者如根据明星的服饰加以裁剪,制成更适合自身的装束等。

(2) 试误法。试误法又叫尝试错误法,是指消费者通过尝试与错误,从而在一定的情境和一定的反应之间建立起连接。如当消费者由于口渴购买了某企业新推出的某饮料,但当喝了之后,觉得其口感不好而不喜欢,那么当他下次再需要购买饮料时,他就不会再次购买该饮料。

(3) 观察学习法。观察学习法是指消费者通过观察他人的行为,获得示范行为的象征性表象,并作出或避免作出与之相似的行为的过程。在消费者过程中,消费者会自觉或不自觉地观察他人的消费行为,并以此指导自己的消费实践。例如,发现朋友家的某品牌空调效果好,就会留下印象,在自己需购买空调时,不自觉地想到该品牌空调,并形成购买意向。反之,如发现朋友家的某品牌空调效果不好,则在自己需购买空调时,会避免选择该品牌空调。观察学习使个体突破直接经验的限制,获得很多来自间接经验的知识、观念和技能,它是消费者所采用的十分普遍的学习方法。

4. 学习效果

由于消费者通过学习之后可以改变自身的某些行为方式,而这些行为方式的改变对于企业经营及商品销售具有直接意义,所以研究学习之后的效果是相当重要的一个问题。一般来说,学习之后对原来的改变有以下 4 种效果。

(1) 加强型学习。通过一段时间的学习之后,加强了原来的行为、加强了行为的频率等,都属于加强型的学习效果。

(2) 稳定型学习。由于学习消费某种商品或某一类型的商品之后,逐渐形成了一定的消费需要或消费习惯,这种行为方式逐渐地被稳定下来。例如,一个人抽烟,抽烟这种行为便成了他的一种习惯。形成消费习惯后,该消费者购买香烟的直接动机就不再是因为兴趣、炫耀或新奇等,而是出于习惯性的需要了。

(3) 无效型学习。即不管如何学习,是消费过商品也好,还是接受了大量的有关商品的信息也好,都没有改变他原来对待这种商品的行为方式,学习之后没有相应的效果。出现这种情况的原因可能是消费者长期没有这一方面的需要。

(4) 削弱型学习。由于接受了商品的信息,了解到企业的某些相关信息,而削弱了原来的行为方式或将原来的行为方式转变为另一种行为方式。

4.1.4 记忆

1. 记忆的含义

记忆是过去经验在人脑中的反映。具体地说,是人脑对感知过的事物、思考过的问题或理论、体验过的情绪或做过的动作的反映。与感知相同,记忆也是人脑对客观事物的反映。二者的区别在于,感知是人脑对当前直接作用的事物的反映;而记忆是人脑对过去经验的反映。也就是说,记忆中保留的映象是人的经验。

记忆在消费者的心里和行为活动中具有重要作用。正因为有了记忆,消费者才能把过去的经验作为表象保存起来(表象即过去感知过的事物在头脑中再现出来的形象)。经验的逐渐积累推动了消费者心理的发展和行为的复杂化。反之,离开记忆则无法积累和形成经验,也不可能有消费心理活动的高度发展,甚至连最简单的消费行为也难以实现。

记忆作为人脑对客观事物的一种反映形式,对于消费者来说,记忆不是能否记住的问题,而是如何根据人的记忆规律,赋予消费对象以鲜明特征,把不好记忆的变为好记忆的,不便回想的变为便于回想的,短时记忆的变为长久记忆的,使消费者能够很快、更多和长时间地记住有关商品的信息。

2. 记忆的过程

个体对过去经验的反映是经历一定过程的。心理学研究表明,这一过程包括识记、保持、回忆、再认等几个基本环节。

1) 识记

识记是一种有意识的反复感知,从而使客观事物的印迹在头脑中保留下来,成为映象的心理过程。整个记忆过程是从识记开始的,它是记忆过程的第一步。

根据消费者在识记时是否有明确目的和随意性,又分为无意识记和有意识记。无意识记是事先没有明确目的,也没有经过特殊的意志努力的识记。无意识记具有很大的选择性。一般来说,那些在消费者的生活中具有重要意义,适合个人需要、兴趣、偏好,能激起情绪或情感反应的消费信息,给人的印象深刻,往往容易被无意识记。有意识记是有预定目的并经过意志努力的识记的。有意识记是一种复杂的智力活动和意志活动,要求有积极的思维参与和意志努力。消费者掌握系统的消费知识和经验,主要依靠有意识记。

根据所识记的材料有无意义和识记者是否理解其意义,可以分为机械识记和意义识记。机械识记是在对事物没有理解的情况下,依据事物的外部联系机械重复所进行的识记。意义识记是在对事物理解的基础上,依据事物的内在联系所进行的识记。它是消费者通过积极的思维活动,揭露消费对象的本质特征,找到新的消费对象和已有知识的内在联系,并将其纳入已有知识系统中来识记。运用这种识记,消费者对消费对象的内容形式容易记住,保持的时间较长,并且易于提取。大量的实验表明,以理解为基础的意义识记,在全面性、速度、准确性和巩固性方面,都比机械识记优越得多。

2) 保持

保持是过去经历过的事物映象在头脑中得到巩固的过程。但巩固的过程并不是对过去经验的机械重复,而是对识记的材料做进一步加工、储存的过程。即使储存起来的信息材料也不是一成不变的。随着时间的推移和后来经验的影响,保持的识记在数量和质量上会发生某些变化。一般来说,随着时间的推移,保持量呈减少的趋势,也就是说,人对其经历过的事物总是要忘掉一些。此外,储存材料的内容、概要性、完整性等,也会发生不同程度的改变。

识记保持的数量或质量变化有的具有积极意义,如消费者在识记商品的过程中,逐渐了解并概括出商品的基本特性,对无关紧要的细节忽略不计,从而把有关必要信息作为经验在头脑中储存起来。但有的变化也会产生消极作用,如消费者把主要内容遗漏,或者歪曲了消费对象的本来特征,后者主要表现为遗忘。

3) 回忆

回忆又称重现,是对不在眼前的、过去经历过的事物表象在头脑中重新显现出来的过程。

根据回忆是否有预定目的或任务,可以分为无意回忆和有意回忆。无意回忆是事先没有预定目的,也无须意志努力的回忆。有意回忆则是有目的、需要意志努力的回忆。

消费者对消费信息的回忆有直接性和间接性之分。直接性就是由当前的对象唤起旧经验。所谓间接性,即要通过一系列的中介性联想才能唤起对过去经验的回忆。如使用过海尔冰箱的消费者,一时想不起冰箱的规格款式,但经过海尔兄弟的卡通标识则可能唤起其回忆。这种回忆有时需要较大的努力,经过一番思索才能完成,这种情况叫做追忆。运用追忆的心理技巧,如提供中介性联想、利用再认来追忆或暂时中断追忆等,有助于帮助消费者迅速回忆起过去的经验。

4) 再认

对过去经历过的事物重新出现时能够识别出来,就是再认。一般来说,再认比重现简单、容易,能重现的事物通常都能再认。

上述 4 个环节彼此联系,相互制约,共同构成消费者完整统一的记忆过程。没有识记就谈不上对消费对象内容的保持;没有识记和保持,就不可能对接触过的消费对象回忆或再认。因此,识记和保持是再认和回忆的前提,而回忆和再认则是识记与保持的结果及表现。同时,通过再认和回忆还能进一步加强对消费对象的识记和保持。消费者在进行商品选择和采取购买行动时,就是通过识记、保持、回忆和再认来反映过去的经历和经验。

3. 记忆的类型

记忆按照不同的方式可以分成多种不同的类型。

1) 根据记忆内容或映象的性质划分

(1) 形象记忆是指以感知过的消费对象的形象为内容的记忆,如对商品形状、大小、颜色的记忆。心理学研究表明,人脑对事物形象的记忆能力往往强于对事物内在逻辑联系的记忆,二者的比例约为 1 000∶1,其中,视觉形象记忆和听觉形象记忆起主导作用。

(2) 逻辑记忆指以概念、判断、推理等为内容的记忆。这种记忆是通过语言的作用和思维过程来实现的。它是人类所特有的,具有高度理解性、逻辑性的记忆,是记忆的较高级形式。但因对消费者的逻辑思维能力要求较高,在传递商品信息时要酌情慎用。

(3) 情绪记忆是以体验过的某种情绪为内容的记忆。这种形式在消费者的记忆过程中经常使用,它可以激发消费者重新产生过去曾经体验过的情感,成为出现某种心境的原因。这种记忆的映象有时比其他记忆的映象更为持久,甚至终身难忘。因此,在商品宣传时,恰当调动消费者的情感体验,可以使之形成深刻的情绪记忆。

(4) 运动记忆指以做过的运动或动作为内容的记忆。运动记忆对于消费者形成各种熟练选择和购买技巧是非常重要的。

2) 根据记忆保持时间的长短或记忆阶段划分

(1) 瞬时记忆也叫感觉记忆，是极为短暂的记忆。据研究，视觉瞬时记忆在 1 秒钟以下，听觉瞬时记忆在 4~5 秒。瞬时记忆的特点是信息的保存是形象的；保存的时间很短，且保存量大。消费者在商店等购物场所同时接收到大量的消费信息，但多数呈瞬时记忆状态。在瞬时记忆中呈现的信息如果没有受到注意，很快就会消失。如果受到注意就转入短时记忆。

(2) 短时记忆的信息在头脑中储存的时间长一些，但一般不超过 1 分钟。短时记忆是一种即时的信息处理状态。短时记忆中的信息经适当处理，一部分会转移到长时记忆系统，另一部分则会被遗忘。

(3) 长时记忆是指 1 分钟以上，直至数日、数周、数年甚至保持终生的记忆。与短时记忆相比，长时记忆的容量是相当大的，并且是以有组织的状态储存信息。长时记忆对消费者知识和经验的积累具有重要作用，它会直接影响消费者的购买选择和决策。就企业而言，运用各种宣传促销手段的最佳效果，就是使消费者对商品品牌或企业形象形成长时记忆。感觉记忆、短时记忆及长时记忆构成了记忆系统，三者之间的相互关系如图 4.6 所示。

在了解消费者记忆类型及其特点的基础上，企业在传递商品信息时，首先要考虑消费者接受信息的记忆极限问题，尽量把输出的信息限制在记忆的极限范围内，避免因超出相应范围而造成信息过量，使消费者无法接受。例如，在电视的"5 秒标版广告"中，播出的信息应尽量安排在 7~8 个单位内，超出这一范围，就会大大降低广告的宣传效果。

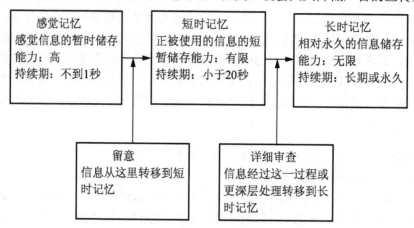

图 4.6　记忆系统

从记忆类型的效果看，情绪与情感因素对记忆效果的影响最为明显。消费者在愉快、兴奋、激动的情绪状态中，对商品及有关信息极易形成良好、鲜明、深刻的记忆表象，并将这一表象保持较长时间。在适当的环境下，消费者也会迅速回忆和再认原有表象及情绪体验。所以，企业在营销活动中应特别注重发挥情绪记忆的作用，如在广告和公共关系活动的创意设计中，就可以利用情感性的诉求手段来加强消费者对企业与商品的良好印象。

4. 遗忘及其影响因素

记忆心理的过程，同时会发生另一种心理活动，即遗忘。遗忘是对识记过的内容不能再认和回忆，或者表现为错误的再认和回忆。从信息加工的角度看，遗忘就是信息提取不出来，或提取出现错误。

最早对遗忘现象进行实验研究的是德国心理学家艾宾浩斯(H.Ebbinghaus)。艾宾浩斯以自己为被试对象，以无意义音节作为记忆材料，用时间节省法计算识记效果。艾宾浩斯曲线(图 4.7)表明了遗忘变量与时间变量之间的关系：遗忘进程不是均衡的，在识记的最初一段时间遗忘很快，以后逐渐缓慢，过了一段时间后，几乎不再遗忘。可以说，遗忘的发展历程是先快后慢，呈负加速型。

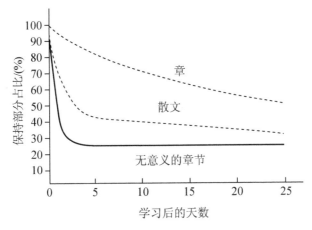

图 4.7　艾宾浩斯遗忘曲线

除了时间以外，识记材料对学习者的意义、识记材料的性质、识记材料的数量、识记材料的系列位置、学习程度及学习时的情绪等程度、学习材料的系列位置等均会对遗忘的进程产生影响。下面将对这些因素分别予以讨论。

(1) 识记材料对消费者的意义与作用。凡不能引起消费者兴趣，不符合消费者需要，对消费者购买活动没有太多价值的材料或信息，往往遗忘得快，相反，则遗忘得较慢。同是看有关计算机的宣传材料，对于准备购置计算机的消费者与从未想到要购置的消费者，两者对所记信息的保持时间将存在明显差别。

(2) 识记材料的性质。艾宾浩斯在关于记忆的实验中发现，记住 12 个无意义音节，平均需要重复 16.5 次；为了记住 36 个无意义章节，需重复 54 次；而记忆 6 首诗中的 480 个音节，平均只需要重复 8 次！这个实验说明，凡是理解了的知识，就能记得迅速、全面而牢固。因此，比较容易记忆的是那些有意义的材料，而那些无意义的材料在记忆的时候比较费力气。

此外，形象的、具有独特性的材料较平淡、大众化的材料遗忘得要慢。苏联心理学家莱斯托夫曾发现一个非常有趣的现象，在一场人数众多的宴会上，主人循列经介绍与来宾一一握手时，只能对身形、相貌、年龄、地位等特征中最为突出者，即时记下他们的姓名。通过总结，他发现生活中有很多类似的现象，于是，他大胆地推测人们总是容易记住哪些特殊的事物，随后他做了一系列实验都证明了他的这一推测。莱斯托夫效应，就是指在一系列类似或具有同质性的学习项目中，最具有独特性的项目最易获得保持和被记忆住。莱斯托夫效应(Restoff Effect)，实际上从一个侧面反映了学习材料的独特性对记忆和遗忘的影响。

对于广告主来说，要使广告内容被消费者记住，并长期保持，广告主题、情境、图像等应当具有独特性或显著性，否则，广告内容可能很快被遗忘。广告中经常运用对比、新异性、新奇性、色彩变化、特殊规模等表现手法，目的就是突出宣传材料的显著性。

(3) 识记材料的数量。识记材料数量越大，识记后遗忘得就越多。试验表明，识记5个材料的保持率为100%，10个材料的保持率为70%，100个材料的保持率为25%。

(4) 识记材料的系列位置。一般而言，系列性材料开始部分最容易记住，其次是末尾部分，中间偏后的内容则容易遗忘。之所以如此，是因为前后学习材料相互在干扰，前面学习的材料受后面学习材料的干扰，后面学习的材料受前面材料的干扰，中间材料受前、后两部分学习材料的干扰，所以更难记住，也更容易遗忘。

(5) 学习的程度。一般来说，学习强度越高，遗忘越少。过度学习达150%时，记忆效果最佳。低于或超过这个限度，记忆的效果都将下降。所谓过度学习，是指一种学习材料在达到恰好能背诵时仍继续学习的状况。

(6) 学习时的情绪。心情愉快之时习得的材料，保持时间更长，而焦虑、沮丧、紧张时所学习的内容更易于遗忘。美国学者斯鲁尔(T.Srull)通过将被试置于过去的某些经历中，激起了3种情绪状态，即积极的情绪、消极的情绪和中性的情绪。然后，向被试呈现一则关于"马自达"跑车的印刷广告，并要求被试在阅读该广告时形成对该跑车的整体印象。48小时后，这些被试被要求对这种跑车作出评价，结果发现，阅读广告之时处于积极情绪状态的被试对该跑车的评价最高，其次是处于中性情绪状态的被试，而处于消极情绪状态的被试对该跑车的评价最低。由此说明，信息获取时的情绪状态，对信息如何编码具有直接影响。

音乐可改善机体状况，促进思维发展，使记忆深化。听轻松愉快的音乐，能使人体内产生一种有益的化学物质——乙酰胆碱。这种物质是细胞间传递信息的主要神经递质，它对改善记忆有明显的促进作用。

从企业的利益上看，遗忘可能是一种不好的现象，因为企业花了很多钱去做宣传、树形象，广告也好，公关也好，都是要让消费者记住企业和企业的形象。但消费者的遗忘是不可避免的，是心理活动中必然存在的一种现象，所以企业进行宣传工作，必须把遗忘这个问题考虑进去。

5. 记忆规律在商业中的应用

各种营销策略都要以信息的形式向消费者传达，因此研究消费者记忆信息的效果是企业制定营销策略必须要考虑的因素。

首先，需要考虑到消费者接受信息时的记忆极限问题。在商业设计中，应该尽量把有关信息控制在记忆的极限范围内。如广告设计，特别是那些观看时间极短的电视广告应该尽量把关键信息控制在7~8个单位之内，使消费者能够准确地接受这些信息内容，形成瞬时记忆。如果超过这一极限，广告中的关键信息相互干扰，广告的传达效率就要降低。

其次，记忆效果容易受情绪与情感因素影响。消费者愉快、兴奋、激动、积极的情绪，容易对商品及有关信息形成一个良好的记忆形象，记忆保持的时间一般较长，消费者也愿意回忆这样的良好体验。企业营销活动应当尽量发挥积极、愉快的情绪策略来影响消费者。如在广告创意与公共策划活动中，可以利用"情感性诉求"策略来加强消费者积极愉快的记忆。

4.2 消费者的情绪过程

消费者对商品的认知过程是采取购买行为的前提,但并不等于他必然采取购买行为。因为消费者是生活在复杂的社会环境中的具有思维能力的人,是容易受影响的个体,因此,他们在购买商品时将必然地受到生理需求和社会需求的支配,两者构成其物质欲求的强度。由于生理欲求和社会欲求会引起消费者产生不同的内心变化,可以造成消费者对商品的各种情绪反应。如果情绪反应符合或满足了其消费需要,就会产生愉快、喜欢等积极态度,从而导致购买行为;反之,如果违反或不能满足其消费需要,则会产生厌恶态度,就不会产生购买欲望。消费者对待客观现实是否符合自己的态度而产生的行为态度,就是购买心理活动的情绪过程。情绪过程是消费者心理活动的特殊反映形式,贯穿于购买心理活动的评定阶段和信任阶段,因而对购买活动的进行有着重要影响。

4.2.1 消费者情绪、情感

情绪一般是指短时间内的与生理需要相联系的一种体验,如喜欢、气愤、忧愁等情绪形式。情感是长时间内与社会性需要(社交的需要、精神文化生活的需要等)相联系的一种稳定的体验,如道德感、理智感、美感等。情绪一般有较明显的外部表现,不太稳定。而情感相对来说则比较稳定,冲动性少,情感的外部表现很不明显。但是情绪的各种变化一般都受已形成的情感制约,而人们的情感又总是在变化着的情绪中得到体现。例如,某企业的商品质量好,信誉高,在消费者心目中树立了良好的形象,消费者对它产生了信任感、亲切感,当消费者买到这种商品,并在实际使用中需要得到满足时,会产生喜悦和满意的情绪。

1. 情绪、情感的类型

消费者在购物场所中,一般表现出一些情绪性的反应,而消费者在长期的购物过程中,又会形成一些稳定的情感体验,这些情感体验及相应的态度必然要带到每一次购物行为中去。在每一次购买行为中即表现为当时的情绪性。

情绪情感的表现形式是多种多样的,根据情绪情感发生的强度、速度、持续时间的长短和外部表现来划分,可以划分为3种表现形式:激情、心境和热情。

(1) 激情。激情是人们在一定场合爆发出来的强烈情绪,如狂喜、暴怒、绝望等都属于这种情绪状态。激情出现的时候可以对消费者的行为造成巨大的影响,甚至可以改变消费者的理智状态,使理智变得模糊或难以控制。消费者在购物场所受到强烈刺激而发怒的时候,就有可能出现这种情况。消费者在抢购风潮中也会出现类似激情状态的情绪。对生产商和销售商来讲,要尽可能地避免对消费者的强烈的不良刺激,削弱消费者的对抗情绪,引导消费者产生积极的激情,愉快地进行购买活动,争取营销活动的成功。

(2) 心境。心境是人们在长时间内保持的一种比较微弱而平静的情感状态,如心情舒畅或郁郁寡欢等。心境的好坏对于消费行为具有很重要的影响。良好的心境能使消费者发挥主动性和积极性,容易引起对商品的美好想象,易导致购买行为。而不良的心境则会使消费者心灰意懒,导致抑制购买欲望,阻碍购买行为。在市场营销活动中,一方面要创造舒适优雅的购物环境，建立轻松愉快的气氛；另一方面营销人员应当努力把自己培养成快乐活泼、富有表现力和感染力的人，经常以乐观的情绪感染消费者，引导和帮助消费者排除不良心境。

(3) 热情。热情是一种强有力的、稳定而深刻的情感。热情虽不如激情强烈，但比激情深刻而持久。它有时虽不如心境那样广泛，但比心境强烈而深刻。消费者的热情总是有一定的基本方向和目标的，为了达到目标乐意作出努力和奋斗。例如，一个热爱音乐的人为了达到购买钢琴的目的，哪怕省吃俭用，也要如愿以偿。许多消费者就是在这种热情的推动下购买某种商品的。市场营销者要了解消费者的心理、兴趣和爱好，利用各种营销推广手段，唤起消费者的热情，培养惠顾动机。

情绪与情感对于消费行为的作用有积极的一面，也有消极的一面。人的情绪本身包含了两种极性，即愉快与不愉快、喜欢与不喜欢等。愉快的情绪及对商品所持有的喜欢的体验，都会对消费行为产生积极的作用，推动消费行为进行的速度，愉快的情绪还会增加消费者的勇气，克服购买行为中可能出现的各种困难。而不愉快的情绪，不喜欢的情绪体验，只能对消费行为起消极的作用。如果这种情绪来源于商品，消费者会拒绝购买这种商品；如果不愉快的情绪来源于购物场所，消费者会尽快离开这种购物场所；如果不愉快的情绪来源于营业人员的话，有的顾客会尽量躲避这种令他讨厌的营业员，还有的顾客可能会被激发不良情绪而同营业员发生矛盾和冲突。商场和营业人员应从两个方面来处理顾客的情绪情感问题：①要尽量创造出优美的购物环境，以优良的服务质量和热情的态度来接待每一位消费者，尽量为每一位消费者营造愉快的心情，所谓"乘兴而来，高兴而归"；②花大力气在消费者心目中树立企业的良好形象，使消费者能够长久地对该企业抱有良好的情感。

2. 影响消费者情绪、情感的因素

在购买活动中，消费者的情绪主要受购买现场、商品、个人喜好等因素影响。

购买现场的环境条件是影响消费者情绪的重要因素。宽敞明亮、色彩柔和、美观典雅、气氛祥和的商场会引起消费者愉快、舒畅的情绪反应，使消费者处于喜悦、欢快的积极情绪之中，从而刺激消费者的购买欲望；反之，环境条件差的场所则会使消费者产生厌恶、烦躁的情绪。

商品本身是影响消费者情绪的另一个因素，当商品能使消费者产生符合自己过去经验所形成的愿望需要的想法时，就会产生积极的情绪，从而导致购买；反之，就会形成消极情绪，打消购买欲望。在现实购买活动中，消费者的情绪演化是随着对商品的认识过程而发生变化的。随着对商品的深入了解，会产生对商品的"满意-不满意""愉快-失望"这样的对立性质的情绪变化。如在购买商品时，消费者发现某种商品的外观好，则会引起愉快情绪，但在深入认识商品时，发现商品的品质较差，则会转变情绪，产生对商品的不满意态度。

影响消费者情绪的第三个因素是消费者在进行购买活动时自身所带有的情绪态度，如欢愉、开朗、振奋或忧愁、悲观等。消费者的这种持久情绪的形成是以他的心理状况为背景的。这种心理状况背景包含多项内容，如消费者的生理特点、性格倾向、生活经历、事业成败、需求顺逆、道德观念、社会地位、理想信念乃至生活环境、身体状况和社会关系等。消费者的这些心理背景的差异构成了各自不同的情绪状态，而这种状态是使消费者的购买心理和购买行为染上同质情绪色彩的根源。

资料 4-9

女性购买护肤品跟情绪有关

无论年龄大小，女性每年都会支出一大笔费用在护肤品上，除了护肤的原因，是什么魅力吸引女性这么去做？日前，果壳网发布的一项研究显示，女人购买护肤用品的原因主要与情绪有关。

这份研究来自西班牙一所大学，主要研究了面霜和润肤乳的使用者。科学家们随机抽取了 355 名 18 岁至 50 岁的女性进行个人调查，她们需要对使用的护肤品进行功能性和情绪性疗效的评估，并给出她们对产品的满意度。结果显示，当护肤品品牌能提高消费者积极情绪时，消费者的满意度最高。

并且，从功用角度来看，研究发现化妆瓶和容器的设计(好看的、能让产品或品牌看起来显得更加高科技和独一无二)也会影响消费者的选择。

在对一些爱美女性的调查中，她们也表示出了同样的观点：护肤品的功效都差不多，而带给她们幸福感的，可能正是购物体验的过程。"就如同买衣服一样，在情绪低落时，扫货会带给女性一种莫名的幸福感。"白领刘女士说。

(资料来源：赵世彩. 女性购买护肤品跟情绪有关[N]. 都市女报，2014-10-22.)

4.2.2 消费者态度

1. 态度的含义及组成

态度是人们对某一对象所持有的评价与行为倾向。态度的对象是多方面的，包括人、事件、物、团体、制度及代表具体事物的观念等。消费者态度是指消费者对客体、属性和利益的情感反应，即消费者对某件商品、品牌或公司经由学习而有一致的喜好或不喜欢的反应倾向。

人们对一个对象会作出肯定或否定、赞成或反对的评价，同时还会表现出一种反应的倾向性，这种倾向性就是心理活动的准备状态。一个人的态度不同会影响到他的行为取向。持肯定态度时，人们会出现积极愉快喜悦的情绪，乐意去认识这一事物，并且极其情愿地采取相应的行为；反之，持否定的态度时，人们会出现消极的不愉快的情绪，在行为上采取回避的方式。

从态度的构成看，主要包括 3 个方面：认知成分、情感成分和意向成分(图 4.8)。认知成分指对人、对事物的认识、理解和评价，即通常所说的印象，是态度形成的基础。例如，某游客认为大连是个好地方，环境整洁优美，海滨风光秀丽，气候湿润宜人，这就是游客对大连的看法。情感成分指对人、对事所作的情感判断，它是态度的核心，并和人们的行为紧密相连。例如，当某游客对大连作出了评价，有了印象后认为"大连是座美丽、可爱的城市"，这里就清楚地看出其中有积极的情感成分。意向成分指个人对态度对象的反应倾向，即行为的准备状态。具体表现为消费者对有关商品、劳动采取的反应倾向，其中包括表达态度的语言和非语言的行动表现。例如，某游客对大连产生了积极肯定的情绪情感，他在心理上就积极地做各种准备，一旦外部条件成熟就可能去大连旅游或推荐他人去大连旅游。

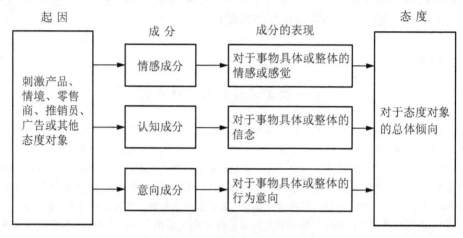

图 4.8　态度的组成成分及其表现

一般而言，认知、情感及意向倾向的作用方向是协调一致的，消费者的态度表现为三者之间的协调一致。然而，在特殊情况下，这 3 种因素也有可能发生背离，呈反向作用，以致使得消费者的态度呈矛盾状态。例如，消费者预先了解到某种商品在使用寿命或功能上存在不足，但由于对商品外观具有强烈的好感或偏爱，因而促成其"明知故买"。又如，对某一款电脑，消费者认为有必要且愿意购买，但在行动上却因某种原因而拖延。因此，在态度的各项构成因素中，任何一项因素发生偏离，都会导致消费者态度的失调和作用的不完整，而其中尤以情感因素和行为习惯对完整态度的形成具有特殊作用。

人们几乎对所有事物都持有态度，这种态度不是与生俱来的，而是后天习得的。例如，我们对某人形成好感，可能是由于他或她外貌上的吸引，也可能是由于其言谈举止的得体、知识的渊博、人格的高尚使然。不管出自何种缘由，这种好感都是通过接触、观察、了解逐步形成的，而不是天生固有的。态度一经形成，具有相对持久和稳定的特点，并逐步成为个性的一部分，使个体在反应模式上表现出一定的规则和习惯性。在这一点上，态度和情绪有很大的区别，后者常常具有情境性，伴随某种情境的消失，情绪也会随之减弱或消失。正因为态度所呈现的持久性、稳定性和一致性，使态度改变具有较大的困难。在一定时间内，态度具有相对的稳定性，所以消费者态度对商品选择、购买和消费过程影响的时间较长。

一般而言，消费者态度对购买行为的影响，主要通过以下 3 个方面体现出来：首先，消费者态度将影响其对产品、商标的判断与评价；其次，态度影响消费者的学习兴趣与学习效果；最后，态度通过影响消费者的购买意向，进而影响购买行为。

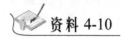 资料 4-10

牙膏玩"概念"　消费者态度不同

随着牙齿保护及保健意识的普及，功能性牙膏大受市场欢迎。在大润发超市，牙膏货架上就有三十多种牙膏品牌。其中，便宜的三四元，贵的有二三十元的，而大多价格昂贵的牙膏外包装上都标注有"美白""防蛀""清新""固齿健龈"等等的字眼，一些牙膏甚至标注有治疗牙齿方面的特效。

面对这些牙膏，消费者是如何选择的呢？大多数消费者认为，牙膏是易耗品，贵的和便宜的差别不大。也有消费者认为，贵的牙膏中肯定含有普通牙膏中不具有的特殊成分，买贵的不会错。

口腔医疗专家表示，牙膏的成分其实大同小异，市面上宣传的一些主要有美白、药物、保健等特效，更多是商业概念的炒作，因为牙膏在口内停留的时间并不长，其"特效成分"在短时间内发挥药效很难。

【拓展视频】

(资料来源：张丽琴. 牙膏玩"概念" 市面上牙膏价格不一 消费者态度不同[N]. 番禺日报，2015-07-23.)

2. 态度的测量

态度是可以测量的。态度的主要属性是评价性，即对一定态度对象的积极或消极的反应倾向。态度应在评价连续性上处于一定的位置，表示其方向和程度。态度不是直接观察到的，它的存在是通过可见反应显示出来的。可见反应分为 3 类，即认知反应(同意或不同意)、情感反应(喜欢或不喜欢)和行为反应(支持或反对)。评价倾向可以通过上述任何一种反应来估量。信念方面通常只能通过认知反应来估量。

(1) 瑟斯顿量表。瑟斯顿量表是由瑟斯顿(L.L.Thurstone)及其同事蔡夫(E.J.Chave)于 1929 年提出的。这个方法首先搜集一系列有关所研究态度的陈述或项目，而后邀请一些评判者将这些陈述按从最不赞同到最赞同方向分为若干类；经过淘汰、筛选，形成一套明确的陈述，沿着由最不赞同到最赞同的连续方向分布开来；要求参加态度测量的人在这些陈述中标注他所同意的陈述，所标注的陈述的平均量表值就是他在这一问题上的态度分数。瑟斯顿量表法提出了在赞同或不赞同层次上测量态度的方法。这个做法迄今仍是多数量表的基本特点。但是由于这个方法复杂、费时和不方便，今天已很少使用了。

(2) 李克特量表。1932 年，R. 李克特提出了一个简化的测量方法，称为李克特量表法，又称为总和等级评定法。它不需要收集对每个项目的预先判断，只是把每个项目的评定相加而得出一个总分数。

李克特量表也是由一系列陈述组成的，利用 5 点或 7 点量表让被试作出反应。5 点量表从 5～1 分别为强烈赞同、赞同、中性、不赞同到强烈不赞同。7 点量表则从 7～1 分别为强烈赞同、中等赞同、轻微赞同、中性、轻微不赞同、中等不赞同、强烈不赞同。

李克特量表操作简单，是目前应用最广泛的态度测量方法之一。其测算结果与瑟斯顿量表法的相关系数约为 0.80。表 4-1 是用于对那些已经在一个过滤型问卷中承认自己有脚臭问题，但还没有试用过 Johnson 牌除臭鞋垫的人们进行调查时使用的李克特量表。请受访者根据自己同意或不同意的程度在相应的数字上打勾或画圈。由于采用态度等级的自我报告法，再加上其自身存在一种将问题简化处理的倾向，运用李克特量表测量较复杂的问题时，效果并不十分理想。

表4-1 Johnson牌除臭鞋垫态度测量表(李克特量表)

	完全同意	同意	无所谓	不同意	完全不同意
它们可能会使我脚热	5	4	3	2	1
我很满意我正使用的产品	5	4	3	2	1
我的问题还不很严重	5	4	3	2	1
要把它们剪得尺寸合适很麻烦	5	4	3	2	1
价格太贵	5	4	3	2	1
可能会使鞋子变紧	5	4	3	2	1
不好意思去买它们	5	4	3	2	1
广告无法让我相信产品有效	5	4	3	2	1
我所试过的其他鞋垫都没用	5	4	3	2	1
足部喷雾剂更好用	5	4	3	2	1
足粉更好用	5	4	3	2	1
本人未用过鞋垫	5	4	3	2	1
不会持续超过几星期	5	4	3	2	1
放在鞋里似乎很难看	5	4	3	2	1
必须购买超过一双	5	4	3	2	1
要从一双鞋换到另一双鞋	5	4	3	2	1
没有任何脚臭,产品完全有效	5	4	3	2	1
可能由于出汗而变湿	5	4	3	2	1
不知道鞋垫穿在鞋里的感觉	5	4	3	2	1

(3) 语意差别量表。语意差别量表,又叫语意分析量表,是奥斯古德(C.E.Osgood)等人于1957年提出的一种态度测量方法。该量表的基本思想是:对态度的测量应从多个角度采用间接的方法进行,直截了当地询问人们对某一主题或邻近问题的看法与态度,结果不一定可靠;人们对某一主题的态度可以通过分析主题概念的语意,确定一些相应的关联词,然后再根据被试者对这些关联词的反应加以确定。表4-2是奥斯古德等人提出的语意差别测量项目表。在对不同事物或主题进行态度测量时,用以刻画表中各维度的具体项目可以做些调整,以使量表能更贴切地反映所测主题的要求。

表4-2 语意差别测量项目表

评价量表	好	7	6	5	4	3	2	1	坏
	美	7	6	5	4	3	2	1	丑
	聪明	7	6	5	4	3	2	1	愚蠢
力度量表	大	7	6	5	4	3	2	1	小
	强	7	6	5	4	3	2	1	弱
	重	7	6	5	4	3	2	1	轻

								续表
活动量表	快	7	6	5	4	3	2	1	慢
	积极	7	6	5	4	3	2	1	消极
	敏锐	7	6	5	4	3	2	1	迟钝

(资料来源：Osgood C E, et al.The Measurement of Meaning.Urbana：University of Illinois Press，1957.)

下面以消费者对A、B两个花店的评价来进一步说明语意差别量表的具体运用。表4-3绘出了100位消费者对A、B两家花店评价结果的平均值。从中可以看出，花店A位置较好，布置较新潮，选择余地较大，但价格略昂贵，服务态度不是太好；花店B态度较好，价格也适中，但所处位置不是十分理想，选择余地偏小，形象较为保守。

表4-3 消费者对花店态度的语意差别量度

	1	2	3	4	5	6	7	
昂贵			☆		★			便宜
选择多		☆			★			选择少
可靠				☆★				不可靠
友好				★		☆		不友好
时髦			☆			★		保守
方便			☆		★			不方便

☆：花店A   ★：花店B

(资料来源：符国群. 消费者行为学. 北京：高等教育出版社，2001.)

语意差别量表构造比较简单，适用范围广泛，几乎可以用来测量消费者对任何事物的态度。局限是，这种态度测量方法并未摆脱被试自我报告程式，而且量表中各评价项目的确仍带有一定的主观性。

在态度测量上常出现两种问题：客观解释问题和主观偏向问题。研究者发现，问卷使用的态度量表有时并未反映出反应者的真实态度。如果某个项目编制用语模糊，被试发生误解，那么对这个项目的反应就不可能反映出被试的态度。这是客观上的解释问题。要避免这种错误，在编制态度量表时应当用多个项目测量同一个态度。这样可以克服理解上造成的误解，测量到真实的态度。更严重的问题是主观偏向问题。如果人们由于某种原因而不愿表达真实的态度，那就可能提出虚假的反应，有时人们也可能自己并不了解与行为不同的内心深处的态度，在这种情况下作为测量工具的态度量表的有效度就成了问题。社会心理学家已提出一些避免这类问题的办法，如行为反应测量法的运用。行为反应测量是指观察和测量个体对于有关事物的实际行为反应，以此作为态度测量的客观指标。常用的行为反应测量方法有距离测量法、生理反应测量法和任务完成法。

3. 影响消费者态度改变的因素

消费者态度的改变包括两层含义：①态度强度的改变；②态度方向的改变。消费者由原来有点喜欢某种产品到现在非常喜欢该产品，涉及态度强度的变化；由原来不喜欢某种产品到现在喜欢该产品，则涉及态度方向的改变。消费者态度的改变一般是在某一信息或意见的影响下发生的，从企业角度，又总是伴随着宣传、说服和劝导。从这一意义上讲，态度改变的过程也就是劝说或说服的过程。

霍夫兰德(Hovland)和詹尼斯(Janis)于 1959 年提出了一个关于态度改变的说服模式。霍夫兰德提出影响态度转变的因素有 4 个，即宣传说服者变量、信息变量、渠道变量以及信息接受者变量。

(1) 宣传说服者变量。说服过程中，传递者或信息源一直被认为是一个十分重要的因素。如果消费者认为传递者信誉度高，值得信赖，则说服的目的更容易达到。宣传说服者的效用通常在于将其可信性、吸引力用于广告中，如名人广告。

(2) 信息变量。信息本身的内容及组织对于宣传说服与态度的转变均有重要影响。当消费者的认知与宣传者所提倡的认知方向相一致，并且他们在相关方面的知识经验不足时，单一信息的宣传效果较好；当消费者已经具备比较充分的知识经验，而且习惯于独立思考和比较时，多向宣传可以向他们提供更多的信息，以便其作出评价和权衡。目前许多商业广告几乎都是单一的信息宣传。从信息内容角度看，对于知识经验丰富或教育程度较高的消费者来说，这种方式并不能起到很好的宣传效果。此外，有说服力的信息必须使人们感到压力与威胁，明确告知消费者理性地选择和接受信息，使之听从劝告。

(3) 渠道变量。宣传说服可以通过多种渠道进行，如面对面的人际沟通，大众传媒如报纸、杂志、广播、电视，组织传播，网络传播等。各种宣传渠道的效能与适用条件有所不同，应根据不同的宣传目的加以选用。

(4) 信息接受者变量。消费者的需要、智力水平、性格特点、受教育程度及社会地位等的不同，对态度的改变都会产生影响。态度的改变与消费者当时的需要密切相关，如果能最大限度地满足他当时的需要，则容易使其改变态度。从性格上看，凡是依赖性强、暗示性高或比较随和的人容易相信权威、崇拜他人，因而容易改变态度。一般而言，智力水平高的人具有较强的判断能力，能准确分析各种观点，不容易受他人影响而改变。

4. 消费者态度改变的途径

消费者态度是在诸多影响因素的共同作用下形成的。当影响因素发生变化时，消费者的态度也随之改变。消费者态度的改变包括态度强度改变和态度方向改变。改变消费者态度不能采取强制、压制的方式，要通过说服诱导方式，促使消费者自动放弃原有的态度，接受新的意见观念。否则，态度的改变有可能停留在表面现象，不能内化为稳定的心理倾向，并且稍遇挫折就会发生反复。

按照说服的方式不同，说服可以分为直接说服与间接说服两类。

1) 直接说服

直接说服是指以语言、文字、画面等为载体，利用各种宣传媒介直接向消费者传递有关信息，以达到改变其固有态度的目的。直接说服的效果优劣受信息传递过程中各种相关因素的影响，主要包括以下几个方面。

(1) 信息发出源的信誉和效能。前者是指信息发出者和信息本身的可信程度，后者指所发出的信息是否清晰、准确、易于理解和记忆。一般来说，信息发出者的信誉越高，消费者对信息的接受程度也就越高，说服效果也就越好，改变态度的可能性也越大。另外，信息本身的质量、内容真实可信，表达形式新颖，也易于给消费者留下深刻、美好印象，增加其心理的开放程度，减少抵触情绪，从而增强说服效果。例如，一些日化用品，特别是牙膏和香皂类产品，常伴有中华预防医学会的证明测试和推荐。

(2) 传递信息的媒介和方式。现代社会，传递消费信息的媒介多种多样，包括各种传播媒介，如报纸、杂志、电视、广播、网络、招贴等；面对面口头传播，如上门推销、售货人员介绍商品等。研究表明，不同的传播媒介对消费者的说服效果各不相同。在考虑说服方式时，针对知识水平较高、对自己的判断水平非常确信、不喜欢别人替自己做判断的消费群体宜采用双面论述，给消费者一种客观、公正的感觉，可以降低或减少消费者对信息源的抵触情绪。但对判断力较差、知识狭窄、依赖性较强的消费者，采用单向式呈递信息的方式较适宜。这个层次的消费者喜欢听信别人，自信心较差，宣传时应明确指出商品的优势，它给使用者带来什么好处，直接劝告他们应该购买此物。

(3) 消费者的信息接受能力。当商品信息以恰当的媒介渠道准确、清晰地传递至消费者时，消费者的接受能力就成为说服效果的决定因素。接受能力是消费者的动机、个性、文化水平、知觉、理解、判断等方面能力的综合反应。在采用直接说服方式时，必须考虑消费者信息接受能力的差异，针对接受对象的能力特点制定适宜的信息内容和传递方式。

2) 间接说服

又称间接影响，它与直接说服的主要区别在于它是以各种非语言方式向消费者施加影响，通过潜移默化，诱导消费者自动改变态度。间接影响可以采取两种方式进行。一是利用相关群体作用。消费者生活在一定的社会群体或组织中，所属群体在消费方式上的意见、态度、行为准则等对消费者的态度有着深刻而重要的影响。当群体的态度及行为方式发生变化时，消费者也会对原有态度作出相应调整，使之与群体相统一。二是亲身体验实践。许多片面的、与事实不符的消费态度往往是在消费者对商品性能、功效、质量等缺乏了解，而又不愿轻信广告宣传的情况下产生的。针对这类情况，可以提供必要条件，给消费者以亲自尝试和验证商品的机会，通过第一手资料达到消费者自己说服自己的目的。实践证明，亲身体验的方式往往具有极强的说服力，对于迅速改变消费者态度有着其他方式无法企及的效果。

综上所述，直接说服与间接说服对于消费者态度的改变具有不同的作用方式和效果。

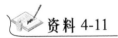资料 4-11

强生公司与"泰诺"

在 20 世纪 80 年代，强生公司曾面临一场生死存亡的"中毒事件"危机：1982 年 9 月 29 日至 30 日，芝加哥地区有人因服用"泰诺"止痛胶囊而死于氰中毒，开始时死亡 3 人，后增至 7 人，随后又传说在美国各地有 25 人因氰中毒死亡或致病。后来，这一数字增至 2 000 人(实际死人数为 7 人)。一时舆论大哗。"泰诺"胶囊的消费者十分恐慌，94%的服药者表示绝不再服用此药。医院、药店纷纷拒绝销售泰诺。

猝击之下的强生迅速采取行动。

(1) 在全国范围内立即收回全部"泰诺"止痛胶囊，价值近 1 亿美元。并投入 50 万美元利用各种渠道通知医院、诊所、药店、医生停止销售。

(2) 以真诚和开放的态度与新闻媒介沟通，迅速地传播各种真实消息，无论是对企业有利的消息，还是不利的消息。

（3）积极配合美国医药管理局的调查，在5天时间内对全国收回的胶囊进行抽检，并公布检查结果。

（4）为"泰诺"止痛药设计防污染的新式包装，以美国政府发布新的药品包装规定为契机，重返市场。1982年11月11日，强生公司举行大规模的记者招待会。会议由公司董事长伯克亲自主持。在此次会议上，他首先感谢新闻界公正地对待"泰诺"事件，然后介绍该公司率先实施"药品安全包装新规定"，推出"泰诺"止痛胶囊防污染新包装，并现场播放了新包装药品生产过程录像。美国各电视网、地方电视台、电台和报刊就"泰诺"胶囊重返市场的消息进行了广泛报道。

事实上，在中毒事件中回收的800万粒胶囊，事后查明只有75粒受氰化物的污染，而且是人为破坏。公司虽然为回收付出了一亿美元的代价，但其毅然回收的决策表明了强生公司在坚守自己的信条："公众和顾客的利益第一。"这一决策受到舆论的广泛赞扬，《华尔街周刊》评论说："强生公司为了不使任何人再遇危险，宁可自己承担巨大的损失。"

正是由于约翰逊公司在"泰诺"事件发生后采取了一系列有条不紊的措施，从而赢得了公众和舆论的支持与理解。在一年的时间内，"泰诺"止痛药又重振山河，占据了市场的领先地位，再次赢得了公众的信任，树立了强生公司为社会和公众负责的企业形象。

（资料来源：江林. 消费者行为学[M]. 北京：首都经济贸易大学出版社，2002.）

4.3 消费者的意志特征与过程

意志过程是指人们在社会实践中，为达到既定目的而采取的自觉行动，包括自觉地确定行动的目的、有意识地支配和调节其行动以实现预定目的的心理现象。意志受情感的影响，也是认识过程进一步发展的结果，对人们的社会实践具有积极的促进作用。

在购买活动中，消费者表现出有目的地和自觉地支配和调节自己的行为、努力克服自己的心理障碍和情绪障碍、实现其既定购买目的的过程，这被称为消费者的心理活动的意志过程。它对消费者在购买活动中的行动阶段和体验阶段有着较大影响。

4.3.1 消费者意志特征

消费者意志具有3个主要特征：一是有明确的购买目的。消费者的意志是在有目的的行动中表现出来的，这个目的是自觉的、有意识的，如准备结婚的青年男女大量购买结婚用品等。二是有克服困难的心理活动。消费者的意志行动是有明确的目的的，而目的确定和实现是会遇到种种困难的。例如，在挑选商品时，面对几种自己都喜爱的商品，或遇到较高档的商品，但经济条件又不允许，或者自己对商品的内在质量难以判断，就会导致购买信心不足，这时必须考虑选择和重新物色购买目标，或者克服经济上的困难，去实现自己的购买目的。三是调节购买行为全过程。意志对行动的调节包括发动行为和制止行为两个方面，前者表现为激发积极的情绪，后者则抑制消极的情绪，两者的统一作用使消费者得以控制购买行为的发生、发展和结束的全过程。

4.3.2 消费者意志过程

在购买活动中，消费者的意志表现为一个复杂的作用过程，其中包括作出决定、执行决定、体验执行结果3个相互联系的阶段。

1. 作出决定阶段

这是消费者购买活动的初始阶段，包括购买目标的确定、购买动机的取舍、购买方式的选择和购买计划的制订。任何消费行为都是由一定的需要、动机引起的。但在同一时间或期间内，消费者同时有多种需要，也就会同时产生多种购买动机。对于多数消费者来说，不可能在同一时间内满足所有需要，因而就会发生购买动机的冲突。意志活动的第一表现就是解决这种冲突，根据需要的重要程度和轻重缓急，确定出最主要的购买动机。消费者在购买动机确定之后，还有一个具体购买对象的确定问题。因为同类商品会有牌号、质量、档次、价格等方面的差异。消费者选择、确定购买对象的过程就是把市场上现有的商品与自己的要求进行比较的过程。消费者购买对象确定之后，还要制订购买行动计划，保证购买目标的实现。例如，购物时间的确定；购买场所的选择；经济开支有多少；所需物品哪些先购，哪些后购；等等，这些都需要在意志活动的参与下进行。

2. 执行决定阶段

执行决定是消费者意志过程的完成阶段，它是根据既定的购买目的购买商品，把主观上的、观念上的东西变为现实的购买行动的过程。在执行过程中，仍然有可能遇到种种困难和障碍。所以，执行购买决定是真正表现意志的中心环节，它不仅要求消费者克服自身的困难，还要排除外部的障碍，为实现购买目的，付出一定的意志努力。在现实生活中，意志品质对消费者的行为方式具有重要作用。例如，在采取决定购买阶段，有时会发生激烈的思想冲突，主要表现在当消费者购买那些有异于传统观点、习惯，具有强烈时代感的商品时，常要承担很大的风险，即购买这种商品是否会遭到别人的非议。能否冲破传统观念的束缚和社会舆论的压力，常常取决于消费者的勇气和意志，而这与消费者自己的意志品质有直接关系。

3. 体验执行效果阶段

完成购买行为后，消费者的意志过程并未结束。通过对商品的使用，消费者还要体验执行购买决定的效果，如商品的性能是否良好，使用是否方便，实际效果与预期是否接近等。在上述体验的基础上，消费者将评价购买商品的行动是否明智，它将决定消费者今后是重复还是拒绝购买该商品。

资料 4-12

星巴克红杯子

许多人都在等这一天似的。2015 年 11 月 3 日，中国所有星巴克门店统一更改使用红色纸杯，微信朋友圈和各类社交网络上全部都是这个红色杯子。大多数城市的气温正好在这一天骤降，大家无聊却兴致勃勃地以此宣告冬季来临。全球其他国家的门店同样在这一天前后更换了最新的杯子，图片社交应用 Instagram 上的"推荐"页面也迅速被它占据。

星巴克连锁咖啡公司从 1997 年开始每年的"假日季节"(Holiday Season, 感恩节前开始直到新年来临)都会将门店里的经典白色纸杯，换成以红色为主色调的设计。

为什么星巴克要在这个时候换上红色杯子？

与其说星巴克为这只杯子兴师动众，倒不如说它是对所谓的"假日季节"很是看好。这可是美国人一年当中最期待的一段时间，悠闲假期和从四面八方涌来的祝福让整个国家兴奋起来，并消费更多。再没有比这更让零售公司期待的时间段了。2014年的假日季节——截至12月28日的第四财季——星巴克的销售上涨了13%，至48亿美元。而后面那个财季，它的销售数字便少了2亿美元。

星巴克会提前一年去门店或在线上研究，下一年的圣诞假期究竟什么会让星巴克爱好者兴奋，又能让那些不习惯每日摄入咖啡因的人买一杯咖啡。每年假日季节，星巴克都会推出不同的消费卡片、主题马克杯、星巴克圣诞小熊和特别的圣诞版咖啡豆。

不过，一个红色纸杯能带来什么实质销量吗？星巴克不是要卖这个红色纸杯。它更希望你买它在这个假日季节推出的三款特殊咖啡饮料。今年在中国推出的是意式圣诞拿铁、蔓越莓白巧克力摩卡，还有太妃榛果拿铁。如果从名字上看不出到底是什么的话，其实它们就是加了特殊糖浆、奶油和碎果粒之类的东西。店员会向你推荐，然后告诉你这3款饮品过季就会被下架，宣传画上它们也是红色纸杯配合。

（资料来源：牙韩翔. 星巴克红杯子里装的不是咖啡，是心机[J]. 第一财经周刊，2015.）

本章小结

消费者个性心理过程，指的是消费者在其购买行为中的心理活动的全过程，是消费者的不同心理活动现象对商品现象的动态反映，大致可以分为认知过程、情绪过程和意志过程3个部分。

消费者购买行为的心理活动是从对商品的认知过程开始的。消费者主要通过自身的感觉、知觉、学习、记忆等心理活动，来完成认知过程的全部内容。

感觉是人脑对直接作用于感觉器官的客观事物个别属性的反映。感觉是最简单、最低级的一种心理现象，但又是认知过程及全部心理活动的基础和起点。感觉有其特殊的表现形态和作用方式，具体包括感受性、感觉适应、联觉等。

知觉是人脑对直接作用于感觉器官的客观事物的整体反映。知觉是在感觉基础上形成的，但并不是感觉的简单总和，还会受到过去经验的制约。在日常生活中，消费者对商品从感觉到知觉的认识过程，在时间上几乎是瞬间或同步完成的。知觉具有整体性、选择性、理解性、恒常性等特性。知觉风险包括功能风险、物质风险、经济风险、社会风险及心理风险等。消费者减少知觉风险常用的方式有主动搜集信息、保持品牌忠诚、购买品牌和高价产品、从众购买、寻求商家保证等。错觉是对客观事物的一种歪曲的知觉，错觉现象在营销活动中有广泛的应用。

学习是人对某种体验所产生的一种相对持久的行为变化，是通过神经系统不断接受环境信息，获得新的行为模式的过程。消费者的学习是对商品购物、享受服务过程中各个环节内容知识的学习和相关技能的获得。消费者学习的方法主要包括模仿法、试误法和观察学习法。

消费者的学习离不开记忆。记忆出现在感觉和知觉之后，是人脑对过去经历过的事物的反映。记忆是一个复杂的心理过程，它包括识记、保持、再认、回忆4个基本环节。记忆心理的过程同时会发生另一种心理活动，即遗忘。遗忘是对识记过的内容不能再认和回忆，或者表现为错误的再认和回忆。时间、识记材料对学习者的意义、识记材料的性质、识记材料的数量、学习程度、学习材料的系列位置等均会对遗忘的进程产生影响。

消费者对待客观现实是否符合自己的态度而产生的行为态度，就是购买心理活动的情绪过程。情绪过程是消费者心理活动的特殊反映形式，贯穿于购买心理活动的评定阶段和信任阶段。在购买活动中，消费者的情绪主要受购买现场、商品、个人喜好等因素影响。

消费者态度指消费者对某件商品、品牌，或公司经由学习而有一致的喜好或不喜欢的反应倾向。

第4章 消费者个体心理过程

从态度的构成看,主要包括认知成分、情感成分和意向成分。测量消费者态度的方法很多,主要有瑟斯顿等距量表、李克特量表、语意差别量表、行为反应测量法等。消费者态度的改变包括态度强度的改变及态度方向的改变。消费者态度的改变不能采取强制、压制的方式,要通过说服诱导方式,促成消费者自动放弃原有的态度,接受新的意见观念。

意志过程是指人们在社会实践中,为达到既定目的而采取的自觉行动,包括自觉地确定行动的目的、有意识地支配和调节其行动以实现预定目的的心理现象。在购买活动中,消费者的意志表现为一个复杂的作用过程,其中包括作出决定、执行决定、体验执行结果3个相互联系的阶段。

习 题

一、选择题

1. 人避免对某些刺激发生注意,对某些信息作出知觉反应的程度降低,这属于知觉的( )。
   A. 恒常性　　　B. 防御性　　　C. 整体性　　　D. 选择性
2. 当知觉条件发生一定范围的变化时,被感知的对象仍然保持其特性相对不变的知觉倾向称为知觉的( )。
   A. 恒常性　　　B. 防御性　　　C. 整体性　　　D. 选择性
3. 人们不会因为夜晚看不清而认为五星红旗是黑色的,这属于知觉的( )。
   A. 恒常性　　　B. 防御性　　　C. 整体性　　　D. 选择性
4. 以下( )因素会对遗忘的进程产生影响。
   A. 时间　　　　B. 材料的性质　　C. 学习程度　　D. 个体的情绪
5. 以下( )因素可能会影响消费者的情绪。
   A. 购物场所的物理条件　　　　B. 商品的特点
   C. 顾客的心理状况　　　　　　D. 售货员的表情和态度

二、判断题

1. 感觉是人脑对直接作用于感觉器官的客观事物的各种属性的整体反映。　　　　( )
2. 知觉是人脑对直接作用于感觉器官的客观事物的个别属性的反映,是客观世界在人脑中的主观映像。　　　　　　　　　　　　　　　　　　　　　　　　　　　　( )
3. 知觉是感觉的简单相加。　　　　　　　　　　　　　　　　　　　　　　　　( )
4. 消费者依靠感觉对商品作出全面的评价和判断,是可靠的。　　　　　　　　　( )
5. 消费者的差别阈限是绝对的,往往与环境有关。　　　　　　　　　　　　　　( )
6. 遗忘仅仅是由时间因素造成的。　　　　　　　　　　　　　　　　　　　　　( )
7. 模仿可以是重复的,也可以是有变化的。　　　　　　　　　　　　　　　　　( )
8. 消费者采用试误法学习时,不一定需要亲身经历,从间接经验中同样可以认识错误。
　　　　　　　　　　　　　　　　　　　　　　　　　　　　　　　　　　　　( )
9. 情绪一般有较明显的外部表现,不太稳定。　　　　　　　　　　　　　　　　( )
10. 态度改变的过程就是劝说或说服的过程。　　　　　　　　　　　　　　　　( )

三、填空题

1. 消费者的个体心理过程，大致可以分为_____、_____和_____3个部分。
2. 能被感觉器官觉察的刺激的最小量称为感觉的_____阈限。某种商品的某项属性的变化没有被消费者感觉到，是因为该变化_____(低于/高于)消费者感觉的_____阈限。
3. 对于不能直接表现和反映出来的商品属性，消费者通过自己的理解能够弥补这些信息的不足，这是知觉的_____性的表现。
4. 五星红旗不论是在白天或是黑夜，人们都会感知到黄色的五角星和红色的旗帜，这说明知觉具有_____性。
5. 消费者知觉风险主要有_____、_____、_____、_____、_____和心理风险6种类型。
6. 记忆是需要经历一定过程的，它包括_____、_____、_____和再认识等几个基本环节。
7. 消费者建立在对消费过程各方面的认识、发现的基础上的和主动运用自己头脑获得有关商品知识的学习方法称为学习的_____法。
8. 从态度的构成看，主要包括_____、_____和_____3个方面。
9. 态度的存在是通过可见反应显示出来的，可见反应分为_____、_____和_____3类。
10. 消费者态度的改变包括_____和_____两层含义。
11. 意志过程包括3个阶段，即_____阶段、_____阶段和_____阶段。

四、名词解释

1. 感觉
2. 绝对阈限
3. 差别阈限
4. 知觉
5. 错觉
6. 记忆
7. 情绪
8. 消费者态度

五、问答题

1. 举例说明韦伯定律在企业营销活动中的运用。
2. 感觉与知觉有何联系与区别？举例说明知觉特性在市场营销中的应用。
3. 运用认识学习原理分析认知因素对消费者行为的影响。
4. 经典性条件反射理论与操作性条件反射理论对企业营销启示有何不同？
5. 试述遗忘及其影响因素。
6. 营销活动中应注意从哪些方面调动消费者的积极情感？

六、论述题

1. 购买知觉风险有哪些类型？影响消费者知觉风险的因素有哪些？举例说明消费者如何应付知觉风险。

第4章 消费者个体心理过程

2．列举两则不适当地运用名人形象代言人的电视广告，并说明理由。

3．为使大学生形成反对吸烟的态度，你在反吸烟宣传活动中将侧重于态度中的哪种成分？何种类型的广告诉求？

七、案例应用分析

三鹿集团的辉煌和破产

1．三鹿集团昔日的辉煌

2004年1月16日，阜阳市林泉县吕寨镇勇庄村42号张文奎投诉所购的"三鹿"奶粉（批号2003.9.3）有质量问题。阜阳市卫生监督所检验科检验后认为是不合格产品，向三鹿集团发出确认通知书后，经进一步核实举报奶粉属假冒"三鹿"产品。为慎重其间，阜阳市卫生监督所又对市场上销售的三鹿奶粉进行抽检，共抽检6份三鹿牌系列产品，经检验全部合格。

2004年4月19日中午12点，中央电视台经济频道经济半小时栏目对安徽阜阳大头娃娃与"杀人奶粉"的情况做了全面的报道。经济半小时对阜阳奶粉市场的报道出来后，在阜阳当地及政府中造成了极大的震动。阜阳市政府要求各相关部门必须于2004年4月20日将抽检不合格的奶粉名单上报。工商局上报了32种，卫生局（疾控中心是卫生局下属单位）上报了12种，卫生局上报的名单包括"三鹿"奶粉。

2004年4月22日，阜阳《颍州晚报》头版刊登阜阳市抽检不合格奶粉名单，原来假冒的三鹿婴儿奶粉并没有被注明是假冒产品，被排序在32号，不合格项目：蛋白质含量7.47%。该公告落款为阜阳工商局、阜阳卫生局、阜阳消协。

此报道随即随同阜阳杀人奶粉事件传向全国。全国各地各级电视台、广播电台转播、曝光；全国各地各级报纸转载、曝光；全国各种网站转载、曝光。三鹿奶粉在阜阳及全国各地市场造成了严重影响。全国各地各级执法部门对三鹿奶粉的经销进行封杀；全国各地市场大小商场超市、商店对三鹿奶粉下柜、封存；全国各地消费者对已经购买和正在食用的三鹿奶粉退货。

"4月22日之后，三鹿奶粉的销售立马出现雪崩式下滑，从4月22日开始，到最严重的4月26日，销售下滑了80%。期间我们的损失大约是2 000万。"张振岭说。

2004年4月22日，在得知《颍州晚报》的报道之后，三鹿集团马上进入紧急危机公关状态。

2004年4月22日上午10点，公司的三鹿项目组接到了三鹿集团的告知电话，决定立刻组成危机公关小组，全方位配合三鹿集团处理误报事件。

首先，公司立即启动媒体公关：快速告知国内尽可能多的媒体，将真相书面告知媒体，防止媒体误报，并争取快速发布更正消息。在短短1天内，公司通知了全国93家新闻媒体，有19家新闻媒体在刊登中，撤下了三鹿奶粉的名字。同时，公司针对误报事件，写作了10多篇新闻稿件，陆续在20多家权威媒体上刊登，尽可能地避免了误报带来的大面积传播，并及时发布正确信息。

2004年4月22日下午，三鹿集团副总经理蔡树维和张振岭抵达阜阳，到阜阳市工商局、阜阳疾控中心了解情况，疾控中心查找了相关档案后，证明是由于内部人士工作疏漏和失误，把假冒三鹿婴儿奶粉在未标注假冒的情况下以三鹿婴儿奶粉为不合格产品上报，并出具了证明。

2004年4月23日上午10点，阜阳工商局、卫生局、消协、专项领导小组正式召开新闻发布会，宣布公告三鹿奶粉为不合格产品系误报，并向三鹿集团公开道歉。2004年4月24日，全国各大媒体、报纸、网站、电视、广播电台纷纷报道了更正消息，澄清了事实。中央电视台2004年4月24日中午的"时空连线"采访了张振岭，在4月26日中午的经济半小时栏目里又对此做了专门的澄清。自此，三鹿假奶粉事件的媒体公关基本上达到了高潮，全国各地几千家媒体都登载了澄清消息。2004年4月26日，卫生部、国家工商管理总局、国家质检总局等四部委就三鹿奶粉事件联合下发文件，要求各地执法部门要允许三鹿奶粉正常销售。中央四部委就一家企业的产品联合发文是绝无仅有的事例。

2. 三鹿集团的破产

2007年12月以来,三鹿集团陆续收到消费者投诉,反映有部分婴幼儿食用该集团生产的婴幼儿系列奶粉后尿液中出现红色沉淀物等症状。2008年3月,接到问题奶粉的投诉后,公司副总经理王玉良向该事业部汇报,并向集团董事长田文华汇报。到2008年4月底,消费者投诉奶粉质量问题增多,田文华当即成立质量小组。通过技术小组的排查,确认该集团所生产的婴幼儿系列奶粉中的"非乳蛋白态氮"含量是国内外同类产品的1.5~6倍。

2008年7月24日,三鹿将16批次婴幼儿系列奶粉送往河北省出入境检验检疫局检验检疫技术中心检测。当时,全国有许多婴幼儿因食用三鹿婴幼儿奶粉出现泌尿系统结石等严重疾患,部分婴幼儿住院手术治疗,还出现多例婴幼儿死亡事件。

2008年8月1日,田文华得到检测报告:送检的16个批次奶粉样品中,15批次检出了三聚氰胺。于是,她紧急召开了集团经营班子扩大会议进行商议。在这次会议上,新西兰恒天然公司在三鹿集团的董事要求召回产品,但参加会议的许多高管认为,当时正处于奥运前夕,召回产品会造成声誉受损,于是决定以悄悄换回的方式取代召回,并决定对奶制品中含三聚氰胺一事在扩大会议的范围内严格予以保密。随后公司将"非乳蛋白态氮"检测不合格而被加工三厂拒收的原奶转送到液态奶。

由于当时临近中秋节和国庆节,市场上对于奶制品的需求异常大。2008年8月13日,三鹿集团班子开会时,田文华拿出一份从新西兰恒天然公司获得的资料,这是欧盟关于食品中含三聚氰胺的标准,如果将其换算成奶粉,那么,每公斤中含20毫克三聚氰胺不会有影响。为慎重起见,公司决定在这个标准上打个5折,对已经被封存的奶粉,三聚氰胺含量在10毫克以下的予以放行。但到了后来,由于市场的需求量越来越大,这一标准又被放大到了15毫克。会议还决定:调集三聚氰胺含量20mg/kg左右的产品换回三聚氰胺含量更大的产品,并逐步将含三聚氰胺的产品通过调换撤出市场。

经检测和审计,2008年8月2日~9月12日,三鹿集团共生产含有三聚氰胺的婴幼儿奶粉72个批次,总量904.243 2吨;销售含有三聚氰胺的婴幼儿奶粉69个批次,总量813.737吨,销售金额4 756万多元。

2009年2月12日,石家庄市中级人民法院发出民事裁定书,正式宣布三鹿集团破产。2009年5月12日上午,最受关注的"三鹿"牌及相关保护性商标以整体打包的方式售出,成交价为730万元人民币。"三鹿"商标曾集驰名商标、免检产品、中国名牌等众多荣誉于一身,在三鹿集团鼎盛时期,曾被国内某机构评估为价值超过100亿元。

(资料来源:游昌乔."李鬼"肆虐:三鹿上"杀人奶粉"黑名单[EB/OL].http://www.chinapr.com.cn [2008-7-2].
叶铁桥."三鹿"事件真相大曝光[N].中国青年报,2009-1-1.)

思考题

1. 2004年,三鹿集团危机公关成功的关键有哪些?
2. 2008年,导致三鹿集团破产的主要因素有哪些?
3. 结合案例内容分析说明,影响消费者态度转变的因素有哪些?

八、实践活动

1. 访问一家零售店,观察该零售店店内布置和陈列,指出其长处和不足,并提出改进建议。
2. 找出3则广告,其中一则基于认识学习,一则基于操作性条件反射,一则基于经典性条件反射。讨论每则广告的特点是如何运用相应类型的学习原理的。
3. 访问10名本校同学,运用语意差别量表法测量他们对本校学生餐厅的态度。根据调查结果,为本校学生餐厅提出改进建议。
4. 在生活中找一个准备购买某一品牌耐用品的消费者,尝试说服他能否换一品牌。

第 5 章 消费者个性

教学目标

通过本章学习,理解消费者个性的含义;了解兴趣、消费信念、消费观与消费者行为的关系;了解需要的分类;理解消费需要的含义、特征;掌握消费需要的发展趋势;理解动机的含义、功能及特征;掌握消费动机的类型;了解消费动机的测量方法;掌握消费动机的激发;掌握气质与消费者行为的关系;掌握性格与消费者行为的关系;掌握消费能力的构成及行为表现。

教学要求

知识要点	能力要求	相关知识
消费者个性	理解消费者个性的含义	个性心理结构
消费兴趣、消费信念和消费观	了解兴趣、信念、世界观与消费者行为的关系	(1) 消费兴趣 (2) 消费信念 (3) 消费观
消费需要	(1) 了解需要的分类 (2) 理解消费需要的含义、特征 (3) 掌握消费需要的发展趋势	(1) 需要分类 (2) 消费需要的特征 (3) 感性消费需要 (4) 休闲消费需要 (5) 个性化消费需要 (6) 绿色消费需要
消费动机	(1) 理解动机的含义及特征 (2) 掌握消费需要、动机和行为的关系 (3) 掌握消费动机的类型 (4) 了解消费动机的测量方法 (5) 掌握消费动机的激发 (6) 了解消费动机冲突	(1) 动机的含义、形成及特征 (2) 消费需要、动机和行为的关系 (3) 求实购买动机 (4) 求廉购买动机 (5) 求新购买动机 (6) 求美购买动机 (7) 求名购买动机 (8) 惠顾性购买动机 (9) 消费者动机的激发 (10) 购买动机冲突

续表

知识要点	能力要求	相关知识
消费者气质	掌握气质与消费者行为的关系	(1) 胆汁质 (2) 多血质 (3) 黏液质 (4) 抑郁质
消费者性格	掌握消费者性格与消费者行为的关系	性格与消费者行为
消费者能力	(1) 了解能力的含义及构成 (2) 掌握消费者能力的构成及行为表现	(1) 能力的含义及构成 (2) 从事消费活动所需要的基本能力 (3) 消费者购买能力的行为表现

导入案例

汽车消费：从60实用到80跨界

20世纪60年代：实用是中庸之道

20世纪60年代出生的一代人，有着明显的历史烙印。这一代人，可以说是中国从动乱年代，到打倒"四人帮"拨乱反正，至改革开放经济腾飞的见证人。他们虽然没有辉煌的革命历史，却是在上山下乡中长大，在拨乱反正中建立世界观，是改革大潮中勇于拼搏的、有着同中国命运息息相关的生活历程的一代人。在他们的身上，有着革命者的信念、中国式的朴素却又奋进不息的人格特点、对待工作生活求实负责的态度。时代造就了这代人忍辱负重、责任义务、义气坚强的性格特点。

"从众、中庸、和谐与安全"充分概括了他们在汽车消费上的价值取向。在2005年之前，两厢车的选择很少，60年代人作为中国第一批购买私家车的用户，受到计划经济和公家车的影响，首辆轿车大多会选择三厢，"有头有尾的三厢车才是车"的说法也是这代人提出的。

20世纪70年代：矛盾中继往开来

20世纪70年代出生的人可以说是见证了中国改革发展的一代。他们大都既品尝了童年的清苦，也感受到了时代赋予他们创业的良机。记忆中的粮票和钱包里的信用卡，折射出童年和现在的反差。接受有叛逆色彩的崔健的同时听着"五讲四美"的报告；触摸王朔思想的同时也被张海迪所感动；琼瑶三毛的爱情和西方性开放的碰撞——很多70年代人是在精神和现实矛盾旋涡中成长起来的。时代赋予了70年代人"节俭、执着、坚强、理想、义气"的性格特点。

"内敛、品质、耐用，偶尔兼顾时尚"点出了他们在汽车消费上的价值取向。于是，在2005年两厢车市场之所以能突然兴起与风靡，正是由于70年代人的消费观念正在改变，两厢车简约、时尚的设计和相对的燃油经济性被越来越多的消费者认可。飞度、POLO、雨燕、骐达等这类节油与时尚兼备的小车得到青睐。

80后：我的地盘我做主

20世纪80年代的人出生在改革开放后经济迅速发展的年代，成长在与国际完全接轨的全球化环境下。独生子女的思想教育影响着他们不愿意被"同质化"，他们勇于表达自己、展现自己，是一个追求时尚与张扬个性的感性消费族群。

条件相对优越的80后，从小就有机会接触到汽车，他们对汽车的认识与了解要比前辈更深入、更独特。他们认为汽车的"风格"更甚于"靓丽的外表"。这就是为什么街道上能看到那么多改装的两厢车。他们喜欢鲜艳、明朗、轻快的色彩，他们更喜欢追求车辆动力带来的速度快感和操控带来的驾驶征服感，更善于挖掘开车的乐趣。因此，80后成为赛车运动的活跃分子。

此外，80 后还有一个很显著的特点，没有兄弟姐妹的他们很注重朋友情谊，喜欢与朋友一起出去游玩、探险。远离城市，探求意想不到的极限与刺激。可见，80 后对于首款车购买的价值取向将无疑更个性、更综合。套用时下流行的词语，就是一种"跨界"的价值观：既能满足平日游走在繁华都市的驾驶乐趣，又能应对周末郊游的复杂环境。

(资料来源：孙磊. 从 "60 实用" 到 "80 跨界" 首辆轿车购买演变. [EB/OL]. [2008-6-23]. http://www.sina.com.cn.)

5.1 消费者个性心理结构

在消费实践中，消费者无一例外地经历着感知、注意、记忆、学习、情感、意志等心理机能的活动过程。这一过程体现着消费心理活动的一般规律。正是在这一基本规律的作用下，消费者的行为表现出某些共性或共有特征。但由于不同的消费者对外部的各种因素的作用是具有选择性的，所以，在不同的消费者之间，其行为又存在明显差异，这种差异性来自于消费者的个性心理因素。对这种个体心理因素进行研究，有助于企业的市场细分，从而找准企业的目标市场，有效地引导消费者的消费行为。

5.1.1 消费者个性的含义

个性，心理学中称为人格，指个体带有倾向性的、比较稳定的、本质的心理特征的总和，是个体独有的并与其他个体区别开来的整体特性。在消费实践中，正是由于个性的绝对差异性，决定了消费者心理特征和行为方式的千差万别，同时显示出各个消费者独有的个人风格和特点。例如，面对消费时尚，有的消费者亦步亦趋，从众逐流；有的则固守己见，不为潮流所动。选购商品时，有的消费者审慎思考，独立决策；有的则盲目冲动，缺乏主见。如此种种纷繁复杂的行为表现，正是消费者个性心理作用的结果。

个性首先建立在人的生理基础之上，因而个性心理具有生物属性，主要表现在基本神经反应的品质、天资和气质等方面，包括了人体感觉器官、运动器官和神经系统等的特点和类型。生理素质通过遗传获得，是个性心理产生的物质基础。

个体后天在社会实践活动中所逐渐形成的心理因素，则是个体的社会因素属性，主要表现在人生观、兴趣、爱好、能力、性格等方面。个人所处的社会环境、生活经历、家庭影响等方面的因素，对个性心理的形成、发展和转变具有决定性作用。正是由于个性的生物属性和社会属性的不同，决定了消费者个性心理的差异。

从内部结构看，个性主要包括个性倾向性和个性心理特征两部分。

个性倾向性指个体在社会实践活动中，对现实事物的看法、态度和感情倾向，包括兴趣、信念、需要、动机等一系列心理特征。个性倾向性体现了人对社会环境的态度和行为的积极特征，对于人的个性的完善与改变有着重要影响。就消费心理与行为而言，个性倾向性的影响主要表现在心理活动的选择上、对消费者对象的不同态度体验及消费行为模式上。

个性心理特征则是气质、性格、能力等心理机能的独特结合。气质显示出个体心理活动的动力特征；性格反映的是个体对现实环境和完成活动的态度上的特征；能力是个体完成某种活动的潜在可能性特征的体现。气质、性格和能力的结合，构成了个性心理特征的主要方面。

5.1.2 消费者个性特征

个性作为反映个体基本精神面貌的本质的心理特征，具有相对稳定性、整体性、独特性和可塑性等基本特性。这些特性在消费者的个性心理中同样明显地显现出来。

(1) 稳定性。稳定性指消费者经常表现出来的，表明其个人精神面貌的心理倾向和心理特点。偶尔或暂时出现的心理现象并不能称为主体的个性特征。

(2) 整体性。整体性指消费者的各种个性倾向、个性心理特征及心理过程，都是有机地联系在一起的。它们之间紧密结合、相互依赖，形成个性整体结构。

(3) 独特性。独特性指在某一个具体的、特定的消费者身上，由独特的个性倾向及个性心理特征组成的独有的、不同于他人的精神面貌。正是这些独具的精神风貌，使不同消费者的个性带有明显的差异性。

(4) 可塑性。可塑性指个性心理特征随着主体的经历而发生不同程度的变化，从而在每一阶段都呈现出不同的特征。个体的稳定性并不意味着一成不变，随着环境的变化，年龄的增长和消费实践活动的改变，个性也是可以改变的。正是由于个性的可塑性特点，才使消费者的个性具有发展的可能性和动力。

5.1.3 个性与消费者行为

个性可以直接影响人的行为活动方式，对消费者的信息搜寻行为、产品种类的选择、产品使用率、新产品采用、品牌忠诚、信息偏好等都具有显著的影响。营销者要研究并利用由个性引起的购买行为差异，根据单一特征或一组特征把消费者划分成不同群体，细分目标市场，制定相应的营销对策。

1. 个性与购买信息的搜集

个性使消费者在购买商品时对其相关信息表现出不同的特点。例如，求知欲强(爱思考)的消费者更注意信息的质量，同时会根据不同渠道搜集该产品更为真实可靠的信息，以购买自己最满意的商品；求知欲弱的消费者，更容易受广告模特之类的边缘刺激的影响，以此来逃避思考。还有一些消费者可能属于 T 型个性，即在购买决策过程中，总是表现得犹豫不决，患得患失，无法在短时间内对产品作出一个客观准确的评价，并形成购买行为；相反，不具有 T 型个性的消费者往往对营销刺激更敏感，搜集更多的信息。因此，针对 T 型消费者可以采用诸如"我们的产品是你最佳选择"之类的广告主题，来消除他们的疑虑和担心。

2. 个性与品牌选择

研究表明，消费者选购商品以及对商标的偏爱，在很大程度上受其个性的影响。当某品牌的个性与消费者的个性保持一致时，这个品牌将会更受欢迎。在与消费者的沟通中，从标志到形象再到个性，"个性"是最高的层面。品牌个性比品牌形象更深入一层，形象只是造成认同，个性可以形成消费者的崇拜，以此来与消费者形成共鸣。不同个性的消费者

第5章 消费者个性

在选购商品时，会表现出不同的消费选择。不同的消费者群体常常会把商品的品牌个性看做是某种象征，从而选择适合自己的商品。"金利来——男人的世界"是成功男人的象征，就容易被个性中拥有好胜心的成功或渴望成功的人所认同。在笔记本电脑中，IBM意味着高品位、成功、稳重，索尼意味着年轻、时尚、高贵，这就是商品不同的个性表现，以吸引不同的消费者购买。

在消费者购买活动中，个性对消费者商标选择的影响是广泛的。人们常常可以听到消费者在选购商品时的评价："我喜欢这一种，它适合我。"这就是个性在影响人们的选择。现代企业营销非常注重赋予产品乃至企业的个性化特征。

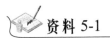

资料 5-1

"私人订制"引领个性消费潮

近年来，订制消费成为商界的一个热门话题。"80 后""90 后""00 后"尤其热衷这一项消费，他们对富有个性和创新的商品的需求越来越大。因此，一些商家也应景推出"订制服务"，迎合消费者的消费心理，根据消费者的需要，设计出个性化商品。越来越多的"私人订制"走进普通人生活。

个性婚礼可订制

"吃饭、喝酒，这样的婚礼太中规中矩了，我想要一场个性化的主题婚礼。"今年29岁的张莉准备结婚，之前参加过几个朋友的婚礼，感觉形式既单一又老套。张莉说出了自己的想法："我特别喜欢电影《爱丽丝梦游仙境》，里面的场景特别美，能不能设计出类似的场景啊？"婚礼订制团队按照张莉的要求马上开始进行规划：首先是婚礼现场的场景，主色调应该是绿色，还要配合上灯光、烟雾机，打造出一个迷幻的"仙境"氛围。从婚礼签到台、甜品区，到宾客的餐桌，都要用欧式复古的家具，加上同种风格的茶具和玩偶，新郎、新娘和伴郎、伴娘也可以穿上欧式的洋裙，从而营造出《爱丽丝梦游仙境》的感觉！

礼物订制受欢迎

说起刚过去的情人节，刚毕业的大学生程浩仍是一脸幸福。他和女朋友在一起三年多，每年情人节都要为送什么礼物伤脑筋，"玫瑰花、巧克力都太普通，太没创意了。"后来在朋友的介绍下，程浩悄悄瞒着女朋友，为女朋友订制了一套活脱脱的另一个"迷你女朋友"，女朋友收到又萌又可爱的礼物后表示"太喜欢了"。

除了订制的真人公仔，一些相册、杯子等小礼物的订制也深受年轻消费者的喜爱。大四学生李湘告诉记者，今年元旦临近闺蜜生日，她想送一些特别的礼物，毕业以后还能留作纪念。于是她上网找了一家专门制作个性相册、杂志的店铺，店铺提供了不同的模板和贴图，李湘把她和闺蜜的合照放在模板里并自己配上一些文字和贴纸，保存以后通知卖家就可以了。"我闺蜜收到这份礼物很惊喜。就算毕业以后我们不在同一个城市，她还能通过这些照片回忆起我们一起经历的大学日子。"李湘开心地说。

【拓展视频】

(资料来源：张玥，汪珊兰. "私人订制"引领个性消费潮[N]. 上饶日报，2016-02-23.)

3. 个性与消费者接受新事物的程度

消费者年龄、个性心理特征的不同也会影响其对新事物的接受程度。一般来说，

143

年龄越小、性格越外向的人越容易接受新事物(表 5-1)。

表 5-1　年龄、个性与接受新事物的程度比较

个性＼年龄阶段	儿童	青年	中年	老年
兴奋型	极高	很高	较高	稍高
活泼型	很高	较高	较高	一般
安静型	较高	一般	一般	低
抑制型	较低	较低	低	很低

4. 个性与购买场所的选择

个性也影响消费者对购买场所的选择。研究发现，消费者的自信程度与选择零售商店的种类有一定的联系。高度自信的女性在购买服装时会把廉价商店作为选择的主要场所，而自信心较差的女性，则更喜欢到她们熟悉的商店或大型百货公司购买。国外的研究还表明，消费者的个性甚至会影响他们喜欢哪一种类型的服务员为他们服务。如"依赖型"的顾客比较喜欢能提出建议和采取主动的服务员，而"独立型"的顾客更喜欢被动型的服务员。与此相类似，新型的零售商店与传统的零售商店相比，较能吸引比较自信的消费者。

资料 5-2

汽车消费者也挑"色"

在追求个性的时代，颜色往往能代表人的性格、表达人的情绪。著名的"7 秒钟营销定律"这样说道：面对琳琅满目的商品，人们只要 7 秒就可以确定对这些商品是否有兴趣。在这 7 秒之中，色彩的作用达到了 67%。

随着汽车从一种高端、身份的象征逐渐转变成大众、时尚的消费品，汽车颜色的重要性会越来越突出。印第安红、糖果白、柠檬黄、宝石蓝等都是厂家为各种亮丽的汽车颜色精心准备的名字。除了轮番推出各种鲜艳的颜色外，不少企业还将不同颜色的车型定义了不同的气质和风格，消费者可以根据自己的性格对号入座，选择一款颜色和自己个性很搭配的车。

根据颜色专家预测，近期汽车色彩呈现四大趋势。

趋势一：与健康、可持续的生活方式相关的色彩，如与森林、天空、水、环境意识及健康潮流相关的绿色、棕色和蓝色等。

趋势二：彰显成熟魅力的优雅华丽色彩，这类色彩比较柔和，如香槟金及其他深沉而浓烈的色彩。

趋势三：未来派色彩，如白色和银色，或者黑色等其他中性色彩。

趋势四：主要是具有液态金属感或者亚光漆质感的色彩。

(资料来源：刘袁娜. 汽车消费者也挑"色"[N]. 中国汽车报，2007-01-05.)

5.2 消费兴趣、消费信念和消费观

5.2.1 消费兴趣

1. 兴趣的含义

兴趣是人们积极地认识事物的一种倾向性。在日常生活中,兴趣也是推动日常心理活动进行的一种力量,按照自己的兴趣所完成的事情是最令人愉快的事情。例如,对美术感兴趣的人,对各种油画、美展、摄影都会观赏,对好的作品进行收藏。

兴趣是以需要为前提和基础的。由于人们的需要包括生理需要和社会需要,因此,人的兴趣也同样表现在这两个方面。人的生理需要或物质需要一般来说是暂时的,容易满足;而人的社会需要或精神需要却是建立在高层次基础上的持久、稳定并不断增长的需要。在消费活动中,消费者的兴趣大多是在精神需要的基础上产生的,也在精神需要的基础上发展的。

兴趣受社会因素制约,不同社会环境、阶层、职业以及文化层次的人,感兴趣的事物对象往往有所不同。兴趣有时也受遗传的影响,父母的兴趣会对孩子产生直接的影响作用。年龄的变化和时代的变迁也会对人的兴趣产生影响。

2. 兴趣的特点

(1) 倾向性。兴趣的倾向性指个体兴趣的具体对象。个体间由于年龄、环境、阶层属性不一样,兴趣的倾向性也有所不同。例如,对多数女性消费者而言,逛街购物是一种享受,而很多男性消费者则将其视为负担,他们的兴趣倾向有明显差异。

(2) 广泛性。兴趣的广泛性指感兴趣的对象的范围。兴趣的范围因人而异,有人兴趣广泛,有人兴趣狭窄。一般而言,在购买活动中,兴趣广泛的人知识面比较宽泛,想象力和接受力较强,常常能高质量地完成购买行为;而兴趣贫乏的消费者知识面、想象力较贫乏,行为活动也比较教条僵化。

(3) 持久性。兴趣的持久性主要指兴趣的稳定程度。兴趣的持久性对消费者购买行为的影响体现在:缺乏稳定兴趣的顾客,对商品容易见异思迁、喜新厌旧;而兴趣持久的顾客则对商品的了解细致,品牌忠诚度较高。

(4) 效能性。兴趣的效能性指兴趣对个体实际活动所达到的效能大小。兴趣在人们的身上发生后,所起的作用因人而异,有的人兴趣容易付诸行为,有的人只停留在好奇和期望的状态,不会产生实际效果。

3. 兴趣与消费者行为

消费者兴趣的持续时间一般较长,这种长时间的持续性现象对于消费行为的影响更为持久。一般来说,消费者对于某种事物发生兴趣时,总是有喜欢、高兴、满意等情感相伴随。在商业经营活动中,善于察觉消费者对客体特殊的认识倾向,包括他们对商业经营活动中哪些事物发生兴趣或不感兴趣,是揣摸消费者心理、提高商业经营水平的重要环节。开发令消费者感兴趣的产品,可以较长时间地吸引消费者注意,容易调动消费者的积极情

绪，减少营业推广的阻力。同时由于消费者兴趣具有迁移的特点，产品开发、服务项目提供应具有连续不断的创新性，满足消费者不断发展的兴趣需要。

消费者新能源汽车兴趣蹿升

麦肯锡汽车消费者调研发现，五年来消费者对电动汽车兴趣增长了 3 倍。一方面，因为政府补贴、税收优惠，以及更低的使用成本给电动汽车带来了极大的优势；另一方面，在上海等部分一线城市，电动汽车上牌更容易。

"我最近与两家整车企业高管交流中国汽车市场，他们最关注的是新能源汽车市场将如何发展，他们在考虑公司是否需要开发新能源汽车产品。在海外新能源汽车发展不是这些企业的研发重点，但是中国市场大，而且政府大力推广和扶植新能源汽车市场。"麦肯锡汽车咨询业务亚洲负责人高旭称。

麦肯锡调研发现，新能源汽车市场发展仍面临一些障碍。在针对非电动汽车车主的调查中，32%的人表示充电桩数量有限是他们不买电动汽车的主要原因，20%的人认为电动汽车价格过高，19%的人担心技术故障，16%的人担心充电过程太漫长。

(资料来源：麦肯锡报告：中国六成汽车消费者对私家车兴趣下降. [EB/OL]. [2016-04-22]. 第一财经报道.)

5.2.2 消费信念

1. 信念的含义及形成

信念指对某种观点或事业正确性的坚信和坚持。信念的形成有 3 种方式：一是直接经验，即个体通过实践直接得到的经验，例如，通过对某种商品的使用，坚信该商品的质量可靠，服务优良；二是间接经验，即个体通过传媒或他人提供的第二手资料而获得的经验；三是推论，即以直接经验和间接经验为基础而作出的推论。

2. 消费信念的类型

消费信念是指消费者持有的关于事物的属性及其利益的知识。不同消费者对同一事物可能拥有不同的信念，而这种信念又会影响消费者的态度。一些消费者可能认为名牌产品的质量比一般产品高出很多，能够提供很大的附加利益；另一些消费者则坚持认为，随着产品的成熟，不同企业生产的产品在品质上并不存在太大的差异，名牌产品提供的附加利益并不像人们想象得那么大。很显然，上述不同的信念会导致对名牌产品的不同态度。

在购买或消费过程中，信念一般涉及 3 方面的连接关系，由此形成 3 种类型的信念。这 3 种信念是：客体-属性信念、属性-利益信念、客体-利益信念。

(1) 客体-属性信念。客体可以是人、产品、公司或其他事物。属性则是指客体所具备或不具备的特性、特征。消费者所具有的关于某一客体拥有某种特定属性的知识就叫客体-属性信念。例如，阿司匹林具有抑制血栓形成功能，就是关于产品具有某种属性的信念。客体-属性信念使消费者将某一属性与某人、某事或某物联系起来。

(2) 属性-利益信念。消费者购买产品、服务是为了解决某类问题或满足某种需要。因此，消费者追求的产品属性是那些能够提供利益的属性。实际上，属性-利益信念就是消费者对某种属性能够带来何种后果，提供何种特定利益的认识或认知。例如，阿司匹林所具有的阻止血栓形成的属性,有助于降低心脏病发作的风险,由此使消费者建立起这两者之间的联系。

(3) 客体-利益信念。客体-利益信念是指消费者对一种产品、服务将导致某种特定利益的认识。在前述阿司匹林例子中,客体-利益信念是指对使用阿司匹林与降低心脏病发病概率之间联系的认知。通过分析消费者的需要和满足这些需要的产品利益,有助于企业发展合适的产品策略与促销策略。

5.2.3 消费观

世界观是信念的体系,是对整个世界的根本看法。世界观包括 4 种成分:认知因素、观点因素、信念因素和理想因素。认知、观点、信念和理想相互作用形成世界观,世界观反过来又影响着个体的认知、观点、信念和理想的形成。

消费观是个人消费行为的最高调节器,制约着人的整个心理面貌。消费观对人的心理活动作用表现为:决定个性发展的趋向和稳定性;影响认识的正确性与深度;制约情绪的性质和变化;调节人的消费行为习惯。

资料 5-4

贵不等于高端

2016 年两会上,小米科技 CEO、全国人大代表雷军接受了凤凰卫视主持人吴小莉的采访,对一些热门问题进行了回应。

首先是小米的线下布局,雷军表示小米在线下开设体验店是为了让更多的人了解小米。目前网购的主力大都是年轻人,小米开设线下体验店是为了让 30 岁以上所谓的"精英阶层"能够体验到小米的产品。

另外,开设线下体验店也不意味着小米的线上市场饱和,雷军表示更重要的还是为了改善用户体验,首批目标是在全国开设 200 家体验店。

关于高端手机的问题,雷军认为所谓的高端应该是"产品品质和设计高端",并不是售价高就能算高端的,这是小米要颠覆的地方。

雷军表示,中国人的消费观念有问题,觉得卖得贵才算是高端,这才导致有商家将几百元成本的东西卖几千块。

(资料来源:唐克玺.雷军:贵不等于高端 中国人消费观有问题. [EB/OL]. [2016-03-15]. http://toutiao.com/a6262110550051684609.)

5.3 消 费 需 要

5.3.1 需要的含义及分类

心理学意义上的需要,指个体由于缺乏某种生理或心理因素而产生内心紧张,从而形成与周围环境之间的某种不平衡状态。需要描述的是一种心理活动,其实质是个体为延续和发展生命,是人的本能,是人的行为的动力基础和源泉。

由于主客观条件的不同,人类的需要复杂多样。长期以来,各国心理学者从各个侧面对人类需要进行深入探讨,现将关于需要分类的最有代表性的观点列表说明,如表 5-2 所示。

表 5-2 需要分类一览表

划分方法	分类标准	分类
两分法	按照需要的起源	生理需要、社会需要
	按照需要的对象	物质需要、精神需要
三分法	按照需要的生活形式	生存需要、享受需要、发展需要
五分法	按照需要的层次	生理需要、安全需要、归属需要、尊重需要、自我实现需要
二十分法	按照需要的表现方式	贬抑需要、成就需要、交往需要、攻击需要、自主需要、对抗需要、防御需要、恭敬需要、支配需要、表现需要、躲避伤害需要、躲避羞辱需要、培育需要、秩序需要、游戏需要、抵制需要、感觉需要性需要、求援需要、了解需要

5.3.2 消费需要的含义及特征

1. 消费需要的含义

广义上说，消费需要包括生活消费需要和生产消费需要。生活消费需要是直接需要，生产消费需要是间接需要，因为生产生活资料必须有生产资料，因此，对于生产资料的需要也是消费者的一种需要。本章所讨论的消费需要专指生活消费需要。

消费需要包含在人类一般需要之中，消费者的需要总是针对能满足自身生理或心理缺乏状态的物质商品而言的，体现为消费者对以商品和劳务形式存在的消费品(消费资料)的直接需要。具体讲，消费需要是指消费者为了实现自己生存、享受和发展的要求所产生的获得各种消费资料(包括服务)的欲望和意愿。人们的消费需要包括吃、穿、住、用、行、文化娱乐、医疗等方面的需要。

2. 消费需要的基本特征

1) 多样性

由于不同消费者在年龄、性格、工作性质、民族传统、宗教信仰、生活方式、生活习惯、文化水平、经济条件、兴趣爱好、情感意志等方面存在不同程度的差异，消费者心理需求的对象与满足方式也是纷纭繁杂的，对主导需要的抉择是不一致的。如我国人多地广，消费习惯多种多样。以吃来说，处于牧区的蒙古族、维吾尔族、藏族等习惯食奶制品，如奶豆腐、奶干、奶酪、酸奶等，品种十分丰富；回族出于信仰的原因，只食牛、羊、鸡、鸭、鹅等肉食；东北地区的居民习惯食豆类、面类；云南有的少数民族喜欢吃生的或半生不熟的肉食。

企业面对消费者千差万别、多种多样的需要，应根据市场信息和自身能力，确定市场目标，尽可能向消费者提供丰富多彩的商品类型。如果能以"百货迎百客"、巧调众口，同时重视倡导符合国情、文明健康的消费观念和消费形式，消费者需要的多样性才有可能实现。

2) 发展性

消费需要的内容从静态分布上看就是多样化，从动态观点看就是由低到高，由简到繁，不断向前推进的过程。随着商品经济的发展和精神文明的提高,心理需要会不断地产生新的对象,消费者对某项需要一旦满足以后,就不再受该项需要激励因素的影响,而渴望并谋求其他更高一级的需要,并不断向新的需要发展。任何时候都不可能有绝对的满足。

资料 5-5

我国"三大件"的历史变迁

三大件,中国人的特殊记忆,三大件代表了一个家庭或者一个人的收入水平。

20世纪50年代,结婚基本上不用准备什么,两个铺盖卷到一块儿,简简单单摆一桌酒席,就算办事了。

20世纪60年代,结婚开始有点讲究,按老一辈人的话说,得凑够"72条腿"或"36条腿",也就是去木匠铺订做大木床、大衣柜和桌子、椅子等木制家具。

20世纪70年代,结婚讲究"三大件"(自行车、手表、缝纫机),加上"一响"即收音机,称之为"三转一响"。

20世纪80年代,要求更高了,必须有了电冰箱(一般都是单门的)、电视机(一般都是黑白的)、洗衣机(一般都是单缸的)这"三大件",才算成了家。改革开放带来巨大变化,以前想所未想、闻所未闻的事物渐渐进入千家万户。国人开始了对物质生活的强烈追求。

20世纪90年代结婚的人,其婚房大多还是单位分房。男方准备些金戒指、金耳环、金项链等一些首饰,房子搞个简单装修,外加电、洗衣机(摩托车)、录像机(影碟机)这"三大件",就算是豪华迎娶了。电话、空调、计算机等高科技也逐渐走进人们的生活,国人的生活质量显著提高。

到了21世纪,很难再对"三大件"作出一致的判定。如果一定要归纳出现在的"三大件",得数"房子、车子、票子"了,尤其是房子,更是"三大件"里的重中之重。

(资料来源:张琦,周凯. 房子 车子 票子 结婚新"三大件"考验沪上家庭[N]. 中国青年报,2007-10-11.)

需要的发展与客观现实刺激的变化有很大的关系,社会经济与政治体制的变革、道德风尚的变化、生活或工作环境的变迁乃至宣传广告的改变,都可促使消费者产生需要的转移和变化。企业认识到消费者需要的这一特征,在生产经营中须以消费者需求发展的程度和趋势为标准,提供性能更好、质量更高、成本更低和用途更多的商品。如果商品的款式和功能,几年、十几年甚至几十年一贯制,就阻碍了消费需要的正常发展。

3) 可诱导性

消费者决定购买什么样的消费品,采用何种消费方式,怎样消费,既取决于自己的购买能力,又受到思想意识的支配。周围环境、社会风气、人际交流、宣传教育、文学艺术等,都可以促使消费者产生新的需要,或者由一种需要向另一种需要转移;或者由潜在的需要变成现实的需要;或者由微弱的欲望变成强烈的欲望。消费者的需要可以因引导、调节而形成,也可以因外界的干扰而消退或变换。如一般人都喜食新鲜活鱼,讨厌冷冻鱼,科普文章摆出道理,说明合理冷冻的鲜鱼其食用价值不低于未经冷冻的鲜鱼,从而打消了消费者的顾虑。

企业不仅应当满足消费者需要,而且应当启发和诱导消费者需要,即通过各种有效的途径,用科学的价值观、幸福观、消费观引导消费者需要发生变化,使其愈益合理化,改变落后的消费习惯,使物质消费与精神消费协调统一,逐步达到消费结构和需求结构的优化。

资料 5-6

发现需求还是创造需求

"华尔街 24/7"是一个让 CEO 们胆寒的网站,这个著名的"乌鸦嘴"每年都会制作一份即将消失的品牌名单,上了这个名单的品牌大都会如其所料。华尔街 24/7 评出了 2012 年将消失的十大品牌:诺基亚、Soap Opera Digest 娱乐杂志、Myspace、Kelloggs Corn Pops 爆米花品牌、索尼爱立信手机、西尔斯超市、美国服饰公司、萨博汽车、索尼影业、A&W 餐厅。

诺基亚,这个来自芬兰的手机制造商一向以品质过硬出名,但在移动互联网加速普及的今天,它的过硬品质并不能成为消费者买单的理由。

网上有一个段子是这样形容诺基亚的:有一天"爱疯"(iPhone)认识了诺基亚,"爱疯"说我音质好,诺基亚说我抗摔;"爱疯"说我游戏好玩、画面好,诺基亚还是说我抗摔;"爱疯"说我上网爽,诺基亚仍说我抗摔;"爱疯"说我触屏效果好,诺基亚还是那句话:我抗摔;"爱疯"终于生气了,把自己摔在了地上,坏了,诺基亚开心地说:坏了吧?我抗摔。

移动互联网让手机变成了一个可以扩展无限应用程序的终端,语音品质是否完美、电池是否耐用,在消费者眼中变得不那么重要,丰富的 APP 应用就像魔盒一样,牢牢地吸引了他们好奇的目光。在"爱疯"上,用户可以像电脑一样浏览网页,可以玩微博,可以上开心网,甚至能用手机购物。

更为关键的是,苹果的开放性平台激活了软件开发者的激情,软件开发者能在这个平台上自由创造应用软件,上传 APP store 供用户下载,一旦用户付费,苹果将和开发者分成。这样一来,整个商业模式发生了根本性的转变,过去是以卖硬件赚钱,现在是硬件、软件都赚钱,而且软件不用苹果自己开发。

在诺基亚的设计理念中,"以人为本"体现得最为淋漓尽致,诺基亚在人类学、群体调查或者市场细分策略上投入巨大。他们拥有一支超过 5000 人的创新团队,其中设计师超过 500 人,成员来自于 34 个不同的国家,工作地点也遍及全球,他们无处不在,设身处地观察不同人群的需求,窥视陌生人的生活方式,然后据此进行研发。

但这一切在苹果则被看做是效率低下的、不具革命性创新意义的。在苹果产品设计开发思路中,他们更加关注的是创造需求,而不是迎合需求。他们认为对于革命性的产品而言,用户观点无从谈起。苹果始终坚信,如果你有名牌的革命性产品,就足以对现有的用户起到引导的作用。

这就是"发现需求"与"创造需求"的差别。

(资料来源:发现需求还是创造需求[N]. 江苏商报,2011-08-19.)

4) 周期性

每个消费者都有一些需要在获得满足后,在一定时间内不再产生。但随着时间的推移还会重新出现,显示出周而复始的特点。不过这种重复出现的需求,在形式上总是不断翻新的,也只有这样,需要的内容才会丰富、发展。如皮鞋总是在方头、圆头、尖头、平跟、中跟、高跟之间翻来覆去变花样。这种周期性往往和生物有机体的功能及自然界环境变化的周期相适应,也同商品寿命、社会风尚、购买习惯、工作与闲暇时间、固定收入获得时间等相关联。

企业可以根据需要周期的发展变化规律,安排好包括商品种类、销售时间、销售方式、销售对象及销售地点等在内的产、供、购、销、调、存。

一般而言,精神产品往往不具备重复消费的周期规律,尽管旅游可以"故地重游",读书可以"爱不释卷",但精神产品的生产不宜重复和仿造,否则就会滞销。

5) 伸缩性

伸缩性表现为消费者对心理需要追求的高低层次、多寡项目和强弱程度。在现实生活中，消费者的需要，尤其是以精神产品满足的心理需要，具有很大的伸缩性，可多可少，时强时弱。当客观条件限制了需要的满足时，需要可以抑制、转化、降级，可以滞留在某一水平上，也可以是以某种可能的方式同时或部分地兼顾满足几种不同性质的需要。在有些情况下，人还会只满足某一种需要而放弃其他需要。

企业在进行生产和经营时，必须从我国消费者当前的实际消费水平和民族消费历史、消费习惯的特点出发，注意将满足物质需要和精神需要两方面有机地结合起来。首先解决最基本的需要，逐步提高科学文化教育等方面需要的满足程度。少搞些华而不实的东西，多给消费者以实惠。

6) 时代性

消费者的心理需要还会受时代风气、环境的影响，时代不同，消费者的需求和消费习惯也会不同。不甘落后于时代，随周围环境变化而变化，是一般人常有的心理特征。例如，随着经济条件的普遍好转和科学知识的普及，我国消费者现在越来越重视身体健康，对有利人体健康的消费习惯一般总是积极地吸收、采纳，对不利人体健康的消费习惯则采取坚决摒弃的态度。在这方面，科学的消费知识宣传极大地左右着人们消费习惯的取舍。医生说，人体吸收脂肪过多会引起心血管疾病，还会诱发胆囊炎和胰腺炎，这样，人们就会自觉改变原来的饮食习惯。

5.3.3 消费需要的发展趋势

随着时代的变迁和社会环境的发展，消费者需要的内容、形式、层次也在不断改变和进步，并呈现出一系列新的消费需要趋向。

1. 感性消费需要

世界著名营销大师菲利浦·科特勒将消费者的行为划分为3个基本阶段：一是量的消费阶段，即人们追逐买得到和买得起的商品；二是质的消费阶段，即寻求货真价实、有特色、质量好的商品；三是感性消费阶段，即注重购物时的情感体验和人际沟通，这种感性消费是基于消费者个人的情绪情感体验而产生的消费行为，它以个人的喜好作为购买决策标准，以个人心理满足、个性实现、精神愉悦为主要消费目标，对商品"情绪价值"的重视胜过对"机能价值"的重视。通俗讲，感性消费指消费者购买商品并非出于生存、安全等基本需要，而是希望买到一种能与其心理需求产生共鸣的感性商品，满足其内心深处的感性要求。现代社会，经济活动的高度市场化和高科技浪潮的迅猛发展，快节奏、多变动、高竞争、高紧张度取代了平缓、稳定、闲散的工作方式。与全新的生活方式相对应，人的情感需要也日趋强烈。人们采用的多是心理上的感性标准，即"只要我喜欢就是最好的"，其购买行为通常建立在感性逻辑上，以"喜欢就买"作为行为导向。这种消费需要的出现实质上是高技术社会中人类高情感需要的体现，是现代消费者更加注重精神的愉悦、个性的实现和情感的满足等高层次需要的体现。如雕牌系列产品的广告策略就经历了一个从理性诉求向感性诉求的转变：初期，雕牌洗衣粉以质优价廉为吸引力，打出"只买对的，不买贵的"口号,暗示其实惠的价格,以求在竞争激烈的洗涤用品市场突围。而其后的一系列的关爱亲情、关注社会问题的广告,深深地打动了消费者的心,使消费者在感动之余而对雕牌青睐有加。"妈妈,我能帮您干活了",这是雕牌最初关注社会问题的广告。它通过关注下岗职工这一社会弱势群体,摆脱了日化用品强调功能效果等差异的品牌区分套路,对消费者产生深刻的感情震撼,建立起贴近人性的品牌形象。其后跟进的"我有新妈妈了,可我一点都不喜欢她"延续了这一思路,关注离异家庭,揭示了"真情付出,心灵交汇"的生活哲理,对人心灵的震撼无疑是非常强烈的。

资料 5-7

情绪化的中国消费者正在影响世界

随着中国经济的发展和国人收入水平的提高,"情感需求"取代"实用性需求",成为消费的主要动因,很多消费者都是凭"第一感觉"为自己的冲动买单。麦肯锡报告认为2020年前约一半中产阶级家庭偏向情感型消费。在众多能够影响消费者的因素当中,各类社交媒体、粉丝营销等行之有效的方式则扮演着更为重要的角色。

日前,中国本土企业合生元以13.9亿澳元的价格成功收购了知名维他命及保健品生产商澳洲Swisse Wellness公司。此前,Swisse在中国境内几乎没有业务,但在2015上半年,公司却突然发现销售量爆增,究其原因竟是中国消费者在天猫上对他们的产品好评如潮带来了如此效果。前不久,来自澳洲塔斯马尼亚一家农场的紫色薰衣草填充泰迪熊刷爆朋友圈,之所以引起如此热烈的反响,仅仅是因为张馨予在网上发了一张薰比熊的照片,从而便导致小熊的订单数量激增到45 000笔。但遗憾的是,该农场最终因为无法处理如此大量的订单,不得不暂时关闭了在线购买通道。

(资料来源:张琴.麦肯锡报告:情绪化的中国消费者正在影响世界.中国发展网[2016-04-06].)

2. 休闲消费需要

随着工作效率的提高和劳动工时的普遍缩短,人们占有的闲暇时间日益增多。由于平时人们生活在快节奏和高压力的工作环境下,因此,现代消费者对闲暇生活的重视程度不断提高。近年来,旅游、健身、娱乐等活动越来越受到消费者的青睐。现代消费者对需要大大增强,已经把创造更多的闲暇时间和提高闲暇生活质量作为消费行为的重要导向。

资料 5-8

国民休闲消费潜力巨大

2014年,我国城镇居民、农村居民的休闲时间总量为1 248小时、1 316小时,低于德国居民的2 188小时、美国居民的1 900小时、日本居民的1 575小时。经济新常态下,我国休闲、旅游产业处于难得的黄金发展期和战略机遇期,休闲需求持续攀升,休闲度假旅游市场不断扩张,预计到2016年,休闲消费将达5 730亿元。

(资料来源:杨新明.国民休闲消费潜力巨大[N].南通日报,2015-08-09.)

3. 个性化消费需要

现代科学技术的迅猛发展和社会文化的日益多元化，给人们提供了前所未有的广阔的选择空间，各种新的生活方式和消费群体层出不穷。如当代最具个性的"新新人类"在消费者活动中，遵循自己独有的生活方式，标新立异、张扬个性、追求与众不同成为他们选择消费品的首要标准。建立自己的个人网页、选择自助式旅游等，都是现代年轻人喜爱的消费方式。

4. 绿色消费需要

20世纪以来，人类社会面临着自然资源日益匮乏和环境过度破坏的严重困扰。在环境问题的压力下，现代消费者的环保意识日益增强，越来越多的消费者开始认识到，地球的资源是有限的，过度消费将导致人类生存状况的不断恶化。因此，许多消费者把保护自然资源和生态环境视为己任，将消费与生存环境及社会经济发展联系起来，自觉地把个人消费需求和消费行为纳入环境保护的规范之中，保护环境已成为现代消费者的基本共识和全球性的消费发展趋势，"绿色消费"观念开始深入人心。2007年10月，《小康》杂志会同有关专家及新浪网、唐楷调查等机构，对我国"消费小康"进行了现场调查、网络调查以及读者调查。78.6%的受访者在消费的时候会有绿色消费的意识。在网络调查中，这个比例更高，89.7%的网民都有绿色消费意识。他们认为，绿色消费是一种健康的生活方式，更是一种社会责任。

绿色消费也称可持续消费，是指一种以适度节制消费，避免或减少对环境的破坏，崇尚自然和保护生态等为特征的新型消费行为和过程。绿色消费主要包括3方面的内容：消费无污染的物品；消费过程中不污染环境；自觉抵制和不消费那些破坏环境或大量浪费资源的商品等。

资料5-9

武汉：倡导绿色消费

国庆期间，武汉的一些超市门前挂着这样的横幅："给电池找一个安全的归宿，还我们一个清洁的家园。"出租车后玻璃上的电子屏幕滚动显示：绿色消费，环保选购……正在进行资源节约、环境友好"两型"社会综合配套改革试验的武汉市，大力倡导市民"两型"的生活方式，从用一个布袋子、处理一个旧电池做起。

9月10日，国务院正式批准了武汉城市圈"两型"社会综合配套改革试验区的总体方案。这意味着，武汉城市圈综合配套改革试验正式全面启动。武汉市政府认为，科学发展不仅是一个生产的概念，也应成为一种生活的理念。市场经济条件下，消费决定生产的作用更加明显。因此，倡导绿色消费意义重大。

10月1日起，武汉市全面实施废旧电池的有偿回收。在全市100多家超市里，每节废旧电池可折算成一角钱，在超市里换购一些小商品。这项措施的实施是一个"三赢"的结果：市民受益，商家受益。荆门格林美公司从这些废旧电池中提取有价值的物质，不仅经济效益好，还有效地保护了环境。

武汉市市长阮成发近日宣布，武汉将全面推广双燃料环保公交车和出租车，力争明年公交车的气化率达到100%。武汉还将加快电动汽车的研发与生产，鼓励使用混合动力汽车和电动汽车。武汉将改变现有的生活垃圾全部填埋处理的落后方式,在3年内,实现所有生活垃圾焚烧处理。今年内,武汉将在汉阳、武昌、汉口建造4座垃圾焚烧发电厂。

10月底前,湖北以财政补贴的方式在武汉城市圈各市及荆门市推广100万只节能光源,其中40万只在武汉市推广。这是湖北首次用财政补贴的方式推广节能光源。补贴的标准是,在节能光源中标协议价格的基础上,对城乡居民每只补贴价格的50%;对工矿企业、医院、学校等大宗用户,每只补贴30%。补贴的方式是,直接补给节能光源中标生产企业。这意味着,居民能买到比市场价格至少便宜一半以上的优质节能光源。

邻居敲门赠布袋,商家免费捐布袋,出门拎个布袋子……今年3月,由武汉市常青花园居民董少兰等10位老大妈用旧衣服等改制成布袋子送居民的行动,在有关方面的鼓励下,很快演变成全市性的"袋袋相传"活动。曾经"老土"的布袋子,一时间,在武汉又成为时尚:常青花园社区的10万居民中,约四成居民拎布袋购物;全市15万名社区志愿者先后参加到了"袋袋相传"的活动中来。

【拓展视频】

(资料来源:顾兆农. 武汉:倡导绿色消费"两型"生活方式渐成气候[N]. 人民日报,2008-10-30.)

随着时代的发展和社会环境的变化,现代消费者的需求结构、内容和性质也在不断发展变化。只有及时分析了解消费者需要的变化动态和趋向,才能从整体上把握消费者心理与行为发展的基本趋势。

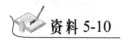 资料5-10

大众消费时代的居民消费特征

江苏千户居民家庭消费专项调查数据显示,大众消费时代,消费从作为经济交换价值向符号交换价值转变,居民消费不仅注重商品的实用价值,更注重商品的消费符号的追求,以及消费过程带来的精神和心理上的满足。

(1) 品牌消费。品牌消费是大众消费时代的消费主流,居民趋向于购买众所周知的品牌产品。本次调查结果显示,随着居民购买力的不断增长及生活质量的不断提高,"商品价格"不再是决定购买的首要因素,具有知名度、信誉度、质量保障的名优品牌产品成为多数居民的首选。59.5%的受访者认为"品牌"对其消费影响重要。60后、70后及80、90后三个群体的品牌消费认同度分别为59.7%、66.6%、71.4%。随着80后、90后收入的上涨及消费地位的进一步提升,他们的消费观念、消费行为将改变未来的市场地位和潮流风向标,品牌消费特征会进一步明显。

(2) 享受、休闲消费。大众消费时代,越来越多的人开始注重闲暇生活,愿意花费更多的时间和精力享受生活,享受型、休闲型消费特征愈发明显。2014年,我国居民享受、发展型消费比重为39.3%。其中,居民交通通讯及文教娱乐类商品消费支出比重为23.5%。本次调查,居民家庭家用汽车拥有率为26.1%,冰箱、洗衣机、热水器、空调、彩电、计算机、接入互联网的手机等耐用消费品家庭拥有率分别达96%、97%、94%、94.2%、98.3%、70.7%、56.5%、38.4%的受访者有近期出游计划。

(3) 网络消费。随着社会发展,消费向非物质方向转移,物质经济将逐步让位于信息经济、体验经济,居民开始普遍接受网购。第35次《中国互联网络发展状况统计报告》(CNNIC)显示,截至2014年12月,我国网民规模达6.49亿,其中,手机网民占85.8%,农村网民占27.4%。手机网购、手机支付、手机银行等手机商务应用用户年增长分别为63.5%、73.2%和69.2%。艾瑞统计数据显示,2014年我国电子商务市场交易12.3万亿元,其中网络购物市场交易2.8万亿,增长48.7%,网购渗透率首次突破10%。

(4) 绿色消费。近年来，我国食品包括其他商品的伪、劣、有害事件常有发生，消费领域的不安全、不环保、不节能等现象危害了消费者的身心健康，引起消费者对安全、健康、环保等消费需求。本次调查，分别有 89.4%、71.9%、72.9%受访者认为"商家诚信"、"绿色环保标识"、"低碳节能标识"对其消费影响重要。其中，分别有 70.2%、73.9%和 78.6%的 60 后、70 后及 80、90 后认为"绿色环保标识"对其消费影响重要；70.4%、77.9%、82.1%的 60 后、70 后及 80、90 后认为"低碳节能标识"对其消费影响重要。

(5) 感性消费。消费感性化，是社会科技发展的必然结果，也是消费心理发展的必然规律。大众消费时代，产品同质化程度明显增大，居民消费时更加重视商品所带来的情感方面的价值，更加重视个性的满足、精神的愉悦、心灵的慰藉及舒适、优越感。本次调查，60 后、70 后及 80、90 后的感性消费认同度分别为 51.3%、65.8%、78.6%。

【拓展资料】

(资料来源：肖立，杭佳萍. 大众消费时代的居民消费特征及消费意愿影响因素分析——基于江苏千户居民家庭消费专项调查数据[J]. 宏观经济研究，2016, (2).)

5.4 消费动机

5.4.1 动机的含义及功能

1. 动机的含义及形成

心理学将动机定义为引发和维持个体行为并导向一定目标的心理动力，是一种内在的驱动力量。

动机是一种基于需要而由各种刺激引起的心理冲动。它的形成要具备一定的条件：①动机的产生必须以需要为基础；②动机的形成还需要相应的刺激条件，当个体受到某种刺激时，其内在需求会被激活，使内心产生某种不安情绪，形成紧张状态，这种不安情绪和紧张状态会演化为一种动力，由此形成动机；③需要产生以后，还必须有满足需要的对象和条件，才能形成动机，如图 5.1 所示。

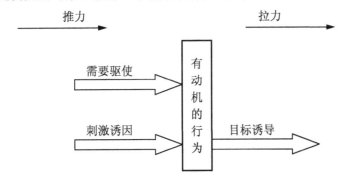

图 5.1 动机的诱发过程

消费者动机的形成过程中，上述三方面条件缺一不可，其中尤以外部刺激更为重要。因为在通常情况下，消费者的需求处于潜伏或抑制状态，需要外部刺激加以激活。外部刺激越强，需求转化为动机的可能性就越大。否则，需求将维持原状。因此，如何给消费者以更多的外部刺激，是推动其购买动机形成乃至实现购买行为的重要前提。

2. 动机的功能

心理学认为,动机在激励人的行为活动方面具有下列功能。

(1) 发动和终止行为的功能。动机作为行为的直接动因,其重要功能之一就是能够引发和终止行为。消费者的购买行为就是由购买动机发动而进行的。

(2) 指引和选择行为方向的功能。动机不仅能引发行为,还能将行为导向特定的方向。这一功能在消费者行为中,首先表现为在多种消费需求中确认基本的需求,如安全、社交、成就等。其次表现为促使基本需求具体化,成为对某种商品或服务的具体购买意愿。在指向特定商品或服务的同时,动机还势必影响消费者对选择标准或评价要素的确定。通过上述过程,动机使消费行为指向特定的目标或对象。同时,动机还可以促使消费者在多种需求的冲突中进行选择,使购买行为朝需求最强烈、最迫切的方向进行,从而求得消费行为效用和消费者需求满足的最大化。

(3) 维持与强化行为的功能。动机的作用表现为一个过程。在人们追求、实现目标的过程中,动机将贯穿行为的始终,不断激励人们努力采取行动,直至目标的最终实现。另外,动机对行为还具有重要的强化功能,即由某种动机强化的行为结果对该行为的再生具有加强或减弱的作用。消费者在惠顾动机的驱使下,经常对某些信誉良好的商店和商品重复光顾和购买,就是这一功能的明显体现。

动机与消费行为之间并不完全是一一对应的关系。当消费动机实现为消费行为的时候,有的动机直接促成一种消费行为;而有些动机则可能促成多种消费行为的实现;在某些情况下,还有可能由多种动机支配和促成一种消费行为。

5.4.2 消费需要、动机和行为

研究消费需要和动机,主要目的是弄清消费者在购买行为发生前的一系列心理活动过程,从而为购买行为的研究奠定基础。一般来说,当一种需要为消费者所辨认并未得到满足时,消费者会产生心理不均衡和紧张的感觉。这种紧张状态加上外部的刺激因素将激发消费者争取实现满足需要的目标的动力,即形成动机。在动机的驱使下,消费者采取购买行为以实现目标,即满足消费需要。一旦目标达到,内心紧张状态随之消除,消费者采取行为过程即告结束。但消费行为的全过程并未停止,消费者还会进一步比较最初的需要与实现的目标之间有无差距,并得出评价结果。在此基础上,消费者又会产生新的未满足的需要。图 5.2 提示了消费者的需要、动机和行为产生的全过程,以及它们之间的具体联系。

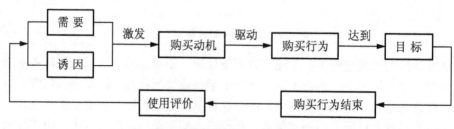

图 5.2 消费需要、动机和行为

5.4.3 消费动机特征

与需要相比，消费动机较为具体直接，有着明确的目的性和指向性，但同时也具有更加复杂的特性，具体表现在以下方面。

1. 主导性

现实生活中，每个消费者都同时具有多种动机。这些复杂多样的动机以一定的方式相互联系，构成完整的动机体系。在这一体系中，各种动机所处的地位及所起的作用互不相同。有些动机表现得强烈、持久，在动机体系中处于支配性地位，属于主导性动机；有些动机表现得微弱而不稳定，在动机体系中处于依从性地位，属于非主导性动机。一般情况下，人们的行为是由主导性动机决定的。尤其当多种动机之间发生冲突时，主导性动机往往对行为起支配作用。例如，吃要营养，穿要漂亮，用要高档，是多数消费者共有的购买动机。但受经济条件所限，上述购买动机无法同时实现时，讲究家庭陈设与个人服饰的消费者，宁可省吃俭用也要满足衣着漂亮、室内陈设优雅美观的需要；而注重知识层次的消费者，却往往把主要收入用于子女培养教育方面；有些讲究饮食营养、注重身体保健的家庭，也许宁可压缩其他开支，而把大部分收入用于购买食品和营养保健品。这些都是由于消费者的主导动机不同而导致的在消费行为方面的差异。

2. 可转移性

消费者的购买行为主要取决于主导性动机。但在动机体系中处于从属地位的非主导性动机并非完全不起作用，而是处于潜在状态。可转移性是指消费者在购买或决策过程，由于新的消费刺激出现而发生动机转移，原来的非主导性动机由潜在状态转入显现状态，上升为主导性动机的特性。现实中，许多消费者改变预定计划，临时决定购买某种商品的行为现象，就是动机发生转移的结果。例如，某消费者本欲购买羽绒服，但在购买现场得知皮衣降价销售，降价刺激诱发了潜在的求奢动机，转而决定购买皮衣。有时，消费者之所以改变动机，是由于原有的动机在实现过程中受到阻碍。例如，由于营业员的态度恶劣，消费者的自尊心受到伤害，其购买商品的主导性动机被压制，而诱发维护个人自尊的动机，结果导致购买行为的终止。

3. 组合性

当消费动机实现为消费行为的时候，有的动机直接促成一种消费行为，如在饥饿状态下，觅食动机会直接导致寻求和摄取食物的行为。而有些动机则可能促成多种消费行为的实现，如展示个性、显示自身价值等较为复杂的动机会推动消费者从事购买新潮服装、名牌化妆品、购置高档家具、收藏艺术品等多种行为。在某些情况下，还有可能由多种动机支配和促成一种消费行为，如城市居民购置房产，可能出于改善住房条件、投资增值、遗赠子女等多种动机。

4. 内隐性

动机并不总是显露无遗的。消费者的真实动机经常处于内隐状态，难以从外部直接观察到。现实中，消费者经常出于某种原因而不愿意让他人知道自己的真实动机。消费者意识到并承认的动机被称为显性动机，消费者没有意识到或不愿意承认的动机被称为隐性动机。一般而言，与一个社会占统治地位的价值观相一致的动机较与其相冲突的动机更易为人所意识和承认。除此之外，动机的内隐性还可能由于消费者对自己的真实动机缺乏明确的意识，即动机处于潜意识状态。

资料 5-11

购买"凯迪拉克"轿车的隐性动机与显性动机(图 5.3)

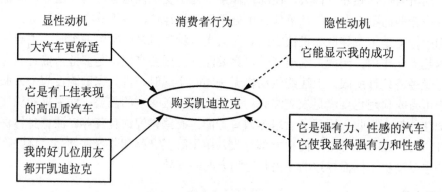

图 5.3 购买"凯迪拉克"轿车的隐性动机与显性动机

(资料来源：Hawkins D L, Rest R J and Coney K A.Consumer Behavior.The Mcgraw-hill Company，1998.)

5.4.4 消费动机类型

消费需要的多层次性决定了消费动机的多样性。消费者的购买动机可以从不同的角度加以划分：根据消费者的需要层次，可将购买动机分为生存型动机、发展型动机和享乐型动机 3 种；根据消费者的个性特性，可将购买动机分为理智型动机、情感型动机和情绪型动机 3 种。就购买活动而言，消费者的购买动机往往十分具体，其表现形式复杂多样，与购买行为的联系也更为直接。因此，对于企业经营者来说，深入了解消费者的购买动机，具有更加现实的意义。依据消费者购物的目标追求，购买动机还可分为以下几种。

1. 求实购买动机

求实购买动机是指以追求产品或服务的实际使用价值为目标的购买动机。具有这种购买动机的消费者注重的是产品或服务的实用或实惠，关注的是产品的经济实惠、经久耐用，并不刻意追求品牌、包装、款式与色彩等。以食品为例，求实购买动机关注的是营养成分及对人体健康的影响，并不在意色、型、包装等。持有求实购买动机的消费者并非一定收入水平不高或支付能力有限，而是个人的价值观或消费观所致。

2. 求廉购买动机

求廉购买动机是指以追求价格低廉为目标的购买动机。具有这种购买动机的消费者注重产品或服务的价格，价格敏感程度较高，乐于购买优惠或降价折价商品。对于外观或质量相似的同类产品，他们倾向于选择价格较低的品种，不太在意产品的花色、款式和包装等。虽然收入水平与求廉动机密切相关，但不少收入水平较高的消费者同样持有求廉购买动机，希望能以较小的成本获得较大的收益。

3. 求便购买动机

求便购买动机是指以追求产品或服务购买、使用或消费的方便或省时为目标的购买动机。具有这种购买动机的消费者关注的是时间与效率，要求产品购买方便、携带方便、使用方便、维修方便和处置方便，厌倦过长的等待时间、迟缓的销售速度和低下的服务效率。他们喜欢购买减少家务劳动强度和时间的产品或服务，选择购买过程方便和节约购买时间的购物方式。随着现代社会工作和生活节奏的加快，越来越多的消费者呈现出强烈的求便购买动机。

4. 求新购买动机

求新购买动机是指以追求产品或服务的时尚、新颖或奇特为目标的购买动机。具有这种购买动机的消费者在选择产品时，关注的是产品外观、款式与色彩的新颖性和奇特性，而不太在意产品的实用价值和价格水平。求新购买动机在收入水平较高的消费群体或者青年群体中较为常见，他们渴望变革创新，乐于追逐潮流，具有强烈的好奇心和想象力，容易受到社会环境或广告促销的影响，表现出冲动购买的倾向，是时装和时尚产品的主要购买者。

5. 求美购买动机

求美购买动机是指以追求产品的美学价值和欣赏价值为目标的购买动机。具有这种购买动机的消费者注重的是产品的艺术品位和个性魅力，期望通过购买格调高雅、色彩协调的产品来获取美的体验和感受，实现美化人体和环境、陶冶个人精神生活的目标。求美购买动机在受教育程度较高的消费群体或者从事文化、教育工作的人群中较为常见，他们往往是工艺美术品、家庭装饰用品、高级化妆品和首饰等产品的主要购买者。

6. 求名购买动机

求名购买动机是指以追求名牌或高档产品为目标的购买动机。具有这种购买动机的消费者关注的是产品品牌或商标的知名度，或者企业的社会名望。求名购买动机在高收入的社会阶层或者城市青年消费群体中较为常见，他们购买名牌产品是为了显示自己的身份、地位或者表现自我。但在品质差异较大的产品购买决策过程中，如服装、化妆品和家用电器的购买，求名购买动机有利于降低购物风险、节约选购时间和简化决策过程，因而，在许多消费者中也较为普遍。

女性奢侈品消费：五大动机

美国《华尔街日报》报道称，随着中国经济的快速发展，中国女企业家人群逐步崛起，成为

【拓展资料】

新的高档装饰品和玩具市场消费者。随着越来越多的奢侈品牌将目光转向这一群体，中国高收入女性开始购买奢侈品以此"摆阔"。

全球领先的市场研究集团益普索(Ipsos)针对中国1~3线城市4000名20~44岁女性被访者进行了奢侈品牌消费调查。研究发现，表现个人品位、彰显身份地位、确保生活品质、润滑群体交往，以及释放自我是中国女性消费奢侈品牌的五大动因，分别占据21%、21%、21%、19%、18%左右的份额。

益普索(Ipsos)研究发现，以"展现个人品位"这个动机为主的群体规模最大(21%)，她们希望通过消费奢侈品牌表达自己独特的个性和品味，使自己与群体区分开来，表现出与众不同的品位与气质。

(资料来源：中国女性迷恋奢侈品的5大动机. [EB/OL]. [2013-01-20]. 网易财经.)

7. 好胜购买动机

好胜购买动机是指以追求争强好胜、不甘人后为目标的购买动机。具有这种购买动机的消费者购买某种产品或服务，并非出于自身的实际需要，而是为了与他人攀比，赶超他人，进而达到心理的平衡。在社会转型时期，由于贫富差距进一步扩大，好胜购买动机在消费者中趋于普遍，表现得更为强烈。由于好胜购买动机的偶然性和情感性等特点，持有这种动机的消费者的购买行为往往带有明显的冲动性与盲目性。

8. 惠顾性购买动机

惠顾性购买动机也称习惯性动机，是指消费者对特定商店或特定品牌产生特殊信任偏好，从而习惯性地重复光顾某一商店，或反复、习惯性地购买同一品牌的商品。惠顾性购买动机有助于企业获得产品的忠实消费者群，保持稳定的市场占有率。

资料 5-13

iPhone 4 上市首日，世界各国粉丝排长队抢购

美国苹果公司新一代"iPhone 4"手机于2010年6月24日正式开始在美国和部分国家率先上市销售，苹果迷们纷纷排起长队抢购。一些粉丝甚至提前一天就开始排队，只为能在第一时间买到心仪已久的iPhone 4手机。英国《每日电讯报》、美国《基督教科学箴言报》日前刊发组图，展示世界各国的苹果迷排队抢购的情景。

在英国伦敦著名的商业街丽晶街(Regent Street)，23岁的小伙本和27岁的小伙亚历克斯排了32个小时的队，终于买到了iPhone 4手机。

(资料来源：朱冀湘. iPhone 4上市首日，世界各国粉丝排长队抢购. 国际在线[2010-06-25].)

9. 嗜好购买动机

嗜好购买动机是指以满足个人特殊偏好为目标的购买动机。具有这种购买动机的消费者特别喜欢购买某种特定的产品，如邮票、书籍、古玩、字画或音像器材等。嗜好购买动机往往跟消费者的生活习惯和业余爱好密切相关，其特殊偏好通常反映出消费者特有的文化修养、职业特点和生活情趣。持有嗜好购买动机的消费者，购买指向较为集中、稳定，购买行为较为理智、挑剔，轻易不会表现出从众倾向。

除上述主要动机外，还有储备性、纪念性、补偿性、馈赠性等购买动机。这些动机大都有明确的指向性和目的性，也是消费活动中较常见的购买动机。

第5章 消费者个性

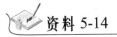

礼品类商品消费者的购买动机

在中国这个传统的礼仪之邦,"礼"在中国人的社交往来中扮演着重要的角色。"千里送鹅毛,礼轻情意重"的古谚就是很好的证明。通过因子分析,发现消费者礼品购买动机主要出自公关、致谢、祝福和问候4个方面,如表5-3所示。

表5-3 消费者礼品购买分析表(隐含从可能购买红枣这种商品的消费者出发)

购买动机		动机说明	节日	人生庆典				不可预测的时间	
				结婚	生子	乔迁	祝寿	探病	其他
公关	持明确目的行动	有明确利益需求,讨好、谄媚							√多在公关探路阶段
	借机讨好,为预期的需要致谢	无明确利益需求,讨好、谄媚,为以后利益交换作铺垫	√	√	√	√	√	√	√
	目的达到后致谢	礼节性,为以后利益交换作巩固基础							√
致谢	商务性,未预期的事被办成	带一定个人情感,同时也兼有商务性利益,期望有助于以后的利益交换,可能感激等情感略多							√
	略有私交的人将事办成	一般是在事前没有预料,或者没有在事先做过多的公关工作,比较富含个人情感,为感激,也为情面							√
祝福	对长辈	饱含个人情谊,传递美好愿望			√	√	√	√	
	对平辈	私交较近,饱含个人情谊,传递美好愿望		√					
问候	私交较远	礼节性,出于文化习惯							√因某种原因而拜托
	有一定私交	礼节性,出于文化习惯							√久未见面后的拜托
	不同居住的同辈亲属	出于关切、问候等私人情谊	√						√久未见面后的拜托
	不同居住的长辈	出于祝福、尊敬、感激等私人情谊	√						√久未见面后的拜托
	亲密的私交	私交亲密,甚至如同一体,因此更实用而轻礼							√出于特殊原因,如偶尔看到比较特殊的商品

仔细考察礼品购买动机的实际意义,可以归纳为两个维度,一个维度是礼节惯例-情感驱动,另一个维度是利益交换-情意传递。礼节惯例-情感驱动这个维度刻画出送礼者和受礼者的关系亲疏,关系较远的,

161

即使送礼，也主要是出于礼节习惯，非包含丰富的感情。出于风俗和传统文化惯例而送礼者，称为礼节惯例动机，例如，即使相互关系不亲密，出于习惯，见面也要带点小礼物。与此对立的，送礼者是出于对受礼者有较深的情感，或爱，或敬等，如给长时间没见面的亲属带礼物。利益交换-情意传递这个维度主要是指送礼者是否持比较明确的意图，持何种目的。持公关目的者是出于以礼换利的动机，其中并无多少感情因素。与此对立的，送礼者与受礼者有感情的纽带，送礼主要出于在特定时刻传递情意的目的，如乔迁新居，不带太多的利益交换功利目的。

（资料来源：邓瑜，龙羽明. 基于购买动机分析的礼品类商品消费者研究[J]. 商场现代化，2009，(7).）

5.4.5 消费动机测量

对于显性动机，一般可用直接询问法获得，而确定消费者购买某一产品的隐性动机则要复杂得多。营销者通常用动机研究技术或投射技术获得有关隐性动机方面的信息，表5-4列出了几种主要的动机研究技术。

表 5-4 动机研究技术

联想技术	词语联想	给消费者看一张文字表，然后要求他把反应过程最初涌现在头脑中的那个词给记录下来
	连续词语联想	给出一张文字表，每念出表上的一词，要求消费者将所联想到的词语记录下来，如此直到念完表上的每个词
	分析与运用	消费者作出的反应被用来分析，看是否存在负面联想。对反应的延迟时间进行测量，以此估计某个词的情感性。这些技巧能挖掘出比动机研究更丰富的语意学含义，并被运用于品牌命名和广告文案测试中
完形填空	语句完成	消费者完成一个诸如"买凯迪拉克的人"的语句
	故事完成	消费者完成一个未叙述完的故事
	分析和运用	分析回答的内容已确定所表达的主题。另外，还可分析对不同主题和关键概念的反应
构造技术	卡通技巧	让消费者看一幅卡通画，然后要求填上人物对白，或描绘某一卡通人物的想法
	第三人称技术	让消费者说出为什么"一个正常的女人""大多数医生"或"大多数人"购买或使用某种产品。购物单方法(描述一个会购买这些东西的人具有哪些特点)、"丢失的钱包"方法(描述丢失这个钱包的人可能会有什么特点)都属于第三人称技术
	看图说话	给消费者一张画着购买或使用某种产品的人物的图片，让他以此编一个故事
	分析和运用	与完形填空时相同

5.4.6 消费动机激发

激发消费者的购买动机，就是要通过提高人们的消费积极性，刺激消费者的兴趣，以促使潜在消费者积极地参与到消费活动中去。因此，企业只有从努力开发有特色的商品、积极有效的宣传、努力开发有特色的商品、提高服务质量、注重市场购买环境等方面入手，才能有效地激发消费者的购买动机。

1. 努力开发有特色的商品

当某种商品的质量、性能、价格等因素能得到满足时,消费者只能处于没有不满意状态;而消费者真正对商品感到满意的是该商品具有的动机作用因素,如赋予商品以某种情感、设计独特、风格优雅等。因此,企业在设计与开发新产品时,要注意突出商品的个性,努力做到以人为本,以商品本身的吸引力来打动消费者。

2. 利用广告宣传,向消费者传递信息

广告能否发挥作用,产生效果,首先取决于它能否引起人们的注意。一般地,强烈的声响、色彩对照鲜明或变化强烈的事物、反复不断出现的事物,以及诱发人感情的文字或事物,容易引起人们的注意。

其次,通过商品广告激发消费者的购买欲望,要注意广告宣传的核心内容是什么。一般地,广告宣传的核心内容主要包括产品性能、品牌形象、服务特色,以及价格优势等。例如,价格广告的核心是通过广告宣传传播有关产品价格的信息,激发消费者求廉、求实的动机,提高购买欲望。特别是针对价格较高的产品和价格心理敏感的消费者群,价格广告的促销作用十分明显。

3. 购物环境和营业员的服务水平对消费者购买动机的诱导作用

消费者都是带有一定动机和欲望走进商店的,但进入商店的消费者并没有全部实现购买。据日本三越百货公司的调查,进店的顾客只有 20%发生购买。这是由于消费者的欲望有两种:一种是意识欲望,即有明确购买目标的消费者;另一种是潜在的欲望,即没有明显意识到需要某种商品,因而没有做购买的消费者。有潜在欲望的消费者,常常由于外界的刺激、潜在的欲望被激发,使他由一个看客变为一个买者。消费者在商店里完成由潜在欲望到意识欲望的飞跃,是扩大销售、提高效益的关键。实现这一飞跃,主要和营业员的仪表、神态、语言及服务等因素有关,也和购物环境、灯光装饰、商品陈列等因素有关。

营销人员的服务水平和推销技巧对消费者购买动机的形成和发展有重要影响。有些消费者在逛商店时,某些商品引起了他们的注意,于是驻足观望。如果营业员能及时发现并热情、客观地介绍商品,就会使消费者对营业员产生信任感,其心理活动也会在营业员的诱导下向积极的方向发展,并进而形成对商品的肯定态度。

另外,商店布局也会对消费者的购买动机产生影响。它一般包括招牌名称、橱窗布置、照明设计,以及商品陈列等方面。例如,招牌不仅能反映经营范围和服务项目,而且要能引起消费者的注意,激发好奇心;橱窗既是商店门面总体装饰的组成部分,又是商店的第一展厅。因此,在设计橱窗时要构思巧妙,创造意境,激发联想;商品陈列时要注意摆放高度与数量,同时要注意商品类别的分布与商品顺序的摆布,因为这些都会对消费者的购买产生影响。

5.4.7 消费动机冲突

当消费者同时具有两种以上动机且共同发生作用时,动机之间就会产生矛盾和冲突。冲突的本质是消费者在各种动机实现所带来的利害结果中进行权衡比较和选择。在消费活动中,常见的动机冲突有以下几种。

1. 利-利冲突

在这种情况下,相互冲突的各种动机都会给消费者带来相应利益,因而对消费者有着同样的吸引力。例如,某消费者获得一笔收入,既想去旅游,又希望购置一套服装。这两种选择均对消费者具有吸引力,但受经济条件的限制,他只能选择其中的一种,因而陷入不同动机相互冲突的困境。吸引力越均等则冲突越厉害。由于对各种利益犹决不下,消费者通常对外界刺激十分敏感,希望借助外力作出抉择。此时,广告宣传、销售人员的诱导、参照群体的示范、权威人士的意见,以及各种促销措施常常会使消费者发生心理倾斜,从而作出实现其中一种利益的动机选择。

2. 利-害冲突

在这一情况下,消费者面临着同一消费行为既有积极后果,又有消极后果的冲突。其中,引发积极后果的动机是消费者极力追求的,导致消极后果的动机又是其极力避免的,因而使之经常处于利弊相伴的动机冲突和矛盾之中。如许多消费者喜欢甜食,但又担心身体发胖。利—害冲突常常导致决策的不协调,使消费行为发生扭曲。解决这类冲突的有效措施是尽可能减少不利后果的严重程度,或采用替代品抵消有害结果的影响。如开发低糖、低热量、低脂肪食品,既满足消费者对美味食品的需求,又解除消费者对身体发胖的担忧。

3. 害-害冲突

有时,消费者同时面临着两种或两种以上均会带来不利结果的动机。如在通货膨胀时期,消费者面临物价上涨的压力,趋向提前购置家电产品等耐用消费品,但又存在产品更新换代等风险,进而产生规避物价上涨风险的动机与减少产品更新换代风险的动机之间的矛盾与冲突。由于两种结果都是消费者企图回避或极力避免的,但因情境所迫又必须对其中一种作出选择。面对这类冲突,消费者总是趋向选择不利和不愉快程度较低的动机作为实现目标,以便使利益损失减少到最低限度,也就是通常所说的"两害相权取其轻"。此时,如果采取适当方式减少不利结果,或从其他方面给予补偿,将有助于消费者减轻这方面的冲突。例如,分期付款、承诺售出产品以旧换新,可以使消费者的购买风险大大减少,从而使动机冲突得到明显缓和。

5.5 气质、性格与消费者行为

5.5.1 气质与消费者行为

1. 气质的含义

气质是人类所特有的个性心理特征之一,指个体心理活动的典型的、稳定的动力特征。这些动力特征主要表现在 3 个方面:①心理过程的强度,如情绪体验的强弱或意志力的高低;②心理过程的速度和稳定性,如知觉的快慢、思维的敏捷程度或注意力集中的程度;③心理活动的指向性,如内向或外向等。

气质作为个体心理活动稳定的动力特征,是在先天生理因素的基础上,经过后天生活条件影响而成的。由于遗传因素和生活环境的差异,不同个体之间形成各具特色的气质类型，并直接影响到每个人的心理活动过程，从而表现出独特的行为特点。气质一旦形成，具有长时间的稳定性，对于个体心理和行为的影响将是持久的。但随着生活环境的变化和长期教育的影响，个体的气质也会缓慢地发生变化，这一过程往往是渐进并不易觉察的。

2. 气质类型

长期以来，心理学家在对气质特征的研究过程中，从不同的角度提出关于气质类型的各种理论学说，包括体液说、高级神经活动类型说、体形说、血型说、激素说等，其中被后人接受认可的，是希波克拉特的体液说。古希腊医生希波克拉特(Hippocrates)认为：人体含有4种不同的液体，即血液、黏液、黄胆汁和黑胆汁。它们分别产生于心脏(血液)、脑(黏液)、肝脏(黄胆汁)和胃(黑胆汁)。希波克拉特认为，4种体液形成了人体的性质，机体的状况取决于4种液体的正确配合。尽管在现代看来，这种以体液来解释人的气质类型的说法缺乏科学的依据，但这种分类方法却被沿用至今(表5-5)。

表5-5 气质类型及其特征

气质类型	典型特征
胆汁质	精力充沛，情绪发生快而强，言语动作急速难于自制，内心外露，率直，热情，易怒，易躁，果断
多血质	活泼爱动，富于生机，情绪发生快而多变，表情丰富，思维言语动作敏捷，乐观，亲切，浮躁，轻率
黏液质	沉着冷静，情绪发生慢而弱，思维言语动作迟缓，内心少外露，坚忍，执着，淡漠
抑郁质	柔弱易倦，情绪发生慢而强，易感而富于自我体验，言语动作细小无力，胆小忸怩，孤僻

事实上，现实生活中的气质类型是很复杂的，纯属某种典型气质类型的人并不多，大多数人是以某种气质类型为主，兼有其他气质特征的中间型或混合气质型。

气质只是属于人的各种心理品质的动力方面，它使人的心理活动染上某些独特的色彩，却并不决定一个人性格的倾向性和能力的发展水平，不能决定一个人活动的社会价值和成就的高低。人的气质本身无好坏之分，气质类型也无好坏之分。在评定人的气质时不能认为一种气质类型是好的，另一种气质类型是坏的。每一种气质都有积极和消极两个方面，在这种情况下可能具有积极的意义，而在另一种情况下可能具有消极的意义。如胆汁质的人可成为积极、热情的人，也可发展成为任性、粗暴、易发脾气的人；多血质的人情感丰富，工作能力强，易适应新的环境，但注意力不够集中，兴趣容易转移，无恒心；抑郁质的人工作中耐受能力差，容易感到疲劳，但感情比较细腻，做事审慎小心，观察力敏锐，善于察觉到别人不易察觉的细小事物。在人群中，典型的气质类型者较少，更多的人是综合型。多血质和胆汁质的气质类型易形成外向性格；黏液质和抑郁质的气质类型的人一般较文静和内向。

3. 气质与消费者行为

(1) 胆汁质消费者的购买行为。胆汁质消费者在购买过程中反应迅速，一旦感到某种需要，购买动机就很快形成。购买行为表现强烈，决策过程较短，情绪易于冲动，满意与否的情绪反应强烈并表现明显；购买目标一经确定，就会立即导致购买行动，不愿花费太多时间进行比较和思考,而事后又往往会后悔不迭;购买过程中,如果他们遇到礼貌热情的接待,便会迅速成交。

(2) 多血质消费者的购买行为。多血质消费者在购买过程中善于表达自己的愿望,表情丰富,反应灵敏,有较多的商品信息来源;他们决策过程迅速,有时也会因缺乏深思熟虑而轻率作出选择,也容易见异思迁;他们善于交际,乐于向营业员咨询、攀谈所要购买的商品,甚至还会言及他事。因此,对他们施加影响比较容易起作用。营业员在接待他们时,要不厌其烦地有问必答,有时还要施加引导,当好参谋,尽量帮助其缩短购买过程。

(3) 黏液质消费者的购买行为。黏液质消费者在购买过程中对商品的刺激反应比较缓慢,喜欢与否常不露声色;他们沉着冷静,决策过程较长,情绪稳定,善于控制自己;自信心较强,不易受广告宣传、商品包装及他人意见的干扰影响,喜欢通过自己的观察、比较,作出购买决定;他们对自己喜爱和熟悉的产品会产生连续购买行为。营业员在接待他们时,应避免过多的语言和过分的热情,以免引起他们的反感。

(4) 抑郁质消费者的购买行为。抑郁质消费者在购买过程中对外界刺激反应迟钝,不善于表达个人的购买欲望和要求;他们情绪变化缓慢,观察商品仔细认真,而且体验深刻,往往能发现商品的细微之处;购买行为拘谨,神智维诺,不愿与他人沟通;他们决策过程缓慢、多疑,既不相信自己的判断,又对营业员的推荐介绍心怀戒备,甚至买后还会疑心是否上当受骗。营业员在接待他们时,要小心谨慎,细心观察,适当疏导,打消他们不必要的顾虑,让他们在平和愉快的气氛中购物。

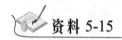
资料 5-15

心理测试:你是哪种气质类型

未接受过气质测试的人大多数恐怕都说不清楚自己的气质类型,测试是对自己性格特征最基本的了解。下面是有关气质的 60 道问答题,没有对错之分,回答时不要猜测什么是正确答案,请根据你的实际情况与真实想法作答。

每题设有 5 个选项:A. 很符合   B. 比较符合   C. 介于中间   D. 不太符合   E. 很不符合

1. 做事力求稳妥,一般不做无把握的事。
2. 遇到可气的事就怒不可遏,只有把心里话全说出来才痛快。
3. 宁可一人做事,不愿很多人在一起。
4. 很快就能适应一个新环境。
5. 厌恶那些强烈的刺激,如尖叫、噪声、危险镜头等。
6. 和人争吵时,总是先发制人,喜欢挑衅。
7. 喜欢安静的环境。
8. 善于和人交往。
9. 羡慕那种善于克制自己感情的人。
10. 生活有规律,很少违反作息制度。
11. 在多数情况下,情绪是乐观的。
12. 碰到陌生人会觉得很拘束。
13. 遇到令人气愤的事,能很好地自我控制。

14. 做事总是有旺盛的精力。
15. 遇到问题时常常举棋不定，优柔寡断。
16. 在人群中从不觉得过分拘束。
17. 情绪高昂时觉得干什么都有趣；情绪低落时觉得干什么都没意思。
18. 当注意力集中于某一事物时，别的事物很难让自己分心。
19. 理解问题总比别人快。
20. 碰到危险情况时，常有一种极度恐惧感。
21. 对学习、工作、事业抱有极大的热情。
22. 能够长时间做枯燥、单调的工作。
23. 符合兴趣的事，干起来劲头十足，否则就不想干。
24. 一点小事就会引起情绪波动。
25. 讨厌做那种需要耐心、细心的工作。
26. 与人交往不卑不亢。
27. 喜欢参加热烈的活动。
28. 爱看感情细腻、描写人物内心活动的文学作品。
29. 工作学习时间长时常感到厌倦。
30. 不喜欢长时间讨论一个问题，愿意实际动手干。
31. 宁愿侃侃而谈，不愿窃窃私语。
32. 别人说我总是闷闷不乐。
33. 理解问题常比别人慢一些。
34. 疲倦时只要经过短暂的休息就能精神抖擞，重新投入工作。
35. 心里有话时，宁愿自己想，不愿说出来。
36. 认准一个目标就希望尽快实现，不达目的，誓不罢休。
37. 同样和别人学习、工作一段时间后，常比别人更疲倦。
38. 做事有些莽撞，常常不考虑后果。
39. 老师和师傅讲授新知识、新技术时，总希望他讲慢些，多重复几遍。
40. 能够很快忘记不愉快的事情。
41. 做作业或完成一件工作总比别人花的时间多。
42. 喜欢运动量大的剧烈活动，或参加各种娱乐活动。
43. 不能很快地把注意力从一件事上转移到另一件事上去。
44. 接受一个任务后，就希望迅速完成。
45. 认为墨守成规比冒风险好一些。
46. 能够同时注意几件事。
47. 当我烦闷的时候，别人很难让我高兴。
48. 爱看情节起伏跌宕、激动人心的小说。
49. 对工作认真严谨，具有始终如一的态度。
50. 和周围人的关系总是处不好。
51. 喜欢复习学过的知识，重复检查已经完成的工作。
52. 希望做变化大、花样多的工作。
53. 小时候会背诵许多首诗歌，我似乎比别人记得清楚。
54. 别人说我"出语伤人"，可我并不觉得这样。
55. 在体育活动中，常因反应慢而落后。

56．反应敏捷，头脑机智灵活。

57．喜欢有条理而不麻烦的工作。

58．兴奋的事常常使我失眠。

59．老师讲新的概念，常常听不懂，但是弄懂以后就很难忘记。

60．如果工作枯燥无味，马上情绪就会低落。

计分标准：选 A 得 2 分，选 B 得 1 分，选 C 得 0 分，选 D 得-1 分，选 E 得-2 分。

气质类型的确定方法如下：

将每题得分填入下表相应处，计算每种气质类型的总分数。如果某类气质得分明显高出其他 3 种，均高出 4 分以上，则可定为该类气质。此外，如果某类气质得分超过 20 分，则为典型型；如果某类气质得分在 10 分~20 分，则为一般型。如果 2 种气质类型得分接近，其差异低于 3 分，而且又明显高于其他 2 种，高出 4 分以上，则可定为 2 种气质的混合型。如果 3 种气质得分均高于第四种，而且相互接近，则为 3 种气质的混合型。

胆汁质题号 2__ 6__ 9__ 14__ 17__ 21__ 27__ 31__ 36__ 38__ 42__ 48__ 50__ 54__ 58__ 总分得分____

多血质题号 4__ 8__ 11__ 16__ 19__ 23__ 25__ 29__ 34__ 40__ 44__ 46__ 52__ 56__ 60__ 总分得分____

黏液质题号 1__ 7__ 10__ 13__ 18__ 22__ 26__ 30__ 33__ 39__ 43__ 45__ 49__ 55__ 57__ 总分得分____

抑郁质题号 3__ 5__ 12__ 15__ 20__ 24__ 28__ 32__ 35__ 37__ 41__ 47__ 51__ 53__ 59__ 总分得分____

说明：本测评的结果只是为了帮您更好地了解自我而提供的一份参考，并不能作为您将来是否一定能在社会上获得巨大成功的依据。

(资料来源：中国青年网)

5.5.2 性格与消费者行为

1．性格的含义

性格是指个体对现实的稳定态度以及与之相应的习惯性行为方式，包括消费者价值观、习惯、态度、情感及意志品质等方面。性格是在人们的生活实践中逐渐形成和发展的，但形成之后则比较稳定，并通过个体所习惯的行为方式表现出来。性格是个性最鲜明的表现，是个性心理特征中的核心特征。

现实生活中，人与人的性格存在明显差异。这是因为人的性格是在一定生理基础上，在社会实践活动中逐渐形成和发展起来的。在决定性格的形成的两个主要的过程中，后天的社会化过程起着主要的决定性作用，而社会环境是不断变化的。因此，性格虽然也是一种比较稳定的心理特征，但与气质相比更易于改变，即具有较强的可塑性。

消费者性格是指消费者在对待客观事物的态度和社会行为方式中所表现出的较为稳定的心理特征。消费者性格属于心理因素的范围。具有不同性格的人，购买行为差异很大。

2．性格与消费者行为

消费者之间不同的性格特点会体现在各处的消费活动中，从而形成千差万别的消费行为。性格在消费行为中的具体表现可从不同角度进行划分。

1) 从消费态度角度划分，消费者分为节俭型、保守型和随意型

(1) 节俭型消费者在消费观念和态度上崇尚节俭，讲究实用。

(2) 保守型消费者在消费态度上较为严谨，生活方式刻板，性格内向，怀旧心理较重，习惯于传统的消费方式，对新产品、新观念持怀疑、抵制态度，选购商品时，喜欢购买传

统的和有过多次使用经验的商品,而不愿冒险尝试新产品。

(3) 随意型消费者在消费态度上比较随意,没有长久稳定的看法,生活方式自由而无固定的模式。在选购商品方面表现出较大的随意性,且选择商品的标准也往往多样化,经常根据实际需要和商品种类不同,采取不同的选择标准和要求,同时受外界环境及广告宣传的影响较大。

2) 从购买行为方式角度划分,消费者分为习惯型、慎重型、挑剔型和被动型

(1) 习惯型消费者在购买商品时习惯参照以往的购买和使用经验,同时受社会时尚、潮流影响较小,不轻易改变自己的观念和行为。

(2) 慎重型消费者在性格上大都沉稳、持重,做事冷静、客观,情绪不外露。选购商品时,通常根据自己的实际需要并参照以往购买经验,进行仔细慎重的比较权衡,然后作出购买决定。购买过程中,受外界影响小,不易冲动,具有较强的自我抑制力。由于这类消费者常运用自己的思维作好购买计划,临时的推荐和广告对这类消费者影响甚微,销售人员最好任其所为,消费者需要什么就提供什么,没有必要过多介绍商品的性能、特点或销售信息。

(3) 挑剔型消费者性格特征表现为意志坚定、独立性强、不依赖他人。在选购商品时强调主观意愿,自信果断,很少征询或听从他人意见,对营业员的解释说明常常持怀疑和戒备心理,观察商品细致深入,有时甚至过于挑剔。对于这类消费者,销售人员最好尽量让顾客自己去观察和选择,态度不能冷淡,也不宜过分热情使其疑心。在消费者对商品存在疑虑时,拿出客观有力的证据,如说明书、质量保证书等,帮助他们打消疑虑。

(4) 被动型消费者在性格特征上比较消极、被动、内向。由于缺乏商品知识和购买经验,在选购过程中往往犹豫不决,缺乏自信和主见;对商品的品牌、款式等没有固定的偏好,希望得到别人的意见和建议。由其性格决定,这类消费者的购买行为常处于消极被动状态。对待这类消费者,销售人员要热情、主动地介绍商品,切忌弄虚作假,欺骗消费者。销售人员要客观、实在地介绍不同牌子商品的优缺点,尽量让消费者根据自己的需要和判断来选择合适的购买对象。

5.6 能力与消费者行为

5.6.1 能力的含义

能力,指人顺利完成某种活动所必须具备的并直接影响活动效率的个性心理特征。能力总是和人完成一定的活动联系在一起的,能力的水平高低会影响个人掌握活动的快慢、难易和巩固程度,从而直接影响活动的效率与效果。

能力可以通过专门训练得到很大的提高。如游泳、体操、绘画、武功等就是一种能力的专业训练,也是一种提高训练。同时,会绘画的模仿能力非常好,会音乐的听力非常好,会武功的灵敏度非常强,长期处于官场的语言概括能力很强,节目主持人的语言速度可以得到很好的控制,练拳击的人的力度和耐力比常人要强很多。对能力的研究,可以大大地提高人类个体在现实社会中的各种表现方式,从而达到表现自己价值的目的。

5.6.2 消费能力的构成与差异

现代市场经济条件下，随着各种资源要素、物质产品、精神产品、劳务的全部商品化，以及生活水平的不断提高，消费者从事消费活动的内容和领域迅速扩展，其深度和广度超过以往任何时代。这一状况要求现代消费者必须具备多方面的能力和技能，以适应消费活动复杂化和多样化的要求。消费能力和技能是消费者为实现预期消费目标而必须具备的手段，也是消费者追求和达到满意的消费效果的前提条件。在消费过程中，只有综合运用和不断提高相应的能力与技能，消费者才能在复杂多变的市场环境中保持高度的自主性与行为自由度，并以较少的支出获取更大的消费效用，通过有限的消费活动最大限度地满足多方面的消费需要。

消费者能力是由多种能力要素构成的有机结构体，根据其层次和作用性质不同，可以分为以下几方面。

1. 从事各种消费活动所需要的基本能力

实际中，消费者无论购买何种商品或从事何种消费活动，都必须具备某些基本能力，如对商品的感知、记忆、辨别能力，对信息的综合分析、比较评价能力，购买过程中的选择、决策能力，以及记忆力、想象力等。

1) 感知能力

感知能力是指消费者对商品的外部特征和外部联系加以直接反映的能力。通过感知，消费者可以了解到商品的外观、造型、色彩、气味、轻重，以及所呈现的整体风格，从而形成对商品的初步印象，并为进一步作出分析判断提供依据。因此，感知能力是消费行为的先导。消费者感知能力的差异主要表现在速度、准确度和敏锐度方面。同一件商品，有的消费者能从其外面和内部结构迅速、准确给予感知，形成对该商品的整体印象，反映出较强的洞察事物的能力。例如，同时进入商场的两位消费者，观察能力强的消费者能在琳琅满目的商品中准确而迅速地发现自己想要或者感兴趣的商品；而观察能力较差的消费者则难以对某种商品形成较为准确的印象。

千万别漠视消费者的认知能力

近年来，为打动消费者的心，在汽车营销推广上，厂家的新招可谓层出不穷。特别是对于一些在车型方面不具备优势的企业，更是煞费苦心：要么"新瓶装旧酒"，把功夫做在车的外形和内饰上，对落后的发动机和变速箱却从不提及；要么炒作一些华丽的"概念"，吸引消费者的眼球；更有甚者，明明是一款淘汰车型，起个新名字，改个外型，定个看似实惠的价格，摇身一变就成了"经济型轿车的新标杆"……

说实话，对于大多数第一次买车的消费者来说，发动机多点电喷还是单点电喷、2气门还是4气门、手自一体变速箱是否适合小排量发动机、侧门有没有防撞杆……在他们心中根本就没有什么概念，买车的决策大多情况下都是受传媒和朋友推荐的影响。因此，一些浮躁的厂家，不在产品、服务、品牌上下苦功，而是热衷于炒作，钻消费者不成熟的空子。由于厂家和消费者之间信息的不对称，上述花样繁多的招数确实也曾"蒙骗"了许多人，起到过拉动销售的功效。

可是，千万别漠视消费者的认知能力。近两年轿车市场超过50%的高增长，不仅让有车一族的队伍迅速扩大,也让越来越多的新技术、新产品登陆中国。市场竞争的日益激烈,消费者对轿车技术、轿车性能的关注,政策层面对节能环保轿车的鼓励,网络普及带来的俱乐部、论坛的火爆和信息传播的方便快捷,以及一传十、十传百的"口碑效应"……都让消费者对汽车的认识和了解程度迅速提高,仅靠炒作就能把车卖好的时代一去不复返了。

过去,说自己的发动机好,消费者往往被动接受,如今,国内市场有了更先进的产品,比照一下气阀数量、功率和扭矩参数,高下自然明了;过去,说自己的产品价格与国际接轨,消费者往往无从考证,如今上网查询一下美国市场的产品售价,进行汇率转换,再加上增值税、消费税以及零部件关税,价格是否公道便一清二楚。当然,还有最简便、最有效的途径——咨询用户。对于消费者而言,一个朋友说某某品牌的车好,并不足以决定他的购车意向,但如果有一个朋友说某某品牌的车不好,绝对可能让他放弃购此车的打算。

消费者是厂商的衣食父母,消费者的智慧不容低估。对于汽车厂家而言,千万别抱着侥幸心理,靠糊弄消费者过日子。扎扎实实地推出高科技含量的产品,扎扎实实地把产品作好,最大限度地降低成本,实实在在地制定价格策略,诚心诚意进行服务……在汽车市场的竞争由浮躁渐趋理性之后,这样的企业才能最终立足。

(资料来源:王政. 千万别漠视消费者的认知能力[N]. 人民日报,2004-6-28(16).)

2) 分析评价能力

分析评价能力是指消费者对接收到的各种商品信息进行整理加工、分析综合、比较评价,进而对商品的价值优劣作出准确判断的能力。分析评价能力的强弱主要取决于消费者的思维能力和思维方式。有的消费者思维的独立性、灵活性和抽象概括能力很强,能够根据已有信息对传播源的可信度、他人行为及消费时尚、企业促销手段的性质、商品质量作出客观的分析,在此基础上形成对商品的全面认识,对不同商品之间差异作出比较,以及对现实环境与自身条件进行综合权衡。有的消费者则缺乏综合分析能力,难以从众多信息中择取有用的信息,并迅速作出清晰、准确的评价判断。此外,消费者的分析判断能力与个人的知识经验也有关。例如,普通消费者购买电冰箱,仅能根据一般经验对外观、颜色、造型、规格等表层信息作出简单的分析评价。而懂得制冷知识的消费者,可以通过观察压缩机等性能指标和工作状况,综合分析冰箱的质量,进而作出准确客观的评价与判断。

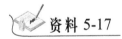

资料 5-17

如何评价汽车价值?

1. 关注环保和技术的未来价值

节能环保是全球化的消费新理念,在汽车行业已经得到了普遍的认可和应有的重视。从事汽车销售行业多年的王师傅说:"10年以前,消费者几乎没有排放标准这个概念,但最近几年,尾气排放标准越来越严格,消费者如果买车时不注意这一发展趋势,很有可能导致爱车过早地被政策淘汰,造成损失。"

2. 售后服务要重点考察

售后服务紧密关系着车主的用车情况,但售后也是汽车行业中"陷阱"最多的领域。一些聪明的商家在车价上做足了让利优惠,吸引了很多消费者,但在售后上把维修保养价格大幅提升,而且内部规定,在维修时发现损坏的零部件尽量以换代修,既节省时间,又增加利润。很多消费者对汽车技术的了解并不多,难以发现其中的问题,而且4S店的维修质量相对更有保障,所以虽然被"宰",也还是选择4S店。

3. 买车过程注意手续完备

在近两年，汽车合同违约的情况上升较快，纠纷的原因很多来自买车过程中的疏忽。有些商家为了达成销售，可能会在销售合同中搭载相关的内容，如在指定地点购买汽车保险，或者在赠品上以次充好等等，这种情况都可能涉嫌欺骗消费者，但由于在销售合同上可能存在模糊不清的地方，导致消费者在维权上有很大的难度。

4. 商家信誉对消费者很重要

国内的汽车消费存在"跟风"现象，这与汽车经销商的销售手段有关。目前汽车销售的利润还是很受重视，在销售手段上，销售员往往会让消费者产生一种印象，他的目标车型非常紧俏，甚至可能断货，或者未来可能缩减优惠甚至加价。汽车经销商在销售上也有周期，买车最好的时机也许是汽车销售的淡季，趁着商家促销优惠较多的时候下手。当然，选车的时候一定要注意，降价的车型有可能是样品车或者库存车冒充商品车的情况。

5. 品牌不能完全反映车型

很多消费者在挑选目标车型时，会从品牌入手来评价车型的特点等，但专家对此有专门的建议。某4S店的客户经理张小姐坦言：目前一些主流品牌旗下的产品，在来源上和该品牌的技术或者设计并没有直接关系。她说，现在汽车企业、汽车品牌之间并购频繁，有些品牌为了补充产品线，或者为了抢占市场拉升销售数据，从子品牌甚至其他品牌中把车型拿过来，换一下标志，将其归入另一个品牌中。所以消费者要清楚这些情况，才不致被误导。

(资料来源：恰当评价汽车价值须具前瞻性眼光. [EB/OL]. [2011-03-15]. 中国新闻网.)

3) 选择决策能力

选择决策能力是指消费者在充分选择、比较商品的基础上，及时果断地作出购买决定的能力。在购买过程中，决策是购买意图转化为购买行动的关键环节，也是消费者感知和分析评价商品信息结果的最终体现。消费者可能具有较强的观察能力或评价能力，但在购买决策上顾虑重重，迟疑不决，则购买活动难以完成。消费者个人气质和性格对于决策能力有着直接的影响：胆汁质的消费者大胆果断，决策迅速；而抑郁质的消费者则反复不定。决策能力还与消费者的商品知识和购买经验有关，商品知识和购买经验丰富的消费者，购买决策果断，决策过程迅速，决策能力较强。

资料 5-18

理性消费奶粉 莫要盲目崇洋

国家发改委调查显示，2008年以来，一些主要国外品牌奶粉的价格涨幅度达30%左右。目前市场上主流的900克左右罐装婴幼儿奶粉，价格普遍在200元以上，高的达每罐400元。同品牌的产品甚至比国外市场零售价高出3~4倍。如此离谱的高价却受到中国消费者的认同和追捧，导致高端奶粉市场畸形增长，越贵的奶粉越畅销。据2013年数据显示，国内300元以上的超高端奶粉市场增长逾八成，增长率远超其他价格区间。

据统计，进口婴幼儿奶粉的平均到岸价格折合人民币大概在每公斤70元，加上5%的进口关税和其他各项费用，也不超过每公斤100元。但上架后其价格涨幅为4~6倍。

巨大的市场和利润使得各方资本趋之若鹜，导致进口奶粉市场一度乱象丛生。一些企业在国外注册品牌，委托境外工厂贴牌生产在国外市场根本没有销售的所谓"假洋奶粉"。2013年，热销的荷兰美素丽儿奶粉被曝在无证工厂里生产、掺杂过期奶粉、重新灌装并私自更改保质期。2014年，发生新西兰恒天然乳清粉"肉毒梭菌"乌龙事件。最近德国某第三方检测机构对 14 款市售婴儿配方奶粉评测显示，其中仅有 2 款得到了优级评价，4 款产品甚至不及格，部分被中国消费者追捧的明星品牌的产品被检出"氯酸盐超标""含有害油脂"等安全卫生问题，这对盲目花高价买洋奶粉的消费者可谓是当头一棒。

(资料来源：孙俊. 理性消费奶粉 莫要盲目崇洋. [EB/OL]. [2015-04-08]. 中国质量新闻网.)

此外，记忆力、想象力也是消费者必须具备和经常运用的基本能力。消费者在进行商品选购时，经常要参照和依据以往的购买、使用经验及了解的商品知识，这就需要消费者具备良好的记忆能力，以便把过去消费实践中感知过的商品、体验过的情感、积累的经验等，准确地回忆和再现出来。丰富的想象力可以使消费者从商品本身想象到该商品在一定环境和条件下的使用效果，从而激发其美好的情感和购买欲望。

2. 从事特殊消费活动所需的特殊能力

特殊能力首先是指消费者购买和使用某些专业性商品所应具有的能力。它通常表现为以专业知识为基础的消费技能。例如，对高档照相器材、专用体育器材、钢琴、轿车等高档家用电器的购买和使用，就需要相应的专业知识，以及分辨力、鉴赏力、检测力等特殊的消费技能。倘若不具备特殊能力而购买某些专业性商品，则很难取得满意的效果，甚至无法发挥应有的使用效能。

除适用于专业性商品消费外，特殊能力还包括某些一般能力高度发展而形成的优势能力，如创造力、审美力等。实践中，有些消费者具有强烈的创造欲望和高度的创造力，他们不满足于市场上已有的商品和既定的消费模式，而力求发挥自身的聪明才智，对商品素材进行再加工和再创造，通过创造性消费展示自己的个性，实现自身价值与追求。近年来，许多 DIY 产品如陶艺、家庭装饰、家具等受到消费者的青睐，就是由于消费者可以在显现独特个性与品位的同时，充分发挥自身的创造能力。

在满足物质需要的基础上，通过商品消费美化生活环境及美化自身，是现代消费者的共同追求。有些具有较高品位和文化修养的消费者，在商品美学价值评价与选择方面显示出较高的审美情趣与能力。这种能力往往使他们在服装服饰搭配、居室装饰布置、美容美发、礼品选择等方面获得较大的成功。

5.6.3 能力与消费行为表现

消费者的能力特性与消费行为直接相关，其能力差异必然使他们在购买和使用商品的过程中表现出不同的行为特点。具体可以分为以下几种类型。

1. 成熟型

成熟型消费者通常具有较全面的能力构成。他们对于所需要的商品不仅非常了解，而且有长期的购买和使用经验，对商品的性能、质量、价格、市场行情、生产情况等方面的信息极为熟悉，其内行程度甚至超过了销售人员。因此在购买的过程中，他们通常注重从整体角度综合评价商品的各项性能，能够正确辨认商品的质量优劣，很内行地在同类或同种商品之间进行比较选择，并强调自我感受及商品对自身的适应性。这类消费者由于具有丰富的商品知识和购买经验，加之有明确的购买目标和具体要求，所以在购买现场往往表现得比较自信、坚定，自主性较高，能够按照自己的意志独立作出决策，而无须他人的帮助，并较少受外界环境及他人意见的影响。

2. 一般型

一般型消费者的能力构成和水平处于中等状况。他们通常具备一些商品方面的知识，并掌握有限的商品信息，但是缺乏相应的消费经验，主要通过广告宣传、他人介绍等途径来了解认识商品，因此了解的深度远不及成熟型消费者。在购买之前，一般只有一个笼统的目标，缺乏对商品的具体要求，因而很难对商品的内在质量、性能、适用条件等提出明确的意见，同时也难于就同类或同种商品之间的差异进行准确比较。限于能力水平，这类消费者在购买过程中，往往更乐于听取销售人员的介绍和厂商的现场宣传，经常主动向销售人员或其他消费者进行咨询，以求更全面地汇集信息。由于商品知识不足，他们会表现出缺乏自信和独立见解，需要在广泛征询他人意见的基础上作出决策，因而容易受外界环境的影响和左右。

3. 缺乏型

缺乏型消费者的能力构成和水平均处于缺乏和低下状态。他们不仅不了解有关商品知识和消费信息，而且不具备任何购买经验。在购买之前，往往没有明确的购买目标，仅有一些朦胧的意识和想法；在选购过程中，对商品的了解仅建立在直觉观察和表面认识的基础上，缺乏把握商品本质特征及消费信息内在联系的能力，因而难于作出正确的比较选择；在制定决策时，经常表现出犹豫不决，不得要领，极易受环境影响和他人意见的左右，其购买行为常常带有很大的随意性和盲目性。显然，这种能力状况对于提高消费效果是极为不利的。但这种状况通常仅存在于对某类不熟悉商品或新产品的消费中，以及不具备或丧失生活能力的婴幼儿、老年人和残疾人消费者中。

不论何种能力及行为类型都是相对的。一个消费者可能在某一方面或某一类商品的消费中表现为成熟型，而对于另一类商品的消费又表现为一般型。此外，随着生活经验的积累及个人有意识的自我培养，消费者的能力水平也会不断提高。

 本章小结

个性是个体带有倾向性的、比较稳定的、本质的心理特征的总和。消费者的个性可分为个性倾向性和个性心理特征两部分。个性倾向性包括兴趣、信念、需要、动机等构成要素；个性心理特征则是气质、性格、能力等心理机能的独特结合。

兴趣是人们积极地认识事物的一种倾向性。开发令消费者感兴趣的产品，可以较长时间地吸引消费者注意，容易调动消费者的积极情绪，减少营销推广的阻力。消费者信念是指消费者持有的关于事物的属性及其利益的知识。不同消费者对同一事物可能拥有不同的信念，而这种信念又会影响消费者的态度。世界观是个性倾向性的最高层次，决定个性发展的趋向和稳定性，影响认识的正确性与深度，制约情绪的性质和变化，调节人的行为习惯。

消费需要是消费者行为的最初原动力，反映了消费者某种生理或心理体验的缺乏状态。消费者需要的类别丰富多样，并具有多样性和差异性、层次性和发展性、伸缩性和周期性、可变性和可诱导性等特点。随着时代的发展和社会环境的变化，消费者的需求结构、内容和性质也在不断地发展变化。

动机是在需要的基础上产生的引发行为的直接原因和动力。消费者动机具有主导性、可转移性、组合性、内隐性等特征。常见的购买动机类型有求廉购买动机、求便购买动机、求新购买动机、求美购买动机、求名购买动机、好胜购买动机、惠顾性购买动机、嗜好购买动机等。要激发消费者的购买动机，企业只有从积极有效的宣传、努力开发有特色的商品、提高服务质量、注重市场购买环境等方面入手。消费者的多个动机还经常发生冲突，企业可在了解这些冲突及其类型的基础上，通过发展合适的产品、服务和采取有效的营销手段帮助消费者缓解冲突。

气质是人类所特有的个性心理特征之一，指个体心理活动的典型的、稳定的动力特征，主要表现在情绪体验的快慢、强弱、表现的隐显及动作的灵敏或迟钝方面。一般认为，典型的气质类型有多血质、胆汁质、黏液质和抑郁质。不同的气质类型使得消费者行为有不同的表现形式。

性格是指个体对现实的稳定态度以及与之相应的习惯性行为方式。消费者之间不同的性格特点会体现在各处的消费活动中，从而形成千差万别的消费行为。性格在消费行为中的具体表现可从不同角度进行划分：从消费态度角度，分为节俭型消费、保守型消费、随意型消费；从购买行为方式角度，分为习惯型消费、慎重型消费、挑剔型消费、被动型消费。

能力指人顺利完成某种活动所必须具备的并直接影响活动效率的个性心理特征。感知能力、分析评价能力、选择决策能力、记忆力、想象力等是消费者必备的基本能力。消费者的能力特性与消费行为直接相关，其能力差异必然使他们在购买和使用商品的过程中表现出不同的行为特点。

习 题

一、选择题

1. 以下属于消费者个性特点的是(　　)。
   A. 稳定性　　　　　　　　B. 整体性
   C. 独特性　　　　　　　　D. 可塑性
2. 消费者的能力差异主要表现在(　　)。
   A. 能力水平　　　　　　　B. 能力类型
   C. 能力表现时间　　　　　D. 能力的自我感知
3. 动机与行为的关系表现为(　　)。
   A. 动机能够发动和终止行为
   B. 动机能够指引和选择行为方向
   C. 动机能够维持和强化行为
   D. 动机能或多或少地组合并指向一种或多种消费行为
4. (　　)是个体心理特征中的核心特征。
   A. 兴趣　　　　　　　　　B. 性格
   C. 气质　　　　　　　　　D. 能力

二、判断题

1. 兴趣是以需要为前提和基础的。　　　　　　　　　　　　　　　　　　　　(　　)
2. 消费需要具有伸缩性。　　　　　　　　　　　　　　　　　　　　　　　　(　　)
3. 动机的形成是以需要为基础的。　　　　　　　　　　　　　　　　　　　　(　　)
4. 在其他因素相同的条件下，个人行为是受主导动机支配的。　　　　　　　　(　　)

5. 惠顾性动机是消费者由于对特定商品产生特殊的信任和偏好而形成的习惯性、重复光顾的购买动机。（   ）
6. 动机与消费行为之间是一一对应的关系。（   ）
7. 气质是个性最鲜明的表现，是个性心理特征中的核心特征。（   ）
8. 性格具有较强的可塑性。（   ）

三、填空题

1. 消费者个性具有_____性、_____性、_____性和可塑性的特点。
2. 消费者个性可分为_____和_____两部分。
3. 个体积极探索某种事物或从事某种活动的认识倾向称为_____。
4. 消费者的需要常常处于潜意识状态，企业可以通过适当的方法加以激发，使之明显地表现出来。这说明消费需要具有_____性。
5. 引发和维持个体行为并导向一定目标的心理动力称为_____。
6. 绿色消费主要包括_____、_____和_____三方面内容。
7. _____是个性最鲜明的表现，是个性心理特征中的核心特征。
8. 消费者在充分选择比较商品的基础上，及时果断地作出购买决定的能力是消费者消费活动所需要的_____能力。
9. 消费者对接收到的各种商品信息进行加工整理、分析综合、比较评价，继而对商品的优劣作出准确判断的能力，是消费者在消费活动中所需要具备的_____能力。

四、名词解释

1. 个性
2. 绿色消费
3. 动机
4. 能力
5. 感知能力

五、问答题

1. 什么是个性？个性有哪些特征？
2. 什么是消费者需要？消费者需要有哪些特征？
3. 常见的消费动机有哪些类型？以个人为例，阐述在日常消费中你的购买动机类型。
4. 如何利用动机冲突推动消费者购买行为的实现？
5. 什么是性格？从性格对购买方式的影响分析，你认为自己属于哪种性格类型的消费者？
6. 测试你的气质类型，并阐述气质如何影响你的消费行为。

六、论述题

1. 试阐述现代消费者需要的发展趋向，应该用什么样的营销手段满足消费者需要的发展变化？
2. 营销者能创造和改变消费者的需要吗？并举例说明。
3. 阐述消费者的能力差异及其对消费者行为的影响。

七、案例应用分析

购物中心儿童业态的五大新趋势

新中国的第一次婴儿潮出现在 1949—1957 年，主要得益于新中国成立以后国民经济的恢复、"一五"计划的施行和中央政府的提倡。第二次婴儿潮出现在 1965—1975 年，主要得益于经济的短暂稳定。第三次婴儿潮出现在 1985—1995 年，主要得益于改革开放后经济水平的提高。每次婴儿潮相隔二十年、历经十年。婴儿潮中诞生的人口在二十年的间隔之后成为稳定的婚龄人口，为新一轮婴儿潮的产生提供动力，形成婴儿潮"二十年一轮"的接力逻辑。如今上一批婴儿潮人口又到了适婚年龄，当下正处于人口出生的高峰时点。

根据联合国测算，中国儿童人口增速在 2012 年由负转正，且在 2012—2020 年持续正增长，至 2020 年儿童人口数量达到峰值 2.61 亿人。庞大的婴童数量为儿童产业的发展奠定了良好的基础。

趋势一：超强消费意愿与精细化培养理念将引爆新需求

第一，新生代妈妈超强消费意愿决定了宝贝经济较高的增长潜力。亚米研究显示："80 后妈妈的月消费水平在 4 500～9 999 元的占整体人群的 68%，这一数据远大于 70 后的 37%。"这表示 80 后妈妈的消费倾向较强，将带来更多的消费需求。新生代妈妈的超强消费意愿将投注在各自的宝贝身上，宝贝消费潜力大为提高。第二，80 后妈妈群体注重精细化培养。80 后妈妈对婴童消费的关注程度高于以往时代的同龄妈妈，同时养育孩子的理念也从以前的"养大"转向了"培育"，更加注重宝贝的德智体美劳全面发展，投入在儿童消费的精力和财力也会相应更多，儿童产业链的重心也从前期的以饮食和服装为主转向如今的以娱乐与教育为重。

趋势二：更愿意花时间陪伴孩子

外出活动成为 80、90 后父母与孩子相处的主要方式。随着父母与孩子相处时间的增加，父母与孩子的相处方式也更加多元化。过去，父母通常在家中陪伴孩子，如陪孩子观看电视节目、辅导孩子学习等，由此带动的消费相对有限。现在，外出活动已成为父母陪伴孩子度过童年的主要方式，如亲子旅行、外出就餐、外出娱乐等外出活动占父母陪伴孩子时间的比例达到近 70%。父母外出陪伴孩子的方式中，购物、娱乐及旅行的方式最为普遍。同程旅游《2015 年春季亲子游需求报告》显示，34% 的家长表示自己每年带孩子旅游的支出超过 3 000 元，如果选择出境游，花费会更高。

趋势三：消费内容从基础消费到娱乐消费

新的时代背景下，从消费内容、消费方式到消费决策，儿童消费进入了全方位的变革时代。随着 80 后父母对儿童早期培养的重视程度不断提升，以培养儿童兴趣为目标的精神消费有望攀升，娱乐消费的需求正在逐步提升；同时传统玩具升级为人工智能玩具已经成为玩具行业的大趋势，供给端不断推陈出新也进一步刺激了新的需求。未来从基础消费向娱乐消费的转变将是儿童消费市场的一大趋势。

趋势四：粗放型传统消费到家庭式体验消费

未来，家庭体验式消费将打破在产品和时间上的孤立性，带动可重复可持续消费，形成完整的儿童消费产业链条。家庭体验式消费的重点在于：其一，以家庭为单位；其二，注重儿童体验。"体验式业态"区别于传统商业的以零售为主的业态组合形式，更注重消费者的参与、体验和感受。过去以百货为代表的传统商业，现在转变为以休闲娱乐、儿童教育等业态为代表的"体验式购物中心"。

趋势五：家长代位消费转向儿童自主消费

80 年代以后出生的独生子女开始成为年轻父母一代，他们更注重孩子的自我意识，也给予孩子更多自主选择的权利。儿童对父母的购买行为产生着越来越大的影响。从成长阶段看，随着年龄的增长，儿童独立购物的比例不断增长，同父母一起购物时也能在一定程度上影响父母的决策。从产品类型来看，儿童在购买小食品、饮料、服装、玩具、文具等方面拥有相对较大的选择权力，对于一些大件商品的影响程度有限。与成年人相比，儿童购物时更容易受外界影响，如受自己接触到的广告宣传和同龄人流行趋势的影响。

(资料来源：80、90后父母崛起，购物中心儿童业态的5大新趋势[J]. 中信证券策略研究，2015.)

思考题

1．试分析80、90后新生代妈妈的个性特征。

2．80、90后新生代妈妈在儿童消费方面有哪些特征？营销应该从何入手去满足她们的需要？

八、实践活动

1．找出一则重点体现自我实现需要的广告和一则重点体现安全需要的广告，阐述这两则广告如何分别体现这两种需要及企业为什么迎合这两种需要。

2．选一种同学们感兴趣的产品，调查询问测量消费者的显性动机，同时利用动机研究技术确定10名同学的隐性购买动机，并谈谈你的启发。

第 4 部分

消费群体心理与行为

第 6 章 消费群体心理与行为

教学目标

通过本章学习，了解消费群体对消费心理的影响；掌握我国细分消费群体的主要指标；掌握按年龄、性别划分形成的不同群体的消费心理和行为特征；了解按收入和职业划分形成的不同群体的消费心理和行为。

教学要求

知识要点	能力要求	相关知识
消费群体细分	(1) 理解消费群体的概念 (2) 了解消费群体对消费心理的影响 (3) 掌握我国细分消费群体的主要指标	(1) 消费群体 (2) 消费群体对消费心理的影响 (3) 我国细分消费群体的主要指标
不同年龄群体的消费心理与行为	掌握不同年龄群体的消费心理、行为特征及对企业营销的启示	(1) 少年儿童群体的消费心理与行为 (2) 青年群体的消费心理与行为 (3) 中年群体的消费心理与行为 (4) 老年群体的消费心理与行为
不同性别群体的消费心理与行为	掌握女性和男性群体的消费心理、行为特征及对企业营销的启示	(1) 女性群体的消费心理与行为 (2) 男性群体的消费心理与行为
不同收入群体的消费心理与行为	了解高、中、低收入群体的消费心理及行为	(1) 高收入群体的消费心理与行为 (2) 中等收入群体的消费心理与行为 (3) 低收入群体的消费心理与行为
不同职业群体的消费心理与行为	(1) 了解文教科研、商贸人员的消费心理及行为 (2) 掌握农民群体的消费心理、行为特征	(1) 文教科研人员的消费心理与行为 (2) 商贸人员的消费心理与行为 (3) 农民的消费心理与行为

导入案例

"70后"、"80后"、"90后"区别在哪？

不知从何时起，我们有了"60后""70后""80后""90后""00后"等的称呼，用来划分不同年龄阶段的人们，而这些简单的数字背后，不仅仅代表一个年代，更多的是一种文化的表现，一种对于生活的态度……

"60后"崇尚勤俭节约，认为"钱就是用来储蓄的"；"70后"量入为出，理性消费；"80后"看重品质，喜欢冲动消费；"90后"张扬个性、超前消费。我们能看到的，是消费观念的不断变化和多元化发展（表6-1）。

表6-1 "70后""80后""90后"的区别

区别 \ 出生年代	70后	80后	90后
消费观	定期有存款	要还贷款	花了是钱，不花是纸
性格	踏实，发展，理性	自信，多元，新锐	自我，张扬，感性
穿衣风格	舒适第一	时尚第一	另类第一
家里东西坏了	动手去修	找人去修	买，买，买
青春偶像	小虎队	F4	TFFBOYS
网名	张三(真实姓名) 云淡风轻 逝水年华	孤独的流浪者 人生若只如初见 街角卖回忆	'幻觉'>谱写未来 烟寂☉
见面聊什么	工作，股票	魔兽，美剧	追星，游戏
看什么剧	谍战片	欧美剧	韩剧、网络神剧
发朋友圈	心灵鸡汤	晒娃	自拍
过节状态	出去旅游，在景点大门口V字摆拍	在家睡觉或朋友聚会，如果去旅游拍照也多为拍景	每一天都当节日过，想玩就玩

"80后""90后"新生力量已成为推动社会发展进步的主力军，也是一座巨大的商业金矿。"80后""90后"独特的价值观、生活和消费方式，让商家有些茫然，传统的营销方式在"80后""90后"面前面临失效的风险，企业必须深谙打动"80后""90后"消费时代的营销之道。

（资料来源：沈浩卿，2015消费趋势报告，"70后"、"80后"、"90后"的区别在哪？. [EB/OL]. [2016-03-29]. 360个人图书馆.）

研究消费群体的心理与行为是为了最大限度地遵从经营管理的经济原则。对于大多数企业而言，它们的经营活动不能建立在满足个人消费需要的基础之上，而必须建立在满足众多消费者(消费群体)需要的基础之上。消费者以群体的形式出现，市场营销才能规模化，经营效益才能最大化，单个消费者的心理与行为不足以形成规模化经营。

6.1 消费群体概述

6.1.1 消费群体的含义

消费群体的概念是从社会群体的概念中引申而来的。社会群体是指两人或两人以上通过一定的社会关系结合起来进行共同活动而产生相互作用的集体。社会成员构成一个群体，应具备3个基本条件和特征：①群体成员需以一定纽带联系起来，如以工作为纽带组成的职业群体；②群体成员之间有共同目标和持续的相互交往；③群体成员有共同的群体意识和规范。

具有某种共同消费特征的消费者组成的群体就是消费群体。消费群体是特定的社会群体，具有消费方面的共同特征与规律性。

6.1.2 消费群体的形成

1. 消费群体形成的原因

消费群体的形成是消费者的内在因素和外部因素共同作用的结果。

(1) 消费者因其生理、心理特点的不同形成不同的消费群体。消费者之间在生理、心理特征方面存在诸多差异，这些差异促成了不同消费者群体的形成。例如，由于年龄的差异，形成了少年儿童消费群体、青年消费群体、中年消费群体、老年消费群体；由于性别的差异，形成了女性消费群体、男性消费群体。这种根据消费者自身生理及心理特点划分的各个消费者群体之间，在消费需求、消费心理、购买行为等方面有着不同程度的差异，而在本群体内部则有许多共同特点。

(2) 不同消费群体的形成还受一系列外部因素的影响。这些外部因素包括生产力发展水平、文化背景、民族、宗教信仰、地理气候条件等，它们对于不同消费者群体的形成具有重要作用。例如，生产力的发展对于不同的消费者群体的形成具有一定的催化作用。随着生产力的发展和生产社会化程度的提高，大规模共同劳动成为普遍现象，因而，客观上要求劳动者之间进行细致的分工。分工的结果使得社会经济生活中的职业划分越来越细，如农民、文教科研人员、商贸人员等。不同的职业导致人们劳动环境、工作性质、工作内容和能力素质不同，心理特点也有差异，这种差异必然要反映到消费习惯、购买行为上来。久而久之，便形成了以职业划分的农民消费群体、文教科研人员消费群体、商贸人员消费群体等。

此外，文化背景、民族、地理气候条件等方面的差异，都可以使一个消费群体区别于另一个消费群体等。

2. 消费群体形成的意义

消费群体的形成对企业生产经营和消费活动都有重要的影响。

首先，消费群体的形成能够为企业提供明确的目标市场。通过对不同消费群体的划分，企业可以准确地细分市场，从而减少经营的盲目性和降低经营风险。企业一旦确认了目标市场，明确了为其服务的消费者群体，就可以根据其消费心理，制定出正确的营销策略，提高企业的经济效益。

其次，消费群体的形成对消费活动的意义在于调节、控制消费，使消费活动向健康的方向发展。任何消费，当作为消费者个体的单独活动时，对其他消费者活动的影响及对消费活动本身的推动都是极为有限的。当消费活动以群体的规模进行时，不但对个体消费产生影响，而且还有利于推动社会消费的进步。因为消费由个人活动变为群体行为的同时，将使消费活动的社会化程度大大提高，而消费的社会化又将推动社会整体消费水平的提高。

此外，消费群体的形成还为有关部门借助群体对个体的影响力，对消费者加以合理引导和控制，使其向健康的方向发展提供了条件和可能。

6.1.3 消费群体对消费心理的影响

研究消费群体，主要是通过对消费群体的分析，揭示消费群体以什么样的方式及在哪些方面对消费心理产生影响。

1. 消费群体为消费者提供可供选择的消费行为或生活方式的模式

社会生活是丰富多彩、变化多样的。处于不同群体中的人们，行为活动会有很大差别。例如，营业员在为顾客服务时，要求仪表整洁、服装得体、举止文雅，但不要打扮得过于时髦，而电影明星在表演时要适应剧中角色的要求，更换各种流行服装和发式。这些不同的消费行为通过各种形式传播给消费者，为其提供模仿的榜样。特别是对于缺乏消费经验与购买能力的人，他们经常不能确定哪种商品对他们更合适。在这种情况下，消费者对消费者群体的依赖性，超过了对商业环境的依赖性。

2. 消费群体引起消费者的仿效欲望，从而影响他们对商品购买与消费的态度

模仿是一种最普遍的社会心理现象，但模仿要有对象，即人们通常所说的偶像。模仿的偶像越具有代表性、权威性，就越能激起人们的仿效欲望，模仿的行为也就越具有普遍性。而在消费者的购买活动中，消费者对商品的评价往往是相对的，当没有具体的模仿模式时，不能充分肯定自己对商品的态度。但当某些消费群体为其提供具体的模式，而消费者又非常欣赏时，就会激起其强烈的仿效愿望，从而形成对商品的肯定态度。

3. 消费群体促使行为趋于某种"一致化"

消费者对商品的认识、评价往往会受到消费群体中其他人的影响。这是因为相关群体会形成一种团体压力，使团体内的个人自觉不自觉地符合团体规范。例如，当消费者在选购某种商品，但又不能确定自己选购这种商品是否合适时，如果群体内其他成员对此持肯定的态度，就会促使他坚定自己的购买行为。反之，如果群体内其他成员对此持否定的态度，就会促使他改变自己的购买行为。

6.1.4 消费群体细分

对消费群体的细分，实际上也是营销活动中的市场细分。细分消费群体的指标主要分为3类：①环境指标，如消费者所处的地理位置、所在地区的经济特征等，相对而言，这些指标具有长时间的稳定性；②社会与人口特征指标，如消费者的年龄、性别、家庭人口、

职业职务、收入水平等，这些指标中，有些指标具有较长时间的稳定性(性别等)，有些指标的变动性较大(收入等)；③消费者的心理行为指标，如按照消费者的兴趣爱好、价值观、消费习惯、使用频率、品牌忠诚度、消费者沟通等特征来划分消费者群体，这些指标中，消费习惯、消费价值观等具有相对的稳定性，而消费者的需要、对品牌的认识、消费体验等具有较大的变动性。本书将重点阐述按消费者的年龄、性别、收入和职业划分形成的不同消费群体的消费心理与行为。

在菲利浦·科特勒等人合著的《市场营销学》中，总结了细分消费者群体的指标(表 6-2)。

表 6-2　菲利浦·科特勒细分消费者群体的主要指标

变量		标准划分
地理因素	地区	太平洋岸、高山区、西北区、西南区、东北区、东南区等
	城市人口	略
	人口密度	都市、郊区、乡村
	气候特点	北方、南方
人口统计因素	性别	男、女
	年龄	<6岁、6~11岁、12~19岁、20~34岁、35~49岁、50~64岁、65岁及以上
	家庭人口数	1~2人、3~4人、5人及以上
	职业	专业和技术人员、管理人员，官员和老板、职员、推销员、工匠、领班、操作员、农民、退休人员、学生、家庭主妇、失业
	教育	小学或以下、中学肄业、高中毕业、大学肄业、大专毕业
	宗教	天主教、基督教、犹太教，其他
	种族	白、黑、东方人种
	国籍	美、英、法、德、意大利、拉丁美洲、中东、日本等
社会因素	社会阶层	下下、下上、中下、中上、上下、上上阶层
	生活方式	简朴型、追求时髦型、嬉皮型
	人格个性	被动、爱交际、喜命令、野心
	使用时机	普通时机、特殊时机
	追求利益	质量、服务、经济
	使用状况	从未用过、以前用过、第一次使用、经常使用
	使用频率	不常用、一般使用、常用
	品牌忠诚	无、一般、强烈、绝对
	准备程度	未知晓、知晓、已知道、有兴趣、想得到、试图购买
	消费态度	热情、积极、不关心、否定、敌视

在我国，市场的基本形态与美国有较大的差别，中国消费群体的细分标准有其自身的特征。表 6-3 是我国营销活动中经常使用的消费群体标准。

表 6-3 我国细分消费者群体的主要指标

细分标准		消费者类型
地理因素	地理范围	东北地区、西北地区、华北地区、华中地区、华东地区、华南地区、西南地区、经济特区
	城乡差别	农村、小城镇、中小城市、大城市
	城市规模	小城市、中等城市、重点城市、大型城市、超大城市
社会统计因素	性别	男、女
	年龄	婴幼儿、少年儿童、青年、中年、老年
	家庭人口	1人、2人、3~4人、5人及以上
	家庭类型	单身家庭、丁克家庭、传统3口、3代同堂、混合型家庭等
	家庭生命周期	初婚期、生育期、满员期、减员期、鳏寡期
	收入水平	极低收入、较低收入、中偏低收入、中收入、中偏高收入、很高收入、极高收入
	职业	普通工人、农民、公司商贸管理人员、国家机关、军人警察、医药卫生、文教科研、财政金融保险、个体经营者、学生、离退休无业等
	职务	职员、专业技术人员、企业管理人员、党政机关干部等
	工作状态	在职、下岗、离退休
	受教育程度	小学及以下、初中、高中或中专、大专大学、研究生及以上等
	宗教类型	不信教、佛教、道教、伊斯兰教、基督教天主教、犹太教等
消费行为因素	认知程度	没有认知、提示认知、未提示认知
	消费态度	热情、积极、无所谓、消极、否定
	追求利益	商品功能、质量、价格、服务等
	使用状况	从未用过、以前用过、第一次使用、经常使用
	决策速度	沉默型、冲动型、反复考虑型
	使用频率	偶尔用、一般使用、经常用
	品牌忠诚	无忠诚、中等忠诚、高度忠诚、绝对忠诚
	群体组织性	紧密型、松散型

从表6-2、表6-3中的内容可以看出，我国消费群体的细分标准与美国存在较大差异，主要表现在地理分布、职业划分、职务类型等社会与环境方面的指标，工作状态也存在一定的差异。至于消费者收入水平方面的指标，中国与美国的差别更大，尤其表现在低收入的等级水平；而消费者心理与行为方面的分类指标，没有太大的差异。

资料 6-1

中国区域消费差异

不同区域地理环境、气候条件、经济水平和文化背景的差异，使消费者的价值观和消费行为具有各自的地方特色。综合考虑经济水平和区域文化两个维度，将中国划分为10个区域(表6-4)。

表 6-4 国内不同区域消费者价值观的均值比较

区 域	省(直辖市)	成就感	人情	面子
1	北京市、天津市	0.07	-0.07	0.12
2	广东省	-0.01	-0.14	-0.15
3	上海市	-0.3	-0.02	0.04
4	山东省、江苏省、浙江省	0.01	0.17	0.22
5	四川省、重庆市	0.23	-0.13	-0.11
6	黑龙江省、辽宁省、吉林省	-0.24	-0.19	0.41
7	河北省、山西省、陕西省、甘肃省	0.31	0.49	0.21
8	云南省、贵州省、广西壮族自治区、海南省	0.19	0.03	-0.04
9	西藏自治区、内蒙古自治区、宁夏回族自治区、青海省、新疆维吾尔自治区	-0.48	0.16	-0.11
10	湖南省、湖北省、河南省、福建省、江西省、安徽省	-0.03	0.15	0.15

通过实证研究发现，十大区域的消费者在成就感、人情、面子 3 个维度的价值观上存在显著差异，见表 6-4。内陆省份的河北、山西、陕西和甘肃的消费者最看重成就感，西部省份的西藏、青海、宁夏、内蒙古和新疆的消费者对成就感最不看重；内陆省份的消费者比较注重人情；经济较发达地区的广东、上海、北京等地的消费者相对不太重视这一价值观；北方省份的消费者更注重面子，而南方人普遍不太重视这一点。

注重成就感价值观表现在消费行为上就是注重产品或品牌的档次和品位；重视人情价值观表现在消费行为上就是舍得在送礼（即送人情）上消费；关注面子价值观表现在消费行为上就是注重产品的外观和时尚价值。

(资料来源：阳翼. 中国区域消费差异的实证研究[J]. 管理科学，2007，(5).)

6.2 不同年龄群体的消费心理与行为

根据联合国世界卫生组织对年龄的划分标准，结合我国关于年龄的分段，大致划分为少年儿童(0～14 周岁)、青年(15～40 周岁)、中年(41～64 周岁)及老年(65 周岁及以上)。

6.2.1 少年儿童群体的消费心理与行为

少年儿童属于未成年消费者。由于计划生育政策的实施，我国儿童占总人口的比例呈下降趋势。据国家统计局统计显示，中国 0～14 周岁人口占总人口的比例 1982 年为 33.6%，1999 年为 25.4%，2007 年为 19.4%，2010 年为 16.6%。但是由于中国儿童绝对数值大，2010 年 14 岁以下的少年儿童为 2.22 亿人，再加上中国家庭独有的"独生子女"现象，使得中国儿童这一购买者角色的作用日益重要和突出。据有关的研究机构测算，我国儿童消费占到家庭总支出的 30%，随着国民经济发展和人民生活水平的提高，儿童消费所占的份额还在上升中。

当前我国儿童消费存在三大误区

在当今，无论是腰缠万贯的"大款"，还是收入欠丰的"工薪族"，许多父母为孩子花钱从不吝啬，甚至囊中羞涩者节衣缩食也要为孩子付出。"宁可亏了大人，不能委屈了孩子""宁可多花钱，也要为孩子买最好的"。教育专家指出，由于父母的大方和商家的推波助澜，我国儿童消费当前存在三大误区。

误区一：成人化。一些厂家、商家为谋取自身利益，全然不顾孩子的年龄特点，将一些成年人消费品套用于孩子：各类金银珠宝首饰、各种高档服装、名目繁多的儿童系列美容用品，以及紧身衣裤、各种补品，甚至还有所谓的"儿童婚纱"。过早地涉足成年人消费领域的结果是使本来单纯、朴实、健康、活泼的孩子们的心理和行为被扭曲。

误区二：高档化。所有的儿童用品，无论标价多高，有卖的就有买的。然而高档化所带来的儿童超水平消费，并不是所有的家庭都能承担的。因此，不可避免地出现家庭消费的倾斜。而且，一些高档儿童消费品刺激了孩子过高的消费欲望，抵消了正面教育的作用，有碍于儿童健康人格的形成。

误区三：盲目性。近年来，许多家庭在儿童消费品的购买方面存在相当大的盲目性，父母们出于良好的愿望，尽可能多地为孩子提供各种可供享用的消费品，这不仅造成大量的浪费，更忽视了孩子的真正需要。例如，在近年来不断升温的培养孩子音乐特长的热潮中，一些家庭为孩子购买了钢琴、小提琴等。而孩子对此并不感兴趣，便使得父母重金购买的乐器成为闲置用品。

对孩子而言，消费也是一种教育。理智消费，走出误区，不仅仅是花多少钱的问题，更关系到培养什么样的人。

(资料来源：周润健. 教育专家：当前儿童消费存在三大误区. [EB/OL]. [2010-06-01]. 新华社.)

1. 少年儿童群体的消费心理与行为特征

由于少年儿童属于未成年消费者，没有独立的经济能力，自我意识没有成熟，自我控制能力也不强，反映在消费行为方面，有其自身特点。

(1) 购买商品具有依赖性。由于少年儿童没有独立的经济能力和购买能力，几乎由父母包办他们的购买行为，所以在购买商品时具有较强的依赖性。许多父母不但代替少年儿童进行购买行为，而且经常地将个人的偏好投入购买决策中，忽略儿童本身的好恶。从这个角度讲，营销的重点不是那些少年儿童消费者本人，而是代替他们决策或购买的父母长辈。

(2) 模仿性消费动机比较强烈。少年儿童由于没有成熟的自我意识，认识商品真正价值的能力不强，选购商品时经常参考别人的消费行为，模仿他人的消费方式。学龄前和学龄初期的儿童的购买需要往往是感觉型、感情性的，非常容易被诱导。在群体活动中，儿童会产生相互的比较，如"谁的玩具更好玩""谁有什么款式的运动鞋"等，并由此产生购买需要，要求家长为其购买同类同一品牌同一款式的商品。这种现象不仅普遍，而且会持续很长的时间，一直到青年时期还会出现类似的消费现象。模仿消费行为是少年儿童与青年消费者形成流行风潮的心理基础，也是流行现象出现的主要消费群体。

(3) 选购商品具有较强的好奇心。少年儿童的心理活动水平处于较低的阶段，虽然已能进行简单的逻辑思维，但仍以直观、具体的形象思维为主，对商品的注意和兴趣一般是由商品的外观刺激引起的。因此，在选购商品时，有时不是以是否需要为出发点，而是取决于商品是否具有新奇、独特的吸引力。

(4) 购买目标明确，购买迅速。少年儿童购买商品多由父母提前确定，决策的自主权十分有限，因此购买目标一般比较明确。加上少年儿童缺少商品知识和购买经验，识别、挑选商品的能力不强，所以对营业员推荐的商品较少异议，购买比较迅速。

(5) 文化娱乐的消费比重较大。少年儿童娱乐用品有特定的范围，如玩具、游戏、少年儿童读物等，这是由他们的生理特点和心理特点所决定的。儿童娱乐用品市场一直是长盛不衰的消费市场。

(6) 盲目消费比例较高。当前，少年儿童在消费中存在很大的盲目性。父母们在爱和补偿心理的驱使下，尽可能地给孩子提供好的物质条件，而忽视了孩子的真正需要，甚至造成了不必要的浪费。特别是对电视等媒体广告中的少儿产品形成了过分依赖，将之视为时髦的象征，而不考虑自己是不是真的需要那些东西；还有就是广泛存在于小孩子、家长当中的盲目攀比心理。此外，成本意识和计划意识缺乏，使少年儿童在有钱时想买什么就买什么，很少关心产品的价格。

【拓展视频】

2. 少年儿童群体的消费心理对企业营销的启示

少年儿童消费者构成了一个庞大的消费市场。企业把握少年儿童的心理特征，是为了刺激其购买动机，满足他们的心理和物质需求，积极培养、激发和引导他们的消费欲望，从而大力开发这一具有极大潜力的消费市场。

(1) 区别不同对象，采取不同的组合策略。乳婴期儿童，一般由父母为其购买商品。企业对商品的设计要求、价格制定可以完全从父母的消费心理出发。商品质量要考虑父母对儿童给予保护、追求安全的心理。学龄前期的儿童不同程度地参与了父母对其购买商品的活动。因此，企业既要考虑父母的要求，也要考虑儿童的兴趣。如玩具的外观要符合儿童的心理特点；价格要符合父母的要求；用途要迎合父母要提高儿童智力及各方面能力的需要。

(2) 重视外观设计，增强商品的吸引力。少年儿童虽然已能进行简单的逻辑思维，但直观的、具体的形象思维仍起主导作用，对商品优劣的判断较多地依赖商品的外观形象。为此，企业在儿童用品的造型、色彩等外观设计上，要考虑儿童的心理特点，力求生动活泼、色彩鲜明。如用儿童喜爱的卡通形象作为服装装饰图案，以增强商品的吸引力。

(3) 树立品牌形象。少年儿童的记忆力很好，一些别具特色并为少年儿童喜爱的品牌、商标或商品造型，一旦被其认识，很难忘记。相反，如果他们对某商品产生不良印象，则很难改变。因此，企业在给商品命名、设计商标图案和进行广告宣传时，要针对少年儿童的心理偏好，使他们能够对品牌产生深刻的印象，并且还要不断努力在产品质量、服务态度上下功夫，使少年儿童能够长期保留对企业及商品的良好印象。

6.2.2 青年群体的消费心理与行为

1. 青年群体的消费心理与行为特征

在我国，青年群体人口众多，也是所有企业竞相争夺的主要消费目标。一般来说，青年群体的消费心理特征主要表现为以下特点。

(1) 追求时尚和新颖。青年人的特点是热情奔放、思想活跃、富于幻想、喜欢冒险，这些特点反映在消费心理上，就是追求时尚和新颖，喜欢购买一些新的产品，尝试新的生活。在他们的带领下，消费时尚也就会逐渐形成。

(2) 表现自我和体现个性。这一时期，青年人的自我意识日益加强，强烈地追求独立自主，在做任何事情时，都力图表现出自我个性。这一心理特征反映在消费行为上，就是喜欢购买一些具有特色的商品，而且这些商品最好是能体现自己的个性特征，对那些一般化、不能表现自我个性的商品，他们一般都不屑一顾。

(3) 崇尚品牌与名牌。随着自我意识的发展和机能的成熟，青年人追求仪表美、个性美，表现自我、展示自我的欲望日益强烈。反映在消费者心理与行为方面，就是青年人特别注意商品的品牌与档次。在他们看来，名牌是信心的基石、地位的象征。因而，青年人在购物时，虽然也要求产品性能好、价格要适中等，但对商品的品牌要求越来越高。

【拓展视频】

(4) 容易冲动，注重情感。由于人生阅历并不丰富，青年人对事物的分析判断能力还没有完全成熟，他们的思想感情、兴趣爱好、个性特征还不完全稳定，因此在处理事情时，往往容易感情用事，甚至产生冲动行为。他们的这种心理特征表现在消费行为上，就是容易产生冲动性购买，在选择商品时，感情因素占了主导地位，往往以能否满足自己的情感愿望来决定对商品的好恶，只要自己喜欢的东西，一定会想方设法，迅速作出购买决策。例如，在许多时候，产品的款式、颜色、形状、广告、包装等外在因素往往是决定其是否购买该产品的第一要素。另外，青年消费者的消费兴趣具有很大的随机性和波动性。这都反映出其消费的冲动性和情感性。

2. 青年群体的消费心理对企业营销的启示

(1) 满足青年消费者多层次的心理需要。青年消费者进入社会后，除了生理、安全保障需要之外，还产生了社会交往、自尊、成就感等多方面的精神需要。企业开发的各类商品，除具备实用价值外，还要满足青年消费者不同的心理需要。如名牌产品显示消费者地位和社会认可度，而这正是许多青年人的追求。

(2) 开发时尚产品，引导消费潮流。青年消费者学习和接受新事物快，富于想象力和好奇心，因此，在消费上追求时尚、新颖。实践表明，符合时代潮流、代表现代最新技术、新颖适用的产品，最能激发青年的消费欲望。企业要不断运用新的科学技术、新工艺，开发设计新产品，并在产品的造型、结构、性能等方面有所创新。

(3) 注重个性化产品的生产、营销。个性化的产品、与众不同的另类商品被青年消费者称为"酷"而大受欢迎。企业在产品的设计、生产中，要改变传统思维方式，要面向青年消费者开发个性产品。尤其是服装装饰品、书包、手袋、手机等外显商品的设计与生产，应改变千篇一律的大众化设计，寻求特性，以树立消费者的个性形象。目前，在商品市场颇为流行的定制消费，是青年消费个性化的突出表现，也是企业依据青年消费特点作出的反应。

(4) 强调情感消费。正如美国心理学家弗兰西克·罗里所言，消费者是人，而人是有感情的。产品虽然没有感情，但可以设法给它附上有感情的色彩，让它引起消费者的遐想和共鸣。企业面对的广大消费者，是具有丰富情感的消费者，而对于青年消费者来说，情感因素的作用表现得尤为突出。因此，企业为了要达到引导青年消费需求、把握市场主动权这一终极目的，必须把满足青年消费者的情感需求放在至关重要的位置。

资料 6-3

中国独生代的消费革命

1979 年中国政府开始实行"一对夫妇只生育一个孩子"的政策，这一史无前例的"创举"造就了大约 1 亿(2001 年)的独生子女人群，而且随着时间的推移，这个人群还将进一步扩大(据预测，中国的人口大约还需 50 年才能实现负增长)。在中国家庭人口结构(2001 年)中，三口之家比例最大占 31.45%，城市中三口之家比例更高达 43.10%(《中华人民共和国年鉴 2002》)。

最早的一批独生子女，到 2006 年已 27 岁，开始进入消费高峰期。他们的工作和收入趋于稳定，未来收入预期乐观。也就是说，独生代将迅速替代占主导地位的 18～35 岁消费群体，成为中国新的消费主力。更重要的是，独生代正在引发中国的消费革命。

中国独生代 20 年前被称呼为"小皇帝""小太阳"，20 年后他们是"QQ族""新新人类"。他们曾经过着千娇百宠的生活，是别人羡慕的对象。但他们也羡慕别人，他们生而孤单，没有兄弟姐妹。他们被指责为娇生惯养、依赖成性。

独生代的消费价值观及消费特征
特征 1：无所不闻超早熟

独生代生逢 IT 技术迅猛发展，一出生便有电视、手机、互联网任其使用，各种信息应有尽有，无所不包。信息过剩，多见广识，催其早熟。独生代从小习惯影视语言和网络语言，对广告反应迅速，对新事物接收快。

社会学家们称，越来越开放的经济社会使这一代孩子没有资讯封闭的苦闷，没有太多传统文化的记忆，没有刻骨铭心的历史负累。

对比：传统世代信息不充分、不对称，用经验弥补信息不足，对新事物保持理性。

特征 2：独立个性酷自我

"很少挫折"的成长背景，造就了"自我"的风格，以自我为中心，我行我素，个人主义，"我想，我要，我喜欢"。习惯人服从，不习惯被服从，习惯别人照顾关心，不习惯照顾别人。关心小我胜过关心历史和政治大事。

对前辈的很多观念很不以为然，他们大多思维独立，藐视权威和领导，不愿被改造，敢于接受挑战，在信息时代如鱼得水。在消费观念上更是"自我"，虽然薪水不算低，但积蓄几乎为零，大多数收入花在服饰、信息、交友及旅游上。

对比：传统世代重视别人的看法，受群体影响大，重中庸和谐。

特征 3：全方位享乐主义

中国的消费文化和他们同步成长，独生代的特殊背景又令他们享受了家庭的宠爱，几乎每一点愿望都可满足，这使独生代有永不满足的消费需求。通吃物质和精神快餐(漫画、杂志、网络、肯德基、麦当劳、馋所有美味美丽美妙的……），追感觉，爱动物甚于爱人，爱电脑甚于爱书，易迷恋或沉迷某种事物而不惜花钱。独生代热衷信用卡消费、超前买车买房，超前消费是其基本模式。

对比：传统世代从吃苦耐劳到逐步有限享乐，滞后消费是其基本模式。

特征4："有钱就花"，不存钱

"天天有阳光，明天会更好"，无忧患意识，更伴随中国经济繁荣期望值不断上升。独生代抱着"有钱就花"的观念，无论赚多少，都在当月花掉，甚至还会透支，"没钱先贷"，乐于欠债，总觉得缺钱，图的就是痛快。有媒体称他们是"都市新贫族"。

对比：中国尽管银行利息8次降息，基本上存钱已无利可图，百姓银行存款仍高居11万亿元(2003年)，传统世代缺乏安全感，一定要存钱防未来。

特征5：崇尚品牌时尚成风

在消费上，他们对节俭的传统美德并没有太大的兴趣，但对源于西方的超前消费和及时消费却有很强的认同感。讲究情调、品位、审美，崇尚品牌和高档。

在具体的消费行为上，他们表现出大胆和叛逆，是时尚消费的引领者和追随者，在他们眼中很少有禁区，传统的消费习惯被他们认为是一种落后的束缚。

对比：传统世代消费重实在甚至节俭，离品牌距离远。对促销降价敏感反应高。

特征6：旅游电游追寻心情和体验

北京一项旅行社随机调查(2002年)表明，刚走向工作岗位的独生代群体，有出境游愿望的达80%以上。到澳大利亚、新西兰甚至更远的地方度假的人越来越多。出境游通常需要1~2周时间，费用需人民币1万元左右，虽然花费远高于许多人的月收入，但旅游群中独生代的比例仍然有增无减。据业界分析，有希望成为中国出境游最具实力支撑者的，应是陆续进入消费期的独生代。

在独生代的眼中，网络虽然是虚拟的，但比现实更自由开放，他们的喜怒哀乐可以在鼠标和键盘上得以充分的表达，他们的孤独和无奈可以在网络上与素昧平生的网友分享。他们乐于尝试，挑战自我，成为电子游戏消费的主力和极限运动的先锋。

对比：传统世代过去很少花钱在体验消费上，如旅游，他们甚至反对网吧、电子游戏。

综上所述，独生代需求欲望高、执着个性和高档品牌、习惯透支、乐于新品、心理需求高、寻求刺激和体验等消费特征日益凸显出来，独生代的消费价值观既倾向于西方，又在心理层面不同于西方。其与传统消费形式巨大的反差及其巨大的消费潜能，预示着新的消费浪潮的到来。加强对中国消费新世代的实证研究，进行营销策略创新已成为必须。

(资料来源：卢泰宏. 消费者行为学——中国消费者透视[M]. 北京：高等教育出版社，2005.)

6.2.3 中年群体的消费心理与行为

中年群体是一个消费能力极强但又具有自我压抑特征的群体。

在我国，中年人上有老下有小，经济负担较重，虽然经济收入较高，但直接用于自己的支出并不多，表现出明显的自我压抑倾向。同时，由于中年消费者的子女尚未独立，而父母又步入老年行列，所以中年消费者一般是家庭商品的购买者和决策者。中年人的心理已经相当成熟，个性表现比较稳定，他们不再像青年人那样爱冲动，爱感情用事，而是能够有条不紊、理智地分析处理问题。中年人的这一心理特征在他们的购买行为中也有同样的表现。

1. 中年群体的消费心理与行为特征

(1) 购买的理智性强。随着年龄的增长，青年时的冲动情绪渐渐趋于平稳，理智逐渐支配行动。中年人的这一心理特征表现在购买决策心理和行动中,使得他们在选购商品时,很少受商品的外观因素影响,而比较注重商品的内在质量和性能,往往经过分析、比较以后,才做出购买决定,尽量使自己的购买行为合理、正确、可行,很少有冲动、随意购买的行为。

(2) 购买的计划性强。中年人虽然掌握着家庭中大部分的收入和积蓄,但由于他们上要赡养父母,下要养育子女,肩上的担子非常沉重。他们中的多数人懂得量入为出的消费原则,开支很少有像青年人那样随随便便、无牵无挂、盲目购买。因此,中年人在购买商品前常常对商品的品牌、价位、性能要求乃至购买的时间、地点都妥善安排,做到心中有数,对不需要和不合适的商品他们绝不购买,很少有计划外开支和即兴购买。

(3) 购买的实用心理强。中年人不再像青年人那样追求时尚,生活的重担、经济收入的压力使他们越来越实际,买一款实实在在的商品成为多数中年人的购买决策心理和行为。因此,中年人更多地关注商品的结构是否合理,使用是否方便,是否经济耐用、省时省力,是否能够切实减轻家务负担。当然,中年人也会被新产品所吸引,但他们更多地关心新产品是否比同类旧产品更具实用性。商品的实际效用、合适的价格与较好的外观的统一,是引起中年消费者购买的动因。

(4) 购买有主见,外界影响不大。由于中年人的购买行为具有理智性和计划性的心理特征,使得他们做事大多很有主见。他们经验丰富,对商品的鉴别能力很强,大多愿意挑选自己喜欢的商品,对于营业员的推荐与介绍有一定的判断和分析能力,对于广告一类的宣传也有很强的评判能力,受广告这类宣传手段的影响较小。

(5) 购买随俗求稳,注重商品的便利。中年人不像青年人那样完全根据个人爱好进行购买,不再追求丰富多彩的个人生活用品,需求逐渐稳定。他们更关注别的顾客对该商品的看法,宁可压抑个人爱好而表现得随俗,喜欢买一款大众化的、易于被接受的商品,尽量不使人感到自己花样翻新和不够稳重。由于中年人的工作、生活负担较重,工作劳累以后,希望减轻家务负担,故而十分欢迎具有便利性的商品。如减轻劳务的自动化耐用消费品、半成品、现成品的食品等,这些商品往往能被中年顾客认识并促成购买行为。

资料 6-4

中年人网购看准了才出手

网上购物实惠、快捷、选择性大等特点是吸引消费者的主要原因,如今网购不再是年轻人的专利,不少中年人也开始追赶时尚,成为网购一族。

市区一家快递公司的业务员张先生说,他每天平均能送100多个快件。以前,这些快件里,最多有七八个是中年人的,但是今年以来,至少有二三十件是中年人购买的。

与年轻人网购的商品种类差不多,中年人网购时也是以服装、食品为主,再就是与家庭生活相关的日常生活用品等。但是,与年轻人网购轻易下单不同,中年人在网购时更讲究实用,多是看准了才出手,一般不用退换货。中年人网购沟通方式也和年轻人不同,年轻人会和客服讨价还价、交流商品信息,中年人则碍于对现代通信工具使用不灵活,多采取自助下单。很多中年人都没有开通支付宝或绑定网银,他们担心网上支付的安全性,所以网购付款时更青睐货到付款的方式。

(资料来源:李晓岩.中年人网购看准了才出手 百件货物中年人占三成[N]. 威海晚报,2014-09-17)

2. 中年群体的消费心理对企业营销的启示

(1) 注重培育中年消费者成为忠诚顾客。中年消费者在购买家庭日常生活用品时，往往是习惯性购买，习惯去固定的场所购买经常使用的品牌。生产者、经营者要满足中年消费者的这种心理需要，使其消费习惯形成并保持下来。不要轻易改变本企业长期形成的历史悠久的商品品牌包装，以免失去顾客。商品的质量标准和性能价格比，要照顾到中年消费者的购买习惯，也不要轻易变动。

(2) 商品的设计突出实用性。中年消费者消费心理稳定，追求商品的实用性、便利性，华而不实的包装、热烈、刺激的造型，强烈对比、色彩动感的画面往往不被中年消费者喜爱。

(3) 促销活动要理性化。面向中年消费者开展的商品广告宣传或现场促销活动要理性化。中年消费者购物多为理性购买，不会轻易受外界环境因素影响和刺激。因此，在广告促销活动中，要靠商品的功能、效用打动消费者，要靠实在的使用效果、使用人的现身说法来证明。在现场促销时，营业员面对中年顾客要以冷静、客观的态度及丰富的商品知识说服顾客来推荐商品并给顾客留下思考的空间和时间，切忌推销情绪化、过分热情而导致中年消费者反感。

需注意的是，现代社会中，一些40岁左右的消费者更有一种接近青年人的心理特征，因而，在制定市场营销策略时不能绝对化。

6.2.4 老年群体的消费心理与行为

由于老年人在生理、心理、经验等方面与其他消费群体相比有着明显的差异，因此，老年市场的消费行为也具有了其自身的特征，充分认识这些特征，是开发老年市场、制定营销策略的关键。

1. 老年群体的消费心理与行为特征

(1) 消费习惯稳定。人们购买和消费具有一定的习惯性，这是消费行为的普遍规律。老年消费者有着几十年购买消费的实践，在长期的选择和使用过程中，积累了丰富的经验，对哪些商品能够满足自己的需要有较为深刻的理解。因而老年消费者对某些商品形成了比较稳定的购买消费习惯，对某些品牌更是产生了一定的偏好，具有较高的品牌忠诚度。这类习惯一旦形成，就很难变化，会在很大程度上影响老年消费者的购买行为。

资料 6-5

老年顾客抢购老牌化妆品

老式样的玻璃柜台，柜台后摆放着到屋顶的各种货物，售货员在柜台后拿下顾客想要的商品，随后把算盘拨得噼里啪啦响加出总价来。商品除了宽大的衣服就是布匹被面，还有友谊雪花膏、海鸥洗发膏等老名牌化妆品。这场景就发生在前门东大街上一家老百货商店内。最近一个多月来，每天来购物的人都得排队，大多是中老年顾客，很多人从平谷、怀柔等地赶过来，还把柜台的玻璃挤碎了一块。

走进百平方米左右的商店，四周墙壁挂满了衣服、日用百货等，老式的玻璃柜台把顾客与售货员隔开。

顾客大多是中老年人,而商品基本都是20世纪80年代的老品牌,如友谊雪花膏、美加净、纯甘油、玉兰油美白霜、华姿发露等,这些老品牌的化妆品价格仿佛也停留在那个年代,如凡士林才1.2元、沉香粉才1.5元、友谊护肤脂才1.9元等。

顾客大多从很远地方赶来。54岁的李女士花20多元买了凡士林、护肤脂等,"我住丰台那边,专门过来给80多岁的母亲买美加净的头油,老太太就想用那种头油。"秦女士从望京来,她说给母亲买了几种老牌子化妆品,其他地方买不到了,"我年轻时候,用上海美加净的洗发粉,那时候最时尚了,别人都用香皂洗头呢。"秦女士说,知道大方百货商店专卖老牌子商品以后专门来买。其他顾客说:"到这商店有种回到过去的感觉,除了买点货真价实的老牌子商品,也是一种怀旧,在北京找这样的老商店太难了。"

(资料来源: 李华良, 魏彤. 抢购老牌化妆品老年顾客挤破柜台[N]. 北京青年报, 2007-10-29.)

(2) 消费行为理智。由于年龄和心理的因素,老年消费者在购买时往往不像青少年消费者那样冲动,他们往往会根据自己长期积累的经验和已形成的标准,对产品加以评价,然后才购买消费。这一过程中,老年消费者的消费决策受情感冲动的影响是较少的。因此,老年消费者的购买决策大多是趋于理智型的,特别是对高价值消费品的购买,决策的过程都会较长。

(3) 消费追求便利。老年消费者由于生理机能逐步退化,对商品消费的需求着重于其易学易用、方便操作,以减少体力和脑力的负担,同时有益于健康。老年消费者对消费便利性的追求,还体现在对商品品质和服务的追求上,质量好、售后服务好的商品能够使老年消费者用得放心、用得舒服,不必为其保养和维修消耗太多的精力。

(4) 商品追求实用。老年消费者把商品的实用性作为购买商品的第一目的,他们强调质量可靠、方便实用、经济合理、舒适安全,至于商品的品牌、款式、颜色、包装,是放在第二位考虑的。我国现阶段的老年消费者经历过较长一段时间的并不富裕的生活,他们生活一般都很节俭,价格便宜对于他们选择商品有一定的吸引力。但是随着人们生活水平的改善,收入水平的提高,老年消费者在购买商品时也不是一味追求低价格,品质和实用性才是他们考虑的主要因素。价格便宜也是老年消费追求的一个重要目标,因此由于理性消费的原因,老年消费总的来说属于节俭型消费。

(5) 注重健康。随着生理机能的衰退,健康成为老年人最关心的问题。老年消费者对保健食品和用品的需求量大大增加,只要某种食品或保健品对健康有利,价格一般不会成为老年消费者的购买障碍。

资料6-6

老人深陷骗局 花40万元买保健品

72岁的王大妈,是山西省太谷县的一位退休小学教师,平时省吃俭用,为了健康,偏爱购买各种保健品,在她家里大大小小13个纸箱子里装满了这几年买的部分药品,总共有30多个品种。几年间,王大妈在健康产品上的投资高达近40万元,她不仅花光了所有的积蓄,还先后从54个亲戚朋友手里借款30多万元。但,这些所谓的药,大都没有任何批准文号,来路不明。王大妈怎么都不相信,保健品并没有给她带来健康,留下的除了一身的病痛就是沉重的外债……。

不法商家怎么忽悠老人的?总结惯常的骗术有4招。

第一招,洗脑营销。打着免费健康讲座的旗号,向老年人灌输歪曲的健康理念,虚构夸大他们的病情,诱惑老人购买保健品和治疗仪器。

第二招，亲情营销。营销人员一见面就喊爸爸妈妈、爷爷奶奶，哄着老人高兴，其实看中的就是老人兜里的钱，让他们最后购买保健品。

第三招，体验营销。拉着老人体验各种医疗器械，吹嘘疗效，忽悠老年人花钱。

第四招，免费体检。打着免费体检的幌子，在体检报告上做手脚，吓唬老人赶紧掏钱治病。

破解这些骗术不能单靠老年人自己，每个人都有责任为老年群体的消费提供更多保护。谁都有父母，谁都有会老去的一天，让老人远离骗局，为老人守住了今天的蓝天，我们未来的日子才能沐浴阳光。

【拓展视频】

（资料来源：2015 央视 3·15 晚会.谁来管管来路不明的保健品. [EB/OL]. [2015-03-16]. 央视网.）

(6) 补偿性消费心理。在子女长大成人，独立、经济负担减轻后，部分老年消费者产生了强烈的补偿心理，试图补偿过去因条件限制而未能实现的消费愿望。他们在美容美发、穿着打扮、营养食品、健身娱乐、旅游观光方面和青年消费者一样有着强烈的消费兴趣。

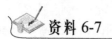
资料 6-7

老年人补拍婚纱照渐趋时尚

华丽的白色婚纱、久藏的金色戒指、贴身服务的摄影师和造型助理……这些充满浪漫光环的享受，已经不再是年轻人的"专利"。近几年，年龄在 60~70 周岁的老年人补拍婚纱照逐渐增多，他们当中有些是为了弥补当年遗憾，有些是受子女鼓励。虽然形式简单，但补拍婚纱照已渐渐成为中老年夫妻的一种新时尚。

近日，家住临海大洋小区的何大爷与妻子李阿婆在临海市区某婚纱店补拍了婚纱照。提起 40 年前那场简陋的婚礼，何大爷显得有些愧疚。他告诉记者，结婚时生活比较困难，家里连像样的家具都没几样，更别说是拍什么结婚照了。"现在生活好了，经济也宽裕了，总想对操劳了几十年的她补偿一下，所以就订了这套婚纱照。"

何大爷说，自己并不是追求浪漫的人，之所以补拍婚纱照，是为了兑现年轻时的承诺。"当时，我说要风风光光把女伴娶回家，可由于家里有些变故，没经济条件请太多的亲戚朋友到场，结果是匆匆拜了天地。"条件不允许，但当年的承诺何大爷一直记在心头，在结婚 40 周年之际，他兑现了自己埋藏已久的诺言。

事实上，相当一部分补拍婚纱照的中老年人，还是受了子女的"怂恿"。而这也是体恤父母的子女们向老人表示孝心和体贴的一种方式。

市民刘小姐在为自己订婚纱照时，就为父母也订下了一套。"今年是我爸爸妈妈的银婚年，我想让他们在结婚纪念日那天来补拍一套婚纱照，一来是感谢他们对我的养育之恩，二来是要告诉他们，虽然我就快要有小家庭了，但今后的日子里我并不会只顾着自己，他们永远是我关心、爱护的人！"

而从事广告策划的包先生为了说服父母去补拍婚纱照，还耍了点小"心机"。"我的父母生活一直比较节俭，花钱去拍照他们肯定舍不得。所以在给他们订了婚纱照之后，就跟他们说是单位搞活动赠送的，有时间期限，必须马上去拍。父母舍不得浪费这张卡，再加上我和哥哥姐姐不断鼓动，终于让他们补拍了一套婚纱照。"包先生说，现在他的父母最喜欢做的事情，就是时不时地拿出补拍的婚纱照相册细细欣赏。

目前，中老年人的婚纱套照价钱一般比较实惠，为 1 000 元/套～2 000 元/套。在拍摄过程中，虽然年轻人会想尽量突出父母，多给父母拍些镜头，但父母们大多会要求孩子们和他们一起拍照，将补拍的婚纱照变成另一种形式的"全家福"。

尽管目前敢于重新披上婚纱秀一把的中老年人还不是很多，但不少婚纱影楼的经营者已经敏锐地察觉到其中蕴藏的商机，他们有些还推出了专门针对中老年人的婚纱套照。

(资料来源：王琴琴. 老年人补拍婚纱照渐趋时尚[N]. 台州晚报，2010-04-13.)

2．老年消费者的消费心理对企业营销的启示

为了有效开拓老年市场，企业要切实树立现代市场营销观念，认真搞好市场调研工作，善于根据老年人消费的心理特点及老年市场需求的变化规律制定正确的营销策略，主要包括以下工作。

(1) 老年产品注重产品的实用性、方便性、保健性。企业不但要提供老年消费者所希望的方便、舒适，有益于健康的消费品，还要提供良好的服务，如热情接待、咨询介绍、代办手续、送货上门、安装调试、免费上门维修保养。另外，企业还应考虑老年群体需求的多样性、层次性和复杂性，提供适合于不同年龄、地域、性别、文化、个性、收入和消费方式的老年人所需的商品。如考虑老年消费者娱乐休闲方面的要求，提供适合老年人特点的健身娱乐用品和休闲方式。

(2) 广告宣传要体现情感特点。广告宣传应针对老年人的实际需要和所思所想，抓住他们怀旧和重感情的需求，体现尊老、敬老、爱老的主题，既不夸大其词，又能体现产品的实际特点，还要包含对老年人不尽的关怀，将"情"字贯穿于广告宣传的始终，处处为老年人着想，做到动之以情，以情感人，使广告宣传更具人情味，以真情博得老年消费者的好感。

(3) 销售渠道的设计要合理。老年人一般体力不足，活动范围有限，企业在销售渠道设计方面，应以方便购买为指导思想，尽可能选择老年商场、老年专卖店、老年便利店、老年专柜销售老年产品，使其尽量接近老年人生活地，以便为老年人提供更多的便利条件。

(4) 进行合理的价格定位。老年人是成熟而理性的消费者，往往对价格具有较高的敏感性，价格高低直接影响着他们的购买决策，物美价廉、经济实惠是多数老年人购买商品的基本准则。这不仅是由老年人的消费心理决定的，而且也是由其经济状况和经济承受能力所决定的。当然，企业也应看到，随着老年人生活水平的提高和生活方式多元化的发展，部分老年人特别是收入高的老年人对高档老年产品或服务已表现出较强的需求欲望。因此，企业也可适当增加一些优质优价的高档产品，以满足这部分老年人的需求，同时通过这种以高养低的做法来提高企业的盈利水平。

【拓展视频】

6.3　不同性别群体的消费心理与行为

6.3.1　女性群体的消费心理与行为

据第六次人口普查统计，我国女性人口数有 65 287 万人，占总人口的 48.7%。

其中，在消费活动中有较大影响的是中青年女性，即20～50岁这一年龄段的女性，约占人口总数的21%。消费组织的一项调查也显示，在全国25个大型百货商场的个人消费中，消费品和消费服务属于女性的项目占51.7%，远远超过男性和儿童消费群体。女性消费者不但数量大，随着女性就业人数的增加和在社会经济发展中地位的逐步提高，她们在消费中所起的作用也日渐突出。由于女性的多重角色，她们不但要为自己的需求而购买，还要为家庭中所有成员的需求而购买，大到住房轿车、家用电器，小到柴米油盐，她们都是家庭消费极其重要的影响者和决策者。在服装和化妆品方面的消费，更是以女性为主。因此，研究女性消费者，尤其是青年女性消费者的消费心理与行为，可以洞悉社会消费心理的变化和趋势。

1. 女性群体的消费心理与特征

虽然，因经济收入、职业、文化教育水平和年龄性格的不同，女性消费者表现出各自不同的心理特性。但总的来说，女性消费者的一般心理特点还是十分鲜明的。

(1) 注重商品的外表和情感因素。爱美是女性的天性，并充分体现在消费过程中。与男性消费者较多地注意商品的基本功能、实际效用相比，女性消费者对商品外观、形状，特别是其中表现的情感因素十分重视，往往在情感因素作用下产生购买动机。例如，她们对艺术品、胸针、纽扣、化妆品等特别有感情。认为某种商品对自己特别有价值，或某种商品除了具体的功能，还对自己和亲友有象征意义，如表达了爱情、尊严，唤起了自己的情感、回忆等，就会特别喜欢。

(2) 购买商品缺乏自信心和果断性。和男人相比，女性一般比较喜欢逛商场，愿意在柜台前花费较多的时间挑选商品。她们经过多次选择，自认为是"物色"好了的购买对象，一旦购买之后，还要细细地回味和比较，常有后悔感，所以会不厌其烦地一趟又一趟地去商店更换，直到满意为止。女性消费者通常是"完美主义者"，希望所购买的商品能百分之百地符合自己的心愿。所以，在选择商品时往往精挑细选，犹豫不决，力求最好。对于营业员来说，接待女性顾客要比接待男性顾客困难和麻烦得多，需要更多的耐心。

女性消费者心思细腻、追求完美，购买的商品主要是日常用品和装饰品，如服装鞋帽等，因此在购买商品时比男性更注重商品细节，通常会花费更多的时间在不同厂家的不同产品之间进行比较，更关心商品带来的具体利益。同样的产品比性能，同样的性能比价格，同样的价格比服务，甚至一些小的促销礼品和服务人员热情的态度都会影响女性消费者的购买决定。

(3) 注重商品的便利性。由于受工作关系和激烈的竞争意识影响，现代女性将更多的时间用于自我能力的发展，以提高自身的竞争力。因此，她们迫切希望减轻家务劳动量，缩短家务劳动时间，能更好地工作、晋升。为此，她们对日常消费品和主副食品的方便性要求更加强烈。例如，使用速食食品、罐装食品、冷冻食品、调味料的情形增加了。对于现代女性而言，既能照顾家人，又节省自己时间的有效办法，就是利用省时的商品或外部服务。同时，女性购物时间一般是周末或者晚上，并喜欢送货上门等省时、省力的购物方式。

第6章 消费群体心理与行为

资料 6-8

女性购车有何偏好

女性购车者越来越多,当她们日渐成为车市中不可忽视的一股消费力量时,人们也许应该对于女性消费偏好给予更多的关注。由于性别不同,女性在购车时的消费心理与男性存在着很大差异,从而造成了男性和女性钟爱的车型各有不同:靓丽鲜艳的颜色、灵巧可爱的造型、温馨的内饰、方便易操控的自动挡等车型,为相当一部分女性所偏爱。

偏好一:购车带着"参谋团"

与男性购车者不同,女性购车时喜欢带着购车"参谋团"。女士买车,大多身边会陪着一些懂车的男士,一般女士只负责看这款车的外形和内饰设计,至于车的性能等技术性问题,都交给男士把关。

偏好二:购车造型、色彩占首位

大多数的女性购车者购车凭着自己的第一印象,对车子外形(造型、色彩)要求往往特别挑剔,第一眼相不中的车型,无论性能如何好,或者别人如何推荐,一般都不再考虑,因此,一些外形时尚、亮丽、具有流线型、特别引人注目的车型往往比较讨巧。像福克斯两厢、POLO、骐达、飞度等外形时尚亮丽的两厢车,就是因其造型可爱、时尚,非常适合女性的审美观而颇受女性的喜爱。女性关注车的外形,这一点与男性关注车的动力性能、行驶在路上的感觉及油耗等实际问题截然不同。

偏好三:操控"怎么方便怎么来"

与追求"驾驶感至上"的男士相比,女性开车更看重车辆驾驶时的舒适性、便利性。大多数女性会选择带转向助力、方向盘及座椅可调节、自动变速箱等配置的车型。此外,女性消费者更为关注汽车的细节问题,她们对车内装饰做工是否细腻比较介意,常常一个小装饰就能左右女性选车的决定。

(资料来源:解元利. 女性汽车消费调查二:女性购车有何偏好[N]. 大河报,2008-03-06.)

(4) 注重商品的多样化和个性化,喜欢炫耀,自尊心强。女性拥有较强的自尊心和自我意识,对外界事物反应敏感。在购物时,她们喜欢独立自主地选购商品,希望别人仿效自己。对于许多女性消费者来说,之所以购买商品,除了满足基本需要之外,还有可能是为了显示自己的社会地位,向别人炫耀自己的与众不同。在现实生活中,男子在穿戴方面有追求同一的倾向,而女性则有追求相异的倾向。

(5) 主动消费多。由于诸多原因,女性在家务上往往居于主导地位,绝大多数妇女把操持家务视为责无旁贷,其心理具有一种职业特点。她们时常把一部分精力放在了解市场动态上,如遇到家庭日常生活用品要涨价,便会争先恐后地去购买,以备后用。对于日常生活用品,也会有计划地提前购买,很少出现断米断面的现象,表现出很强的消费主动性。

(6) 冲动性购买多。女性的消费心理虽有犹豫的一面,但同男性相比,情绪又具有相对的不稳定性和依赖性。她们在情绪上比较容易受感染,易受环境气氛的影响和被旁人的议论所左右。经常可以看到,她们在购买商品时,尽管是自己所喜欢的,如若无人问津或遇到态度恶劣的营业员,往往要打退堂鼓,放弃自己的购买意图;

【拓展视频】

相反，即使是她们不甚喜欢或不很需要的商品，如"处理品"，如果有很多人争先恐后地购买，或遇到态度友好的营业员，往往会表现出极高的购买热情，产生冲动性的购买行为。当冷静下来后，会后悔购买那些没有多大用处的东西，但再次遇到同样的情景时，她们还会不顾一切地去购买。

2. 女性群体的消费心理对企业营销的启示

女性消费者在购买活动中地位重要，影响决策力强，她们的消费心理具有情感性、求美性等特征。根据上述特征，面向女性消费者的市场营销心理策略主要包括以下内容。

(1) 根据年龄、职业、收入等变量，对女性消费者进行分群。不同的女性消费群体其消费习惯和倾向性会不一样，如年轻女孩的消费倾向多为追逐流行和时尚，中年女性为释放压力可能较偏爱一些休闲类消费，而老年的女性则更注重对健康的投资。因此，企业首先应按一定变量对女性消费者进行分类，然后，再针对不同女性消费群体来开发满足其不同需要的产品或服务。

(2) 在产品策略上不仅突出产品的功能和效用，注重便利和产品质量，产品外观设计上还要突出"美感"，色彩、款式、形状要体现流行、时尚。如一些小型电器、家庭日常卫生用品，多为女性经常使用。这类商品的生产设计者要为使用者着想，商品既要简单、方便、实用，外形还要美观。

(3) 在价格策略上根据市场类别选择低价策略、高价策略和运用灵活的心理定价策略。例如，对一般日常生活用品采取低价策略，即在广泛市场调查的基础上，产品价格取市场最低价，这样才能保证女性消费者在货比三家时，选中本企业的产品。而对新产品、化妆品、女性品牌服装、保健品、金银珠宝首饰等产品可采用高价策略，利用"一分钱一分货""好货不便宜"的价格心理准则，使其感到所购产品物有所值。

(4) 在渠道策略上可根据女性的消费习惯，对于家用电器、高档服装等价值高、挑选性强的商品，企业可选择窄渠道策略；对于食品等消耗量大、购买次数较多的日常生活消费品等可采用宽渠道策略。充分利用网络社区和电子商务手段开拓市场。网络应用的普及使得女性对网络的依赖度日益增强，网络生活已成为女性消费者日常生活中必不可少的组成部分。"网络社区+电子商务"的组合恰恰解决了这个难题，网络社区、BBS等为女性消费者提供了相互沟通消费信息和消费体验的平台，而电子商务则为消费者和商家或卖家之间的沟通创造了平台，二者的有机结合大大缩短了女性作出消费决策的时间。

(5) 在促销策略上选择有效的促销工具，向女性消费者及时传达产品信息，激发她们的购买欲望。选择合适的广告媒介，加大广告宣传。运用感情策略现场促销。商家在现场促销时，一是可以利用打折、购买点广告等来满足女性的实惠心理，激发她们的购买欲望，使其产生非理性消费；二是可以发挥促销员的诱导作用；三是购物环境要布置得优雅、舒适，芬芳的香味都能为女性消费者创造舒适浪漫的购物氛围；四是利用节日开展以"关爱女性"为主题的节日促销，如妇女节、母亲节等，赋予产品以感情，赢得女性的信赖和忠诚。

女性消费提示

2016年妇女节，广东省消费者委员会开展女性消费调查，发出女性消费提示。

1. 女性消费呈现四大特点

一是消费的主导性——女性的消费能力、消费倾向、消费偏好、消费行为对社会生产、商业布局，以及商品品类有一定的主导性，在一定程度上起到消费导向和引领作用。

二是需求的广泛性——女性由于在社会和家庭承担多种角色，其消费需求也呈现出多样性和广泛性。

三是价格的敏感性——除少数可能经济条件十分优异的女性外，绝大多数女性在消费时对价格都有天生的敏感性，突出地表现在重视商品性价比、偏好低价实惠商品、热衷降价打折……

四是行为的从众性——女性理性消费观念不强，消费行为容易受外部因素影响。

2. 七招让"买买买"更舒心

针对女性消费的以上特点，广东省消费者委员会发出以下消费提示：

一是理性对待促销。促销是商家针对消费者追求低价心理采取的一种营销手段，大多数女性面对商家花样百出的促销活动，往往会失去理性，抵不住诱惑，在遇到"批量优惠""打包促销"等销售活动时，会大量购买日用品，囤积在家，导致过期了都用不完。这样做不但占用家庭空间，还造成浪费。因此，特别提醒广大女性消费者，要理性面对商家促销活动，合理消费，抵制诱惑。

二是制定消费计划。随着生活改善，女性的消费能力不断提高，消费自主性越来越强。一些女性在消费时十分果断，遇到喜欢的东西马上出手，而过后却恨不得要"剁手"。因此，建议广大女性消费者进行消费规划，定期制定消费清单，严格按照计划开展消费活动，杜绝消费"后悔症"。

三是避免情绪消费。女性消费容易受情绪影响，可能心情好时买买买，心情不好时也买买买，购物心血来潮，图一时之快。有些女性甚至将购物作为发泄不良情绪的方式。这是一种不健康的消费心理。女性朋友要尽量避免这种情绪消费，减少因情绪影响而产生的消费冲动。

四是抵制从众消费。现代女性生活空间大，人际交际广。女性朋友在一起，难免聊聊生活和消费。一些喜欢攀比或自主性不足的女性，就会受身边人的影响，产生从众跟风消费。从众消费像城市的流行病一样，影响的不是一两个人，往往是一群人甚至更多的消费者，形成不良的消费风气。女性消费者要提高"自身免疫力"，增强定力，自觉抵制从众跟风消费风气。

五是注重适度消费。勤俭节约是中华民族的传统美德。女性消费者要树立节约消费观，养成适度消费的好习惯。要以实际需要为导向开展消费活动，避免铺张浪费；要把消费与经济能力挂钩，最好在经济承受能力范围内进行消费，不提倡女性朋友太多超前消费提前消费。

六是开展绿色消费。由于爱美是女人的天性，所以在选择商品时，女性消费者往往会注重商品的包装和外观，青睐包装精美的商品。但是过度的包装会造成资源浪费和环境污染，不利于生态文明建设。因此，倡导女性消费者形成生态文明观，开展绿色消费，不但不选购过度包装的商品，而且尽量购买能重复使用、多次利用、可分类回收、循环再生产的商品。

七是提高维权能力。女性作为消费的主力军，不仅要做消费生活的主导者，也要在维权领域发挥重要作用。女性消费者要多学法律法规，了解自身的权利义务，掌握维权方法手段，学会用法律武器维护自身合法权益。在消费权益受损时，要敢于发声，善于寻找帮助，可通过向有关部门或者消协组织投诉维权。

(资料来源：张海燕. 三八节女性消费提示 让买买买更放心舒心. [EB/OL]. [2016-03-08]. 人民网.)

6.3.2 男性群体的消费心理与行为

男性消费者,他们去商店一般都有明确的购买目标。男性消费者相对于女性来说,购买商品的范围要窄一些,但他们往往是家庭中高档产品购买的主要决策者,即他们一般多购买"硬性商品",注重理性,较强调阳刚气质。

1. 男性群体的消费心理与特征

【拓展视频】

(1) 注重商品质量、实用性,购买动机感情色彩比较淡薄。男性消费者购买商品多为理性购买,不易受商品外观、环境及他人的影响。注重商品的使用效果及整体质量,不太关注细节。男性的购买行为也比较有规律,他们对品牌和店面的忠诚度很高,即使出现冲动性购买,也往往自信决策准确,很少反悔退货。此外,男性消费者的审美观同女性有明显的差别。例如,有的男同志认为,男性的特征是粗犷有力,因此,他们在购买商品时,往往对具有明显男性特征的商品感兴趣,如烟、酒等。

(2) 购买商品目的明确、迅速果断。男性的个性特点与女性的主要区别之一就是具有较强理智性、自信性。他们善于控制自己的情绪,处理问题时能够冷静地权衡各种利弊因素,能够从大局着想,具有较强的独立性。他们喜欢通过杂志等媒体广泛收集有关产品的信息,决策迅速。

(3) 强烈的自尊好胜心,购物不太注重价值问题。由于男性本身所具有的攻击性和成就欲较强,所以男性购物时喜欢选购高档气派的产品,而且不愿讨价还价,忌讳别人说自己小气或所购产品"不上档次"。特别是许多男性不愿"斤斤计较",购买商品也只是询问大概情况,对某些细节不予追究,也不喜欢花较多的时间去比较、挑选,即使买到稍有毛病的商品,只要无关大局,也不去计较。

(4) 购买动机具有被动性。就普遍意义讲,男性消费者的购买活动远远不如女性频繁,购买动机也不如女性强烈,比较被动。在许多情况下,购买动机的形成往往是由于外界因素的作用,如家里人的嘱咐、同事朋友的委托、工作的需要等,动机的主动性、灵活性都比较差。常常有这种情况,许多男性顾客在购买商品时,事先记好所要购买的商品品名、式样、规格等,如果商品符合他们的要求,则采取购买行动,否则,就放弃购买动机。

资料 6-10

男性消费流变:要面子更要品位

逛街、买衣服、做 spa、美容……听到这些,你会说,女人们的戏码,有什么劲?错了!这些早已不是女士的专属领域了。如今,男人们早已登上了时尚舞台,开启"男士专属"消费时代。

1. 现代男性注重自我修饰

数年前,人们普遍认为,不拘小节是真男人,太注重外表的男人会让人觉得很奇怪,粗犷阳刚这个对于男性形象的认同标准,可以说是由来已久并且根深蒂固的。然而,不同的时代,男性的标准也会为之不同,随着经济的发展、收入的提高,男性的需求层次也在提高,受人尊重的欲望不断膨胀,男性美的定义也随之在变化,追求时尚潮流便不光是女性的专利了,"为悦者容"的男士日益增多。男士们开始认识到外表形象的重要性，从衣服包装到饰品的搭配到求助于化妆品或者美容护理来提升自身的品位及改变自身的形象。据统计，现在的职场上，舍得在自己的形象气质上投资时间、精力和费用的男性越来越多。

男性高端消费甚为流行，消费的主角多是那些事业成功型男士。对于他们来说外表形象变得越发重要，服饰的穿戴就是他们身份的象征。在同一个社交圈子里，大家可能有着不同的消费习惯和偏好，但其价格品位却需要在一个档次。"看这个怎么样？很衬我气质吧！"在某购物中心珠宝区，在一家IT企业工作的李新拿着一条蜜蜡手串对朋友说。如今的男士珠宝也打破陈规，花样叠出，不仅在设计造型上大胆百变，更加入了些时尚的新材质，如蜜蜡、宝石、水晶等，这些以前都被认为是女性专属的材质，现在通过粗犷的设计线条和精巧的做工，表现出男人味儿十足。多数男性认为佩戴饰品能更好地展现男人的性格、气质、修养和身份。

与此同时，商家的市场引导也起到一定的催化作用。广告的轰炸、产品的视觉冲击触动了男性心中阴柔的一面。此外，女性对男士的审美观从粗犷型到优雅型的转变，在一定程度上直接推动了男性现代审美观念的迅速形成。

2．男性推动奢侈品消费

女性曾经是奢侈品牌营销的主要对象，她们在面对华服美钻的诱惑时往往容易激动。如今，这一现象随着"中性时代"的降临一去不复返。男人也开始追逐时尚T台，开始关注自我，在大众的审视目光下变得对自己无比挑剔。

各地时髦的商业街头突然冒出这样一些人：他们身着保罗·史密斯的彩色条纹衬衫，顶着数百元精心打造的发型，穿梭于各种精品服装店之中。他们从不回避公共场所中各种反光物体，并能及时抓住这个时机进行"自我完善"。

虽然"新富阶层调查研究"项目的调查显示，超过60%的男性新富阶层奢侈品消费存在着炫耀的功利性，但抵制旧式奢侈消费方式为主力的奢侈新势力也在逐步增加。这些人具有一定的知识与品位，注重奢侈品的高品质，而不仅仅是看重品牌效应。

越来越多的男性消费者逐渐意识到：真正的奢侈品是向上的审美意识与向上的生活方式，奢侈品所营造的"奢侈"氛围并不来源于经济富裕的优越感，而是对理想的生活方式的追求。

(资料来源：薛明，贾大雷. 男性消费流变：要面子更要品位. 哈尔滨新闻网[2009-08-09].
孙瑛. 男性时尚消费时代悄然光临[N]. 西安晚报, 2015-12-25.)

2．男性群体的消费心理对企业营销的启示

尽管女性消费者是商场最亮丽的一道风景线，商家纷纷瞄准女性消费者的腰包展开攻势。但是，男性消费者也不应该被企业所遗忘。只要悉心研究就会发现，男性消费市场同样存在着意想不到的潜力。现在，越来越多的男性消费者主动分担家务，也经常光顾超市采购家庭消费品。由于男性购物者的增加，吸引男顾客兴趣的促销方式以及专门针对男性的广告信息就值得营销者精心策划。男性消费者群体与女性消费者群体对采购活动、购物计划和购买中的节省，都有不同的看法。与女性消费者相比，男性消费者基本上不太在意购物时省下的那点钱。因此，对于不同性别的消费者，商品减价策略往往会导致截然不同的结果。营销者重新设计迎合男性消费者口味的商品包装和售点广告(POP广告)不失为上策。

6.4 不同收入群体的消费心理与行为

随着我国经济的持续发展，居民收入水平有了较大的提高。与此同时，居民之间的收入差距不断扩大，收入分层加剧，从而形成不同的收入群体，包括最高收入群体、高收入群体、中高收入群体、中等收入群体、中低收入群体、低收入群体、最低收入群体。

下面对高收入群体、中等收入群体及低收入群体3类主要消费群体的消费心理与行为作相关介绍。需注意的是，这里所谈的高、中、低收入概念是相对而言的，是动态的，在不同的发展阶段、不同的地区会有不同的划分标准。

6.4.1 高收入群体的消费心理与行为

目前，在我国《个人所得税法实施条例》中将年收入所得12万元以上被定义为高收入。2009年，国家税务总局公布了我国10类高收入行业和9类高收入人群。其中，高收入行业包括电信、银行、保险、证券、石油、石化、烟草、航空、铁路、房地产、足球俱乐部、外企、高新技术产业等；高收入人群包括私营企业主、个人独资企业和合伙企业投资者、建筑工程承包人、演艺界人士、律师、会计师、审计师、税务师、评估师、高校教师等。

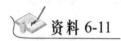

资料 6-11

高收入人群不单指富翁

国家统计局公布去年全年城镇居民人均可支配收入情况，其中，高收入组人均年可支配收入报56 389元。数据一出，引起网民一片吐槽。对此，国家统计局上周末在官方微信中对该指标进行详解，称高收入组并不是指大家心目中的百万富翁群体。

国家统计局介绍，其使用的可支配收入指标，是指可直接用于最终消费和储蓄的收入，是从总收入中扣除个人所得税、社会保障支出等后的收入。而人均可支配收入代表了家庭中就业者和未就业者的综合平均水平。以三口之家为例，按照高收入组标准计算，全家可支配收入约17万元，家庭中2人就业，就业者人均年可支配收入是8.5万元。

国家统计局强调，城镇高收入组居民人均年可支配收入5.6万元代表了全国的相对高收入群体的平均水平，若分地区看，上海、北京、浙江等地城镇居民收入水平会更高，而西部地区城镇居民收入水平会稍低。

复旦大学经济学教授殷醒民指出，统计上高收入的定义与居民理解的高收入并不相同。一般在统计核算时，抽样调查前20%人群定义为高收入，而民众的一般理解中，"土豪""高帅富"等前1%人群才是高收入群体。

(资料来源：顾梦琳. 高收入人群不单指富翁[N]. 京华时报, 2014-01-27.)

目前，我国高收入消费群体恩格尔系数已经降至15%以下，达到了发达国家的平均水准，属于"该有的都有了"，在衣食住行、享乐发展等消费需求各个方面，是最讲求名特优新精和生活质量的先导群体，而由于高收入群体的边际消费倾向历来最低，购买欲望不旺盛，使之拥有城乡居民储蓄存款的较大部分。因此，高收入群体除了将巨额收入转向股票、债券、储蓄等投资以外，家庭支出安排通常是购买高档服装、通信设备、贵重家电、高档住房、私人轿车等，尤其在购买保险和子女教育方面舍得花钱。同这一群体的消费需求相比较，现有大众化的消费供给已经过时，更倾向于高层次的精品化、个性化消费。

6.4.2 中等收入群体的消费心理与行为

目前，我国中等收入人群主要包括事业单位管理人员或技术专业人员、党政机关公务员、企业技术人员、经理人员、私营企业主等。中等收入消费群体是我国消费的主体部分，他们的消费行为对我国整体消费状况的影响是最大的，对这一层次居民消费的启动将直接关系到经济启动的成败。

中等收入群体属于有中国自己特色的"中产阶级"，恩格尔系数在35%左右，边际消费倾向居中，正处于从小康型向富裕型、从讲求消费数量向讲求消费质量转变的阶段，加上多年储蓄积累，已构成最具当前消费购买能力和消费开始多样化的群体，是继高收入群体之后最为活跃的、强有力的跟进力量，其消费结构开始加快变动、转型、升级，购买力指向以中低档个人住宅、私人轿车为主。但由于住房、医疗、教育等各项改革的集中推进，这些居民预期支出大增，消费行为更加谨慎，目前在城市居民中仍有相当一部分消费者抱有中长期的消费行为。

【拓展视频】

资料 6-12

中 产 阶 层

"中产"成为描述中国经济生活的热词。亚洲银行近日发布报告称，就绝对数量而言，中国的中产阶层为 8.17 亿人，超过人口总数的 60%。这在社会上引起轩然大波。

所谓中产，通常是指中间阶层，英文为 middle class。这个群体大多从事脑力劳动，主要靠工资及薪金谋生，一般受过良好教育，具有专业知识和较强的职业能力及相应的家庭消费能力；有一定的闲暇，追求生活质量。

当今世界，对中产划分并无统一标准。美国将年收入 3 万～20 万美元的人群定义为中产，这一阶层占美国人口总数的 80%左右，其中包括许多"蓝领"。美国的中产标准：①是否拥有住宅，房奴不算；②是否拥有汽车，豪车优先；③子女是否能接受良好的大学教育；④是否有退休保障，保持工作时 80%的收入；⑤是否有医疗保险，要让大病大灾有保障；⑥家庭是否有度假，每年至少两周的带薪休假。

近来，亚洲银行近日发布报告称，就绝对数量而言，中国的中产阶层为 8.17 亿人，超过人口总数的 60%。中国的中产标准：①收入及财富水平：个人年收入 6 万以上；②学历：具有中等以上国民教育学历水平；③劳动方式：从事以脑力劳动为主的职业；④就业能力：具有专业技术资格，职业具有较高回报；⑤职业权力：有一定的调度权及发言建议权；⑥生活方式：中等以上消费水平，有丰富的精神文化需求；⑦中产阶级至少有一套房子，多数有一辆车子。北京工业大学和中国社科院社科文献出版社联合发布的《北京社会建设分析报告》认为，我国中产主要包括党政机关事业单位中的中层领导干部，中小私营企业主，企业部门经理人员，教师、医生等专业技术人员，以及部分个体工商户。

按一般共识，"中产"应该有车有房。在中国，存在众多看起来很光鲜的"中产"，表面的高薪与实际生活负担并不成比例，现实的高额支出以及对未来预期的种种不确定性，让他们的幸福指数打了折扣。畸高的房价透支了很多人半生财富，再加上"短腿"的社保、高强度的工作、子女教育、户籍门槛……国内的所谓"中产"背负着种种生活压力，成了"房奴""车奴""卡奴""孩奴"……

由于高房价面前贷款难以避免，一旦买房，多数"中产"都变得很脆弱。北京工业大学和中国社科院社科文献出版社 7 月联合发布的报告抬高了"中产"门槛,将北京中产家庭平均月收入定为 10 007.96 元。即便如此,"中产"生活也不轻松。假设一户"中产"家庭买房后每年还房贷 5 万元,汽车消费支出 2 万元,水电、通信等消费 1 万元,其他生活费 2 万元,如此下来,手里的闲钱也不过两三万元。一旦子女教育、医疗、就业、失业保障等任何一个环节出了问题,"中产"生活都会瞬间破灭。

中国劳动学会副会长兼薪酬专业委员会会长苏海南表示,我国目前并没有真正意义的中产阶层,只有中等收入群体。从全国范围来看,中等收入者的收入可以考虑定在 1 万～6 万美元。除此之外,苏海南认为,成为中等收入群体还应具备:家庭储蓄和其他货币性资产 30 万元以上,家庭人均居住面积高于当地平均水平,日常基本开销不能超过家庭收入的 30%,家庭成员有旅游健身、观看文艺演出的经济能力等。北京、上海等大城市的特点是房价太高,因此衡量中等收入者的标准要有一个前提,就是初步或大体解决了住房问题。"苏海南说。

(资料来源:尹晓琳,杨铮,林晨音. 福布斯定义中国中产阶层:年收入 1 万～6 万美元[N]. 法制晚报,2010-11-25. 杜海涛. 中等收入群体疲于应付生活压力 透支半生财富. [EB/OL]. [2010-09-09]. 人民网.)

6.4.3 低收入群体的消费心理与行为

目前,关于对于低收入人群的界定,主要是根据收入水平来确定的,就是根据当地经济发展的条件和房价综合起来来考虑低收入的标准,具体标准是由地方来定基本状况,以城市低收入阶层和农村中等收入阶层为主体,主要包括城市部分失业人员、退休职工、进城务工人员、大部分农民及其家庭。

资料 6-13

2015 年全国最低工资标准

中国人力资源和社会保障部发布全国各地区月最低工资标准(表 6-5),截至 9 月 28 日,全国各

表 6-5　2015 年全国各地区最低工资标准

地　　区	最低工资标准/元	地　　区	最低工资标准/元
深圳	2 030	湖北	1 550
上海	2 020	江西	1 530
广东	1 895	四川	1 500
浙江	1 860	重庆	1 500
天津	1 850	福建	1 500
江苏	1 780	陕西	1 480
北京	1 720	吉林	1 480
新疆	1 670	宁夏	1 480
内蒙古	1 640	黑龙江	1 480
山西	1 620	甘肃	1 470
山东	1 600	西藏	1 400
河南	1 600	广西	1 400
贵州	1 600	湖南	1 390
云南	1 570	海南	1 270

地区月最低工资标准中,深圳以每月2 030元跃居首位;上海以2 020元位列次席;广东以1 895元排名第三。月最低工资标准垫底的黑龙江,每月最低工资标准仅为1 160元。小时最低工资标准最高的依然是北京,达到18.7元。

低收入群体正处于温饱有余、以小康为目标急起直追的起步阶段,边际消费倾向虽然最强,但收入增长较慢,恩格尔系数在50%左右,消费能力尚处于为大宗购买积聚力量的状态。这一群体是人口最多、收入最低、竞争能力最弱却最忽视不得的庞大的弱势群体,在消费上,还是属于对生活必需品最具消费购买能力、对万元以上更大宗购买尚需要不断积累和培育的社会群体。这一群体的需求同现有的供给能力较为适应,同目前的消费品供给结构矛盾较少,是目前中低档消费的主要市场,也是"想买而缺少钱",最讲实惠的消费群体。值得一提的是,这类群体在教育,主要是子女教育方面支出的比例较高,表明这类消费者比较重视子女教育。

资料6-14

不同收入人群的购物、媒体消费行为差异

Nielsen分析了不同收入水平的用户行为差异,发现他们的媒体消费行为和平台有明显的差异。

1．购物渠道

零售渠道这些年变得无处不在,所有的购物者都受惠于各个渠道。但不同类型的渠道在吸引的人群比例上有所差异。会员店和电子商务因为同时具有价值和便利的优势,吸引了更多富裕的消费群体。而一元店则吸引了更多的低收入和中等收入的大众人群。食品店和超市则同时吸引了高收入和低收入的群体。品牌产品同样吸引了高收入和低收入的群体。零售商标签的产品在不同收入人群的偏好上也比较相似。

2．购物行为

不同收入水平的家庭在快速消费品上的支出差异明显,高收入群体每年比低收入群体在这方面上平均多花费1 200美元。购物行为也差异明显,低收入群体的购买频次更高,而且每次的购物篮差不多。而高收入的群体每次的购物旅程要多花费10美元。价值仍然是各个收入群体重视的因素。购物的策略在不同收入的群体中存在差异,所以生产商和零售商需要提供不同的措施来满足不同群体的需求。

3．媒体消费

收入水平影响媒体购买和内容的获取方式。高收入群体在获取各种设备和媒体类型上比较独特。

低收入用户在媒体消费上也存在自己的特点。每月平均每个美国人在电视上的时间为151小时58分钟。低收入的用户对媒体的需求更强,每天比中等收入的人群在电视上的时间要高15%,比高收入人群高25%。要到达不同的收入群体,广告主需要了解他们的媒体行为差异。

(资料来源:西奥马尔.不同收入人群的购物、媒体消费行为差异[J].大数据观察,2015-05-09.)

6.5 不同职业群体的消费心理与行为

改革开放之后,我国职业分类的标准一直在不断地变化,一些职业类型在增加,一些职业类型的含义在发展。本书主要讨论文教卫生科研、商贸人员、农民3类职业的群体在消费行为方面的特点,这3类职业的消费行为具有一定典型性,受教育程度方面代表了最高、中等、最低三个层次，收入方面代表了高、中、低三个水平，其他职业与这3类职业存在一定的相似性。

6.5.1 文教卫生科研人员的消费心理与行为

这类消费群体中，收入上的两极分化现象正在加速，一部分人因其专长获得较高的收入，少数文教科研人员已经进入"富豪"级消费者阶层，大部分人处于社会平均收入水平，尤其是占大多数的农村中小学教师，他们的收入水平更低。总的来说，他们的消费特点如下。

(1) 决策过程相对理智，决策速度相对较慢。因为这一消费群体的知识水平较高，在决策过程中对商品的物理属性会考虑多一些，多数人愿意自己挑选商品，对于各种广告与促销宣传也有很强的评价能力，不会盲从于这些宣传手段，决策过程相对理智，自主性强；也由于相当一部分人的收入水平较低，决策过程可能较慢，在购买大件商品时这种现象更为突出，他们对于商品信息的收集、分析与判断需要较长的时间，对商品信息的评价相对慎重，对质量的要求相对严格；少部分消费者由于工作繁忙，在选购商品时首先要求质量可靠、方便、性能价格合理。

(2) 受消费流行与时尚因素的影响较少。当市场上出现大规模流行与消费潮流时，他们的知识与理智会比较客观地看待这些消费现象，一般会预测到消费潮流必须"退潮"的结果，不会积极自觉地作为消费榜样参与潮流或领导潮流，而是采取顺其自然的消费态度。

(3) 求美动机较为强烈。所受文化教育的程度高，对美的认识能力也会相对地增强，美感意识比较明显。一部分受过系统的美育教育，能够包容不同的美感标准，他们是高雅艺术消费的主要群体，如文化艺术的表演等。

6.5.2 商贸人员的消费心理与行为

商贸人员主要指在各类经营单位从事商业、贸易、管理、经纪中介等工作的人员，如业务员、管理人员、经纪人等，他们的收入水平高。他们表现出来的消费行为特点如下。

(1) 表现型动机较为强烈，追求商品高档化。商贸人员的工作环境具有很浓的现代气息，对个人形象的要求较为严格，工作中需要树立良好的形象才能为业务带来较大的回报，购买商品时要求高档化，如服装消费方面，一般选择中高档的职业装；首饰、美容、化妆方面，要求高雅大方。他们重视名牌，经常购买名牌商品和名贵商品，既为个人塑造良好的形象，也为工作建立良好的公关形象。

(2) 方便型动机强烈。他们的工作节奏快、工作强度大，希望家庭生活方便，因此尽量使用自动化的炊具设备，或者购买半成品、现成食品，甚至于直接去餐馆用餐、电话点餐，免去自己动手做饭的麻烦。对于家里的装修、清洁、子女教育等劳务活动，也经常委托给服务性公司。

(3) 求新求异动机明显。他们的收入水平高，购买力强，消费需要比较容易得到满足，原有的需要满足之后，新的需要很容易出现，追求新风格、新样式、新奇消费的动机随之产生。新风格、新式样商品容易在这个消费群体中推广。

6.5.3 农民群体的消费心理与行为

我国是一个农业大国,农民在社会消费中占有重要地位。长期以来因为农村生活环境的相对落后,平均收入水平和受教育程度较低,信息较为闭塞,消费上受各种传统消费习俗影响较大,因此,农民群体形成了一些共同的心理和行为特征。

(1) 实用型消费动机普遍。尽管近年来因为一些优惠政策,农民收入有了较大提高,但就总体而言,我国大多数农民的消费水平还处在一个较低的层次上。与收入相适应,农民在购买动机上普遍注重商品的实用性。他们在选购商品时往往要求商品质量可靠、性能完善、耐用性强、价格低廉,而对商品的品牌、包装、式样、设计等外观因素不十分看重。

(2) 求廉动机强烈。受收入水平的制约,农民消费者在选购商品时对价格因素非常敏感,对产品款式、促销等因素反映较为迟钝。多数农民消费者对低档、大众化商品有着浓厚的兴趣,物美价廉是他们选购商品的基本标准。不少农民表示,一些生活用品能少买就少买,能贱买就贱买,能不买就不买。

资料 6-15

"家电下乡"没有真正实惠到家

家电下乡是一项旨在激活农民购买能力,扩大农村消费,促进内需和外需协调发展的政策。但是在实际与农户的接触和访谈中,却发现该政策的社会效应不如预期。为什么"家电下乡"政策没有有效刺激农民的购买欲望呢?

(1) 高价升级不实惠。由于受"价格最高"限制,注定一些下乡家电档次偏低,仍然还是一些老款式,如彩电,2 000 元以下就很难买到自己喜欢的液晶屏电视,农民想图个新鲜,把老式彩电升级换代为液晶电视就享受不了指定下乡家电的补贴。其他家电也是如此,因此对农民消费没有形成有效需求刺激。

(2) 弃旧买新不实惠。从农民消费心理分析,农民消费相对理智,对于不需要的产品,即使价格再低,其购买欲望也不会轻易爆发,因此在老的家电还能继续使用的情况下,再花钱置新,还是不太符合他们的消费习惯。

(3) 费电费油不实惠。在访谈中发现,即使农民买了彩电、洗衣机等家用电器,也会因为电费贵而尽量节省着用;买了摩托车也会因为汽油贵而放置家中;拖拉机和三轮车只在农忙或者跑运输时使用。因此,对于一些使用成本较大的非常用家电产品,短期内无法透过"家电下乡"来刺激需求。

(4) 买了不用不实惠。农民对于那些进入农村市场较晚、科技含量高、功能多、使用复杂的产品,如电脑、热水器等,由于缺乏前期知识普及与使用习惯培养等铺垫,多数人并无使用习惯,对这些品种接受程度不高。

(5) 没处维修不实惠。由于整个农村销售服务体系还不能及时跟进,因此,这次调查中农民反映较多的还是销售网络和售后服务方面不太放心。有的农民怕下乡的家电有"山寨"品,担心被商家欺骗;有的怀疑是否是库存积压品抑或是市场即将淘汰的产品。农民的担心说明,现阶段"家电下乡"还停留于产品层面,在贴近农村市场的销售网络、售后服务、物流配送及有效的宣传手段等环节上,还有待改进。

(6) 补贴少、手续繁不实惠。领取指定产品售价的13%的财政补贴,农民必须要出具发票原件和复印件、居民身份证原件、户口簿原件或公安户籍管理部门出具的证明、补贴类家电产品专用标识卡等材料,再加之繁杂的"家电下乡"登记系统,由此导致了购买、补偿不同步的时间差,好多农民怕麻烦,不愿为一二百元的补贴来回跑,客观上降低了农民购买的意愿。

总之,农民觉得"家电下乡"没有真正实惠到家,所以对于这项政策存在诸多顾虑,实际推行效果不如预期。

(资料来源:王明姬. "家电下乡"应摸准农民消费心理[N]. 中国经济导报,2009-07-07.)

(3) 储备性动机较为明显。农民消费者收入低,积蓄少,抗风险能力弱,加之许多地区的交通状况并不发达,购买日用品仍要走较远的路,一旦有了购买的机会,他们经常大量购买并作储备,省去重复购买的不便。农民为建房、婚庆、丧事等消费要支出相当大的一笔积蓄,日常生活中经常省吃俭用,也为这些大事储备有关的商品。

(4) 受传统习俗影响深刻。代代相传的生活习俗在农民心目中根深蒂固,对他们的消费有着很强的支配作用,从而对农民消费者的购买决策和行为产生深刻影响。人际交往方面,农民非常重视与亲戚、朋友之间的交往,亲戚朋友必须赠送一定规格和数量的礼品,喜庆丧事大操大办的习俗非常稳定。农村各地的传统节日比较丰富,保留了一定特色的传统节日商品。

近年来,随着改革开放进程的推进和中央"三农"政策的推行,农民收入除了传统的农业收入以外,还有外出务工等收入,总收入有了很大提高,农民生活发生了很大改变,农民的消费水平也呈现出一系列新的特点。如饮食由"主食型"向"副食型"转变,不少农民消费者开始注意摄入水果、牛奶、保健食品等以保持身体健康;对服装的款式、花色的要求提高,对高档服装的需求也有一定增长;耐用品消费的比重不断上升,增长最快的是家用电器,对洗衣机、电视机、冰箱等需求旺盛,此外,他们对交通工具也提出了更高的购买要求,购买电动自行车、摩托车甚至汽车的人越来越多;农民居住条件明显改善,越来越多的农民开始重视室内装潢,对新式家具、沙发、装饰画等美化家居用品的需求逐步上升。

资料 6-16

农村居民消费变动趋势

对比不同收入等级农村居民边际消费倾向发现,低收入群体农村居民的边际消费倾向高于高收入群体,低收入组居民消费意愿强烈。不同收入等级农村居民各类商品边际消费倾向排序差异不明显。食品、居住和交通通讯是农村居民的消费重点和消费热点,衣着、教育文化娱乐服务需求明显不足。低收入、中低收入、中等收入及中高收入4个收入等级农村居民各类商品边际消费倾向排序一致,为食品—居住—交通通讯—医疗保健—家庭设备用品及服务—衣着—教育文化娱乐服务—杂项商品与服务,高收入等级农村居民边际消费倾向排序为居住—食品—交通通讯—医疗保健—家庭设备用品及服务—衣着—教育文化娱乐服务—杂项商品与服务。具体表现为:①农村居民食品消费刚性强,食品消费仍是我国农村居民的主要消费类别。近年来,随着收入与生活水平的提高,提高食品消费质量、改变食品的消费结构是居民需主要考虑的问题。②传统观念支配,农村居民视住房为自己及家庭地位和声誉的象征将,长期以来都将建房放在重要位置。近年来,随着居民收入的增长,农村居民住房支出比重明显上升。③近年来,随着新农村建设的稳步推进,农村交通通讯基础设施的逐步完善,农村居民交通通讯消费支出增长迅速。④与城镇居民相比,现阶段,农村居民衣着消费多注重实用性。由于教育文化娱乐相配套的软硬件基础设施较为落后,农村居民在满足教育投入基础外的日常文化生活相对单调。

我国农村居民的消费结构会继续升级,向发展型与享受型消费结构演变。主要体现在以下5个方面:

1．注重食品"质"的消费

随着收入与生活水平的提高，农村居民在食品"量"的消费基础上，越来越注重食品"质"的消费，农村居民恩格尔系数将进一步下降，进入联合国规定的相对富裕(30%～40%)社会的水平。

2．衣着消费处于"量"的扩张阶段

随着收入和生活水平的提高，在强调衣着实用性基础上，农村居民开始注重衣着款式和质地等较高层次的需求，但与城镇居民相比，今后一段时间，农村居民衣着消费仍处于"量"的扩张阶段。

3．家庭设备用品及服务消费趋稳

受生活服务设施和收入水平制约，农村居民家庭设备用品支出主要集中在日常用品及中低档耐用消费品上。近年来，农村居民家庭设备用品消费支出上升，表明农村居民对家庭设备用品时代性和品位性提出要求。

4．医疗性健康消费支出明显上升

由于农村居民基本医疗保险、新型农村合作医疗和城乡医疗救助共同组成基本医疗保障体系的实施，农村居民的医疗保健消费明显上升。但值得注意的是，由于观念影响，多数农村居民对健康的认识将停留在疾病治疗上，非医疗性健康服务消费支出较低，从而一定程度地抑制了医疗保健消费支出的上涨。

5．居住及信息消费成为消费热点

受传统观念支配，农村居民将建房放在重要位置，视住房为自己及家庭地位和声誉的象征。此外，受住房制度影响，农村居民的住房都是自建房。近年来，农村居民居住消费支出增涨迅速，反映了为了改善家居居住环境，农村居民用于修建、装修生活用房的费用得到提高。居住作为农村居民消费热点仍会持续一段较长时间。

包括交通通讯及教育文化娱乐服务在内的信息消费也将是今后较长一段时间农村居民的消费热点。一方面，在科技进步、生活节奏加快和经济全球化背景下，农村居民交通通讯消费迅速递增，农村居民用于农机工具、交通工具及通讯的支出增长是其交通通讯支出的主要推动力，农村居民交通通讯消费需求前景广阔。另一方面，随着就业支出逐步增加，就业压力加剧，农村居民对文化素质提高的充分重视，农村居民教育文化支出将呈现上升态势；此外，在满足教育投入的基础上，农村居民也将开始追求文化品位的提高和文化生活质量的改善，开始重视丰富业余生活。

(资料来源：肖立. 基于Panel Data模型的农村居民消费结构及变动趋势分析[J]. 宏观经济研究，2012，(9).)

【拓展资料】

本章小结

具有某种共同消费特征的消费者组成的群体就是消费群体。消费群体是特定的社会群体，具有消费方面的共同特征与规律性。研究各类消费群体的消费心理与行为，有利于企业确定目标市场，从而制定出合理的营销策略。

按年龄划分，消费者可分为少年儿童群体、青年群体、中年消费群体和老年消费群体。其中，少年儿童属于未成年消费者，没有独立的经济能力，自我意识没有成熟，自我控制能力不强；青年群体具有较强的独立性，喜欢表现自我，具有很大的购买潜力；中年群体是一个消费能力极强但又具有自我压抑特征的群体；老年群体消费习惯稳定、消费行为理智、注重个人健康。

我国女性消费者不但数量大，而且在购买活动中起着重要的作用。女性不仅要对自己所需的商品进行购买决策，而且在家庭中还承担了母亲、女儿、妻子、主妇等多种角色，是家庭消费极其重要的影响者和决策者。女性消费时较注重商品的外表和情感因素，主动消费多，缺乏果断性。

男性消费者相对于女性来说，购买商品的范围要窄一些，但他们往往是家庭中高档产品购买的主要决策者，注重理性消费，较强调阳刚气质。

随着我国经济的持续发展，居民收入水平有了较大的提高。与此同时，居民之间的收入差距不断扩大，收入分层加剧，从而形成不同的收入群体。高收入群体在消费方面，最讲究名特优新精和生活质量；中等收入群体是我国消费的主体部分，正处于从讲究消费数量向讲究消费质量转变的阶段，消费多样化；低收入群体是目前中低档消费的主要市场，是最讲实惠的消费群体。

文教卫生科研、商贸人员、农民 3 类职业的消费行为具有一定典型性。文教卫生科研人员的消费理智性强，美感意识比较明显；商贸人员的表现型、方便型动机强烈，追求商品高档化；农民群体的实用型、求廉型动机明显。

习　题

一、选择题

1. 一般来说，消费者行为具有模仿性的是(　　)。
   A．儿童少年消费者　　　　　　B．青年消费者
   C．中年消费者　　　　　　　　D．老年消费者
2. 以下属于青年群体的消费心理与行为特征的是(　　)。
   A．追求新颖与时尚　　　　　　B．突出个性和自我
   C．崇尚品牌与名牌　　　　　　D．注重情感易冲动
3. 一般来说，消费行为具有追求实用性的是(　　)。
   A．儿童少年消费者　　　　　　B．青年消费者
   C．中年消费者　　　　　　　　D．老年消费者
4. 以下不属于老年群体的消费心理与行为特征的是(　　)。
   A．求实性消费　　　　　　　　B．习惯性消费
   C．冲动性消费　　　　　　　　D．方便性消费
5. 以下属于农民群体的消费与行为特征的是(　　)。
   A．实用性消费　　　　　　　　B．求廉动机强烈
   C．储备动机明显　　　　　　　D．受传统习俗影响深刻

二、判断题

1. 部分老年消费者会产生强烈的补偿心理，以弥补过去因条件限制未实现的消费愿望。
   　　　　　　　　　　　　　　　　　　　　　　　　　　　　　　　　(　　)
2. 多数女性是家庭消费中的主要决策者。　　　　　　　　　　　　　　(　　)
3. 女性主动消费多，男性被动消费多。　　　　　　　　　　　　　　　(　　)
4. 高、中、低收入消费群体的划分是相对的，是动态的。　　　　　　　(　　)
5. 文教人员的决策过程相对理智，决策速度相对较慢。　　　　　　　　(　　)

三、填空题

1. 我国细分消费群体的主要指标有＿＿＿＿、＿＿＿＿和＿＿＿＿。

2. 根据联合国世界卫生组织对年龄的划分标准，结合我国关于年龄的分段，消费者可分为_____、_____、_____和老年消费者群体。

3. 一般来说，青年群体的消费心理特征具有_____、_____、_____、_____。

4. 部分老年消费者弥补过去因条件限制未能实现的消费愿望产生强烈的消费心理，称_____。

四、名词解释

1. 消费群体
2. 补偿性消费心理

五、问答题

1. 论述消费者群体形成的原因。
2. 简述少年儿童群体的消费心理特征及对应的企业市场营销策略。
3. 简述老年群体的消费心理特征及对应的企业市场营销策略。
4. 试比较男性群体与女性群体的消费心理与行为的差异。
5. 简述农民群体的消费心理特征及对应的企业市场营销策略。

六、论述题

1. 请再列举出1～2种消费群体的划分方法并对其消费心理与行为加以陈述。
2. 近年来，随着"三农"政策的推行，农民生活水平发生了很大变化。论述我国农民消费的发展趋势。

七、案例应用分析

大学生网贷消费成潮流 另类"消费"价值观引质疑

在网购大军中，大学生是一支强大的队伍。有部分学生为了"任性"血拼，不仅办理了银行信用卡，还在网上注册了各类消费信贷平台账号，有学生每月的生活费几乎都用来还款。

"花明天的钱，圆今天的梦"，是贷款消费最吸引人的地方。当前的一些电商和金融网站也针对大学生推出了贷款业务。设置超低门槛给大学生群体发放消费贷款，很大程度上是误导了大学生群体的消费观，超前消费、透支消费的理念极不利于大学生群体培养健康消费的价值观。

1. 大学生为还款每月几乎用光生活费

小贾是某工科学校研三男生，平时喜欢新潮的电子产品。临近毕业的他见各大电商的"降价扫货"广告后，准备在"双十一"再为自己添置一些产品。小贾先后在银行、电商平台、某大学生分期购物商城上都开通了信用卡、个人贷款支付等业务，所有额度加起来有23 000元。"我比较喜欢尝试新事物，但现在没有经济能力购买，通过信用卡、个人贷款支付我就能分期支付，减少经济压力。"这个"双十一"，小贾分期购买了一些电子产品后，他每月需要还款1 117元。

2. "零首付""无抵押"广受青睐

近日，兰州财经大学大三学生王小涛收到一份分期购物宣传单，宣传单宣称，可以面向大学生提供"零首付、无抵押，分期购物，支持天猫、京东等在内的众多购物平台，最多可以分24期还款……"的贷款业务。发传单的人自称是某网络贷款公司的校园代理，他告诉小王，只要登记学生证、身份证、银行卡、父母联系方式等信息，再签署一份协议就能享受"零首付""无抵押"分期购物，可以同时支持天猫、京东等在内的众多购物平台，最多可以分24期还款。据小王介绍，他的舍友最近也在做这方面的校园代理，最近"双十一"即将到来，每天经常有同学到宿舍来签合同。

3．电商网贷额度远高于学生信用卡额度

多个受访大学生表示，因为喜欢尝试新鲜事物，对于新兴的互联网金融自然也愿意去尝鲜。而更重要的原因是，大学生在分期购物商城上开通个人贷款支付业务较为容易，这使他们"放纵"了自己。例如，有的商城填一下个人信息就能办理分期和贷款，严格一点的提供身份证和个人照就行。不仅如此，分期网站和电商网贷提供的"分期购物"的形式也更加宽松和多元，网贷额度也远高于学生信用卡额度。

4．多数大学生对个人信用认知度较低

大学生信贷消费还是要量力而行、货比三家，仔细对比各个平台的贷款金额、利息水平、违约赔偿等再做选择。

5．大学生的偿还能力及流动性引质疑

大学生消费信贷从诞生之日起就备受争议，争论的焦点之一是大学生本就不具备还款能力，最终还是要找家长"化缘"。天下没有白吃的午餐，说起网贷平台上的虚拟交易，总感觉这里头风险大。部分家长还对在消费信贷平台上的不良记录是否影响今后的个人信用，也表达了疑虑。争论的第二个焦点则是大学生流动性较强，容易造成违约后催收困难。一位银行的工作人员表示，大学生没有固定职业及收入，虽说在申办网贷业务时要填写身份证、地址等信息，但是一旦毕业，流动性就很强，一旦违约逾期还款，放贷方就面临着收款的困难。多数大学生对个人信用认知度较低，认为互联网信用对未来没有影响。

"电商网贷额度远高于学生信用卡额度"，这到底是"馅饼"还是"陷阱"，就看你能不能守住"双底线"。

（资料来源：王薛婷.大学生网贷消费成潮流 另类"消费"价值观引质疑. [EB/OL]. [2015-11-13]. 人民网.）

思考题

1．分析网贷消费受大学生欢迎的原因。
2．分析网贷消费的风险有哪些？如何减少、规避网贷风险？
3．当代大学生应树立怎样的消费观，如何合理使用网贷消费？

八、实践活动

以目前热播的儿童动画剧为主题，与多名6～10岁的儿童进行交谈，从中分析我国当前儿童的消费心理及对企业的启示。

第 5 部 分

社会环境与消费者行为

第 7 章 社会环境与消费者行为

教学目标

通过本章学习，了解文化、亚文化、价值观、宗教信仰及消费习俗等对消费者行为的影响；掌握中国文化价值观对消费者行为的影响；理解社会阶层的含义、特征；了解社会阶层的划分方法及中国社会阶层的分类；掌握不同社会阶层消费者行为差异；了解家庭的含义及类型；掌握家庭生命周期各阶段的消费特点、家庭购买决策方式及决策冲突的解决方法；掌握参照群体对消费者行为的影响；理解消费流行的含义、特点；掌握消费流行周期各阶段的营销策略；了解我国消费流行发展趋势。

教学要求

知识要点	能力要求	相关知识
社会文化	(1) 了解文化、亚文化的含义及对消费者行为的影响 (2) 掌握中国文化价值观对消费者行为的影响 (3) 了解宗教信仰对消费者行为的影响 (4) 了解消费习俗的特征及对消费者行为的影响	(1) 文化 (2) 亚文化 (3) 中国文化价值观 (4) 宗教信仰与消费者行为 (5) 消费习俗
社会阶层	(1) 理解社会阶层的含义、特征 (2) 了解社会阶层的划分方法 (3) 了解中国社会阶层的分类 (4) 掌握不同社会阶层消费者的行为差异	(1) 社会阶层的含义、特征 (2) 单一指标法 (3) 霍林舍社会位置指数法 (4) 科尔曼地位指数法 (5) 中国"十大"社会阶层

续表

知识要点	能力要求	相关知识
家庭	(1) 了解家庭的含义及类型 (2) 理解影响家庭消费行为的因素 (3) 掌握家庭生命周期各阶段的消费特点 (4) 掌握家庭购买决策方式及影响因素 (5) 掌握家庭购买决策冲突的解决方法	(1) 家庭类型 (2) 家庭消费行为的影响因素 (3) 家庭生命周期 (4) 家庭购买决策
参照群体	(1) 理解参照群体的含义、类型及具体作用形式 (2) 掌握参照群体对消费者行为的影响 (3) 掌握参照群体的影响强度及在营销中的应用	(1) 直接参照群体 (2) 间接参照群体 (3) 规范影响 (4) 信息性影响 (5) 价值表现上的影响 (6) 参照群体的影响强度
消费流行	(1) 理解消费流行的含义、特点及方式 (2) 掌握消费流行周期及其营销策略 (3) 了解我国消费流行的发展趋势	(1) 消费流行 (2) 消费流行周期

导入案例

中西消费者差异

一些在西方人当中是很常见的做法,而在中国却是会抓狂的。

1. 饮用自来水

许多中国人发觉美国人会直接喝从厨房龙头接来的水时,都会大吃一惊。在中国,污染已经使得饮水安全成为了一个重大问题,大多数人都喝包装饮用水,或者是至少会将自来水烧开饮用。

2. 缺少遮阳伞

当中国游客在夏季来到美国,他们常常都会感到奇怪:为什么没有人打遮阳伞呢?遮阳伞20世纪早期在西方也曾经流行一时,但现在已经是明日黄花。西方人已经开始将晒黑看作是一种健康和美丽的表现,而中国的文化却依然更青睐白色的皮肤。

3. 不坐月子

英国的凯特王妃产后不到一天就出现在公众面前,在中国的社交媒体圈甚至引起了爆发性的讨论。恰恰相反,按照中国的传统,女性在生产之后一般都要整整一个月时间生活在床上,即所谓"月子"。在月子当中,新妈妈需要遵守一整套规则,这被认为将有利于她们的健康,包括不能洗头,不能碰冷水,以及不能吃若干种禁忌食品等。

4. 老人护理

产妇护理中心是中国独特的生意,但是老人护理则是另外一回事了。这种经常叫做"敬老院"或者其他名目的生意其实严格说来是违背中国古代的儒家哲学的,因为后者认为应该由子女亲自照顾年老的父母。

5. 太多的冰

很多西方人几乎是一年到头都在喝冰水,这也是不时会让中国游客感到惊奇的事情之一。中国的情况恰好相反,许多人都更喜欢温水,甚至是热水,因为中医理论认为,冰水会损害消化能力,以及破坏新陈代谢。

(资料来源:LAURA HE. 美股评论:中西消费者差异中的商机. [EB/OL]. [2015-05-12]. 新浪财经.)

7.1 社会文化与消费者行为

每个消费者都是在一定的文化环境中成长和生活的,其价值观念、生活方式、消费心理和消费行为必然会受到文化环境的深刻影响。社会文化环境影响和制约着人们的消费观念、需求欲望、购买行为和生活方式,对企业营销行为产生直接影响。

7.1.1 文化与消费者行为

1. 文化的含义及特征

文化作为一个社会历史范畴,涵盖面很广。广义的文化是指人类在社会发展过程中所创造的物质财富和精神财富的总和,是人类创造社会历史的发展水平、程度和质量的状态。狭义的文化,是指社会的意识形态,指那些在一定文明的基础上,在一个社会、一个群体的不同成员中一再重复的情感模式、思维模式和行为模式,包括人们的价值观念、宗教信仰、道德规范和风俗习惯等。文中所指的社会文化主要是狭义层面上的文化。

在社会的进化过程中,文化的发展动力之一是人类与客观世界的矛盾。虽然不同国家民族都有自己独特的文化,但就整体而言,各种形态的文化具有某些共性。把握这些共性或共同特征,有助于了解文化对消费者的总体影响和基本作用方式。

(1) 文化的社会性。文化作为社会交往和人际沟通的信号系统,是把个人凝聚为社会和群体的纽带。文化的观念、习惯、行为模式都是由生活在同一社会的人们相互分享的,并出于社会的压力而保持相对的一致性,每一代人创造的文化也通过社会机体传递到下一代,为后代社会成员所继承和延续。由此,同一社会的现有成员及后代成员所享有的文化往往具有社会性。

(2) 文化的共有性。文化是由社会成员在生产劳动和生活活动中共同创造的,因此,它为全体成员所共有,并对社会每个成员产生深刻影响,使其心理倾向和行为方式表现出某些共同特征。文化的共有性特征为企业采取针对性的营销策略奠定了基础,使之有可能通过迎合特定文化环境中消费者的共同要求,而赢得目标消费者群体对产品的喜爱。

(3) 文化的差异性。每个国家、地区、民族都有自己独特的和区别于其他国家、地区、民族的文化,即有自己独特的风俗习惯、生活方式、伦理道理、价值标准、宗教信仰等。这些方面的不同构成了不同文化的差异。例如,可口可乐在世界其他地区销售采用红白相间的色彩包装,而在阿拉伯地区却改为绿色包装,因为对于那里的人们,绿色意味着生命和绿洲。

(4) 文化的变化性。文化不是固定不变的,随着社会的发展演进,文化也将不断演化更迭。与之相应,人们的爱好、生活方式、价值观念也必然随之发生变化和调整。因此,企业应敏锐地观察和捕捉消费者的观念变化,及时开发适合新的消费趋向的新产品,从而保持市场变化的主动权。

(5) 文化的适应性。文化的适应性是多种社会及自然因素综合作用的结果。因此,相对于企业而言,文化及特定文化环境下的消费者心理与行为特性有其客观性及不可控性。

企业唯有适应环境,适应特定环境中的消费者的特殊要求,才能使自己在激烈的市场竞争中立于不败之地。

中西方婚礼服饰和婚礼主色调差异

中国婚礼的主色调是红色,这是中国传统的代表喜庆的颜色。古代中国人崇拜日神,所以"红"在中国人心目中代表喜庆、吉利、成功和兴旺发达。中国婚礼是在红色的背景中进行的,新娘一般都穿红色的礼服,家里到处都贴有红色的喜字,新房里的物品也大都是红色。现在由于受到西方婚礼习俗的影响,越来越多的中国人也接受了白色婚纱。但是新娘一般都是在迎娶的时候和婚宴开始的时候穿白色的婚纱,之后就会换上红色或是其他比较喜庆的颜色的礼服。

西方的婚礼的主色调是白色。在西方婚礼中,新娘一般都会一直穿着白色的婚纱,代表圣洁和忠贞。新娘的捧花、周围环境的装饰都是以白色为基调的。在西方国家,自罗马时代开始,白色象征欢庆。19世纪中后期白色象征富贵,只有上层阶级才能穿代表权力和身份的白色婚纱。到了20世纪初,白色更多地代表纯洁。

(资料来源:陈永宁. 浅谈中西方婚礼差异[J]. 魅力中国,2010,(14).)

2. 文化对消费者行为的影响

文化综合反映历史和现存的经济、政治和精神生活的社会关系,每个社会都有其特有的文化。特定的文化必然对本社会的每个成员产生直接或间接的影响,从而使社会成员在价值观念、生活方式、风俗习惯等方面带有该文化的深刻印迹。

(1) 文化对个人的影响。这主要表现为文化给人们提供了看待事物、解决问题的基本观点、标准和方法;文化使人们建立起是非标准和行为习惯。通常,社会结构越单一,文化对个人思想与行为的制约作用就越直接。

(2) 文化规范群体成员的行为。现代社会,由于社会结构的高度复杂化,文化对个人的约束趋于松散、间接,成为一种潜移默化的影响。文化对行为的这种约束就叫作规范。社会规范以成文或不成文的形式通过各种途径如道德标准、制度规则、组织纪律、群体规范等作用于个人,规定和制约着人们的社会行为。一个人如果遵循了本文化的各种规范,就会受到社会的赞赏和鼓励;反之,就会受到否定或惩罚,包括温和的社会非难、歧视、谴责和极端的惩治手段等。

(3) 文化对消费活动的影响。这主要表现为在特定文化环境下,消费者之间通过相互认同、模仿、感染、追随、从众等方式,形成共有的生活方式、消费习俗、消费观念、态度倾向、偏好禁忌等。

7.1.2 亚文化与消费者行为

1. 亚文化的含义

亚文化是文化的细分和组成部分。其中若干个社会成员因民族、职业、地域等方面具有某些共同特性,而组成一定的社会群体或集团。同属一个群体或集团的社会成员往往具有共同的价值观念、生活习俗和态度倾向，从而构成该社会群体特有的亚文化。亚文化与文化既有一致或共同之处，又有自身的特殊性。就总体而言，亚文化在形成基础和历史积淀上与所属社会文化一脉相承，但在具体内容和表现形式上却因种种构成因素的差异而呈现出明显的独特性。

由于每个社会成员都生存和归属于不同的群体或集团中，因此，亚文化对人们的心理和行为的影响就更为具体和直接，这一影响在消费行为中体现得尤为明显。例如，中产阶级因收入水平、从事职业及受教育程度的相近，故在消费观念、消费倾向和消费方式上表现出较大的相似性和某些共有特征。受其影响，属于中产阶级的消费者在住房、生活社区、子女学校、汽车、购物场所、商品品牌等消费选择上往往或刻意与所属亚文化保持一致，或无意带有本亚文化群的鲜明色彩和印迹。

 资料 7-2

东 西 相 遇

《东西相遇》是刘扬在中德两国各生活 13 年后的作品，她透过画笔，用简单明了的图画向读者表现了德中两个社会的细节，如两国家庭对待孩子的态度、人们旅游的方式、双方的审美观等。大部分都是人们的日常经历，让德中读者们都能引起共鸣。对于刘扬来说，她只是对比两国的文化生活差异，而并非肯定或者否定其中一方。通过这些对比，双方都能更直观地了解对方。

【拓展资料】

(资料来源：杨冬霞.华裔设计师刘扬《东西相遇》漫画引巨大共鸣. [EB/OL]. [2007-11-14]. 中国新闻网.)

2. 亚文化的分类

亚文化有许多不同的分类方法，一种比较有代表性的分类方法是由美国学者 T. S. 罗伯特提出的按年龄、人种、生态学、宗教划分亚文化。目前国内外营销学者通常按种族、民族、阶层、宗教信仰、地域、年龄、性别、职业、收入、受教育程度等因素将消费者划分为不同的亚文化群。其中主要有以下几种。

(1) 民族亚文化消费者群。各个民族在长期生存和繁衍的过程中，都逐步形成了本民族独有的、稳定的亚文化，并在生活方式、消费习俗和崇尚禁忌中得到强烈体现，从而形成该民族特有的消费行为。

(2) 宗教亚文化消费者群。宗教信仰是亚文化群形成的重要因素。目前世界上主要的宗教有基督教、天主教、伊斯兰教、佛教等。不同的宗教信仰会导致消费者在价值观念、生活方式和消费习惯上的差异，从而形成宗教亚文化消费者群。

(3) 种族亚文化消费者群。建立在相同的人种、语言或者国别的背景下，成员共同具有某些独特行为的一种亚文化被称为种族亚文化。白种人、黄种人、黑种人都各有其独特的文化传统、文化风格和消费习惯。即使住在同一个国家，也会有自己独特的需求和爱好。克莱斯勒在大众市场强调其"纽约客"的安全性，在非洲裔市场强调其独特的式样，面向西班牙裔市场则强调其上进心和成就感。

资料 7-3

针对西班牙裔美国人的营销活动

美国消费者中的大多数称为盎格鲁人。然而,移民和人口变化趋势正在极大地改变美国的人口构成。根据美国人口统计局的资料,美国人口中的三大少数种族群体是非洲裔美国人(12.9%)、西班牙裔美国人(12.5%)和亚裔美国人(4.2%)。其中,西班牙裔美国人是当今美国最多元化和成长最快的种族群体。估计,到 2030 年,美国人口中将近一半的人口将不是盎格鲁白人,其中主要是西班牙裔美国人。西班牙裔美国人可以分为 4 类主要群体:墨西哥美国人(58.5%),主要生活在西南部和加州;波多黎各人(9.6%),主要生活在纽约;中南部美国人(8.6%)和古巴裔美国人(3.5%),主要生活在佛罗里达南部。

美国三大亚文化群体合起来控制了 15000 亿美元的购买力。到 2010 年,这个数字将超过 4 万亿美元。因此,许多企业正在努力对特定的种族群体进行适当的营销。

1.产品开发

营销人员正在专门为西班牙裔美国人开发产品以建立消费者品牌忠诚。露华浓、美宝莲、欧莱雅、雅诗兰黛已经开发了专供较黑肤色的消费者群体使用的化妆品。乐事为西班牙裔市场开发了风味更强的多力多兹,在不到一年的时间里,这款新产品的年销售额已超过 1 亿美元。麦当劳则在南加州成功推出了墨西哥风味的食品。

2.媒体聚集

由于西班牙裔美国人倾向于集中生活在某些地区,使用共同的语言,通过西班牙语媒体可以接触到其中许多人,包括电视、广播、印刷和网站。西班牙裔美国人是这些媒体的主要使用者,这带来了广告销售前所未有的增长。因此,当米蕾淡啤酒希望向西班牙裔美国人促销啤酒时,它就在西班牙语的电视网络 Univision 上赞助世界杯足球赛和拳击赛事。

3.广告信息

更多的营销商正在开发专门针对西班牙裔美国人的广告,包括宝洁和丰田。在这一细分市场上,广告特别重要,因为许多西班牙裔消费者偏好有名望的或做全国性广告的品牌。当 Hanes 内衣开始对芝加哥和圣安东尼的西班牙裔消费者发起广告宣传时,它的裤袜销售增长了 8%。广告信息中反复强调的家庭主题在广告测试中赢得了西班牙裔消费者的表扬。广告中还可以区分不同的西班牙裔的市场细分。在"可口可乐和你钟爱的口味"主题下的一个广告中,可口可乐和墨西哥玉米卷(吸引墨西哥美国人)、猪排(吸引古巴人)和米饭(吸引波多黎各人)放在一起。

西班牙裔美国人倾向于对使用本民族代言人的广告反应积极,这样的代言人被认为是更可信的,可能产生更正面的品牌态度。这种方法在种族性最突出的环境中最有效。在广告中运用言语或视觉暗示让消费者注意到种族可以激发"种族自觉"和赢得更正面的反应。

4.分销

越来越多的营销商开始为西班牙裔消费者配置专门的分销。在芝加哥、得克萨斯、洛杉矶和南佛罗里达都出现了全面供应西班牙裔食品和其他产品的超市。针对这一群体对家庭的重视,位于西班牙裔居住区的许多超市将儿童服装和婴儿产品放在商店前部的地方。

(资料来源:Wayne D. Hoyer, Deborah J. MacInnis. 消费者行为学[M]. 刘伟,译. 北京:中国市场出版社,2008.)

(4)性别亚文化消费者群。男女性别不同,也形成了相应的男性亚文化群和女性亚文化群。两大亚文化群的消费者在消费兴趣偏好、审美标准、购买方式、购买习惯等方面都有很大的不同。

第7章 社会环境与消费者行为

(5) 职业亚文化消费者群。不同职业的亚文化消费者群在生活方式以及消费习惯上有很大区别,而这种区别往往又以因职业不同而产生的收入差别为主要特征,这种以职业区别形成的亚文化又包含着较复杂的其他文化因素。

(6) 地理亚文化消费者群。地理上的差异也会导致人们消费特点上的不同。同是面食,北方人喜欢吃饺子,南方人喜欢吃馄饨,西部人喜欢吃饼和馍。

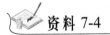

资料7-4

中、欧、日、美汽车消费文化比较

1. 中国猛推大排量新车

由于过去中国居民收入水平很低,国内汽车产业不发达,加上对进口汽车征收了很高的关税,因此汽车是奢侈品,拥有汽车被视为身份和地位的象征。虽然现在汽车开始从奢侈品向正常品或必备品过渡,但爱面子和大即是好的传统观念依然对购车者有着很大的影响。据市场问卷调查显示,很多购车人就认为三厢车比两厢车更气派。

中国人对新车型和高档汽车是如此热衷,中国的车市也似乎正在成为一个国际新车型的秀场,而即使在一些偏远的中小城市,也时常会出现高档的SUV或跑车。

据统计,中国正在成为世界豪华车市场增长最快的国家。价值180万元以上的奥迪A8全球不过180辆,中国就占了1/3;奔驰新款S600等200万元以上的豪华车,在中国销售量往往占全球的20%以上。由于较经济型车更丰厚的利润,合资企业正在加快把国外高档车引进中国,奔驰、宝马均在国内开设了生产线。

2. 日本和欧洲等国青睐小型车

相对于刚刚开始进入汽车社会的中国,美国、日本和欧洲等国早已跨入了汽车社会,汽车消费文化已经成为社会文化的一部分,然而,日本、美国和欧洲等国的汽车消费文化却有着很大差异。

德国是世界汽车工厂,而且当地中层白领的年收入足够买一部奔驰或宝马,但在德国的城市里,奔驰往往是公司的公车,或是当地的出租车。私车大多还是紧凑的两厢大众小型车,从甲壳虫几十年来的畅销就可见一斑。

按照德国人自己的说法,小型车的好处在于减轻道路压力、降低油耗及污染。在欧洲,人们长途旅行更愿意选择飞机和火车,家庭车主要用于城市交通,在欧洲生活的人都知道开大车在欧洲城市找停车位有多难,小排量微型汽车因此又有着大车无法比拟的方便性。

日本也有着与欧洲同样的情况,因为城市公交系统非常便利、完善且价格低廉,相当高比例的日本人对买车的需求并不强烈,家中即使有车也并不常开,他们平时办事、上下班时一般都会尽量利用城市公交系统,只是在必需时才会出动自己的"爱车",例如,外出游玩时,一家人一辆车其乐融融。

由于车多、人多、地小、资源少,加之日本国民长期形成的节俭朴素的生活习惯,因此,尽管日本人生活比较富裕,但经济型轿车仍然占了绝大多数,省油的小排量微型车特别受到消费者的欢迎。

3. 大型车是美国人的最爱

美国不仅是全球拥有汽车数量最多的国家,也同样是在用汽车体形最大的国家。大体积、大排气量是美国汽车的标志。在各种车型中,SUV和皮卡是美国人的最爱。据统计,2005年,越野车在美国汽车的销售中占到四成。为了满足野外休闲的较高要求,许多车采用的是四轮驱动。

另外,美国人的汽车换手率也非常高,由于汽车价格便宜,二手车市场发达,一辆新车刚开了不到1万千米就被转手是常事。对新鲜事物的喜好令汽车厂商也加快新车型的推出,以刺激消费者的购买。

(资料来源:勾晓峰. 美日欧汽车消费文化比较 中国汽车消费"好大"[N]. 经济参考报,2005-09-19.)

从以上分类可以看出，亚文化消费者群具有如下基本特点：①他们以一个社会子群体出现，每个子群体都有各自独特的文化准则和行为规范；②子群体与子群体之间在消费行为上有明显的差异；③每个亚文化群都会影响和制约本群体内各个消费者的个体消费行为；④每个亚文化群还可以细分为若干个子亚文化群。

对企业而言，研究亚文化的意义在于，消费者行为不仅带有某一社会文化的基本特性，还具有所属亚文化的特有特征。与前者相比，亚文化往往更易于识别、界定和描述。因此，研究亚文化的差异可以为企业提供市场细分的有效依据，促使企业正确区分和选择亚文化消费群体，从而更好地满足目标消费者的需求。

7.1.3 价值观与消费者行为

价值观是关于理想的最终状态和行为方式的持久信念，指人们对社会生活中各种事物的态度和看法。它代表着一个社会或群体对理想的最终状态和行为方式的某种共同看法。因此，文化价值观为社会成员提供了关于什么是重要的、什么是正确的，以及人们应追求一个什么最终状态的共同信念。它是人们用于指导其行为、态度和判断的标准，而人们对于特定事物的态度一般也是反映和支持他的价值观的。

不同文化背景下，人们的价值观念往往有着很大的差异（表7-1，表7-2）。例如，美国

表 7-1　中国文化中的价值观

价值观	总体特征	相关的消费者行为
中庸之道	大众化消费	消费行为具有明显的"社会取向"和"他人取向"，以社会上大多数人的一般消费观念来规范自己的消费行为，喜欢"随大流"
勤俭节约	消费支出中重积累；消费计划性强	崇尚勤俭持家的观念，习惯存钱，备不时之需。在家庭和个人消费上强调节欲勤俭，主张精打细算，量入为出，注重商品的实用性和使用价值，计划性购买多，反对奢侈浪费，反对及时行乐的生活态度，对超前消费抱观望和小心谨慎的态度
看重面子	品牌意识强；"人情"消费比重大	买商品时比较注重商品的品牌，尤其对于服装或高档消费品、重视人情消费，注重给别人、给自己"留面子"，而害怕"丢人现眼"
注重人伦	以家庭为主的购买准则	家庭观念强，在消费行为中往往以家庭为单位来购买商品。在大件商品的购买上，通常要与家人一起讨论来进行决策并实施购买行为，所买的商品，尽可能地满足大家的需要
以和为贵	和气生财：中国人习惯了平和心态的消费模式	在遇到不满意的消费时，甚至在自己的权益受到商家的损害时，往往是忍气吞声，只会向朋友、同事或其他熟人倾诉不满，而很少通过合法投诉等途径获得权益的保障
诚信	倾向于具有较高的品牌忠诚度和企业忠诚度	搜集大量属于同类产品的各种不同品牌的信息，对不同的品牌进行评价和选择。往往只选择值得信任的品牌，购买那些有诚信的厂商的产品，注重厂家售中和售后的承诺和服务。也乐于购买"熟人"推荐的产品

人希望得到个人最大限度的自由,追求超前享受,人们在购买住房、汽车等时,既可分期付款,又可向银行贷款支付。而在我国,人们则习惯攒钱买东西,人们购买商品往往局限于货币支付能力的范围内。改革开放前,我国居民认为富裕并非是光荣之事,标新立异是不合群之举。这种观念反映到服装消费上,便是追求朴素、大众化的格调。而改革开放后,人们的价值观念发生了重大变化,在购买服装时更多地倾向于式样、面料、色彩的新颖,注重服装与个性的协调,追求个性化。企业营销必须根据消费者不同的价值观念设计产品,提供服务。

表 7-2 西方文化中的价值观

价值观	总体特征	相关的消费者行为
物质主义	根据购买和拥有的财物决定是否感到满足	力图拥有尽可能多的产品,愿意接受协助产品购买的营销策略
休闲	工作时间减少,休闲时间增多	愿意为服务付出代价而让自己有时间从事休闲活动
个人主义	以自我为中心,认为个人需要和权利高于群体的需要和权利	获得能够表现自我的产品,对体育和冒险、赌博和品牌意识更感兴趣
健康	关心身体健康	对低脂、低热量、低盐、低糖、低胆固醇等营养健康的食品及有利于身体健康的服务中心和运动器械的需求量大
享乐主义	寻求快乐,希望拥有感觉好的产品和服务	产品奢侈
年轻	心理和外表都年轻	接受提供给年轻人可以减低年龄表现的产品
环境	注重保护自然环境,阻止污染和支持对环境友好的产品、服务和活动	购买拥有可循环部件或使用可循环材料包装的产品

资料 7-5

中国文化因素对中国消费行为的影响

中国文化价值观是造成中国消费者行为差异的深层原因。研究表明,有数千年历史文化的中华民族在哲学观、价值观、认识观、思维方式、处世方式、生活态度、风俗民情等方面都不同于西方,中国人有其自己的行为逻辑,这种行为逻辑甚至是西方人无法理解的(如电影《刮痧》所展示的)。

按文化三要素的理论(价值观、行为规范、象征图腾),比较消费价值、消费行为和消费象征这 3 个方面,中国与西方都有不同,而且,中国的区域亚消费文化和世代消费文化也呈现变化。

哪些根本性的社会和文化价值观对中国消费者的行为影响最大?

从文化的深层面,对中国消费者行为影响最大的文化价值观有如下几种。

(1) 以"根"为本的文化,重家、族、国;生命血统延续;望子成龙、光宗耀祖、投资子孙。

(2) 中庸文化,阴阳平衡的行为导向;不过为好;福祸相依。

(3) 关系文化,礼尚往来,来而不往非礼也。

多年来中国人送礼的习惯没有变,但随着时代的变迁、经济条件的变化、社会竞争的激烈,礼品的内容发生了重大的变化。

20世纪60~70年代:粮票、布票、钢笔、日记本、马列著作和红宝书。

20世纪60~70年代:烟酒、点心、罐头、手表、首饰、自行车。

20世纪60~70年代:高档烟酒、股票、高档手表、冰箱、彩电、录像机。

20世纪90年代以后:五花八门,如手提电脑、商务通、手机、代币券、购物卡、出国游、会议、度假等。基本趋势是,传统的没有少,新的层出不穷,花样越来越多,价值越来越高,表达方式越来越隐蔽。

(4) 和文化,和谐、和气、和睦、和平、和满、和贵;天时、地利、人和。

(5) 面子文化,有脸有面;群体舆论。

跨文化管理指出,西方文化偏个人导向;东方文化偏集体导向。对应影响消费者行为的个人因素和群体因素相比,西方消费者受个人因素影响更大,中国消费者受群体因素影响更大。这与中国人重中庸、面子和关系很有关。所以,在中国市场中,应更重视参照群体对消费者行为的影响。由于中国社会认同的群体因素强烈,消费者购买动机中的面子因素更显重要:购前别人意见对购买决策影响更大,购后更注重别人的评价看法,使广告更有影响力,使权威媒体的市场效果更突出,使口碑对品牌和公司更重要,也使中国消费者信息搜索行为中更重视参照群体的信息。

(6) 地位与礼,孔子强调举止行为与地位要一致。

(资料来源:卢泰宏. 消费者行为学——中国消费者行为透视[M]. 北京:高等教育出版社,2005.)

7.1.4 宗教信仰与消费者行为

宗教信仰是人们对世界的一种特殊看法,不同的宗教信仰即表现出人们具有不同的观念以及相应的行为方式。世界上三大宗教信仰分别是佛教、基督教和伊斯兰教,此外还有道教、摩门教等教派。宗教信仰会影响消费者行为,尤其是当消费者对宗教信仰的态度非常虔诚时,这种影响尤其显得重要。不同的宗教有自己独特的节日礼仪、商品使用的要求和禁忌。如虔诚的佛教教徒被禁止食用肉类食品,提倡素食,把消费动物性食品看成是对神的不尊重。伊斯兰教教徒被禁止饮酒,他们认为酒是引诱人们争斗的东西,是魔鬼。基督教信仰上帝,圣诞节是他们的重大节日,许多人的消费愿望在圣诞节期间实现,节日前后是一次购物的高潮。

宗教对消费者行为的影响主要表现为以下几方面:影响消费者对商品种类的选择,尤其是对宗教商品的选择;影响消费者对商品式样及外观等方面的选择;影响消费者选购商品的行为方式。

资料 7-6

宗教对消费者行为影响研究

据统计,目前全世界近65亿人口当中,基督教徒有近21亿,占世界人口的33%;穆斯林有近15亿,占世界人口的21%;印度教徒有近9亿,占世界人口的14%;中国传统教徒(信仰道教和儒家思想)有近3.94亿,占世界人口的6%;佛教徒有近3.76亿,占世界人口近6%;原始土著有近3亿,占世界人口近5%;非宗教人数有近11亿,占世界人口的16%。宗教作为人类精神生活的重要组成部分,正影响着人们物质生活的方方面面。

宗教信仰是一种关于人类社会的认知系统,即具有同样宗教信仰的人们共同分享有关信念、价值观、期望及行为的认知体系。宗教信仰不仅可以通过广泛的产品类型选择来影响消费者的购买行为，而且可以透过消费者的人格结构——他或她的信念、价值观及行为倾向影响消费者行为。

由于宗教信仰的原因，信徒们在日常生活中使用产品和服务常会受到一定的限制或禁止。例如：种种不道德活动以及不健康的生活内容，各宗教均予以禁止；犹太教徒和穆斯林信徒不吃猪肉；基督徒不吃一切血类制品；印度教不食牛肉；佛教徒不食荤腥食品；各种烟、酒受到几乎各种宗教的禁止或限制；歌舞厅及其他的娱乐场所和游乐活动受到基督教、佛教、道教及伊斯兰教等不同程度的抵制等。

在美国，具有高宗教情感的人比低宗教情感的人对本地购物条件更容易满意，并且较不可能到他们本地以外的贸易场所购物；越来越多的信奉宗教的购物者一年当中周日购物的可能性越来越小，他们认为那些非必要性的商业都应该在周日关门休息；在新西兰，宗教情感对购物行为的影响就是非必要性的商业在周日应该关门，对本地的购物满意；美国的购物者比新西兰的购物者更虔诚，他们更可能认为非必要性商业应该在周日关门，他们更可能比新西兰将零售支出的一大部分用在周日购物，并且更容易对本地购物满意；相反，与美国消费者相比，尽管美国的消费者比新西兰人外出购物花费多，新西兰人更可能选择外出购物并花费更多的周日购物。

【拓展资料】

(资料来源：李剑峰，刘红萍，杜兰英.宗教对消费者行为影响研究：国外文献评述.第四届(2009)中国管理学年会——市场营销分会场论文集，2009-11-14.)

7.1.5 消费习俗

1. 消费习俗及特征

消费习俗指一个地区或一个民族的约定俗成的消费习惯，是人们在长期的消费活动中相沿而成的一种消费风俗习惯，是社会风俗的重要组成部分。在消费习俗活动中，人们具有特殊的消费模式，主要包括人们的饮食、婚丧、节日、服饰、娱乐消遣等物质与精神产品的消费。

不同国家、地区、民族的消费者，在长期的生活实践中形成了多种多样的不同的消费习俗。尽管如此，消费习俗仍具有如下共同特征。

(1) 长期性。消费习俗是人们在长期的生活实践中逐渐形成和发展起来的。一种习俗的产生和形成，要经过若干年乃至更长时间，而形成了的消费习俗又将在长时期内对人们的消费行为有着潜移默化的影响。

(2) 社会性。消费习俗是人们在共同从事消费生活中互相影响产生的，是社会风俗的组成部分，因而带有浓厚的社会色彩。也就是说，某种消费活动在社会成员的共同参与下，才能发展成为消费习俗。

(3) 地域性。消费习俗通常带有浓厚的地域色彩，是特定地区的产物。如广东人素有吃早茶的习惯，东北人则习惯贮藏过冬的食品。少数民族的消费习俗，更是他们长期在特定的地域环境中生活而形成的民族传统和生活习惯的反映。消费习俗的地域性使我国各地区形成了各不相同的地方风情。

(4) 非强制性。消费习俗的形成和流行不是强制发生的，而是通过无形的社会约束力量发生作用。约定俗成的消费习俗以潜移默化的方式发生影响，使生活在其中的消费者自觉或不自觉地遵守这些习俗，并以此规范自己的消费行为。

我国消费习俗中，以饮食、服装消费方面的差异较为典型。如在饮食口味上，人们常说"东辣西酸，南甜北咸"。在副食结构上，南方十分强调汤的重要性，吃饭必定喝汤；而北方人对于汤的兴趣不大，许多人对于生吃大葱、大蒜情有独钟。南方城市居民宴请客人或社交场合，更偏向于客人的饮食意愿，强行劝酒的现象越来越少见；而许多北方地区在宴请客人或社交场合，劝酒现象比较普遍，以客人喝醉作为好客的标志。在服装消费风格上，南方人喜爱轻便型服装，要求简洁、大方，色调上相对明亮、丰富；而北方人更强调服装的实用性，要求服装合体、保暖，色调上相对稳重些，质料上倾向于皮革制品、毛、绒等质料。改革开放之后，由于现代化商业的快速发展，南北消费习俗方面的同质化现象在加速。

2. 消费习俗对消费者的心理与行为的影响

多种不同的消费习俗对消费者的心理与行为有着极大影响。

(1) 消费习俗促成了消费者购买心理的稳定性和购买行为的习惯性。受消费习俗的长期影响，消费者在购买商品时，往往容易产生习惯性购买心理与行为，固定地重复购买符合其消费习俗的各种商品。

(2) 消费习俗强化了消费者的消费偏好。在特定地域消费习俗的长期影响下，消费者形成了对地方风俗的特殊偏好。这种偏好会直接影响消费者对商品的选择，并不断强化已有的消费习惯。例如，各地消费者对本地风味小吃的喜好；各民族人民对本民族服饰的偏好等，都会使消费行为发生倾斜。

(3) 消费习俗使消费者心理与行为的变化趋缓。由于遵从消费习俗而导致的消费活动的习惯性和稳定性，将大大延缓消费者心理及行为的变化速度，并使之难以改变。这对于消费者适应新的消费环境和消费方式会起到阻碍作用。

正是由于消费习俗对消费者心理与行为有极大的影响，企业在从事生产经营时必须尊重和适应目标市场消费者的习俗特性。尤其是进行跨国、跨地区经营时，企业更应深入了解不同国家、不同地区消费者消费习俗的差异，以便使自己的商品符合当地消费者的需要。

资料 7-7

二月二抬起习俗消费"龙头"

"二月二，龙抬头；大仓满，小仓流。"在北方，二月二又称为龙抬头日、春龙节。在南方叫做踏青节，在古时，被称为挑菜节。在这样一个吉祥喜庆的日子，为了让自己孩子也沾沾喜气，许多市民会挑当天给孩子剪头发。

"这几天有十几位都预订了二月二当天的房间，有的是家宴，有的是喜宴。"振兴南路某酒店的服务员李小姐说。二月初二是个好日子，许多市民特意把自己孩子的满月、百天和周岁宴席放在了二月初二这天，让孩子沾沾龙气。而在当天，除了鸡、鱼等家常菜之外，还要吃炸油糕、爆玉米花，比作为"挑龙头""吃龙胆""金豆开花，龙王升天，兴云布雨，五谷丰登"，以示吉庆。

"二月二搬家，好运一打"，不少市民开始扎堆搬家，抢吉日摆脱晦气，迎来好运。在讲求吉日的中国人看来，二月二绝对是年后搬家最吉利的日子，所以这一天的业务不仅多，费用也较平时多了两三倍。

"二月二，吃糖豆"，商场上的糖豆各式各样。炒玉米、炒花生、炒绿豆、巧克力、麻辣、糯米、椒盐、

第7章 社会环境与消费者行为

芝麻等几十个品种。二月二既是民俗节日,就要体现民俗的特色。在生活物质多样化的今天,吃一下曾经的味道,还是不错的选择。

(资料来源:刘婷婷. 二月二抬起习俗消费"龙头"[N]. 齐鲁晚报,2014-02-28)

7.2 社会阶层与消费者行为

社会结构中,由于人们所处社会地位的差异会形成不同的社会阶层。各个社会阶层之间,在经济地位、价值观念、生活态度和消费习惯等方面存在明显差异,由此导致不同的消费行为。

7.2.1 社会阶层的含义

社会阶层是指按照一定的社会标准,如收入、受教育程度、职业、社会地位及名望等,将社会成员划分成若干社会等级。社会阶层是一种普遍存在的社会现象,不论是发达国家还是发展中国家,不论是社会主义国家还是资本主义国家,均存在不同的社会阶层。

产生社会阶层的最直接原因是个体获取社会资源的能力和机会的差别。所谓社会资源,是指人们所能占有的经济利益、政治权力、职业声望、生活质量、知识技能及各种能够发挥能力的机会和可能性,也就是能够帮助人们满足社会需求、获取社会利益的各种社会条件。导致社会阶层的终极原因是社会分工和财产的个人所有。社会分工形成了不同的行业和职业,并且在同一行业和职业内形成领导和被领导、管理和被管理等复杂的关系。当这类关系与个人的所得、声望和权力联系起来时,就会在社会水平分化的基础上造成社会分层。

社会分层表现为人们在社会地位上存在差异。社会地位是人们在社会关系中的位置以及围绕这一位置所形成的权力义务关系。社会成员通过各种途径,如出生、继承、社会化、就业、创造性活动等占据不同的社会地位。在奴隶社会和封建社会,社会地位主要靠世袭、继承和等级制的安排决定。在现代社会,个体的社会地位更多地取决于社会化、职业、个人对社会的贡献大小等方面,但家庭和社会制度方面的因素对个体的社会地位仍具有重要影响。

7.2.2 社会阶层的特征

1. 社会阶层展示一定的社会地位

如前所述,一个人的社会阶层是和他的特定的社会地位相联系的。处于较高社会阶层的人,必定是拥有较多的社会资源、在社会生活中具有较高社会地位的人。他们通常会通过各种方式,展现其与社会其他成员相异的方面。社会学家凡勃仑所阐释的炫耀性消费,实际上反映的就是人们显示其较高社会地位的需要与动机。

由于决定社会地位的很多因素如收入、财富不一定是可见的,因此人们需要通过一定的符号将这些不可见的成分有形化。按照凡勃仑的说法,每一社会阶层都会有一些人试图通过炫耀性消费告诉别人他们是谁,处于哪一社会层次。研究发现,即使在今天,物质产品所蕴含、传递的地位意识在很多文化下仍非常普遍。

传统上，人们通过购买珠宝、名牌服装、高档电器等奢侈品或从事打高尔夫球、滑雪等活动显示自己的财富和地位。今天，这一类显示地位的手段或符号仍然被很多人运用。然而应当注意的是，随着社会的变迁和主流价值观的变化，它们的表现方式、作用都在发生变化。例如，随着收入水平的提高，很多过去只有上层社会才消费得起的产品、服务已经或正在开始进入大众消费领域，这些产品作为"地位符号"的基础开始动摇。另外，越来越多上层社会的消费者对通过消费显示其财富和地位感到厌倦。

2. 社会阶层的多维性

社会阶层并不是单纯由某一个变量如收入或职业所决定，而是由包括这些变量在内的多个因素共同决定的。正如后面所要看到的，决定社会阶层的因素既有经济层面的因素，也有政治和社会层面的因素。在众多的决定因素中，其中某些因素较另外一些因素起更大的作用。收入常被认为是决定个体处于何一社会阶层的重要变量，但很多情况下它可能具有误导性。例如，在我国现阶段，部分个体老板收入比一般的大学教师和工程师高，但从社会地位和所处的社会层级来看，后者显然高于前者。除了收入，职业和住所也是决定社会阶层的重要变量。一些人甚至认为，职业是表明一个人所处社会阶层的最重要的指标，原因是从事某些职业的人更受社会的尊重。

3. 社会阶层的层级性

从最低的地位到最高的地位，社会形成一个地位连续体。不管愿意与否，社会中的每一成员，实际上都处于这一连续体的某一位置上。那些处于较高位置上的人被归入较高层级，反之则被归入较低层级，由此形成高低有序的社会层级结构。社会阶层的这种层级性在封闭的社会里表现得更为明显。

层级性使得消费者在社会交往中，或者将他人视为是与自己同一层次的人，或者将他人视为是比自己更高或更低层次的人。这一点对营销者十分重要。如果消费者认为某种产品主要被同层次或更高层次的人消费，他购买该产品的可能性就会增加；反之，如果消费者认为该产品主要被较低层次的人消费，那么他选择该产品的可能性就会减少。

4. 社会阶层对行为的限定性

大多数人在和自己处于类似水平和层次的人交往时会感到很自在，而在与自己处于不同层次的人交往时会感到拘谨甚至不安。这样，社会交往较多地发生在同一社会阶层之内，而不是不同阶层之间。同一阶层内社会成员的更多的互动会强化共有的规范与价值观，从而使阶层内成员间的相互影响增强。另外，不同阶层之间较少互动会限制产品、广告和其他营销信息在不同阶层人员间的流动，使得彼此的行为呈现更多的差异性。

5. 社会阶层的同质性

社会阶层的同质性是指同一阶层的社会成员在价值观和行为模式上具有共同点和类似性。这种同质性很大程度上是由他们共同的社会经济地位决定的，同时也和他们彼此之间更频繁的互动有关。对营销者来说，同质性意味着处于同一社会阶层的消费者会订阅相同或类似的报纸、观看类似的电视节目、购买类似的产品、到类似的商店购物，这为企业根据社会阶层进行市场细分提供了依据和基础。

6. 社会阶层的动态性

社会阶层的动态性是指随着时间的推移，同一个体所处的社会阶层会发生变化。这种变化可以朝着两个方向进行：从原来所处的阶层跃升到更高的阶层，或从原来所处阶层跌入较低的阶层。越是开放的社会，社会阶层的动态性表现得越明显；越是封闭的社会，社会成员从一个阶层进入另一个阶层的机会就越小。社会成员在不同阶层之间的流动，主要由两方面促成：一是个人的原因，如个人通过勤奋学习和努力工作，赢得社会的认可和尊重，从而获得更多的社会资源和实现从较低到较高社会阶层的迈进。二是社会条件的变化，如在我国文化大革命时期，知识分子被斥为"臭老九"，社会地位很低，但改革开放以来，随着社会对知识的重视，知识分子的地位不断提高，作为一个群体它从较低的社会阶层跃升到较高的社会阶层。

7.2.3 社会阶层的划分

关于社会阶层的具体划分，目前常用的主要有两种方法：单一指标法和综合指标法。个人在社会中所处的地位或阶层受多种因素影响，所以，一般来说使用综合指标划分社会阶层精确度要高些。

1. 单一指标法

利用单一指标划分社会阶层，在研究消费者行为时，更容易确定社会阶层与消费行为的相关关系，实际应用中也更为简便易行。通常较常用的单一指标主要有收入、教育程度、职业等。

(1) 收入。收入是划分社会阶层和地位最常用的传统指标。收入是维持一定生活方式的必要前提条件，收入的高低直接影响人们的消费态度、消费能力和消费水平。高阶层必然依附于高收入，但收入作为衡量社会阶层的基本指标也有其局限性，即收入不能完全解释人们的生活态度和消费方式。一个大学教授与一个只受过初等教育的小商贩或许收入相同，但他们的观念、意识、情趣或爱好会有很大差别。而这种差别直接影响他们对商品的选择标准、欣赏品味及消费观念和态度。

(2) 教育。教育作为单项指标，在划分社会阶层中有其特殊意义。一个人受教育的水平决定他的知识结构、文化层次、职业选择乃至收入水平。从营销角度看，教育水平对消费者的影响在于，受教育程度不同的消费者会有不同的价值观念、审美标准、欣赏水平、兴趣爱好，从而在消费活动中表现出不同的品位和特点。一般来说，受教育程度高的消费者比较偏爱知识性较强的商品，且在选择商品的过程中喜欢并善于利用各种外界信息；而受教育水平较低的消费者则表现出相反的倾向。

(3) 职业。职业是研究一个人所属的社会阶层的最基本、最重要的线索。由于职业在一定程度上反映出一个人的知识层次、专业特长、收入水平，因此，根据所从事职业可以大体确定人们的生活方式和消费倾向。采用职业作为划分依据的困难在于对社会上的众多职业进行分类并确定等级。

2. 综合指标法

综合指标法是运用多个社会经济变量从不同层面测量消费者的社会地位。这类方法的基本思想是，先在若干规模较小的社会做详细的调查研究，以决定每一成员适合归入哪一阶层，然后再寻找反映社会地位的客观指标和确定其权重。目前，西方学者在划分社会阶层时较为常用的有两因素、三因素、四因素甚至更多因素的综合划分方法。下面重点介绍霍林舍社会位置指数法、科尔曼地位指数法。

1) 霍林舍社会位置指数法

霍林舍社会位置指数法是从职业和教育两个层面综合测量社会阶层的一种方法，该方法在消费者行为研究中得到了广泛的运用。表 7-3 列示了编制霍林舍社会地位指数的量表、项目权重及社会地位等级体系。

表 7-3 霍林舍社会地位指数

职业量表(权重为 7)

职业名称	得 分
大企业的高级主管、大企业业主、重要专业人员	1
业务经理、中型企业业主、次要专业人员	2
行政人员、小型企业业主、一般专业人员	3
职员、销售员、技术员、小业主	4
技术性手工工人	5
操作工人、半技术性工人	6
无技能工人	7

教育量表(权重为 4)

学 历	得 分
专业人员(文、理、工等方面硕士、博士)	1
4 年制大学本科(文、理、医等方面学士)	2
1～3 年学科	3
高中毕业	4
上学 10～11 年(高中毕业)	5
上学 7～9 年	6
上学少于 7 年	7

社会地位分=职业分×7+教育分×4

社会地位等级体系	分数区间	在人口中的比重/(%)
上层	11～17	3
中上层	18～31	8
中层	32～47	22
中下层	48～63	46
下层	64～77	21

(资料来源：Hollingshed A B and Redlich F C.*Social Class and Menal Illness*.John Wilky & Sons，1958.)

2) 科尔曼地位指数法

科尔曼地位指数法由社会研究公司于 20 世纪 60 年代创立，并在消费者研究中得到广泛运用。该方法从职业、教育、居住的区域、家庭收入 4 个方面综合测量消费者所处的社会阶层。表 7-6 列示了运用该方法常用的问题和格式。在计算总分时，职业分被双倍计入。另外，如果被访者尚未成家，则在计算他的总分时，教育和职业两项得分均双倍计入总分。对于户主为 35～64 岁、以男性为主导的已婚家庭，其综合得分为 37～53 分，则为上等阶层；得分为 24～36 分，则为中等阶层；得分为 13～23 分，则为劳动阶层；得分为 4～12 分，则为下等阶层(表 7-4)。

表 7-4　科尔曼地位指数法中的变量及评分标准

指　　标		分　　值	
		(被访者)	(被访者配偶)
教育	8 年(含 8 年)以下初等教育	1	1
	高中肄业(9～10 年)	2	2
	高中毕业(12 年)	3	3
	1 年高中后学习	4	4
	2 年或 3 年制大专	5	5
	4 年制本科毕业	6	6
	硕士毕业或 5 年制大学	7	7
	博士毕业或 6～7 年制专业学位	8	8
户主的职业声望	长期失业者	0	
	半熟练工，保管员，领取最低工资的工厂帮工和服务人员	1	
	掌握一般技术的装配工、卡车与公共汽车司机、警察与火警、配送工	2	
	熟练工匠如电工、小承包商工头、低薪销售职员、办公室工人、邮局职员	3	
	员工在 2～4 人间的小业主、技术员、销售员、办公室职员、一般薪水的公务员	4	
	中层管理人员、教师、社会工作者、成就一般的专业人员	5	
	中小公司的高层管理人员、雇员在 10～20 人的业主、中度成功的专业人员如牙医	7	
	大公司的高层管理人员、获得巨大成功的专业人员如名医、名律师、富有的企业业主	9	
居住区域	平民区	1	
	劳动阶层居住，虽非平民居，但房子较破	2	
	主要是蓝领但也居住有一些办公室职员	3	
	大部分是白领也居住有一些收入较高的蓝领	4	
	较好的白领区	5	
	专业人员和经理人员居住区	7	
	富豪区	9	

续表

指标		分值
年家庭收入	5 000 美元以下	1
	5 000~9 999 美元	2
	10 000~14 999 美元	3
	15 000~19 999 美元	4
	20 000~24 999 美元	5
	25 000~34 999 美元	6
	35 000~49 999 美元	7
	50 000 美元以上	8

(资料来源:Coleman R P, The Continuing Significance of Social Class to Marketing.Journal of Consumer Research 1983 December(10).)

根据科尔曼地位指数法,科尔曼和雷茵沃特将美国消费者分为上层(14%)、中层(70%)和下层(16%)。每一阶层又被进一步细分,共形成 7 个生活方式上存在差别的群体(表 7-5)。

表 7-5 科尔曼-雷茵沃特社会等级结构

社会阶层	人数所占比例	收入/$	成员构成	主要市场及消费特征
上层美国人				
上上层	0.3%	600 000	靠世袭而获取财富、贵族头衔的名副其实的社会名流	热衷慈善事业,拥有多处住宅,是珠宝、古玩、住宅和度假用品的主要市场
中上层	1.2%	450 000	靠业务成就、社会领导地位起家的社会新贵	拥有高薪和大量财产,对社会活动和公共事业颇为积极,是昂贵的住宅、学校、游艇、游泳池和汽车消费的主要市场
下上层	12.5%	150 000	除新贵以外的拥有大学文凭的经理和专业人员	有高度的公德心,注重教育,是优良住宅、衣服、家具和家用器具的主要市场
中层美国人				
中产阶级	32%	28 000	中等收入的白领和他们的蓝领朋友,居住在较好的居民区,力图干一些与身份相符的事	通常购买"赶潮流"的产品,追求品位,要求他们的子女接受大学教育
劳动阶级	38%	15 000	收入一般的蓝领人,各种有不同收入、学历和工作性质背景,但过着典型的工人阶级生活方式的人	要依靠亲朋好友在经济上和道义上的援助,购物听从他们的忠告,在物质生活和娱乐方面"跟上时代的发展"是最重要的事情,休闲活动是他们的追求
下层美国人				
下上层	9%	9 000	由低收入的蓝领组成,社会地位较低	忙碌于工作与生活中,很少有精力和兴趣去关心社会时尚的变化,求廉动机明显

续表

社会阶层	人数所占比例	收入/$	成员构成	主要市场及消费特征
下下层	7%	5 000	接受福利救济，在贫困中挣扎，通常失业或做"最脏"的工作	长期依靠公众或慈善机构救济。他们的住宅、衣着、财物是"脏的""不协调的"和"破的"

(资料来源：Coleman R P.The Continuing Signifficance of Social Class to Marketing.Journal of Consumer Research 1983 December(10).)

资料 7-8

Anheuser-Busch 公司的产品定位(图 7.1)

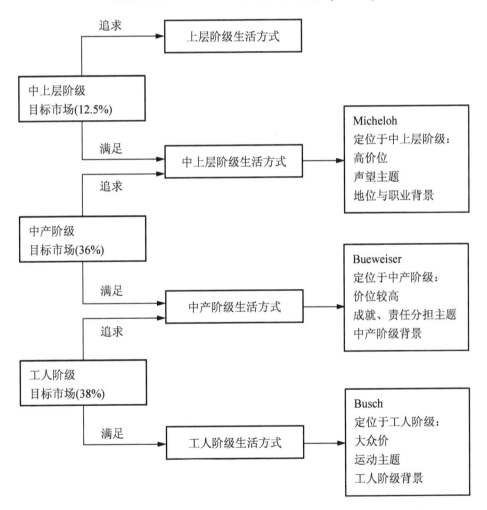

图 7.1 Anheuser-Busch 公司的产品定位

(资料来源：Del I.Hawkins, David L. Mothersbaugh, Roger J. Best. 消费者行为学[M]. 符国群，等译. 北京：机械工业出版社，2003.)

中国十大社会阶层

2002年年底，中国社会科学院专家陆学艺和他领导的研究小组撰写发表了《当代中国社会各阶层研究报告》。报告中以职业分类为基础，以组织资源、经济资源和文化资源的占有状况为标准，对当代中国社会阶层进行了分析，划分出了"十大阶层"。

(1) 国家与社会管理者阶层(2.1%)：主要指在党政、事业和社会团体机关单位中行使实际的行政管理职权的领导干部。中国的社会政治体制决定了其高地位。

(2) 经理人员阶层(1.5%)：主要指大中型企业中非业主身份的高中层管理人员。这个阶层是市场化改革最积极的推进者和制度创新者。

(3) 私营企业主阶层(0.6%)：主要指拥有一定数量的私人资本或固定资产并进行投资以获取利润的人。这一阶层的政治地位无法与其经济地位相匹配。

(4) 专业技术人员阶层(5.1%)：主要指在各种经济成分的机构中专门从事各种专业性工作和科学技术工作的人员。这一阶层是维护社会稳定和激励社会进步的主要力量。

(5) 办事人员阶层(4.8%)：主要指协助部门负责人处理日常行政事务的专职办公人员。这一阶层是现代社会的社会中间层的重要组成部分，是社会阶层流动链中的重要一环，未来十几年其人员比例将会有明显提高。

(6) 个体工商户阶层(4.2%)：主要指拥有较少量私人资本(包括不动产)并投入生产、流通、服务业等经营活动或金融债券市场而且以此为生的人。根据国家工商部门的登记数计算，目前，个体工商户阶层在整个社会阶层结构中所占比例为 4.2%，但该阶层的实际人数比登记人数多得多。这一阶层是市场经济中的活跃力量。

(7) 商业服务业从业者(12%)：主要指在商业和服务行业中从事非专业性的、非体力的和体力的工作人员。这一阶层与城市化的关系最为密切。

(8) 产业工人阶层(22.6%)：主要指在第二产业中从事体力、半体力劳动的生产工人、建筑业工人及相关人员。经济改革以来，产业工人阶层的社会经济地位明显下降，使得这一阶层的人员构成发生了根本性的变化。

(9) 农业劳动者阶层(44%)：这是目前中国规模最大的一个阶层，是指承包集体所有的耕地，以农(林、牧、渔)业为唯一或主要的职业，并以农(林、牧、渔)业为唯一收入来源或主要收入来源的农民。由于这个阶层几乎不拥有组织资源，所拥有的文化资源和经济资源往往也低于上述所有阶层，所以在整个社会阶层结构中的地位比较低。

(10) 城乡无业、失业、半失业者阶层(3.1%)：主要指无固定职业的劳动年龄人群(排除在校学生)，其中的许多成员处于贫困状态。目前，这一阶层的数量还在继续增加。

(资料来源：陆学艺，等. 当代中国社会各阶层研究报告，2002.)

7.2.4 不同社会阶层消费者的行为差异

从消费者心理与行为研究角度而言，无论何种类型的阶层，其内部成员都具有相近的经济利益、社会地位、价值观念、生活方式、思维方式和生活目标，从而有着相同或相近的消费需求和消费行为。但不同社会阶层消费者的行为却存在明显差异。

1. 信息接收和处理上的差异

信息搜集的类型和数量随社会阶层的不同而存在差异。如低层消费者的信息来源有限，对信息可靠性的辨别能力也比较低，更多地依赖口头传播等方式从亲戚朋友那里获得消费信息。中上层消费者拥有较多的产品知识和购物经验，甄别欺骗或误导性购物信息的能力较强，往往主动进行外部信息搜寻，主要是从各类大众媒体获取消费信息。随着社会阶层的上升，消费者获得信息的渠道会日益增多。

2. 媒体使用习惯差异

不同社会阶层的消费者常常表现出不同的媒体偏好或使用习惯。例如，低层消费者收看电视的时间较长，电视媒体对他们消费行为的影响较大；而高层消费者不常收看电视，他们订阅的报纸、杂志较低层消费者要多得多。即使是同类大众媒体，不同社会阶层的消费者也表现出明显的偏好差异。中上层消费者对报纸上的社论、新闻更感兴趣；而低层消费者则喜欢报纸的体育版和戏剧影视版。上层观众电视收视率较高的往往是新闻、经济视点和高品位的电视节目；而娱乐性强的连续剧或肥皂剧却是低层观众收看的电视节目。

3. 购买产品的差异

一项调查发现，富有的美国中产阶层常常购买摩托艇、豪华汽车或野营器具等奢侈消费品，而上层消费者却愿意将钱花在私人俱乐部、孩子教育或古董、字画等文教活动上。即使在同类产品或服务的选择上，不同的社会阶层也表现出明显的差异。以住宅和家具为例，美国的中上阶层消费者会在较有名气的社区购置住宅，选择的邻居多为社会名流，购买的家具档次和品位也比较高；中下阶层的消费者会购买豪华的住宅，并不在意邻居的社会地位，配置的家具数量虽多但不强调档次或品位；下层的消费者住宅环境往往较差，在家具方面投资较少，也不注重质量，但可能购买大屏幕彩电等家用电器。

4. 休闲或体育活动的差异

上层消费者喜欢休闲时间去剧院或音乐会，或玩桥牌、打网球等；而下层消费者则喜欢看电视或观看摔跤或拳击比赛。上层消费者常常选择放松身心、活动四肢并少耗时间的体育活动，如打网球、游泳、慢跑等；而下层消费者则喜欢打棒球等。

5. 购物商店和购物环境的差异

消费者在购物活动中也已形成对不同商店定位的认识，倾向于选择与自己社会地位相适应的商场购物。有关研究表明，人们一般很少到与自己社会阶层差异较大的商店去购物。许多豪华购物中心开业之初，虽然人流不断，但当其中的多数人意识到自己并非这些高档商品的顾客时，也就不会再来了。不同社会阶层的消费者表现出迥然不同的购物环境偏好。上层消费者对自己的购买能力往往拥有充分的自信，喜欢单独购物，偏向于选择环境优雅、服务周到或到名气显赫的商店购物。中层消费者虽对购物环境有较高的要求，但也对自己的产品知识和购买经验颇为自信，乐于冒险，喜欢到一些新开张的商店购物。下层消费者受到购买能力的限制，往往对价格较为敏感，不愿到购物环境陌生的商店，多到社会小商店购物，并喜欢结伴逛商店。

6. 购物方式和支付手段的差异

有关研究表明，不同职业、收入水平或教育程度的消费者表现出明显的商店购物与在家购物的行为差异。消费者的收入水平和教育程度越高，邮购或电话购物的比例也就越大。白领阶层在家购物倾向也明显高于蓝领阶层。在支付手段的选择上，美国上层消费者仅用信用卡购物，视信用卡为现金的替代物；而下层消费者在购物时信用卡和现金并用，他们对信用卡的使用则基于"先购物，后付款"的理念。

人们的购物行为会因社会阶层而异。一般而言，人们会形成哪些商店适合哪些阶层消费者惠顾的看法，并倾向于到与自己社会地位相一致的商店购物。

7.3　家庭与消费者行为

家庭是消费者个人所归属的最基本团体，与消费活动有着极为密切的关系。据统计，中国大约80%的消费行为是由家庭控制和实施的。家庭不仅对其成员的消费观念、生活方式、消费习惯有重要影响，而且直接制约着消费支出的投向、购买决策的制定及实施。为此，有必要深入研究家庭对消费者行为的影响作用。

7.3.1　家庭的含义及类型

一般认为，家庭指以婚姻关系、血缘关系和收养关系为纽带而结成有共同生活活动的社会基本单位。正常的家庭至少由两人组成，一个人不能成为完整意义上的家庭。家庭既是消费者参与的第一个社会群体，又是现代社会生活的细胞。

我国常见的家庭类型主要包括以下6种。

(1) 核心家庭。核心家庭是指由已婚夫妇和未婚子女或收养子女两代组成的家庭。核心家庭已成为我国主要的家庭类型。核心家庭的特点是人数少、结构简单，家庭内只有一个权力和活动中心，家庭成员间容易沟通、相处。由于核心家庭成员之间存在大量频繁的、亲密的接触和交流，对家庭消费行为和购买决策的影响也最大，因此，通常以核心家庭作为研究重点。

(2) 主干家庭。主干家庭又称直系家庭。主干家庭是指由父母、有孩子的已婚子女3代人所组成的家庭。在我国，主干家庭曾为主要家庭类型，但随着社会的发展，此家庭类型已不再占主导地位。主干家庭的特点是家庭内不仅有一个主要的权力和活动中心，还有一个权力和活动的次中心存在。

(3) 联合家庭。联合家庭指包括父母、已婚子女、未婚子女、孙子女、曾孙子女等几代居住在一起的家庭。联合家庭的特点是人数多、结构复杂，家庭内存在一个主要的权力和活动中心，几个权力和活动的次中心。

(4) 单亲家庭。单亲家庭是指由离异、丧偶或未婚的单身父亲或母亲及其子女或领养子女组成的家庭。单亲家庭的特点是人数少、结构简单，家庭内只有一个权力和活动中心，但可能会受其他关系的影响。此外，经济来源相对不足。

(5) 重组家庭。重组家庭指夫妇双方至少有一人已经离过一次婚姻，并可有一个或多个前次婚姻的子女及夫妇重组后的共同子女。重组家庭的特点是人数相对较多、结构复杂。

(6) 丁克家庭。丁克家庭是指由夫妇两人组成的无子女家庭。目前，丁克家庭的数量在我国逐渐增多。丁克家庭的特点是人数少、结构简单。

随着社会经济的发展，家庭的形式也在发生变化。一方面，晚婚家庭、无小孩家庭与单亲家庭等新型家庭形式大量出现。另一方面，单身独居者、未婚同居者、无小孩的离婚者和鳏寡独居者等非家庭型住户数量增多，呈现上升趋势。

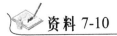

资料 7-10

全国离婚率连续 12 年递增

电影《失恋33天》里，有一句经典台词是这样的："我们那个年代的人，对待婚姻就像冰箱，坏了就反复地修，总想着把冰箱修好。不像你们现在的年轻人，坏了就总想换掉。"这句话，形象地道出了离婚的时代，离婚似乎越来越简单易得。

民政部发布的《2014 年社会服务发展统计公报》显示，全国依法办理离婚 363.7 万对，比上年增长 3.9%，连续 12 年攀升。离结比约为 27.8%，这意味着，每 4 对人结婚的同时就有 1 对人离婚。1990 年，全国依法办理离婚手续的，只有 80 万对。

(资料来源：陈薇，马海燕. 80 后离婚：这一代人的爱与罚[M]. 中国新闻周刊. 2015.)

7.3.2 影响家庭消费行为的因素

家庭消费通常包括物质资料消费、文化教育消费、医疗保健消费、闲暇精神消费和家庭劳务消费等。影响家庭消费行为的因素主要有家庭收入水平、家庭消费计划、家庭规模、家庭结构和家庭生命周期。

1. 家庭收入水平

家庭消费首先依赖于家庭收入。家庭消费水平是同家庭收入水平成正比的，收入水平的高低决定消费水平的高低。不仅如此，家庭收入水平还决定家庭消费结构。随着家庭收入水平的提高，恩格尔系数呈现下降趋势，居民消费档次明显提高，消费层次明显增多，消费个性明显突出，品牌选择性增大，出现了消费多样化的态势。

2. 家庭消费计划

家庭消费计划，即家庭消费的生活目标和达到生活目标的时间，也就是家庭预期通过何种方式积累财产，以便在预定的时间内逐步达到其生活目标。在这里，生活目标的内容包括家庭的住宅和子女的抚养、教育、就业、结婚及家庭主要成员退休生活安排等。家庭生活目标决定家庭消费的类型特征。美国学者温德尔·贝尔和小安德森等人，在考察家庭生活目标的基础上，将家庭消费分为 3 种类型：①"以家庭为中心的家庭"，此处的家庭特指家庭成员尤其指子女，这类家庭的凝聚力很强，上一代人与下一代人之间的隔阂不明显，家庭中一直把孩子作为中心，家庭重视储蓄，重视对孩子素质、能力、专长、爱好等的教育投资；②"以事业为中心的家庭"，家庭"户主"有很强的事业心，家庭的支出、家庭主人的精力和时间主要投放在事业的发展上，此外用作家庭地位象征的支出即家庭社交活动的支出也是比较突出的；③"以消费为中心的家庭"，其主要愿望不在事业方面，而是竭力提高目前的生活水平，同生活享受有关的商品和劳务的支出如各种奢侈性的支出、经常性旅游支出等，构成了家庭消费支出的主要内容。当然，除了以上 3 种典型的家庭外，也存在一些综合型家庭，如"家庭与事业并重的家庭"较少注意生活享受；"家庭与消费并重的家庭"对事业关心较少，不太注重发展性支出；"事业与消费并重的家庭"对家庭本身不那么关心，大部分支出用于事业和生活享受方面。

3. 家庭规模和结构

家庭规模是指在家庭中所包含的人口数，而家庭结构是指家庭中成员的人数、年龄及性别构成等。世界性的调查表明，家庭规模总体上呈缩小的趋势；核心家庭比例呈下降趋势。当代家庭的结构简化和规模缩小将会给家庭消费行为带来很多变化。从纯粹的需求角度，两口或三口之家所要的住房与四口或五口之家所需的住房是明显不同的。对一个两三口人的小家庭而言，冰箱、电饭煲、袋装食品等产品相对要求做得小一些。家庭规模的变小，也意味着家庭数量的增多，这会给生产家用电器、厨房用具等产品的企业提供新的发展机会。此外，单人家庭的户主在时间、收入和精神上均面临着较普通家庭更大的压力，她(他)们在小孩托管、工作等方面均有着特殊的需要。未婚同居者组成的非家庭型住户，在家庭消费结构和产品需求上，许多生活开支或费用支出可能采取共同分摊的方式。

【拓展视频】

表 7-6 列出了 4 次人口普查中不同类型家庭的构成。

表 7-6 1982—2010 年全国家庭结构及其变动

家庭类型	各类家庭占比/(%)			
	2010	2000	1990	1982
核心家庭	60.89	68.18	70.61	68.3
直系家庭	22.99	21.72	21.33	21.74
复合家庭	0.58	0.56	1.08	0.92
单人户	13.67	8.57	6.34	7.98
残缺家庭	0.93	0.71	0.57	0.84
其他	0.93	0.26	0.08	0.22

(资料来源：王跃生. 中国城乡家庭结构变动分析——基于 2010 年人口普查数据[J]. 中国社会科学，2013，(12).)

资料 7-11

中国家庭结构变动

2000 年以来中国家庭结构变动主要表现为核心家庭比例明显下降，单人户显著上升，直系家庭未降低反而略有增加。

同 2000 年及之前一样，2010 年核心家庭、直系家庭和单人户是中国家庭户的 3 种基本类型，约 98%以上的家庭户可归入其中。

与 2000 年及之前相比，一方面，2010 年核心家庭构成打破了 1982—2000 年近 20 年间稳定于 70%上下的状态，出现明显下降。其中 2010 年比 2000 年减少 10.69%；单人户构成则显著上升，

2010年较2000年增加59.51%(表7-7)。另一方面，在人口城市化水平提高、人口迁移流动率增长的过程中，直系家庭份额并没有进一步缩小，反而略有增加，若与前三次普查相比，则整体上表现出一定的稳定性。这表明，2010年单人户的增加很大程度上是由核心家庭比例降低所促成。

按照2010年人口普查数据，中国当代家庭构成呈现核心家庭水平降低、直系家庭稳定和单人户上升的格局。家庭结构既有向小形态发展的一面，也有多婚姻单位家庭获得维持的另一面。若将家庭的小型化视为家庭结构趋于"现代"的表现，直系家庭的稳定则是对"传统"形态和功能的维系。不过，当代直系家庭已不再固守过去严格的同居共财管理方式。

表7-7 1982—2010年全国家庭结构及其变动

家庭类型	各类家庭占比/(%)			
	2010	2000	1990	1982
核心家庭	60.89	68.18	70.61	68.3
直系家庭	22.99	21.72	21.33	21.74
复合家庭	0.58	0.56	1.08	0.92
单人户	13.67	8.57	6.34	7.98
残缺家庭	0.93	0.71	0.57	0.84
其他	0.93	0.26	0.08	0.22

【拓展资料】

(资料来源：王跃生.中国城乡家庭结构变动分析——基于2010年人口普查数据[J].中国社会科学，2013，(12).)

4. 家庭生命周期

消费者行为深受家庭生命周期的影响，每一个生命周期阶段都有不同的购买或行为形态。这部分内容将在下面单独阐述。

7.3.3 家庭生命周期

家庭生命周期指从建立家庭开始到该家庭分解的过程，它是由婚姻状况、家庭成员年龄、家庭规模以及家庭成员的工作状况等因素综合而成的。家庭生命周期可分为若干阶段，而不同阶段的家庭消费行为是不一样的。关于家庭生命周期各阶段的划分，不同的学者划分阶段不完全一样。传统的家庭生命周期理论将家庭发展分为单身阶段、新婚阶段、满巢阶段、空巢阶段和解体阶段。

1. 单身阶段

单身阶段是指从离开父母独立生活开始到结婚组建家庭为止的阶段。随着结婚年龄的普遍推迟，这一群体的数量在不断增加。他们的收入并不高，但因没有其他负担，个人可支配的收入相对较多，他们的消费心理多以自我为中心。除了房租、家用器具和个人护理用品之外，他们收入的大部分花费在交通、度假、娱乐和服饰等方面。这一群体消费者追求时尚，注重娱乐和休闲，常常成为住宅、旅游、运动和休闲等产品或服务营销的目标市场。

2. 新婚阶段

新婚阶段指从新婚夫妇正式组建家庭到他们的第一个孩子出生为止的阶段。随着人们工作、生活节奏的加快及人们观念的改变，这个时期在整个家庭生活周期中所占的时间比例有增大的趋势。处于这个阶段的家庭有较高的购买欲望和支付能力，主要购买一些家常用品及比较浪漫的休闲产品，度假支出比例大。

3. 满巢阶段

满巢阶段始于第一个孩子出生而止于所有孩子长大成人并离开父母的时期。孩子带来了新的需求，从而改变了家庭消费模式：婴儿时期主要是购买玩具、食品等；学龄期主要是各种学习和教育费用，而且随着年级的升高，各种费用也越来越高。特别是大学阶段，子女的教育费是家庭很大的开销。尤其是对于工薪阶层来说，在孩子上中学以后一直到大学毕业参加工作之前，其家庭消费主要以子女为中心，而自己常常比较节俭，尽可能地压缩其他消费。而对于大多数家庭来说，子女在毕业参加工作以后到结婚组成新的家庭之前的一段时间，是收入和消费的高峰期，家庭收入的主要支出是一些高档的消费品，如更换家具、家用电器、旅游等。同时，中国的大部分家庭还要为子女的婚事做一些储备。

4. 空巢阶段

子女成家立业以后，组成新的家庭，成为另一个消费单位，只剩下父母二人，家庭进入空巢阶段。在空巢阶段，因为没有子女的拖累，父母的经济负担已大大减轻，他们已经具备充分享受消费的条件。而且，这一时期，大部分家庭的夫妻已经到了离、退休的年龄，有更多的闲暇时间供自己支配。因此，对那些经济收入较高、有一定积蓄的家庭来说，他们还有一种"补偿消费"的心理，弥补过去由于经济条件、时间条件、精力等各方面的限制而没有充分消费的缺憾。最常见的就是夫妻双双外出旅游。同时，由于年纪越来越大，他们逐渐以身体健康为消费导向。例如，购买有助于睡眠的设施、各种健身器材、保健用品等。

资料 7-12

空巢老人的孤独

75 岁的宋大爷是典型的"空巢老人"，女儿长期旅居海外，在同城居住的儿子忙于工作很少回来探望。因此，日常生活全部靠老两口自理。无论在城市还是农村，像宋大爷这样的"空巢老人"比比皆是。

养老院不受待见，儿女又不在身边，孤独成为"空巢老人"的最大杀手。据中国老龄科学研究中心统计，城市老年人中感觉幸福和比较幸福的只占 56.9%，农村老年人的这个比例仅为 33.1%。

西南大学心理学专家、博士生导师张庆林表示，老年人不仅需要老有所养、老有所助、老有所医，更有强烈的感情需求。"即便衣食无忧，但许多老人心里却很空虚，需要交流，更需要关爱。相比贫穷，孤独对于老年人而言更可怕。"

多年前，曾有媒体报道，上海浦东区一位老太太去世两年多才被发现，这让许多人心中难免悲凉。有关专家表示，赋闲在家的老人们，很多在精神生活上都有缺失。独居老人们大多有自理能力，但相对物质生活，他们更需要心理慰藉，关注老人的心理需求也是社会化养老服务应特别关注的问题。同时，"更希望子女在忙于工作之余，常回家看看，哪怕一个问候的电话，也足以让老人开心很久。"

【拓展视频】

(资料来源：郑莉. 中国"空巢老人"遭遇情感危机：孤独比贫穷更可怕[N]. 工人日报，2010-10-16.)

第7章 社会环境与消费者行为

5. 解体阶段

当夫妻双方中的一方过世,家庭进入解体阶段。由于夫妻中一方过世,收入来源减少,生活相对节俭和孤独,医疗服务和社会关爱等特殊服务需求上升。有些人则从家庭之外寻求朋友关爱,或者开始新的婚姻。

7.3.4 家庭购买决策

家庭购买决策是指由两个或两个以上家庭成员直接或间接作出购买决定的过程。作为一种集体决策,家庭购买决策在很多方面不同于个人决策。家庭购买决策与个人购买决策的不同之处在于:首先,存在家庭成员共同作出购买决策的可能;其次,家庭成员在购买决策过程中扮演不同的角色;最后,家庭成员在购买决策上可能发生矛盾与冲突。

1. 家庭购买决策方式

家庭购买决策研究中的一个重要问题是,对于不同产品的购买,家庭决策是以什么方式作出的,谁在决策中发挥最大的影响力。20世纪70年代,戴维斯(H.Davis)等人对欧洲家庭的夫妻之间在25种产品购买决策上的影响进行研究,将家庭购买决策分为以下4种方式:①妻子主导型,在决定购买什么的问题上,妻子起主导作用;②丈夫主导型,在决定购买什么的问题上,丈夫起主导作用;③自主型,对于不太重要的购买,可由丈夫或妻子独立作出决定;④联合型,丈夫和妻子共同作出购买决策。

上述对于家庭决策类型的研究忽略了家庭决策中的一个重要参与者——孩子。在我国,随着儿童家庭地位的提高,儿童市场相当庞大,不管是学龄前儿童还是青少年,他们对家庭购买决策都在起着非常重要的影响。美国的一项研究发现孩子对家庭购买决策的影响随着年龄的变化而有所不同:对于5~7岁孩子的购买要求,只有21%的母亲会同意;而57%的母亲会屈服于11~12岁孩子的购买要求。但是,年龄大的孩子提出的购买要求少,他们更倾向于独立作出购买决策,父母的意见或观点更多的被视为一种信息源。

 资料7-13

家庭消费90后有六成决策权

零点研究咨询集团在北京、上海、广州、武汉及成都5个城市共2 099名90后学生中进行的一项最新调查显示,在电子及数码产品、家庭旅游及外出就餐等消费上,90后拥有接近或超过六成的决策权,即使在房子及车子等大型耐用消费品上,90后也拥有超过三成的决策权。

(资料来源:零点研究咨询. 家庭消费90后有六成决策权. [EB/OL]. [2011-11-21]. 中广网.)

2. 家庭成员的购买角色

家庭的消费行为中,家庭成员往往承担不同的角色:①倡议者,是指提议购买某种产品或服务,或者刺激其他家庭成员产生兴趣或萌发需求的家庭成员;②影响者,是指提供购买评价标准或者相关品牌信息而影响产品或品牌选择的家庭成员;③决策者,是指有权决定家庭购买产品的类别、品种和数量的家庭成员;④购买者,即具体执行家庭购买任务的家庭成员；⑤使用者或消费者，是指实际使用或消费家庭购买的产品或服务的家庭成员。

在家庭购买决策过程中，一个家庭成员往往同时承担多种角色，但也可能多个家庭成员共同担当一个角色。在不同的消费领域，角色有互换的倾向。广告要利用家庭的影响，找出决策者和主要影响者，并针对他们实加影响。尤其是家庭消费品和儿童消费品的广告，更应重视家庭作为参照群体的巨大影响。

中青年人取代老年人成为家庭消费的主要决策者

由于经济改革及新经济的发展，老年人在现代家庭中已经失去了对家庭财产的主控权，中青年男性作为家庭经济的支柱，成为家庭消费决策的绝对掌控者。零点调查2001年关于住房和电脑消费的研究显示，购买房子的决策者中有五成以上是31～50岁的中青年人；电脑的购买决策者就更加年轻化，35.8%的家庭中购买电脑由18～25岁的青年人决定，20.6%由26～30岁的人决定，21.3%由31～40岁的人决定。而在家庭耐用消费品中，50岁以上的老年人的决策力更是明显减弱，如图7.2所示。

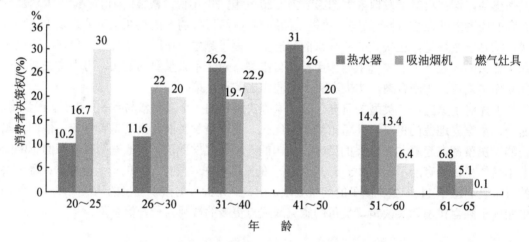

图7.2　不同年龄群体对家庭耐用消费品的消费决策权对比

(资料来源：零点调查《家庭耐用消费品研究报告》，基于1998年10月对北京、上海、广州、成都、天津、沈阳、重庆等7个城市3 134名20～65周岁成年市民中卫橱产品的主要购买决策者的随机抽样调查.)

3. 家庭购买决策的影响因素

(1) 文化和亚文化。文化或亚文化中关于性别角色的态度，很大程度上决定着家庭决策是由男性主导还是女性主导。例如，在我国不发达的农村地区，由于家庭中的封建思想和重男轻女意识比较严重，家庭多以男性为核心。男性比女性有更多的受教育机会、更高的收入水平，在家庭中的地位更高，对家庭购买决策的影响自然更大。在我国的大城市，如上海、北京，人们受传统家庭观念的影响相对要小，家庭成员的地位较为平等，因此，家庭决策过程中就更可能出现自主型、联合型、甚至妻子主导型决策方式。当然，文化并非一个地理的概念，即使生活在同一个城市，由于文化背景的不同，人们对于性别角色地位的认识会有相当大的差别，由此导致男女在家庭决策中影响力的不同。

(2) 角色专门化。随着时间的推移，夫妻双方在决策中会逐渐形成专门化角色分工。传统上，丈夫负责购买机械和技术方面的产品，例如，他们要负责评价和购买房子、汽车、保险、维修工具等产品；妻子通常负责购买与抚养孩子和家庭清洁有关的产品，如孩子的食物与衣服、厨房和厕所用的清洁剂等；而度假、孩子上学、购买和装修住宅则多由夫妻共同作出决定。

资料 7-15

中国七成家庭消费决策者为女性

一家大型旅游网站基于平台过去一年超 3 800 万女性用户大数据资源和行为习惯，发布《2016 女性出游报告》。《报告》显示，无论是旅行决策、消费方式，还是日常休闲购物、释放压力的需要，女性消费决策在家里越来越占有重要地位。有权威数据统计，中国消费行业中有超过 75% 的决策都是女性做主，不但涉及日常购物、旅游，甚至包括买房、孩子教育消费等

(资料来源：周晶. 数据显示：中国消费行业中超 75% 的决策都是女性做主.南京晨报，2016-03-15.)

随着社会的发展，婚姻中的性别角色不再像传统家庭中那样鲜明，丈夫或妻子越来越多地从事以前被认为应由另一方承担的活动。虽然如此，家庭决策中的角色专门化仍然是不可避免的。从经济和效率角度来看，家庭成员在每件产品上都进行联合决策的成本太高，而专门由一个人负责对某些产品进行决策，效率会提高很多。

资料 7-16

丈夫和妻子对不同家用消费品的决策权对比如图 7.3 所示。

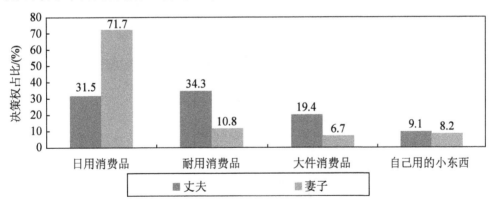

图 7.3 丈夫和妻子对不同家用消费品的决策权对比

(资料来源：零点调查与零点指标《城市居民购物形态研究报告》，基于 2002 年 2 月对北京、上海、广州、成都、武汉、南京、西安、沈阳、大连、郑州 10 个城市 3 781 名 18～60 周岁成年市民的随机抽样调查.)

(3) 家庭决策的阶段。在家庭购买决策中，同样存在着不同的阶段。家庭成员在购买中的相对影响力，随购买决策阶段的不同而异。戴维斯等人在比利时的研究，识别出家庭决策的 3 个阶段，即问题认知阶段、信息收集阶段和最后决策阶段。家庭决策越是进入后面的阶段，角色专门化通常变得越模糊。

(4) 个人特征。家庭成员的个人特征对家庭购买决策方式也有重要影响。诚如前面所指出的，夫妻双方的影响力很大程度上来自各自的经济实力，因此，拥有更多收入的一方，在家庭购买决策中更容易占据主导地位。个人特征的另一个方面是受教育的程度，妻子所受教育程度越高，她所参与的重要决策也就越多。一项研究表明，在美国受过大学教育的已婚妇女中，有70%认为她们在选择汽车时，有着与丈夫同等的权利；而在只受过高中教育的妇女中，这一比例是56%；在学历不足高中的妇女中，这一比例就更低了，仅为35%。家庭成员的其他个人特征，如年龄、能力、知识等，也都会直接或间接地影响其在购买决策中的作用。

(5) 介入程度及产品特点。家庭成员对特定产品的关心程度或介入程度是不同的。男性和女性虽然都乐于汲取并传播信息，但女性对"购买和使用商品的经验""生活小常识""子女教育""医疗保健"等方面的关注程度明显高于男性。这也使女性更多地担当着商品信息把关者和家庭日常消费主宰者的角色。

资料 7-17

男性和女性关注的信息类型比较如图 7.4 所示。

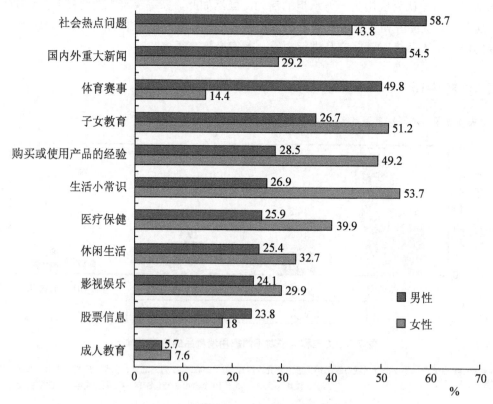

图 7.4　男性和女性关注的信息类型比较

(资料来源：零点调查与零点指标《众口含金，关于口碑传播的研究报告》，基于 2001 年 5 月对北京、上海、广州、成都、大连、西安、郑州、武汉、南京、沈阳等 10 个城市 4 851 名 18～60 周岁成年市民的随机抽样调查.)

此外，对 CD 唱片、游戏卡、玩具等产品的购买，孩子们可能特别关心，因此在购买这些产品时他们可能会发挥较大的影响；而对于父亲买什么牌子的剃须刀，母亲买什么样的厨房清洗剂，孩子可能不会特别关心，所以在这些产品的购买上他们的影响力就比较小。

家庭购买决策方式因产品的不同而异。当某个产品对整个家庭很重要，且购买风险很高时，家庭成员倾向于进行联合型决策；当产品为个人使用，或其购买风险不大时，自主型决策居多。此外，一些情境因素也会影响购买决策的方式，如当购买产品的时间充裕时，联合型决策出现的可能性增大，而当时间压力较大时，丈夫或妻子主导型及自主型决策就更为普遍了。

4．家庭购买决策冲突

在家庭购买决策过程中，家庭成员之间因在购买动机、兴趣爱好等方面的观念差异或意见分歧，常常在购买目的、品牌认同和购买方案选择等决策问题上发生争执或冲突。

通常，家庭成员会使用很多办法来避免和解决冲突。这些办法主要有：①讨价还价，努力达成妥协；②断章取义地列举事实，以博取支持；③运用权威，如声称自己在这一购买领域更有专长，或者更适合作出决策；④运用逻辑进行争辩；⑤沉默或退出争论；⑥进一步搜集信息或获得他人的意见。

7.4　参照群体与消费者行为

心理学研究表明，一个人的习惯、爱好及思想行为准则，不是天生就有的，而是在后天的社会活动中，受外界影响逐渐形成的。在外界各种因素中，参照群体对消费者心理与行为有着至关重要的影响。

7.4.1　参照群体的含义与类型

1．参照群体的含义

参照群体又称相关群体、榜样群体，是指一种实际存在的或想象存在的，可作为个体判断事物的依据或楷模的群体，它通常在个体形成观念、态度和信仰时给其以重要影响。参照群体对个人的影响在于，个人会以参照群体的标准、目标和规范作为行动指南，将自身的行为与群体进行对照；如果与群体标准不符或相悖，个人就会改变自己的行为。因此，参照群体的标准、目标和规范会成为个人的"内在中心"。

2．参照群体的类型

参照群体有直接参照群体和间接参照群体两种类型。

(1) 直接参照群体又称为成员参照群体，即某人所属的群体或与其有直接关系的群体。直接参照群体又分为首要群体和次要群体两种。首要群体是指与某人直接、经常接触的一群人，一般都是非正式群体，如家庭成员、亲戚朋友、同事、邻居等。次要群体是对其成员影响并不大但一般都较为正式的群体，如宗教组织、职业协会等。

(2) 间接参照群体是指某人的非成员群体，即此人不属于其中的成员，但又受其影响的一群人。间接参照群体又分为向往群体和厌恶群体。向往群体是指某人推崇的一些人或希望加入的集团，如体育明星、影视明星就是其崇拜者的向往群体。厌恶群体是指某人讨厌或反对的一群人。一个人总是不愿意与厌恶群体发生任何联系，在各方面都希望与其保持一定距离，甚至经常反其道而行之。

3. 影响消费者的主要参照群体

（1）家庭成员。这是消费者最重要的参照群体，它包括了消费者的血缘家庭和婚姻家庭的成员。家庭成员的个性、价值观以及成员之间的相互影响，形成了一个家庭的整体风格、价值观念和生活方式，从而对消费者行为起着直接的影响作用。家庭的影响在 7.3 节中已详细论述。

（2）同学、同事。由于长时间共同学习或在同一组织机构中合作共事，消费者常常受到来自同学或同事的影响。

（3）社区邻居。我国消费者受传统习俗的影响，比较注重邻里关系，尤其是居住条件比较拥挤的居民，邻里往来更为密切。在消费活动中，左邻右舍的消费倾向、价值评价、选择标准等，往往成为人们重要的参照依据。

（4）亲戚朋友。这也是影响消费者行为的主要参照群体。在某些情况下，由于具有共同的价值取向，朋友的看法往往更具有说服力。

（5）社会团体。各种正式和非正式的社会团体，如党派、教会、书法协会、健身俱乐部等，也在一定程度上影响着消费者的购买行为。

（6）名人专家。如政界要人、专家学者、影视明星、优秀运动员、著名作家及那些受到人们崇拜和爱戴的权威人士，都可能成为消费者的参照系。

资料 7-18

爱玛电动车的粉丝营销

2014 年，爱玛电动车动作频频，不仅引来行业和媒体的注目，也受到了广大粉丝的狂热追捧。3 月份，爱玛的品牌代言人周杰伦成为《最强大脑》的助教，爱玛随即推出"史上最强邀请周董邀你来出镜"微博活动，并借力金秀贤中国首秀，成功推出全新品类"爱玛酷飞车"。随后，签约亚洲人气第一天团 EXO——作为品类代言人，举办"EXO 时尚 Party"天津见面会，受到广大 80 后、90 后粉丝的追棒与青睐。就在粉丝们还没有回过神的时候，爱玛又重磅出击，成功签约亚洲第一男神金秀贤作为品牌时尚顾问，让众多"Kmoon"唏嘘不已。在 10 月份的第 32 届南京车展上，爱玛举行了盛大的金秀贤 TVC 首映礼，并率先提出"群星代言"策略，精准的覆盖目标人群，将明星粉丝转化为品牌的消费者。在整体行业增长乏力的背景下，爱玛凭借着强大的明星阵容、高效的粉丝营销策略、快速的市场动作，实现逆势增长 15% 以上，销量突破 400 万台下线。

（资料来源：于铮.互联网时代的变革：粉丝营销催生全新的消费引流模式. 光明网，2014-11-14.）

7.4.2 参照群体的心理作用机制

参照群体对消费者行为的影响是在一定心理机制的作用下发生的。具体作用形式包括以下方面。

1. 模仿

模仿是指个人受非控制的社会刺激引起的一种行为反应，这种行为反应能够再现他人特定的外部特征和行为方式。研究表明，消费者之所以发生模仿行为，是人的本能、先天倾向以及社会生活中榜样影响的结果。在榜样的影响下，消费者不仅模仿到某种行为方式，而且会形成共同的心理倾向，从而表现出消费观念、兴趣偏好和态度倾向的一致性。

2. 提示

提示又称暗示，是在无对抗条件下，用含蓄间接的方法对人们的心理和行为产生影响，从而使人们按照一定的方式去行动，并使其思想、行为与提示者的意志相符合。影响提示作用的最主要因素是提示者的数目。只要众多提示者保持一致，就会形成一种强大的驱动力量，推动引导个人行为服从群体行为。

3. 情绪感染与循环反应

情绪感染是情绪反应最主要的机制之一。它的作用表现为一个循环过程。在这一过程中，别人的情绪会在个人心理上引起同样的情绪，而这种情绪又会加强他人的情绪，从而形成情绪感染的循环反应。群体行为即是循环反应的结果。循环反应强调群体内部成员之间的互动。因此，群体气氛、群体中的价值观念、行为规范等，都会直接影响每个成员的思想、态度和行为。

4. 行为感染与群体促进

通常，个人虽然已经形成某种固定的行为模式，但在群体条件下，由于群体规范和群体压力的作用，会使某些符合群体要求的个人行为得到表现和强化，而一些不符合群体要求的行为则受到否定和抑制。为了减少来自群体的心理压力，个人必须服从群体的要求，被群体行为所感染。

5. 认同

认同是一种感情的移入过程，是指个人在社会交往中，被他人同化或同化他人。任何群体都有为多数成员共同遵从的目标和价值追求。个人作为群体内部的成员之一，在与其他成员的互动交往中，会受到这一共同目标和认识的影响，从而产生认同感。认同感往往通过潜移默化的方式发生作用，使人们的认识和行动趋于一致。

7.4.3 参照群体对消费者行为的影响

人们都希望自己富有个性和与众不同，然而群体的影响又无处不在。参照群体具有规范和比较两大功能。前一功能在于建立一定的行为标准并使个体遵从这一标准，个体在这些方面所受的影响对行为具有规范作用；后一功能，即比较功能，是指个体把参照群体作为评价自己或别人的比较标准和出发点。

1. 参照群体的影响方式

参照群体对消费者的影响通常表现为 3 种形式，即规范性影响、信息性影响、价值表现上的影响。

(1) 规范性影响。规范性影响指由于群体规范的作用而对消费者的行为产生影响。规范是指在一定社会背景下，群体对其所属成员行为合适性的期待，它是群体为其成员确定的行为准则。这种准则，有的是明文规定的，有的是约定俗成的，但都有约束和指导成员行为的效力。群体成员的态度和行为,如果符合群体规范,就会受到群体的肯定;如果成员偏离或破坏其准则,群体就会运用各种方法加以纠正。当然,群体规范也不是一成不变的,随着形势的变化,也会发生变化。而且参照群体对成员行为的影响可以是主动的,也可以是被动的。也就是说,成员既可以主动模仿别人的行为,也可能在群体压力下不得不采取某种行为。后一种现象在社会心理学中被称为社会从众。

【拓展视频】

社会从众是指在群体规范的压力下,成员放弃自己的意见而采取与大多数人一致的行为。人们为什么会从众呢?社会心理学研究认为,从众行为的产生是人寻求社会认同感和安全感的结果。在社会生活中,人们通常有一种共同的心理趋向,即希望自己归属于某一较大的群体,被大多数人所接受,以便得到群体的保护、帮助和支持。此外,对个人行为缺乏信心,认为多数人的意见值得信赖,也是从众行为产生的另一个重要原因。有些消费者由于缺乏自主性和判断力,在复杂的消费活动中无所适从,从众便成为他们便捷、安全的选择。

资料 7-19

所罗门·阿希的线段实验

所罗门·阿希(Solomon E.Asch,1907—1996年)是一位世界知名的美国格式塔心理学家和社会心理学的先驱。

20世纪50年代,阿希曾做过一个实验——线段实验。阿希将被试组成7人小组,请他们参加所谓的知觉判断实验。实验的真正目的是考察群体压力对从众行为的影响。7名被试中,只有编号为第6的被试为真被试,其他均为实验助手。

被试与其他群体成员都围桌子坐下后,实验者依次呈现50套两张一组的卡片。两张卡片中,一张画有1条标准真线,另一张画有3条直线,其中1条同标准线一样长。被试的任务是在每呈现1套卡片时,判断3条编号依次为A、B、C的比较线中哪一条与标准线一样长,标准线和比较线如图7.5所示。

图7.5 阿希线段实验中的卡片

实验开始后,前两次比较平静无事,群体的每一个成员都选用同一条比较线。作为第6号(第6个进行判断)的真被试开始觉得知觉判断很容易、很快。在第三组比较时,实验助手们开始按实验安排故意作错误的判断。被试听着这些判断,困惑越来越大。因为他要等到第6个才说自己的看法,必须先听前5个人的判断。结果,他面临一个是相信自己的判断,还是跟随大家一起做错误判断的两难问题。

实验结果表明,数十名自己独自判断时正确率超过99%的被试,跟随大家一起作出错误判断的总比率占全部反应的37%。75%的被试至少有一次屈从了群体压力,作了从众的判断。阿希的实验表明:有些人情愿追随群体的意见,即使这种意见与他们从自身感觉得来的信息相互抵触。群体压力导致了明显的趋同行为,哪怕是以前人们从未彼此见过的偶然群体。

(资料来源:Asch S. *Social Psychology*. New York:Prentice-Hall,1952.)

无论何时,只要有群体存在,无须经过任何语言沟通和直接思考,规范就会迅速发挥作用。规范性影响对于消费者行为有重要作用:一是规范性影响导致品牌选择的一致性，消费者会购买群体中其他成员购买的商品；二是规范性影响还表现为个体的同一性，即个体表现出与群体相同行为的倾向性；三是顺从或抵抗。

(2) 信息性影响。信息性影响指参照群体成员的行为、观念、意见，被个体作为有用的信息予以参考，由此在其行为上产生影响。信息性影响可以减少消费者在信息搜寻和决策上花费的时间和精力。当消费者对所购产品缺乏了解，别人的使用和推荐将被视为非常有用的证据。群体在这一方面对个体的影响，取决于被影响者与群体成员的相似性，以及施加影响的群体成员的专长性。例如，某人发现好几位朋友都在使用某种品牌的护肤品，于是她决定试用一下，因为这么多朋友使用它，意味着该品牌一定有其优点和特色。

(3) 价值表现上的影响。价值表现上的影响指个体自觉遵循或内化参照群体所具有的信念和价值观，从而在行为上与之保持一致。例如，某位消费者感到那些有艺术气质和素养的人，通常留长发、蓄络腮胡、不修边幅，于是他也留起了长发，穿着打扮也不拘一格，以反映他所理解的那种艺术家的形象。此时，该消费者就是在价值表现上受到参照群体的影响。个体之所以在无须外在奖惩的情况下自觉依群体的规范和信念行事，主要是两方面力量的驱动。一方面，个体可能利用参照群体来表现自我，来提升自我形象；另一方面，个体可能特别喜欢该参照群体，或对该群体非常忠诚，并希望与之建立和保持长期的关系，从而视群体价值观为自身的价值观。图 7.6 列示了一系列消费情境和在这种情境下参照群体对个体的影响及其类型。

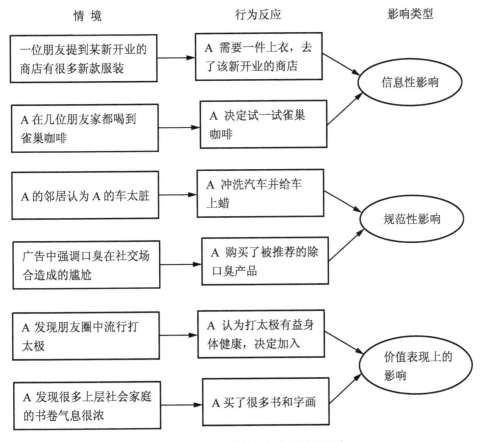

图 7.6　不同消费情境下相关群体的影响

2. 参照群体的影响强度

参照群体对消费者虽然具有重要影响，但不同消费者受参照群体影响的程度却有很大差别。

(1) 产品使用时的可见性。一般而言，产品或品牌的使用可见性越高，群体影响力越大，反之则越小。最初的研究发现，商品的"炫耀性"是决定群体影响强度的一个重要因素。后来的一些研究探索了不同产品领域参照群体对产品与品牌选择所产生的影响(表7-8)。

表7-8 产品特征与参照群体的影响

认知程度	需求强度	必需品	非必需品
私人化		参照群体对商品的影响：弱 参照群体对品牌的影响：强 如手表、手机、汽车	参照群体对商品的影响：强 参照群体对品牌的影响：强 如游艇
大众性		参照群体对商品的影响：弱 参照群体对品牌的影响：弱 如家具、灯饰	参照群体对商品的影响：强 参照群体对品牌的影响：弱 如笔记本电脑

(2) 产品的必需程度。对于食品、日常用品等生活必需品，消费者比较熟悉，而且很多情况下已形成了习惯性购买，此时参照群体的影响相对较小。相反，对于奢侈品或非必需品，如高档汽车、时装、游艇等产品，购买时受参照群体的影响较大。

(3) 产品与群体的相关性。某种活动与群体功能的实现关系越密切，个体在该活动中遵守群体规范的压力就越大。例如，对于经常出入豪华餐厅和星级宾馆等高级场所的群体成员来说，着装是非常重要的；而对于只是在一般酒吧喝喝啤酒或在一个星期中的某一天打一场篮球的群体成员来说，其重要性就小得多。

(4) 产品的生命周期。一般认为，当产品处于导入期时，消费者的产品购买决策受群体影响很大，但品牌决策受群体影响较小。在产品成长期，参照群体对产品及品牌选择的影响都很大。在产品成熟期，群体影响在品牌选择上大，而在产品选择上小。在产品的衰退期，群体影响在产品和品牌选择上都比较小。

(5) 个体对群体的忠诚程度。个人对群体越忠诚，他就越可能遵守群体规范。当参加一个渴望的群体晚宴时，在衣服选择上，人们可能更多地考虑群体的期望，而参加无关紧要的群体晚宴时，这种考虑可能就少得多。

(6) 个体在购买中的自信程度。研究表明，个人在购买彩电、汽车、家用空调、保险、冰箱、媒体服务、杂志书籍、衣服和家具时，最易受参照群体影响。这些产品，如保险和媒体服务的消费，既非可见又同群体功能没有太大关系，但是它们对于个人很重要，而大多数人对它们又只拥有有限的知识与信息。这样，群体的影响力就由于个人在购买这些产品时信心不足而强大起来。除了购买中的自信心，有证据表明，不同个体受群体影响的程度也是不同的。自信程度并不一定与产品知识成正比。研究发现，知识丰富的汽车购买者比那些购买新手，更容易在信息层面受到群体的影响，并喜欢和同样有知识的伙伴交换信息和意见。新手则对汽车没有太大兴趣，也不喜欢收集产品信息，他们更容易受到广告和推销人员的影响。

7.4.4 参照群体影响在营销中的应用

1. 名人效应

名人或公众人物如影视明星、歌星、体育明星，作为参照群体，对公众尤其是对崇拜他们的受众具有巨大的影响力和感召力。对很多人来说，名人代表了一种理想化的生活模式。正因为如此，企业花巨额费用聘请名人来促销其产品。研究发现，用名人作支持的广告较不用名人的广告评价更正面和积极，这一点在青少年群体上体现得更为明显。

运用名人效应的方式多种多样。如可以用名人作为产品或公司代言人，即将名人与产品或公司联系起来，使其在媒体上频频亮相；也可以用名人作证词广告，即在广告中引述广告产品或服务的优点和长处，或介绍其使用该产品或服务的体验；还可以采用将名人的名字使用于产品或包装上等做法。

2. 专家效应

专家是指在某一专业领域受过专门训练，具有专门知识、经验和特长的人。医生、律师、营养学家等均是各自领域的专家。专家所具有的丰富知识和经验，使其在介绍、推荐产品与服务时较一般人更具权威性，从而产生专家所特有的公信力和影响力。当然，在运用专家效应时，一方面应注意法律的限制，如有的国家不允许医生为药品作证词广告；另一方面，应避免公众对专家的公正性、客观性产生质疑。

3. "普通人"效应

运用满意顾客的证词证言来宣传企业的产品，是广告中常用的方法之一。由于出现在荧屏上或画面上的证人或代言人是和潜在顾客一样的普通消费者，这会使受众感到亲近，从而使广告诉求更容易引起共鸣。像宝洁公司、北京大宝化妆品公司都曾运用过"普通人"证词广告，应当说效果还是不错的。还有一些公司在电视广告中展示普通消费者或普通家庭如何用广告中的产品解决其遇到的问题；如何从产品的消费中获得乐趣；等等。由于这类广告贴近消费者，反映了消费者的现实生活，因此，它们可能更容易获得认可。

4. 经理型代言人

自 20 世纪 70 年代以来，越来越多的企业在广告中用公司总裁或总经理作代言人。例如，克莱斯勒汽车公司的老总李·艾柯卡(Lee Iacocca)在广告中对消费者极尽劝说，获得很大成功。同样，像雷明顿(Remington)公司的老总维克多·凯恩(Victor Kiam)、马休特连锁旅店的老总比尔·马休特均在广告中促销其产品。我国广西三金药业集团公司在其生产的桂林西瓜霜上使用公司总经理和产品发明人邹节明的名字和图像，也是这种经理型代言人的运用。

资料 7-20

名人代言广告：叫我如何相信你

"世纪婚礼"之后，"教主"黄晓明又火了一把——他的微博被愤怒的投资者围攻，很多人言辞激烈地要求他还钱——近日，有投资者爆料称互联网金融平台"东虹桥金融在线"已经停止兑付。兑付危机消息传出后，不少投资者到该平台明星代言人黄晓明的微博下留言"讨债"。

黄晓明的遭遇，并不是孤例，这两天，"九球天后"潘晓婷也遇到了麻烦，她曾代言的中晋资产几天前被上海警方立案侦查。有报道指，截至4月6日，中晋资产实际控制人徐勤等人在准备出境时被公安人员在机场当场截获，其余20余名核心组织成员在4月5日也被全部抓获。而前不久，"皇阿玛"张铁林代言的鑫琦资产也陷入了19亿兑付风波。

对于广大的名人、明星而言，为了对公众负责，也为了保护好自己的声誉，在代言理财产品时要谨慎、认真，否则，一旦出现问题，不仅会贬损自己的知名度和公信力，而且严重的甚至会影响到自己的职业生涯发展。

(资料来源：吴杭民. 名人代言网络理财尤须谨慎. 新华网，2016-04-13.)

7.5 消费流行

社会心理学的研究表明，在分散的社会大众中由于人们之间的相互作用，会出现从众、模仿等现象，从而为社会流行奠定了心理基础。所谓社会流行，指社会上相当多的人在较短时间内，由于追求某种行为方式而愿意一起行动的心理强制。社会流行的范围十分广泛，包括物质产品的流行、语言行动的流行及思想观念的流行等。这里主要介绍消费流行。

7.5.1 消费流行的含义与特点

消费流行是在一定时期和范围内，大部分消费者呈现出相似或相同行为表现的一种消费现象。具体表现为多数消费者对某种商品或时尚同时产生兴趣，而使该商品或时尚在短时间内成为众多消费者狂热追求的对象。此时，这种商品即成为流行商品，这种消费趋势也就成为消费流行。

消费流行的出现具有多方面的原因。一方面，某些消费流行的发生是出于商品生产者和销售者的利益。他们为扩大商品销售，努力营造出某种消费气氛，引导消费者进入流行的潮流之中。另一方面，有些流行现象是由消费者的某种共同心理需求造成的。大部分消费者在这一共同心理的影响下，主动追求某种新款商品或新的消费风格，从而自发推动了流行的形成。

消费流行具有以下几方面的特点。

1. 骤发性与短暂性

消费流行往往体现为消费者对某种商品或劳务的需求急剧膨胀，在短期内爆发、扩展、蔓延。虽然流行周期的时间长短没有固定的时间界限，但相对来说，在通常情况下流行意味着时间比较短暂。

2. 周期性与循环性

消费流行也如同社会上其他事物一样，具有发生、发展的自身规律性，而且有的商品的流行周期具有循环性。有时候为人们所偏爱的商品，往往供不应求。但是，一旦这个"消费热"过去，这种曾经风靡一时的商品就会无人问津。然而，过一段时间以后，那些早已被人们遗忘的东西，又可能在市场上重新出现和流行。

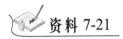 资料 7-21

流行周期的循环性

英国一位研究服装问题的专家指出：如果一个人穿上离时兴还有 5 年的服装，可能被认为是稀罕物；提前 3 年穿，会被认为是招摇过市，精神不太正常；提前 1 年穿，会被认为是大胆的行为；而正在流行的当年穿，会被认为非常得体；但 1 年后再穿，就显得土里土气；5 年后再穿，就成了老古董；10 年后再穿，只能招来耻笑；可是过了 30 年后再穿，又会被认为很新奇，具有独创精神了。

(资料来源：荣晓华，孙喜林. 消费者行为学[M]. 大连：东北财经大学出版社，2001.)

3. 地域性与梯度性

消费流行既有一定的地域性，又呈现出一定的梯度。地域性指消费流行常常是在一定地理范围内发生的，因此在 A 地流行的商品在 B 地不一定流行。但是，由于消费流行具有扩散性，于是在不同的地区间、在时间上就形成了流行梯度，即流行的地域时间差。

4. 新奇性与反传统性

流行商品的突出特点是它的新奇性。新奇可以表现在商品的各个方面，如款式、色彩、包装、功能等。消费者常因好奇而引起对某些商品的注意，进而在从众心理和模仿心理的推动下产生购买动机。与此相关的另一个特征是流行的反传统性。因为在某些情况下，传统意味着守旧，而流行意味着新奇与时尚。

 资料 7-22

商品的新奇性与反传统性

从白酒行业的江小白、二锅头苏扁，到蒙牛的大眼萌香蕉牛奶，你会发现品牌越来越娱乐，越来越和消费者打成一片。达能脉动快消更要玩场景，打破传统，从通过大众媒体增加渗透率，向聚焦核心消费者培养饮用习惯转变。

达能脉动把"纤系列"和健身女性建立联系，抓住女性运动瘦身塑形的追求，量身打出产品的"纤态度"，如"脸大不是病，腿粗要人命""4月5月不减肥，6月7月徒伤悲""一白遮百丑，一胖毁所有"等，既给了女性幽默的正面激励，获得女性好感，也完美地表达产品的功能需求。

在媒体形式上，脉动迎合女性的审美，以优美清新的花瓣为原型，设计异型媒体，非常直观地传递了"女性产品颜值高"的产品形象。而在媒体点位选择上，脉动重点锁定女性功能区进行投放，如女更衣室、跳操房瑜伽室。就此，脉动和健身女性建立了信任，并在其后 O2O 的派饮活动吸引万人参加，最终实现脉动畅饮卡的销售转化。

(资料来源：肖明超.消费者王朝到来：要发现消费新秩序[N]. 中国食品报，2016-02-24.)

7.5.2 消费流行的种类及方式

消费流行涉及的范围十分广泛。从性质上看，有吃、穿、用的商品的流行；从范围上看，有世界性、全国性、地区性和阶层性的消费流行；从速度上看，有一般流行、迅速流行和缓慢流行；从时间上看，有短期季节流行、中短期流行和长期流行等。

归纳起来，消费流行的方式一般有以下3种。

1. 滴流

滴流即自上而下依次引发的流行方式。它通常以权威人物、名人明星的消费行为为先导，而后由上而下在社会上流行开来，如中山装、列宁装的流行等。

2. 横流

横流即社会各阶层之间相互诱发横向流行的方式。具体表现为，某种商品或消费时尚由社会的某一阶层率先使用，而后向其他阶层蔓延、渗透，进而流行起来。如近年来，外资企业中白领阶层的消费行为经常向其他社会阶层扩散，从而引发流行。

3. 逆流

逆流即自下而上的流行方式。它是从社会下层的消费行为开始，逐渐向社会上层推广，从而形成的消费流行。如牛仔服原是美国西部牧牛人的工装，现已成为下至贫民百姓、上至美国总统的风行服装。领带源于北欧渔民系在脖子上的防寒布巾，现在则成为与西装配套的高雅服饰。

流行不管采取何种方式，其过程一般是由"消费领袖"带头，而后引发多数人的效仿，从而形成时尚潮流。引发流行除了上述榜样的作用外，还有商品的影响、宣传的影响、外来文化与生活方式的影响等。

7.5.3 消费流行周期及营销策略

消费流行的形成大都有一个完整的过程，这一过程通常呈周期性发展，其中包括酝酿期、发展期、高潮期及衰退期4个阶段。消费流行是有规律可循的，因而也是可以预测的。企业可以通过对流行趋势的准确预测来制定相关营销策略，指导企业的生产经营活动。

1. 流行酝酿期

这是好奇心强、少数的消费者对某种即将流行的商品产生需求的阶段。在此阶段，市场上对即将流行的该商品需求量很小。不过，销售量可望缓慢上升、持续扩大。此阶段的营销对策是：细心观察市场风云变化，分析影响该商品流行的各种因素，迅速作出该商品是否能够流行的预测；采取适当的促销手段，"催发"流行。有人说："流行并不是自然形成的，而是有意制造出来的。"这话不无道理，"催发"某种流行现象是完全可能的，其方法是：其一，充分发挥新闻的权威作用。新闻具有引导流行的权威作用，每年的国际流行色预测、服装流行款式预测和流行商品预测等，无不是通过新闻媒介的宣传报道造成流行的感觉。其二，综合性广告宣传，广告主准备好强有力的广告信息，通过不同的形式，宣传一个或几个相类似的形象，并用相同的语言不断地反复进行宣传，以使公众对之加深印象。

2. 流行发展期

流行发展期表现为多数消费者对某种流行商品有所认识，开始产生大量需求。该商品成为流行品已露端倪，过去观望、等待的消费者已开始购买该种商品，因此需求量急剧增加，市场成为"卖方市场"，出现供不应求的局面。这时企业采取的营销对策是：利用现有设备和人力，最大限度地扩大生产规模，全力开拓市场，大量销售产品。

需要指出的是，消费流行品与一般产品不同，它主要体现在"时兴"上面。因此，企业在设计开发、引进购买新产品时，必须把产品的重点放在适应消费者追求时兴、表现自我这些心理特征上来，注重消费者心理特征这一"软件"的开发，要求从产品的设计到产品的包装，处处突出一个"新"字，设计应该多样化、现代化；包装的大小、形状、构造，材料的选择要方便化，具有审美价值，使消费者一见便可激起购买行为。在价格策略方面，企业宜采取"撇脂定价策略"，即以高价进入市场的策略。当流行形成初潮后，可适当降低价格，使流行速度加快，让大量的消费者采取趋时购买行为，使市场需求不断扩大，形成理想的流行浪潮。

3. 流行高潮期

某种商品备受广大消费者青睐，在市场上广为流行。这一阶段，该种商品市场销售量达到高峰。预期价格回落，持观望态度的消费者极少。市场暂时出现供求平衡的态势。此时，生产、仿冒该流行品的厂家也在增多。此阶段，企业采取的营销对策包括：一要加强广告宣传，提醒消费者注意辨别伪劣假冒产品；二要提高产品质量，增加花色品种，扩大市场；三要加强市场预测，全力进行新产品开发，做好转产的准备工作，以便在竞争中处在主动地位。在价格方面，当流行高潮过去之后，流行趋势大减，企业可继续降低价格，甚至采取大甩卖的形式处理过时的流行品，加速资金周转，并致力于新产品的开发工作。

4. 流行衰退期

此时，某种流行商品已基本满足了市场需求，人们对某种商品或劳务的需求热情逐渐消失，销量渐呈降势，出现供大于求的局面。此时市场演变为"买方市场"，企业之间竞争激烈。企业在这一阶段应采取降价销售等策略，抓紧时机处理剩余产品；调整生产，试销新产品，适应新的市场需求，迎接新一轮消费潮流。

7.5.4 消费流行发展趋势

在企业营销中，掌握消费流行的趋势，对于企业驾驭流行、掌握企业营销的主动权、提高企业营销效益具有极为重要的意义。由于影响消费流行的各种因素基本上为不可控因素，各种流行带有很大的随机性，因此，全面掌握消费流行的发展规律是十分困难的。随着经济、政治、文化教育的发展，消费流行主要表现出如下发展趋势。

1. 消费流行的范围广、速度快

由于消费流行的渠道多，有横向传播、由上至下传播和从下至上传播，强化了消费者彼此互相参照、互相刺激，从而自发地形成一种"消费导向"，为众多的消费者所接受，使消费流行的范围越来越广。此外，消费者经济收入的不断增长，为消费流行提供了经济基础，为众多的消费者所接受，有利于消费流行速度的加快，从而使消费流行的范围越来越广。

2. 消费流行商品的品种越来越多

过去由于商品经济不发达，消费者消费的商品品种比较单一，流行商品的品种与构成也很贫乏。随着现代科学技术和商品经济的发展，新技术、新工艺的应用，新产品、新花色品种、新款式不断增加，使人们的消费品日益多样化、丰富化、复杂化。科学技术的发展改变了人们的价值观念、道德观念和审美观念，促使人们产生新的消费行为。例如，现代科学越来越揭示出时间的价值，创造出各种使用最省时、最快捷方便的商品，影响着人们的消费观念。科学技术的进步使人类生活与消费的范围和领域不断扩大。

3. 消费流行持续的时间越来越短

消费流行的发展过程与商品的生命周期一样，也有一个不断更新的规律。旧的消费流行不断被新的消费流行所取代。在现代社会中，由于时代潮流的步伐趋于加快，这种更新的速度也在不断加快，消费流行的持续时间在不断缩短。这主要有以下两个原因。

(1) 产品更新换代的加快。由于经济的发展，技术进步加快，产品的更新换代加快了，新产品不断投放市场，本身就为加快消费流行更新速度创造了可能性。消费流行商品会提前进入衰退期，其他替代品与不同花色的产品随时都有出现流行的可能，这就必然造成流行品种时间差越来越小。作为一种流行，随时都有被其他或可替代品种的流行所代替的可能。

(2) 消费者购买力的增强。由于人们生活水平越来越高，消费者的购买力增强，人们追求美、追求时髦的心理越来越强烈。许多消费者已改变了以往把过去购买的流行产品最后一点价值消费尽才更换同类产品的观念。消费者为了追求流行，随时可能抛弃过时的消费品，甚至是完好的过时的消费品，去重新购置新流行的消费品，导致了消费流行的持续时间越来越短。

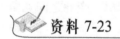
资料 7-23

中国服装：30 年流行印记

服装历来是时尚变化最为灵敏的风向标，是一个社会、一个时代最为鲜活生动的形象记录。它以非文本的方式记录着历史的变迁、社会的发展。透过服饰的变革，人们发现，改革开放 30 年来，生活正在由单纯的绿色和灰黑色变得五颜六色。回忆往昔，一路的缤纷色彩都描绘着改革开放带来的美好生活图景。

1. 的确良

改革初期，拥有一件"的确良"衬衫如果算不上时髦，起码也是"洋气"的象征。它是一种化纤织物，通常用来做短袖衬衫。滑爽，尤其是印染出的鲜亮效果，对熟悉了粗布粗衣或者是洋布洋衫的"灰暗国"里的中国人来说，不能不说是一次巨大的视觉冲击。它的流行一直延续到了 20 世纪 80 年代。

2. 红裙子

20 世纪 80 年代流行一部电影——《街上流行红裙子》。银幕上的"红裙子"使中国女性从单一刻板的服装样式中解放出来，开始追求符合女性自身特点的服装色彩和样式的一个标志性道具，一个多样化、多色彩的女性服装时代正式到来。

3. 喇叭裤

20 世纪 80 年代初，喇叭裤是一种所向披靡的时尚，谁要是穿一条喇叭裤在街上走的话，那就和现在裸奔的效应一样。虽然喇叭裤作为一种"服装怪"出现，但是它却打破了之前中国服装的"统一制"，让喇叭裤的追捧者们在人群里凸现出来，这就必定得到喜欢自我表现的年轻人的喜爱。

4．牛仔裤

牛仔裤可能是在中国服装主流舞台上站立最久的一种款式，虽然今天它仍是一种相当大众的服装，但在20世纪80年代初的中国，它被当做过于前卫、过于颓废的服装风格而被主流社会拒绝。上海某大学曾经在招收研究生时对一名考试合格的学生提出要求：如果你继续穿牛仔裤，就将被拒绝录取。

5．比基尼

1985年8月，全国体育界遇到了一个棘手的问题，国家体委规定，参加第四届全国健美比赛的女运动员，必须穿三点式泳装，因为这样才符合国际标准。可是，各地的选拔赛穿不穿三点式，没有规定。于是许多大城市一次一次地讨论研究，一次一次地请示报告。结果，这么大一个中国，竟没有一个城市敢领这个头。而第一个穿着三点式泳装在选拔赛上成功地登台亮相的竟是广东省的一个体育健美专业户——熊国晖培养的4名女运动员，因为，他不需要那么多的研究、请示、汇报。这就是在今天已经极为平常的比基尼首次在国内亮相。

6．个性化

20世纪90年代是中国女性服装变化最快的年代，一种潮流还没有形成几乎就面临着过时的尴尬，一群北京女孩托一位在广州上大学的同学捎带当时很时髦的健美裤，没想到同学暑假回北京时带的好几条健美裤大家都不愿意要，原因是健美裤已经过时了。

统治了中国消费市场几十年，高不成低不就的国营百货商店的服装柜台，一时间门可罗雀，除了外地旅游者，几乎无人问津。就连学生们也开始纷纷追求所谓的品牌服饰，于是"真维斯""班尼路"等各个品牌专卖店遍布于京城热闹的新街口、西单等繁华地区。昂贵的专卖店和便宜的地摊成为20世纪90年代中国年轻女性们选购服装分化的两极，中间地带几乎不存在。

除了对品牌的追崇外，服装的大胆尺度也开始挑战中国人的眼球。内衣外穿、露脐装、哈韩服等站到了流行前沿。

7．唐装与旗袍

在21世纪的最初几年，中国人对服装诉求的最高境界就是穿出个性——最好是独一无二。服装的主要作用已经不再是御寒，而是一种个性魅力的展现。同时，随着改革开放的不断深入，在21世纪，世界服装艺术中的中国元素也开始得到越来越广泛的体现。唐装走俏全球，旗袍热遍世界，中国服装作为一种文化潮流和商业主流在全世界受到注目和尊重。

(资料来源：奚小荻．改革开放30年策划之 穿之流行风[N]．三晋都市报，2008-05-05.)

 本章小结

每个消费者都是在一定的文化环境中成长和生活的，社会文化环境影响和制约着人们的消费观念、需求欲望及特点、购买行为和生活方式。广义的文化是指人类在社会发展过程中所创造的物质财富和精神财富的总和，是人类创造社会历史的发展水平、程度和质量的状态。狭义的文化是指社会的意识形态，指那些在一定文明的基础上，在一个社会、一个群体的不同成员中一再重复的情感模式、思维模式和行为模式，包括人们的价值观念、宗教信仰、态度、道德规范和风俗习惯等。对消费者行为影响最深刻的是文化价值观，在不同的文化价值观念指导下，人们会有迥异的消费行为。中国文化有其自身的特点，如贵和尚中、求是务实、先义后利等。这些价值观及与之相伴随的文化特点，促成中国特色消费的产生。

社会结构中，人们所处社会地位的差异会形成不同的社会阶层。关于社会阶层的具体划分，目前常用的主要有两种方法：单一指标法和综合指标法。通常较常用的单一指标主要有收入、教育程度、职业等。综合指标法运用多个社会经济变量从不同层面测量消费者的社会地位。同一社会阶层的消费者在消费观念、支出模式、休闲活动、信息接收和处理等方面存在共性，不同阶层的消费者在上述方面存在差异。

家庭是消费者个人所归属的最基本团体，不仅对其成员的消费观念、生活方式、消费习惯有重要影响，而且直接制约着消费支出的投向、购买决策的制定及实施。随着时间的推移，家庭会经历单身阶段、新婚阶段、满巢阶段、空巢阶段和解体阶段等。不同阶段，家庭消费需求呈现出不同的特点。家庭购买决策有4种方式：妻子主导型、丈夫主导型、自主型、联合型。在具体产品的购买上，家庭会采何种决策方式取决于文化与亚文化、角色专门化、个人特征、介入程度及产品特点等因素。

参照群体实际上是个体在形成其购买或消费决策时，用以作参照、比较的个人或群体。参照群体从信息、行为规范和价值表现3方面影响消费者行为。决定参照群体影响力的因素有产品使用时的可见性、产品的必需程度、产品对群体的相关性、产品生命周期、个体的自信程度等。

消费流行是在一定时期和范围内，大部分消费者呈现出相似或相同行为表现的一种消费现象。消费流行的形成大都有一个完整的过程，这一过程通常呈周期性发展，包括酝酿期、发展期、高潮期及衰退期4个阶段。流行在一定程度上可以促进消费者在某些商品消费上形成共同偏好，促使消费者在购买行为上与群体大多数成员保持一致。

习　　题

一、选择题

1. 下列因素中可以划分亚文化标准的有(　　)。
   A. 年龄　　　　B. 宗教信仰　　　C. 民族　　　　D. 收入
2. 划分社会阶层的标准有(　　)。
   A. 收入　　　　B. 受教育程度　　C. 职业　　　　D. 权力
3. 以下不属于消费习俗特点的是(　　)。
   A. 长期性　　　B. 社会性　　　　C. 地域性　　　D. 强制性
4. 社会阶层的特征包括(　　)。
   A. 同质性　　　B. 动态性　　　　C. 层级性　　　D. 多维性
5. 现阶段，我国主要的家庭类型是(　　)。
   A. 核心家庭　　B. 主干家庭　　　C. 联合家庭　　D. 直系家庭
6. 对于多数家庭而言，(　　)是家庭收入和消费的高峰期。
   A. 单身阶段　　B. 新婚阶段　　　C. 满巢阶段　　D 空巢阶段

二、判断题

1. 长期形成的区域文化是固定不变的。　　　　　　　　　　　　　　　　(　　)
2. 消费习俗的形成和流行不是强制发生的，而是通过无形的社会约束力量发生作用的。
   　　　　　　　　　　　　　　　　　　　　　　　　　　　　　　　　(　　)
3. 消费习俗弱化了消费者的消费偏好。　　　　　　　　　　　　　　　　(　　)

4．产生社会阶层的直接原因是社会分工和财产的个人所有。（ ）
5．产生社会阶层的直接原因是个体获取社会资源的能力和机会的差别。（ ）
6．现阶段，主干家庭是我国主要的家庭类型。（ ）
7．从众行为的产生是人们寻求社会认同感和安全感的结果。（ ）
8．随着自我介入水平的提高，人们不从众的行为倾向也日益增强。（ ）
9．消费流行是有规律可循的，也是可以预测的。（ ）
10．消费流行的形成，不仅受生产力发展水平的影响，也受人们消费水平的影响。
（ ）

三、填空题

1．消费习俗有长期性、社会性、地域性和_____等共同特征。
2．产生社会阶层的直接原因是_____，导致社会阶层的终极原因是_____。
3．利用单一指标划分社会阶层时，常用的单一指标主要有_____、_____、_____。
4．家庭生命周期分为_____、_____、_____、_____和解体阶段。
5．家庭成员在家庭消费中往往承担不同的角色，包括_____、_____、_____、_____和使用者。
6．在家庭购买决策中，第一个提出要购买某商品的人被称作_____。
7．参照群体对消费者的影响通常表现为3种形式，即_____、_____、_____。
8．消费流行具有_____性、_____性、_____性和_____性的特点。
9．消费流行周期主要包括_____、_____、_____和_____4个阶段。

四、名词解释

1．消费习俗
2．社会阶层
3．家庭购买决策
4．参照群体
5．从众
6．消费流行

五、问答题

1．列举两个利用文化价值观开展营销活动的例子。
2．列举两种目前不为某种文化所接受的产品。
3．试述社会阶层形成的原因。决定社会阶层的因素有哪些？
4．以职业作为评价社会地位标准的优点是什么？
5．如果你正在为一家室内装修公司做广告，针对上层家庭和中层家庭的广告应有何不同？
6．什么是家庭生命周期？传统的家庭生命周期包括哪些阶段？
7．家庭购买决策有哪些方式？各适用于怎样的产品？
8．列举你的家庭中因购买决策引起矛盾的例子，并描述为解决这一矛盾所使用的策略。

9. 参照群体对消费者的影响方式有哪几种类型？决定参照群体影响强度的因素有哪些？

六、论述题

1. 我国现阶段社会阶层的差别是在扩大还是在缩小，为什么？
2. 阐述我国家庭人口规模发展变化趋势。
3. 营销者如何运用阿希现象？利用阿希现象营造营销是否道德？
4. 描述你属于其中的3个群体，各列举一个以它们作为参照群体的购买事例。

七、案例应用分析

中国人的"跟风潮"

当前，中国社会转型引发了诸多方面的深刻变化，各种"风潮"让人目不暇接。

据人民论坛问卷调查显示：七成以上的受调查者认为中国人跟风程度"非常严重"，表明随大流、跟风已成为一种普遍心态。

1. 养生热

湖南卫视以脱口秀形式打造了一个栏目叫《百科全说》。该栏目将综艺节目和养生节目相嫁接，2010年2月的一期《张悟本谈养生》的节目，使其一夜走红。随之，由张悟本所撰写的《把吃出来的病吃回去》一书一跃成为各大书店的销售黑马，据说上市4个月竟然出售达300万册！养生成为人们时下最为关注的话题之一，并以一股强大的磁力影响着百姓的日常生活。而"食疗大师"张悟本的倒台正是当前众多养生热乱象的突出代表。

2. 选秀热

近年来，媒体选秀节目从未冷却。从"超级女声"、"快乐男生"、"梦想中国"到"红楼梦选秀"等，一系列"选秀热"进入了全面开花阶段。"选秀"无疑是目前最火的娱乐节目，也是社会各界人士争相分析探讨的热门话题。

3. 报班热

暑期来临，日益升温的"报班热"让孩子们原本无忧无虑的假期变得紧张而忙碌。不少家长跟风给孩子报了不少特长班、兴趣班、课外辅导班等。据记者调查，有些家长虽然不愿让孩子上兴趣班，但看到别人的孩子都上了，也不得不把自己的孩子送去上兴趣班。

4. 相亲热

荧屏上的相亲交友类节目大战愈演愈烈，自湖南卫视推出了婚恋交友真实秀节目《我们约会吧》后，江苏卫视《非诚勿扰》开播收视飘红，多家卫视相继播出相亲或者交友类节目，一轮"相亲热"席卷荧屏。

"您认为当今中国人跟风的程度如何"，调查结果显示：选择"非常严重"的占75.3%；选择"比较严重"的占22.0%；选择"一般"的占2.4%；选择"不好说"的占0.3%。

调查结果还表明，当今时代，跟风现象不仅没有减少，反而有愈演愈烈的趋势。用"跟风热"来表述目前中国的种种从众现象毫不为过。

据记者了解，"跟风"潮遍及社会各个领域和阶层，从某类型服饰的跟风到炒股、房地产买卖的跟风，从日常消费的跟风到文化消费的跟风，从广告明星代言的跟风到电视栏目的跟风，从留学跟风到文凭跟风，这一浪高过一浪的跟风潮，此起彼伏，愈演愈烈。

(资料来源：人民论坛"特别策划"组. 中国人"跟风潮"现象调查[J]. 人民论坛，2010, (20).)

思考题

1．分析说明"跟风"现象的心理机制是什么。

2．从价值观角度，谈谈中国人为什么爱跟风？

3．如何纠正人们的盲目跟风行为？

八、实践活动

1．访问一名外国或少数民族同学，了解并报告其文化价值观、风俗、习惯与你所属民族的差异，这些差异对企业的营销活动有何启示？

2．访问年龄在 30～50 岁的技术工人、大学教师、个体工商业者、成功企业家各一名，运用科尔曼地位指数法测量他们所处的社会地位。讨论他们在消费行为上的相同点和不同点。

3．访问 5 个处于不同家庭生命周期的家庭，总结他们各自的人口特点和消费模式。

第 6 部分

市场营销与消费者行为

第 8 章

营销因素与消费者行为

教学目标

通过本章学习,要求了解建立在消费者心理、行为基础上的市场细分及市场定位方法;掌握新产品设计、推广的心理策略;掌握品牌的心理作用过程及品牌设计心理;了解商品包装的消费心理;掌握消费者价格心理及价格调整的心理策略与技巧;了解终端销售点的选择与消费者行为的关系;了解广告媒体的心理特征;掌握增强广告效果的心理策略。

教学要求

知识要点	能力要求	相关知识
市场细分与消费者行为	了解生活形态细分的含义	VALS 生活方式细分
市场定位与消费者行为	了解建立在消费者心理及行为基础上的市场定位方法	(1) 主要属性/利益定位法 (2) 产品使用者定位法 (3) 使用行为定位法 (4) 分类定位法
新产品开发、推广与消费者行为	(1) 理解新产品的消费者类型 (2) 掌握新产品设计、推广的心理策略 (3) 理解品牌的心理作用过程 (4) 掌握品牌设计心理 (5) 了解商品包装的消费心理	(1) 新产品的消费者类型 (2) 新产品设计的心理策略 (3) 新产品推广的心理策略 (4) 品牌认识、品牌忠诚 (5) 商品命名的心理策略 (6) 品牌设计的心理策略 (7) 商品包装的心理策略

续表

知识要点	能力要求	相关知识
价格与消费者行为	(1) 理解消费者价格心理及其表现 (2) 掌握价格调整的心理策略与技巧	(1) 价格的心理机制 (2) 消费者的价格心理表现 (3) 心理定价策略 (4) 价格调整
终端销售与消费者行为	掌握终端销售点的选择与消费者行为的关系	终端销售点的选择
促销与消费者行为	(1) 了解广告媒体的心理特征 (2) 掌握增强广告效果的心理策略 (3) 了解其他促销方式与消费者行为	(1) 广告媒体的心理特征 (2) 增强广告效果的心理策略 (3) 营业推广与消费者行为 (4) 人员推销与消费者行为 (5) 公共关系与消费者行为

导入案例

红罐王老吉的品牌定位和传播

2002年以前，红罐王老吉饮料的年销售业绩维持在1亿多元，销量稳定，盈利状况良好。但公司一直面临一个现实难题——红罐王老吉当"凉茶"卖，还是当"饮料"卖？

在广东，传统凉茶因下火功效显著，消费者普遍当成"药"服用。红罐王老吉是经国家审核批准的食字号产品。因此，广东区域，红罐王老吉拥有凉茶始祖王老吉的品牌，却长着一副饮料化的面孔，让消费者觉得"它好像是凉茶，又好像是饮料"。而在温州、台州、丽水三地，消费者却将"红罐王老吉"与康师傅茶、旺仔牛奶等饮料相提并论，没有不适合长期饮用的禁忌。

1．重新定位

2002年年底，公司找到成美营销顾问公司拍一条以赞助奥运会为主题的广告片，以期推动销售。成美经初步研究后发现，红罐王老吉首先要解决的是品牌定位，要确定红罐王老吉在消费者心中的位置——即在哪个细分市场中参与竞争。

研究发现，广东的消费者饮用红罐王老吉主要在烧烤、登山等场合。其原因不外乎"吃烧烤容易上火，喝一罐先预防一下""可能会上火，但这时候没有必要吃牛黄解毒片"。而在浙南，饮用场合主要集中在"外出就餐、聚会、家庭"。该地区消费者对红罐王老吉的评价是"不会上火"，"健康，小孩老人都能喝，不会引起上火"。

消费者的这些认知和购买消费行为均表明，消费者对红罐王老吉并无"治疗"要求，而是作为一个功能饮料购买，购买红罐王老吉的真实动机是用于"预防上火"，真正上火以后可能会采用药物，如牛黄解毒片、传统凉茶类治疗。

成美向公司提交了品牌定位研究报告，首先明确红罐王老吉是在"饮料"行业中竞争，竞争对手应是其他饮料；其品牌定位——"预防上火的饮料"，独特的价值在于——喝红罐王老吉能预防上火，让消费者无忧地尽情享受生活：吃煎炸、香辣美食、烧烤，通宵达旦看足球。

2．品牌定位的推广

成美为红罐王老吉确定了推广主题"怕上火，喝王老吉"。在传播上尽量凸现红罐王老吉作为饮料的性质。在第一阶段的广告宣传中，红罐王老吉以轻松、欢快、健康的形象出现。电视广告选用了消费者认为日常生活中最易上火的 5 个场景,促使消费者在吃火锅、通宵看球、吃油炸食品薯条、烧烤和夏日阳光浴时,联想到红罐王老吉。

红罐王老吉的电视媒体选择主要锁定覆盖全国的中央电视台,并结合原有销售区域(广东、浙南)的强势地方媒体,以大手笔的投放方式保证了红罐王老吉在短期内迅速进入人们的头脑,给人们一个深刻的印象。

在地面推广上,除了强调传统渠道的 POP 广告外,为餐饮渠道设计布置了大量终端物料。如,设计制作了电子显示屏、灯笼等餐饮场所乐于接受的实用物品,免费赠送。在传播内容选择上,充分考虑终端广告应直接刺激消费者的购买欲望,将产品包装作为主要视觉元素,集中宣传一个信息:"怕上火,喝王老吉饮料。"餐饮场所的现场提示,最有效地配合了电视广告。目前餐饮渠道业已成为红罐王老吉的重要销售传播渠道之一。

在消费者促销活动中,围绕着"怕上火,喝王老吉"开展了如"炎夏消暑王老吉,绿水青山任我行"刮刮卡活动。

在针对中间商的促销活动中,公司除了继续巩固传统渠道的"加多宝销售精英俱乐部"外,还充分考虑了如何加强餐饮渠道的开拓与控制,推行"火锅店铺市"与"合作酒店"的计划。

红罐王老吉成功的品牌定位和传播,给公司带来了巨大的效益,销售额由 2002 年的 1 亿多元猛增至 2008 年的 120 亿元。

(资料来源:成美营销顾问公司. 红罐王老吉品牌定位战略[J]. 哈佛商业评论,2004,(11).)

影响消费者行为的外在因素除了文化因素、社会因素和经济因素以外,营销因素也是一个不可忽视的方面。从市场营销组织的角度来看,营销活动是一种影响交易行为,以取得组织目标的手段。一般来说,营销活动的主要目的是提高消费者消费行为的可能性和频率。营销的这一任务是通过制定和提出针对选定目标市场的市场定位及相应的营销组合来完成的。其中,营销组合包括产品、价格、渠道和促销等因素。

8.1 市场细分、市场定位与消费者行为

通常情况下,企业不可能对市场内所有的消费者都提供最佳的服务。因为消费者人数众多,分布广泛,而且随着消费者购买能力的增强及个性意识的觉醒,消费者的购买需求存在着越来越大的差异。因此,企业要想取得竞争优势,就要识别自己能够有效服务的最具有吸引力的市场。相应地,进行市场细分对企业来说是非常重要的。

8.1.1 市场细分与消费者行为

1. 市场细分的内涵

市场细分(Segmentation)是由美国营销学者温德尔·斯密(Wendell R. Smith)于 1956 年在总结西方企业营销实践经验的基础上提出的。市场细分又称市场分割,是指企业根据顾客购买行为与购买习惯的差异性,将某一特定产品的整体市场分割为若干个顾客群体,以选择和确定目标市场的活动。市场细分的内涵可从以下方面来透视。

(1) 市场细分的客观依据是现实及潜在顾客对某种产品需求的差异性。例如,男性和女性对服装有不同的需求和偏好,因性别的差异可以将服装市场分割为男性服装市场和女性服装市场。

(2) 市场细分的对象是对某一特定产品有现实和潜在需求的顾客群体，而不是产品。例如，针对服装市场可以按照消费者的购买力和消费水平的差异而细分为高、中、低档服装市场。

(3) 分割形成的顾客群体常称为细分市场或子市场，它们是整体市场的一部分。在同一整体市场中，不同细分市场中的顾客对某种产品的需求有显著的差异性；而同一细分市场中的不同顾客，对某种产品的需求则有明显的共性。

(4) 市场细分的目的在于帮助企业发现和评价市场机会，以正确选择和确定目标市场。

2. 市场细分标准的选择

对于如何选择细分标准，目前学术界和实业界尚未形成统一的理论。不同学派对消费者心理行为差异的成因理解不同，也就形成了各种细分研究观点。

早期研究主要从自然地理、人口统计等外部特征对消费者进行细分，它假设居住在同一区域、同一年龄或收入阶段的人具有相似的消费需求。但许多营销实践表明，具有相同人口地理特征的消费群在面对相同的营销变量(如广告、促销、定价等)时反应并不一样，其中一个重要原因是他们心理偏好不同。

对于消费者心理差异的原因，不同学科和学派观点不一，由此形成不同消费者心理分群模式。个性心理学派着重从消费者内在的个性气质对市场需求进行细分，具体细分标准包括需要、动机、个性、特质、自我概念等个性心理概念。认知心理学派认为，消费者后天的信息加工、决策过程等认知心理差异决定了不同的消费需求，应选择诸如感知、学习、态度、决策等认知心理概念作为消费者细分标准。社会心理学、社会学、人类学等学科着重从社会环境和族群文化角度解析消费者心理需求差异，选择文化、社会阶层、婚姻家庭状况等社会背景变量作为细分标准对消费者进行细分。后来研究发现，心理差异尚不能解析许多消费行为的变化，许多产品的消费需求与消费者的使用情境密切相关，因此，一部分研究开始转向行为细分，从产品使用情境及其与消费者行为之间关系的角度进行市场细分。

行为细分是产品导向细分研究的重点。其理论假设认为，消费者个体特征的差异对解析消费行为变化相当有限，人的消费购买行为在很大程度上由行为发生的情境决定；面对同一情境的刺激，不同的消费者会表现出相同的行为反应。这是行为主义心理学派的观点。产品使用场合细分、使用率和品牌忠诚度细分、利益细分是行为细分的主要标准。

多年研究经验表明，影响消费者决策的因素是多方面的。生活形态是消费者在一段时期内较稳定的心理行为模式，集中体现了消费者内外各种影响因素的综合作用(图 8.1)。尽管在细分标准的理论模式上没有发展，但学者们运用统计方法综合了人口地理、个性、社会阶层、态度、购买行为等多种消费者信息，利用因子和聚类分析方法得到了关于消费者总体生活形态或某项产品消费的行为心理的细分类群。生活形态细分又称心理图示细分(Psychographic Segmentation)，它把不同类型消费者的行为差异与其个性、社会心理特征联系起来，在一定程度上弥补了以往因选用单一细分标准而导致对各类消费群心理和行为描述不全面的缺陷，所以它目前在理论界和实业界得到广泛应用，成为消费者细分研究的主流。

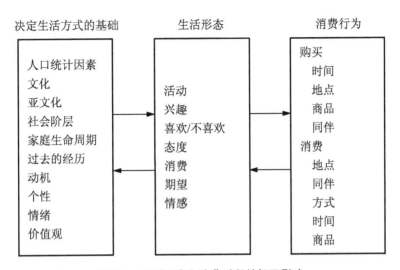

图 8.1 生活形态和消费过程的相互影响

3. VALS 生活方式分类系统

迄今,最受推崇的关于生活方式的研究是由美国斯坦福国际研究所(Stanford Research International,SRI)于 1978 年做的价值观与生活方式项目,即 VALS 系统或 VALS 生活方式分类系统。VALS 系统通过人的态度、需求、欲望、信仰和人口统计学特征来观察并综合描述人们,将美国成年消费者分为 3 大类别 9 种类型(表 8-1)。

表 8-1 VALS 生活方式细分

消费者类型		在 18 岁以上人口中的百分比	价值观与生活方式	人口统计情况	购买模式
需求驱动型	求生者	4%	为生存而挣扎、社会处境不佳、被食欲所支配	收入在贫困线以下;教育程度很低;大多是少数民族;生活在贫民窟	价格处于第一位考虑;集中于基本必需品;购买是为了即时需要
	维持者	7%	关注安全;时时有不安全感;较求生者年轻、多是失业者	低收入、低教育、较求生者年轻、多是失业者	对价格很敏感;要求保证;谨慎的购买者
外部引导型	归属者	35%	从众、传统、怀旧、家庭观念强	低于中等收入、低于社会平均教育水平、蓝领工作	家庭、住宅、追求时尚、中低大众化市场购物
	竞争者	10%	雄心勃勃、好炫耀、重地位和身份、上进心和竞争意识强	年轻、收入高、大多住市区、传统上男性居多但正在经历变化	炫耀性消费、模仿、追赶流行、更多地花费而不是消费
	成就者	22%	成就、成功、声望、物质主义、领导、效率和舒适	收入丰厚、商界或政界名流、良好教育、住城市或郊区	显示成功、高品质、奢侈品和礼品、新产品
内部引导型	我行我素者	5%	极度个人主义、求新求变、情绪化、冲动、重情绪体验	年轻、大多未婚、学生或刚开始工作、富裕的家庭背景	展现品位;购买刚上市的时尚品;结伴购买

续表

消费者类型		在18岁以上人口中的百分比	价值观与生活方式	人口统计情况	购买模式
内部引导型	体验者	7%	受直接体验驱动、活跃、自信、好参与和尝试新事物	中等收入、良好教育、大多在40岁以下、成家不久	喜欢户外活动，喜欢自己动手
	社会良知者	8%	社会责任感强、生活简朴、重内在成长	较高收入、良好教育、年龄和住地呈多样化、白人为主	关注环境，强调自然资源的保护、节俭、简单
	综合者	2%	心智成熟、内外平衡、宽容、自我实现感、具有全球视野	良好收入、一流的教育、多元化的工作和居住分布	各式各样的自我表现；讲究美感；具有生态意识

（资料来源：1. Engel J F, Blackwell R D and Miniard Paul W.Consumer Behavior. FL：The Dryden Press, 1995.
2. Moven J C.Consumer Behavior.New York：Macmillan Publishing Company, 1993.）

较之于VALS系统，VALS2具有更广泛的心理基础，而且更加强对活动与兴趣方面的问题的调查。VALS2根据资源的多寡、自我取向两个层面将美国消费者分成8个细分市场（表8-2）。

表8-2　VALS2生活方式细分

序号	消费者类型	资源占有及自我取向
1	实现者	拥有丰富的资源；原则和行动取向：活跃，购买活动体现趣味、独立和个性；大学文化，占人口的8%，平均年龄43岁，平均收入58 000美元
2	完成者	拥有较丰富的资源；原则和行动取向：成熟、满足、富于思考，受过良好教育，从事专业性工作；一般已婚并有年龄较大的小孩，休闲活动以家庭为中心；占人口的11%，平均年龄48岁，平均收入38 000美元
3	信奉者	资源较少；原则和行动取向：传统、保守、信守现成规则，活动很大程度上是以家庭、社区或教堂为中心；钟情于美国产品和有声望的产品，不喜欢创新；高中文化程度，占人口的26%，平均年龄58岁，平均收入21 000美元
4	成就者	拥有丰富的资源；地位取向：成功、事业型、重视一致和稳定甚于风险和自我发现；注重形象、崇尚地位和权威；受过大学教育，占人口的13%，平均年龄36岁，平均收入50 000美元
5	奋争者	资源较少；地位取向：寻求从外部获得激励、赞赏和自我界定；将金钱视为成功的标准，因常感经济的拮据而抱怨命运的不公，易于厌倦和冲动；他们中的许多人追赶时尚，企业模仿社会资源更丰富的人群，但总是因超越其能力而倍感沮丧；占人口的13%，平均年龄34岁，平均收入25 000美元
6	体验者	拥有较丰富的资源；行为取向：年轻、充满朝气、喜欢运动和冒险；单身、尚未完成学业，属冲动性购买者；占人口的12%，平均年龄26岁，平均收入19 000美元
7	制造者	拥有较少的资源；行为取向：保守、务实，注重家庭生活，勤于动手；怀疑新观点，崇尚权威，对物质财富的拥有不是十分关注；受到高中教育，占人口的13%，平均年龄30岁，平均收入30 000美元

续表

序号	消费者类型	资源占有及自我取向
8	挣扎者	生活窘迫，教育程度低，缺乏技能，没有广泛的社会联系；一般年纪较大，常为健康担心，常受制于人和处于被动；他们最关心的是健康和安全，在消费上比较谨慎，对大多数产品和服务来说，他们代表了一个中等程度的市场，对喜爱的品牌比较忠诚；占人口的14%，平均年龄61岁，平均收入9 000美元

(资料来源：(1)Mowen J C. .Consumer Behavior.New York：Macmillan Publishing Company，1993.
(2) Hawkins D L，Best R J，Coney K A.Consumer Behavior.Building Marketing Strategy. Mc Graw-Hill，1998.)

资料 8-1

VALS2 各细分市场的杂志类媒体使用情况(表 8-3)

表 8-3 VALS2 各细分市场的杂志类媒体使用情况

	实现者	完成者	信奉者	成就者	奋争者	体验者	制造者	挣扎者
汽车类杂志	92	227	50	79	50	254	157	22
阅读商业类杂志	255	143	74	179	37	71	33	8
评论类杂志	274	83	106	87	66	109	49	15
看《读者文摘》	58	115	150	90	63	57	87	130
看钓鱼与游戏类杂志	56	120	119	46	37	130	209	79
看人类兴趣类杂志	83	199	113	129	93	135	86	46
看文学类杂志	533	143	29	77	44	105	45	31
观看《面对这个国家》	161	50	161	62	42	35	37	126

注：每个细分市场下面的数字是该市场的综合指数(以100为基数)。

(资料来源：SRI Internation.)

虽然，VASL2 较原 VALS 系统有较大的改进，但它同样存在 VALS 系统所具有的某些局限。例如，VASL2 中的数据是以个体为单位收集的，而大多数消费决策是以家庭为单位作出或很大程度上受家庭其他成员的影响。另外，很少有人在自我取向上是"纯而又纯"的。SRI 所识别的 3 种导向中的某一种可能对消费者具有支配性影响，然而支配的程度及处于第二位的自我取向的重要性会因人而异。尽管如此，VASL2 仍是目前运用生活方式对市场进行细分的最完整的系统，它已经并将继续被企业广泛地运用。

8.1.2 市场定位与消费者行为

1. 市场定位的含义

市场定位是在 20 世纪 70 年代由美国营销学家艾·里斯和杰克特劳特提出的，其含义是指企业根据竞争者现有产品在市场上所处的位置，针对顾客对该类产品某些特征或属性的重视程度，为本企业产品塑造与众不同的，给人印象鲜明的形象，并将这种形象生动地传递给顾客，从而使该产品在市场上确定适当的位置。市场定位的实质是使本企业与其他企业严格区分开来，使顾客明显感觉和认识到这种差别，从而在顾客心目中占有特殊的位置。

资料 8-2

星巴克的味道

"我不在家,就在咖啡馆;不在咖啡馆,就在去咖啡馆的路上。"一个迷恋咖啡的小资如果不曾听过这句话,就好像足球迷不知道贝利一样荒谬。

"I am so hungry for coffee",咖啡是小资每天必需的水。"浮生偷得半日闲",每天须有一刻坐在咖啡馆的角落里,一边喝着咖啡,一边看着周围和自己一样的人,男人则西装革履,女士则西裙套装。在中国小资人士中名声最响的咖啡馆是"星巴克"。一杯名叫星巴克的咖啡,是小资的标志之一。

20元一杯的咖啡是一个相当高的价格,但即使如此也挡不住穿着得体的年轻人来喝星巴克咖啡的热情。他们有时候会开玩笑说:"是不是我喝星巴克咖啡上瘾了?"

星巴克咖啡对于人们不仅是饮料,更重要的是它带给人们异国情调。咖啡是一种非常社会化的、具有浪漫色彩的饮品,在这里,你向往的和你见到的、听到的相互协调,这一切使得喝咖啡成为一种美好的生活体验。一杯咖啡就是一段幸福人生。

星巴克认为他们的产品不单是咖啡,而且是咖啡店的体验。星巴克更擅长咖啡之外的"体验",如气氛管理、个性化的店内设计、暖式灯光、柔和音乐等。

星巴克极力强调美国式的消费文化,顾客可以随意谈笑,甚至挪动桌椅,随意组合。这样的体验也是星巴克营销风格的一部分。星巴克在上海的每一家店面的设计都是由美国方面完成的。在星巴克的美国总部,有一个专门的设计室,拥有一批专业的设计师和艺术家,专门设计全世界所开出来的星巴克店铺。他们在设计每个门市时,都会依据当地的那个商圈的特色,然后去思考如何把星巴克融入其中。

在一个习惯喝茶的国度里推广和普及喝咖啡,首先遇到的是消费者情绪上的抵触。星巴克成立了一个咖啡俱乐部。除了固定通过电子邮件发新闻信,还可以通过手机传简讯,或是在网络上下载游戏,一旦过关可以获得优惠券,很多消费者就将这样的信息,转寄给其他朋友,造成一传十、十传百的效应。

(资料来源:卢泰宏. 消费者行为学——中国消费者透视[M]. 北京:高等教育出版社,2005.)

2. 市场定位的基本原则

(1) 受众导向原则。美国营销学家屈特和里斯在1996年所著的《新定位》一书中,一再强调定位的重心在于消费者心灵,对消费者心灵把握得越准,定位策略就越有效。他们认为,成功的定位取决于两个因素:一是企业如何将定位信息有效地传达到消费者脑中,二是定位信息是否与消费者需要相吻合。也就是说,市场定位必须为消费者接收信息的思维方式和心理需要所牵引,这就是受众导向原则。

(2) 差别化原则。在成千上万的信息海洋中,如何才能把产品信息输入消费者脑中,并留下深刻印象?唯有差别化,追求与众不同,才能使消费者易于将你的产品与其他品牌区别开来,才能占据其心中一隅。宝洁公司经过对中国洗发水市场深入的研究,发现了中国消费者对洗发水的需求特征,并选定"去屑""护发""美发""染发""柔顺头发"等利益变量来细分中国洗发水市场,推出了相应的产品和品牌。"飘柔"定位于顺滑;"海飞丝"定位于去屑;"潘婷"定位于营养保健;"沙宣"定位于专业美发;"伊卡露"定位于染发。

一般来说，市场定位中的差别化主要来自于以下几方面。

质量：企业产品质量是否比其他企业产品质量更为优越，更为经久耐用？能否作出保证？

美观：企业产品是否更能满足消费者追究时尚、追赶潮流或特别的审美要求？

方便：企业产品使用是否更方便，容易操作？

舒适：接受企业产品服务时是否能让消费者获得更为舒适愉悦的享受？

价格：企业产品的价格是否更为优惠？是否像产品本身一样具有吸引力？

服务：企业是否提供了更多的超越竞争对手的完善的服务？

利益：使用企业的产品能给消费者带来多少利益？

定位中的差别因素远不止上述这些，在受众导向原则前提下，企业与竞争对手的差别越大，越多，企业就掌握了越多的定位优势，产品形象也会越突出。

(3) 动态调整原则。产品或品牌定位应该具有长期的稳定性，随便改变定位是营销中的大忌。但定位的稳定性与变动是相对而言的，定位最终是以消费者需求为基础的。消费者的需求随时在变，在市场急剧变化的情况下，固守原来的定位，必然会被市场淘汰。因此，企业应随时关注消费需求的变化，时刻保持高度的敏感，及时调整市场定位策略。但需注意的是，重新定位一般是在市场需求发生了重大变化后才会进行的，而不会因为市场的细微变化而频繁作出改变。

3. 市场定位的方法

市场定位没有固定的方法，下面介绍几种建立在消费者认知、购买、使用心理及行为基础上的定位方法。

(1) 主要属性/利益定位法。利益定位法指以产品能带给消费者的独特利益为基点的定位方法。产品之所以为消费者所接受，就是因为它能给消费者带来某些利益，进而满足消费者需求。"咳嗽，请用急支糖浆""困了累了喝红牛"，这些宣传都是以产品利益为核心的。

(2) 产品使用者定位法。产品使用者定位法指以产品使用者为基点的定位方法，即在定位中明确界定产品使用者范围，并在此目标组群中，为他们的地点、产品、服务等塑造一种独特的形象。一家企业专门销售热水器给公司冲泡速溶咖啡，他们针对该目标顾客群，直接将产品定位为"在办公室中泡咖啡的人"，并直接在信函上以"办公室中泡咖啡者"称呼，这一措施十分有效。

(3) 使用行为定位法。有时可用消费者如何及何时使用产品，将产品予以定位。美国一家啤酒公司 Michelob，根据啤酒使用场合为自己定位，然后扩大啤酒的饮用场合，Michelob 将原来是周末饮用的啤酒，定位为每天晚上饮用的啤酒，即将"周末为 Michelob 而设"，改为"属于 Michelob 的夜晚"。

(4) 分类定位法。这是非常普遍的一种定位法。产品的生产并不是要和某一事实上的竞争者竞争，而是要和同类产品互相竞争。当产品在市场上属于新产品时，此法特别有效，不论是开发新市场，或为既有产品进行市场深耕。七喜将其定位为"非可乐饮料"，使消费者心目中产生了"类"的概念：可口可乐、百事可乐属于"可乐类"饮料，而七喜属于"非可乐类"饮料。进而在不知不觉中使七喜获得了与可口可乐、百事可乐平起平坐，独具特色的地位。事实证明，这一成功的定位策划改变了整个软饮料行业的竞争格局。

农夫山泉有点甜

农夫山泉品牌被国际专业市场调研机构公布为最受消费者欢迎的产品,农夫山泉为国内消费品最受欢迎的六大品牌之一,并且是其中唯一的本土品牌。这些殊荣的取得与其产品的准确定位不无关系。

1997年6月,农夫山泉在上海、浙江的重点城市上市,以"有点甜"为销售卖点,实施差异化营销策略,不仅体现在包装及品牌运作上,还体现在价格上,并以独特的品牌定位迅速奠定了它在瓶装水市场上的高档、高质的形象。1998年4月,养生堂在中央台推出"农夫山泉有点儿甜"的纯净水广告,引起了消费者的普遍关注,它的独特广告诉求将农夫山泉的名字传遍全国。农夫山泉的品牌知名度也迅速从一个区域新品牌跃升为全国知名品牌,大街小巷几乎童叟妇孺皆知。时至今天,这一广告语仍深入人心。

对于绝大多数品牌的饮用水,普通消费者从包装和广告等宣传中根本看不出彼此之间有什么不同,也就是大家都是同质化的产品。农夫山泉用"有点甜"来做定位,占据消费者的心智资源。听到"农夫山泉有点甜"这样的广告时,想尝试一下的消费者绝对不在少数,也正是这样,农夫山泉这个产品迅速成长为行业的前3名选手。2000年,中国跨世纪十大策划经典个案评选揭晓,"农夫山泉有点甜"名列其中。

(资料来源:苏曼丽,危剑侠. 国内水战营销暗使劲[N]. 新京报,2006-05-25.)

8.2 新产品开发、推广与消费者心理

产品是消费者从事消费活动的对象和载体,消费者的各种心理活动、需求动机、购买决策及购买行为都是围绕产品发生和进行的。产品也是企业赖以生存和发展的基础。不断推出新产品是企业充满活力的标志。但并非所有新产品都能在市场上取得成功,其中的关键在于能否使消费者从心理上认可、接受新产品。

8.2.1 新产品的含义及分类

1. 新产品的含义

新产品的概念是从"整体产品"的角度来理解的。在"整体产品"中,只要对任何一个产品层次进行创新和变革,使产品有了新的结构、新的功能、新的品种,或增加了新的服务,从而给消费者带来新的效用和利益,与原产品产生了差异,即可视为新产品。

2. 新产品的分类

新产品的分类通常可以按照新产品与老产品的差异程度划分。

(1) 全新产品。一般指运用新技术或为满足消费者某种新的需要而发明的、功能相近的同类产品中产生了实质性变化的新产品。全新产品无论从设计原理、工艺结构、性能特征及外观造型上都与原有产品完全不同,因而属于整体更新产品。这类新产品的问世和使用一般会引起消费者消费方式和心理需求的变化,需要消费者改变过去的使用习惯和消费方式,创立全新的消费行为。

(2) 革新产品。指在原有产品的基础上采用新技术或新材料,使产品性能有了重大突

破，或将原单一性能发展成为多种性能及用途的产品。例如，洗衣机从半自动过渡到全自动电脑控制，性能有了重大突破。这类新产品要求消费者在使用过程中部分地改变已经形成的消费行为和习惯，因而对消费者心理影响较大。

(3) 改进产品。指在原有产品的基础上进行某些改进，仅发生次要或微小的变化，因而对已经形成的消费者购买心理与习惯行为影响很小的新产品。这类产品的特点是，在原产品基本用途不变的情况下，或增加某些性能，或增加花色品种，或改进外观造型，使产品结构更加合理。消费者在接受这类新产品时，基本上沿用类似老产品时的消费行为，需要新学习的消费方式只占很少一部分。

8.2.2 新产品购买者的消费心理

1. 新产品的消费者类型

由于各种因素的影响，不同消费者对新产品接受的快慢程度会有所不同。根据消费者对新产品的态度与行为差异可将其分为以下 5 类。

(1) 最早购买者。也称创新采用者，是新产品上市之初，最先实施购买的消费者，又称新产品消费带头人，约占全部潜在购买者的 2.5%。这部分消费者求新、求奇、求美的心理需求强烈，富于创新和冒险精神；收入水平、社会地位和受教育程度较高，对风险有较强的承受能力；大多为年轻人，交际广泛且信息灵通。最早购买者人数很少，但可以起到示范、表率、带动其他消费者的作用，因而是新产品推广的首要力量。

(2) 早期购买者。也称早期采用者，指新产品上市初期，继消费带头人购买之后，马上进行购买的消费者，约占全部潜在购买者的 13.5%。这部分消费者大多是某个群体中具有很高威信的人，受到群体其他成员的爱戴、景仰和追随。他们对新生事物感兴趣，对新产品有比较强烈的消费欲望，是新产品购买的积极分子。早期购买者人数较少，但他们购买产品较早，并且有一定的权威性，因而对带动其他消费者购买新产品有重要作用。

(3) 较早购买者。也称早期大众，这是经过"最早购买者"和"早期购买者"对新产品的特点、性能、用途等证实之后，继而实施购买行为的消费者。这类购买者采用新产品的时间较平均采用时间要早，约占 34% 的市场份额。他们的购买行为基本上发生在产品成长阶段。这部分消费者在消费中具有明显的同步仿效心理，他们乐于接受新生事物，但是一般小心谨慎。该类采用者数量较大，是促成新产品在市场上趋向成熟的主要力量。

(4) 晚期购买者。也称晚期大众，指当大部分消费者接受并使用新产品后才开始购买新产品的消费者。这类购买者的购买时间较平均购买时间稍晚，约占 34% 的市场份额。这部分消费者的思想谨慎，对新生事物反应迟钝。他们从不主动采用或接受新产品，当看到购买新产品的人越来越多，并已证实新产品的特点及由此带来的消费趋势后，他们才开始购买。这部分消费者对于新产品在市场上达到成熟饱和状态作用重大。

(5) 守旧者。也称落后采用者，指最后购买和最终拒绝购买新产品的消费者。这类消费者是采用新产品的落伍者，约占 16% 的市场份额。这类消费者受保守心理、传统观念、文化水平及所处环境的束缚，拘泥于传统的消费行为模式，其社会地位和收入水平一般较低。当新产品处于饱和状态或趋于衰退状态时，他们才实施购买，或最终拒绝购买和使用任何新产品。

2. 影响新产品购买的心理因素

导致消费者对新产品购买态度与行为差异的因素包括收入水平、职业特点、性别、年龄等社会和生理因素，还有需要、认知、个性特征、自我概念等心理因素。在社会环境大体相同的情况下，后者的影响作用更为突出。

(1) 消费者对新产品的需要。需要是消费者一切行为活动的基础和最初原动力，也是消费者购买新产品与否的决定性因素。只有符合并能够满足其特定需要的新产品，才能吸引消费者积极购买。由于不同消费者的需要内容、需要程度千差万别，因而对新产品的购买行为也各不相同。

(2) 消费者对新产品的感知程度。消费者只有对某一新产品的性能、用途、特点有了基本了解之后，才能进行分析和判断。当消费者确信购买新产品能够为自己带来新的利益时，就会由此激发购买欲望，进而实施购买行为。感知能力的强弱也会直接影响消费者接受新产品信息的准确度和敏锐度，从而导致消费者购买新产品的时间差异。

(3) 消费者的个性特征。消费者的气质、性格、自我概念、兴趣爱好、价值观等个性心理特征千差万别，这直接影响到消费者对新产品的接受程度与速度。个性灵活、乐于接受变化、富于冒险和创新精神的消费者往往较之思想保守、兴趣单一、固执守旧的消费者更容易接受新产品，且接受速度更快。

(4) 消费者对新产品的态度。消费者对新产品所持有的态度是影响新产品购买行为的决定性因素。消费者在对新产品感知的基础上，会对新旧产品的各项指标进行比较。如果比较后确信新产品具有独创、新奇、趋时的特点，能为自己带来新的利益及心理上的满足，消费者就会对新产品产生好感，抱有积极、肯定的态度。

8.2.3 新产品设计的心理策略

消费者的个性心理特征对其购买动机有重要影响。消费者之间个性心理特征的差异表现为对产品的不同需要。因此，在设计新产品时，一方面要考虑产品的性能、结构等共性要求；另一方面还要考虑产品的独特性，使新产品与众多同类产品有显著的区别，即有明显的个性特色。

1. 体现威望的个性特色

具有这种个性的产品，在某种程度上能够提高消费者的社会威望和表现其个人成就，如高档手表、名牌服装、高级轿车等。为此，在设计这类产品时，要考虑选用上等贵重材料，款式要豪华精美，要保证一流的工艺和质量；同时，这类产品的产量要严格控制，价格要昂贵。

2. 显示年龄的个性特色

不同的年龄阶段，人们的生理与心理成熟程度不同。设计新产品时，要注意适应不同年龄阶段消费者的成熟程度，以满足其心理要求。

第8章 营销因素与消费者行为

盲人、老人和儿童手机

2010年10月21日，首届中国(沈阳)国际手机博览会在沈阳科学宫举办。在本次手机博览会上，上百家参展商参展，大部分参展商带着他们新研制开发的产品参加博览会。此次博览会上，还出现了许多专为特定人群设计的具有特定功能的新品手机。

1. 超强语音功能为盲人设计

盲人手机便是其中之一，这款手机是某企业与中国盲人协会合作开发的新产品。该手机专门提供了超强的语音朗读功能，手机全部的操作(传出和输入)都可以通过语音命令和语音收听来完成。语音传出包括来电提示、短信提示和短信内容、电子书、各种手机功能菜单等；语音输入包括拨打电话、短信内容输入等，也就是说平时用键盘操作的一切功能都可以通过语音来代替操作。同时手机输入法中有专为盲人设计的盲文输入法，即六字输入法。

盲人手机还具有GPS定位查询功能，在手机的一侧有一个SOS求助键，这个键可以设定3~5个亲情号码，使用手机者如果迷路或者遇到紧急情况可按动此键，手机便会给所设定的号码自动发送求助短信，通过GPS定位告知家人自己现在所在的确切位置，发送短信之后自动拨打亲情号码，使用者即可与家人通话。

2. 儿童手机可GPS定位查询

儿童手机也叫儿童监护手机，是一款专为儿童设计的手机，外形可爱，GPS定位查询功能让家长随时知道孩子的确切位置。

同盲人手机一样，儿童手机也设定了紧急状态求助功能，儿童遇到紧急情况，长按SOS键3s，可以向亲情号码发出求助短信。求助状态10分钟内不解除，呼叫中心人工座席员将对家长进行电话报警。儿童手机还具有防水、防尘和防震功能。

老人手机是一款专门为老年人设计的手机。手机具有超大按键、超大字体、超大音量和超长待机等功能。

(资料来源：卢一楠，谭皓. 盲人、老人和儿童手机将亮相沈阳城[N]. 华商晨报，2010-10-22.)

3. 标志社会地位的个性特色

某些产品具有明显的社会地位或阶层属性，是某一社会阶层成员的共同标志，使用者可以借此表明自己属于该社会阶层或集团的特定身份。而不同的社会阶层，其消费习惯及心理特征有着明显差别。所以，在设计这类产品时，要根据这一阶层消费者的职业环境、社会地位、经济收入及消费习惯和消费心理来确定产品策略。

4. 满足自尊和自我实现的个性特色

人类的需求层次发展规律表明，当人们的基本物质需要得到满足后，精神上的需求会逐渐强烈。人们一方面渴望得到他人及社会的承认与尊重；另一方面还要求不断提高自身能力，以求得事业的成功和个人价值的实现。为此，购买装饰品、美容用品及有助于提高某方面技能的专门用品时，人们会刻意寻找和要求有助于增强自尊、社会尊重和自我价值实现的商品。在设计这类商品时，应以美观协调、高雅庄重、特色鲜明、功能突出为原则。

5. 满足情感要求的个性特色

现代社会，随着生活节奏的加快，消费者在强调产品实用性的同时，越来越注重情感消费，即希望通过消费活动获得某种情绪感受，满足特定的感情需要，如表达友情、亲情，寄托希望、向往，追求自然、回归，展示情趣、格调等。某些工艺品、装饰品等因其设计新颖、造型别致而蕴含丰富的感情色彩，能够满足消费者的情感需要，而受到消费者的特别青睐。这类产品设计应强调新、奇、美、趣、雅等特点。

【拓展视频】

另外，考虑到产品的流行性，可以参照时尚现象进行新产品设计。由于某些新产品一旦被接受，极易形成时尚流行，因此，企业在进行新产品设计时，应积极吸收和发展市场上最新流行产品的长处；同时，要研究和迎合消费者追求时尚的心理，创造出新颖独特、顺应时尚潮流的新产品。

8.2.4 新产品推广的心理策略

要保证新产品在市场上获得成功，除了要设计出能满足消费者生理和心理需求的产品外，还要运用正确的策略去推广新产品。有的新产品尽管有许多优点，但消费者并未完全感知、理解，这就需要进行各种方式的宣传，促使消费者意识到新产品在满足其需求方面所具有的老产品所不及的优越性。这样才能使消费者在短时间内认识、承认并接受新产品。

新产品最初出现在市场上时，消费者对它还很陌生，因而在心理上缺少安全感。这种心理障碍会导致许多消费者采取等待观望态度。针对这一问题，在新产品进入市场的初期，企业要采用各种方式和手段，大力宣传和介绍新产品的性能、效用、使用方法及售后服务(如"三包措施"承诺)等，来消除消费者心理上的障碍。这一阶段的宣传对于具有强烈消费欲望和求新、求美、求奇心理需要的消费者影响很大，他们会因此而首先购买和试用新产品，起到消费带头人的作用。

当产品进入成长阶段后，新产品在市场上已有了立足之地。这时的新产品购买者不仅仅限于最早购买者，一些热衷于紧跟消费潮流的消费者也加入到购买新产品的行列中。但是，由于新产品进入市场的时间还不长，大多数消费者还未完全消除心理上的障碍，有些消费者对新产品仍持怀疑或观望态度。这一时期，企业的宣传促销策略应该是，着重运用消费者乐于接受的方式，宣传使用新产品后形成的新的消费习惯、消费方式有何优越性、科学性等。通过宣传使消费者清楚地了解到使用新产品后，能为自己带来何种新的利益，从而逐步消除抵触情绪，促使消费者对原有消费习惯、消费方式及价值观念产生动摇，直至放弃。这一时期，企业还要注意收集新产品的反馈信息。由于消费者的需求及个性心理特征不同，因而对新产品往往表现出不同的态度反应。企业应根据消费者的态度反应，有针对性地进行宣传，消除他们的各种心理障碍，使新产品在市场上的发散面不断扩大直至普及，进而使新产品顺利进入成熟状态。

8.3 品牌、包装与消费者心理

8.3.1 品牌的心理作用基础

品牌是一种名称、术语、标记、符号或图案，或是它们的相互组合，主要用以识别某个生产者或某群生产者的产品或服务，并使之与竞争对手的产品和服务相区别。当代社会，随着科技的进步和生活水平的提高，人们的消费需求已经从低级的生理、安全需求上升为尊重、自我实现等高层次需要。消费者购买商品时，不再单纯是为了取得商品的使用价值，更主要的是获得心理和精神上的满足。而这种精神层面的高层次需要是通过品牌消费来实现的。

1. 品牌的象征意义

消费者心理和精神需要的内容之一是社会象征性需要，也就是人们的一种认识自我、表达自我，并期待得到他人和社会肯定的需要。

(1) 自我个性的表现。每个人内心深处都对自己有一个定位，也就是自我形象。例如，有的人认为自己大胆时尚，是引领时代潮流的领先者；有的人则认为自己沉稳审慎，有独立见解，不随波逐流；还有的人认为自己品位高雅，与众不同等。正是诸如此类的自我描述，使得消费者在购买商品时，总是寻求那些能表现自己个性和自我形象的商品。例如，乘坐奔驰可以表现主人的庄重和成功；佩戴斯沃琪(Swatch)手表则可以凸显主人对潮流的敏感。

(2) 自我价值的实现。自我价值的实现是指消费者通过购买和使用商品，向外界表达自我、证明自我的价值。"野马"汽车最初是为追求刺激的青年人开发的一款车型，但是上市后，有很多老年人争相购买。公司调查发现，这些老年人希望驾驶"野马"车表现自己仍然年轻而富有活力，不失在社会中的作用。吸烟的人相信能够通过不同的香烟品牌来传达自己的某些想法和追求。

品牌的象征意义是这两种需要实现的基础，它是指在消费者心目中，品牌所代表的与特定形象、身份、品位相联系的意义和内涵。在这里，品牌不再是一种符号、图形，而是一种精神、意义的载体。品牌可以体现消费者的文化、知识水平、生活方式、消费习惯、社会地位、名气声誉等。

2. 品牌的情感意义

品牌的情感意义来源于消费者的情感需要。情感是与人的社会性需要和意识紧密联系的内心体验，具有较强的稳定性和深刻性。情感对消费者的影响是长久和深远的。例如，一辆永久牌自行车就能够激起中老年消费者许多美好的回忆。很多老品牌就像一首首老歌，被人们当作一种怀旧的经典所喜爱。

品牌的情感意义是指在消费者的心目中，与品牌相联系的审美性、情感性文化意蕴。它巧妙地构建了一种生活格调、一种文化氛围和一种精神世界，引导人们通过移情作用，在商品的消费中找到自我，得到慰藉，获得情感上的寄托和心理共鸣。正因为如此，品牌还具有文化价值。在这方面，可口可乐的品牌堪称经典。可口可乐公司经过长期的研究得出结论：名牌的背后是文化，因而刻意锻造品牌的文化内涵，使可口可乐成为美国精神的象征。正如一位美国的报纸编辑所说：可口可乐代表着美国的全部精华，喝一瓶可口可乐就等于把这些美国的精神灌注体内，其瓶中装的是美国人的梦。品牌的文化价值使品牌具有了人格化的魅力，从而使消费者对其产生情感共鸣。

8.3.2 品牌的心理作用过程

1. 品牌认知

品牌的认知过程是指品牌被消费者注意和接受的过程，是品牌发挥作用的心理基础。消费者一旦形成对某个品牌的认知，就能从品牌中实现自我形象、社会象征、情感等方面的需要。这些需要获得充分满足，品牌就有可能与消费者形成一种长期的依存关系。消费者的品牌认知是通过企业的品牌定位和品牌个性化实现的，后者是消费者形成品牌认知的基础。

2. 品牌忠诚

品牌忠诚度包括两方面的内容：行为忠诚度和情感忠诚度。行为忠诚度指消费者在实际行动上能够持续购买某一品牌的产品，这种行为的产生可能源于消费者对这种品牌内在的好感，也可能是由于购买冲动、促销活动、消费者惯性或者该品牌市场覆盖率高于竞争品牌等其他与情感无关的因素。情感忠诚度指某一品牌的个性与消费者的生活方式、价值观念相吻合，消费者对该品牌已产生了感情甚至引以为豪，进而表现出持续购买的欲望和行为。

消费者在较长时期内能否表现出持续的购买行为在很大程度上取决于情感忠诚。由品牌情感转化为品牌忠诚的关键是激发消费者的情感意识。我国消费者的个性特征普遍表现为重感情，注重家庭和谐，亲情无时无刻不在人们的生活中，并影响着人们对事物的评价和选择。因此，企业应通过极富人情味的诉求方式去激发消费者的情绪、情感，满足消费者的情感需求。品牌情感策略的 3 个核心要素是信任、体验和精力。

资料 8-5

"狮跑拓界之旅"激情试驾活动

你想摆脱都市钢铁丛林的束缚，触摸巍峨险峻的蜀道青山吗？
你想告别单脚站立挤地铁的苦恼，拥抱可可西里呈现给你的无垠天地吗？
你想远离城市的喧嚣，在神圣的青海湖畔品味心灵的沉淀吗？
你想挣脱城市单调生活的"牢笼"，探寻奇幻的神农架野人之谜吗？
你想冲破工作压力的重重包围，去鼓浪屿聆听大海的吟唱吗？

5 段风情各异的试驾路线，5 种不同的驾驶乐趣，快来参加东风悦达起亚举办的"狮跑拓界之旅"活动，开拓您的视界，放飞您的梦想，启动您与众不同的激情旅程！表 8-4 列出了本次活动的日程安排。

表 8-4 "狮跑拓界之旅"激情试驾活动行程安排

	活 动 线 路	活 动 时 间
线路一	成都—拉萨	2007年9月21日—2007年9月27日
线路二	拉萨—青海湖—兰州	2007年9月29日—2007年10月6日
线路三	兰州—西安—武汉	2007年10月8日—2007年10月14日
线路四	武汉—南昌—武夷山—福州	2007年10月16日—2007年10月19日
线路五	福州—厦门—深圳	2007年10月21日—2007年10月25日

在为期一个月、行程上万千米的拓界接力中，7辆狮跑创下了零故障的好成绩，不但很好地验证了其卓越的品质，也让随行的消费者及媒体记者赞不绝口。

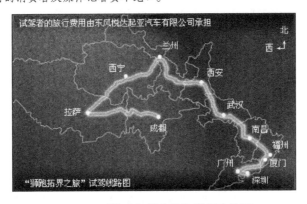

图 8.2 "狮跑拓界之旅"试驾路线图

(资料来源：东风悦达起亚官方网站.)

8.3.3 品牌名称与消费者心理

1. 商品命名的心理要求

现实生活中，消费者在未接触到商品之前常常通过商品名称来判断商品的性质、用途和品质，所以一个好的名称可以提前赢得消费者的注意。另外，一个简洁明了、引人注目、富于感染力的名称，不仅可以使消费者了解商品，还会给人们带来美的享受，从而刺激消费者的购买欲望。因此，根据消费者的心理特点进行商品命名是极其必要的。商品命名的根本目的是使商品的名称与消费者的心理相吻合，对消费者产生积极的影响。所以在命名时应注意符合下列心理要求。

(1) 名实相符。是指商品名称要与商品的实体特征相适应，使消费者能够通过名称迅速了解商品的基本效用和主要特征。

(2) 便于记忆。商品的名称主要用来吸引消费者，加深消费者对商品的印象，所以商品的名称应易读易记，以便减轻记忆难度。

(3) 引人注意。这是商品命名最主要的目的，也是最重要的要求。好的商品命名应能在众多同类商品名称中脱颖而出，迅速引起消费者的注意。

(4) 激发联想。激发联想是商品命名的一项潜在功能。通过名称的文字和发音使消费者产生恰当、良好的联想，可以引发其良好的心理感受，激发购买欲望。

(5) 避免禁忌。不同国家、民族的社会文化传统不同，使得消费者的习惯、偏好、禁忌也有所不同；此外，语言文字的差异也会造成对产品理解的差异。

2. 商品命名的心理策略

商品命名的心理策略很多，这里主要介绍以下 6 种。

(1) 以商品的主要效用命名。其特点是名称直接反映商品的主要性能和用途，使消费者能迅速了解商品的功效，加快对商品的认知过程，多用于日用工业品、化妆品和医药品。如"玉兰油防晒霜""美加净护手霜"等均可直接从名称上了解商品的用途和功效。这种开门见山的命名方法迎合了消费者追求商品实用价值的心理。

(2) 以商品的主要成分命名。这样的命名方法可使消费者从名称上直接了解商品的原料构成，以便根据自己的实际情况选择商品。例如，从"螺旋藻麦片"可以看出麦片中加入了螺旋藻；"复方甘草合剂"的主要成分是止咳的甘草。这些商品名称或强调货真价实，或突出原料名贵，都起到了吸引消费者的作用。

(3) 以制作工艺或制造过程命名。这种方法多用于具有独特制作工艺或有纪念意义的研制过程的商品，这是一种经常被采用的方法。如"二锅头"酒在制作过程中要经过两次换水蒸酒，且只取第二锅酒液的中段，酒质纯正、醇厚。以此命名能使消费者了解该酒不同寻常的酿制工艺，从而提高商品声望。

(4) 以商品的产地命名。以产地命名主要是由于产品具有悠久的历史，尤以产地的商品最具特色、享誉盛名，冠以产地名称可以突出该商品的地方风情、特点，使其独具魅力。如"金华火腿""云南白药""青岛啤酒"等。这种命名方法符合消费者求名、求特、求新的心理，可以增加商品的名贵感和知名度，同时使消费者觉察到商品体现了地域的文化性，从而产生亲切感和偏好。

(5) 以人名命名。即以发明者、制造者和历史人物等名字给商品命名的方法。这种方法将特定的商品和特定的人联系起来，使消费者睹物思人，引起丰富的联想、追忆和敬慕之情，从而使商品在消费者心目中留下深刻的印象。如"皮尔·卡丹""李宁"牌运动服等。以人名命名还可以体现商品悠久的历史和文化，表明商品系出名门、正宗独特，以此诱发消费者的购买欲望。

(6) 以外来词命名。在进口商品的命名时常见用外来语命名，主要是满足消费者的求新、求奇、求异的心理，还可以克服翻译上的困难。但这要求读起来朗朗上口、寓意良好。最好的例子就是"Coca-Cola"，其中文译名选定为"可口可乐"，让人们联想到可口的饮料带来的舒畅感觉，以及由此产生的愉悦心情。

8.3.4 品牌设计与消费者心理

品牌设计是品牌发挥心理功能的基础。实践中，品牌的设计可以采用文字、符号、图形及其组合等多种表现形式和手法，灵活运用。然而精良的品牌设计又必须考虑到商品的特色和消费者的心理，不能随心所欲。在品牌设计中应注意以下心理要求。

(1) 个性鲜明，富于特色。人们通常对特别的东西记忆深刻，因此，商标的设计应求有别于其他同类商品的商标。例如，"小天鹅"洗衣机以一只美丽的小天鹅作为商标，使人们联想到美丽洁白的天鹅在明净的水面上畅游，从而产生洁净清爽的心理感觉。

(2) 造型优美，文字简洁。现代消费者不仅要求商标具有明确的标识作用，而且追求商标的美学价值。此外，人们对简单而符合审美情趣的图形文字往往记忆深刻。所以在设计商标时，语言应做到简洁鲜明，商标图案也要明了简单，以满足消费者的审美要求。

(3) 具有时代气息，反映社会的潮流趋向。商标作为商品的标识，与人们的生活息息相关，商标如果能结合特定的历史时期，反映时代的气息，甚至赋予一定的社会意义，可以激起消费者的购买热情，赢得消费者的青睐。

(4) 与商品本身的性质和特点相协调。商标既是对商品所要传达信息的提炼和精确表达，是商品的代名词，又要起到提示和强化的作用。这就要求商标能准确地体现所代表商品的性质，突出商品的特色。

(5) 遵从法律规定，顺应不同国家、民族、宗教、地域的消费者的心理习惯。各个国家的商标法都有明文规定不允许注册为商标的事物。另外，不同的国家、民族、宗教、地域的消费者有着不同的心理习性，从而产生很多特殊的偏好和禁忌。在设计商标时应充分考虑这些因素。

8.3.5 商品包装与消费者心理

除了极少数产品以外，市场上的大多数产品在从生产领域转移到消费领域的过程中，都需要有适当的包装。商品的包装最开始是用来承载和保护商品的，以避免其损坏、散落、溢出或变质。随着市场竞争的日趋激烈，消费者生活方式和生活习惯的变化及包扎新工艺、新材料的应用和包扎技术的提高，包装已不仅是原始的保护和储存商品的一种工具，更是美化商品、推销商品的主要手段。

1. 包装的心理功能

(1) 识别功能。现代市场上，同类商品的同质化程度越来越高，质量、性能的接近使得包装和装潢成为产品差异化的重要组成部分。一个设计精良、独具特色、富于审美情趣的包装能使产品在众多的商品中脱颖而出，给消费者留下深刻印象。同时，包装上准确详尽的文字说明可以向消费者全面展示关于商品的产地、成分、重量、特色等重要信息。

(2) 便利功能。良好的包装不仅能使商品别具一格，还可以有效地保护商品，有利于商品的长期储存，延长商品的使用寿命。包装的便利性还体现在包装的开启和携带是否方便。总之，根据实际需要，设计合理、便利的商品包装能使消费者产生安全感和便利感，方便消费者购买、携带、储存和消费商品。

(3) 美化功能。俗话说"好马配好鞍""三分人才，七分打扮"。可见，外部形象对体现事物的内部性质会起到相当重要的作用。具有艺术性、审美性的包装，会使商品锦上添花，使消费者赏心悦目，有效地推动消费者的购买行为。

(4) 增值功能。设计成功的包装融艺术性、知识性、趣味性和时代性于一身。高雅华贵的商品外观可以大大提高商品的档次，能让消费者在拥有商品的同时感到自己的身份地位有所提高，并使其自我表现的心理得到满足。

(5) 联想功能。好的包装应该使消费者产生有助于表现商品特色的美好联想。例如，同仁堂等中国的百年知名品牌，刻意使用古代的包装形式，使人们联想到了老字号商店良好的声誉和突出的品质。

2. 包装对消费者心理的作用过程

(1) 唤起注意。包装的首要功能即是通过给予消费刺激，引起消费者的无意注意。作为消费刺激的重要表现形式，不同包装物给予消费者的刺激强度有明显差异。为使产品包装引起消费者的无意注意，需要不断提高包装的刺激强度。

(2) 引起兴趣。包装除了要引起消费者的无意注意外，更重要的是要引起消费者对商品的兴趣，从而产生有意注意。消费者的年龄、性格、职业、文化、经济状况不同，对包装装潢的兴趣也会有所不同。这就要求设计包装时要研究消费者的兴趣偏好，不仅要使包装与商品的风格一致，还要符合消费者的价值标准。

(3) 启发欲望。启发欲望其实就是刺激需求。消费者产生购买动机后，其购买行动的最终实现还要取决于对刺激物的感受。包装是使商品的性能、使用方法等特性在潜在消费者中形成好感的最好手段。

(4) 导致购买。导致购买是包装对消费者心理作用的最终目的。别具一格的包装装潢往往会使消费者爱不释手，可以促使其产生试用的意念，一旦消费者对商品形成深刻印象，就有可能导致购买行为的发生。

3. 包装设计心理要求

(1) 色彩协调搭配。消费者接触商品，尤其是与商品有一定空间距离时，首先进入视线的就是色彩。一般来说，在保证商品质量良好的前提下，消费者会首先对商品的色彩作出喜爱或厌恶的判断，然后对自己喜爱的色彩的商品产生购买欲望，最终实现购买。

(2) 符合商品的性能。许多商品由于物理、化学性质不同，其存在状态和保存方法也不同，所以要根据商品的形态和性能设计商品的包装。例如，易燃、易爆、剧毒的液体商品，包装不仅要封闭、安全，还应在包装上作出明显的标记。

【拓展视频】

(3) 突出商品特征。由于商品的包装形式越来越趋向多样化，而且消费者多数通过包装来推测商品的真正品质。商品的包装突出，就会被消费者首先注意。而要使包装形象突出，需要采用适当的包装形式，如开窗式、系列式、异常式等。开窗式包装往往能满足那些急于了解商品真面目的消费者的求知和好奇心理，也容易引起注意；系列式包装是指企业对其生产的各种品质相近的产品，采用同种包装材料及相似的形态、图案、色彩等；异常包装是指反其道为之或与同类商品的传统包装形式差异很大。

(4) 方便消费者。商品的包装为消费者观察、挑选、购买、携带和使用提供方便。采用开窗式、透明式、半透明式包装会给消费者直观、鲜明、真实的心理体验，故在食品中多被使用。而将相关的商品组合并一起进行包装，也能给顾客带来方便。

(5) 具有时代气息。具有时代感是指在材料的选用、工艺制作、款式造型、图案装潢、色彩调配等方面，都要充分利用现代科学技术，给消费者以新颖独特、简洁明快、技术先进、性能优良的美好印象。另外，包装还要符合和体现时代发展的最新潮流。

(6) 具有针对性。消费者由于收入水平、生活方式、消费习惯及购买目的的不同，对商品包装的要求也有所不同。有的追求廉价实用，有的喜爱美观大方，有的则要求豪华高档。

资料 8-6

山姆森玻璃瓶：一个价值 600 万美元的玻璃瓶

说起可口可乐的玻璃瓶包装，至今仍为人们所称道。1898 年鲁特玻璃公司一位年轻的工人亚历山大·山姆森在同女友约会中，发现女友穿着一套筒型连衣裙，显得臀部突出，腰部和腿部纤细，非常好看。约会结束后，他突发灵感，根据女友穿着这套裙子的形象设计出一个玻璃瓶。

经过反复的修改，亚历山大·山姆森不仅将瓶子设计得非常美观，很像一位亭亭玉立的少女，他还把瓶子的容量设计成刚好一杯水大小。瓶子试制出来之后，获得大众交口称赞。有经营意识的亚历山大·山姆森立即到专利局申请专利。

当时，可口可乐的决策者坎德勒在市场上看到了亚历山大·山姆森设计的玻璃瓶后，认为非常适合作为可口可乐的包装。于是他主动向亚历山大·山姆森提出购买这个瓶子的专利。经过一番讨价还价，最后可口可乐公司以 600 万美元的天价买下此专利。要知道在 100 多年前，600 万美元可是一项巨大的投资。然而实践证明可口可乐公司这一决策是非常成功的。

亚历山大·山姆森设计的瓶子不仅美观，而且使用非常安全，易握不易滑落。更令人叫绝的是，其瓶型的中下部是扭纹型的，如同少女所穿的条纹裙子；而瓶子的中段则圆满丰硕，如同少女的臀部。此外，由于瓶子的结构是中大下小，当它盛装可口可乐时，给人的感觉是分量很多的。采用亚历山大·山姆森设计的玻璃瓶作为可口可乐的包装以后，可口可乐的销量飞速增长，在两年的时间内，销量翻了一倍。从此，采用山姆森玻璃瓶作为包装的可口可乐开始畅销美国，并迅速风靡世界。600 万美元的投入，为可口可乐公司带来了数以亿计的回报。

"水晶之恋"果冻包装设计"俘获"消费者

我国最早是在 1985 年出现的果冻生产厂家，而广东喜之郎集团有限公司(以下简称"喜之郎公司")直到 1993 年才开始进入整个果冻生产行业，比整个行业晚了整整 8 年。然而 1999 年央视调查咨询中心"全国城市消费者调查"的结果显示，喜之郎公司已经占领了我国果冻市场 83%的市场份额。是什么让喜之郎公司在短短的 6 年时间内就迅速成长为国内果冻企业的老大呢？除了产品本身的质量以外，喜之郎的创意包装和独特的营销战略使得喜之郎公司的市场占有率年年提升。

1996 年，喜之郎公司在市场上已经小有名气了，但是仍然是地方性的小品牌，市场份额有限。1997 年，喜之郎公司为了扩大自身的发展，委托广东平成广告公司对自己的产品进行重新定位和包装。

1998 年，喜之郎的新型产品"水晶之恋"系列正式上市，并迅速得到了市场的认可。在消费定位上，"水晶之恋"系列产品缩小目标市场，聚焦于年轻情侣，但果冻与"水晶之恋"原本是两个意义完全不同的符号，为了建立消费者的认知，平成公司为"水晶之恋"创造性地设计了"爱的造型"与"爱的语言"，将果冻的造型由传统的小碗样式改造为心形，封盖上两个漫画人物相拥而望，更为这种心形果冻平添了几分魅力，迅速得到了市场的认可。"水晶之恋"的推出，使喜之郎公司在短短的一年时间内从一个地方性品牌骤然跃升为行业第二大品牌。

90 后新人喜欢多样化喜糖+小清新包装

徐福记喜糖品牌总监乔瑞琳女士表示，为了吸引更多 90 后新人，今年徐福记推出了酥心糖、浓 99 鲜奶糖、夹馅棉花糖及Q弹双层橡皮糖等29款新品,而且这些新品的外包装全部以"成双成对"的形象出现。喜糖包装上印着萌萌的新娘,印着"岁月静好",走的文艺小清新范,看上去和传统喜糖有很大不同。

经营多年喜糖销售的黄先生对记者说,现在年轻人不爱写"喜"字,印个心形的糖纸或包装盒,包装要特别,还要个性化定制,这些新变化都要喜糖厂家及时做出调整。

(资料来源:费明乾,刘妮丽. 十大经典创意包装案例[N]. 北京商报,2007-09-03.
孟煜前. 杭州人最爱巧克力喜糖 小清新包装最受90后新人欢迎[N]. 杭州日报,2016-07-06.)

8.4 价格策略与消费者心理

在现代市场经济条件下,价格是影响消费者购买的最具刺激性和敏感性的因素之一。深入研究价格对消费者的心理影响,把握其价格心理特性,是企业制定价格策略的基础和前提。为此,有必要深入探讨消费者的价格心理机制,研究消费者的价格心理表现及消费者是如何进行价格判断的,由此发现价格制定的心理依据,使企业在经营实践中能够正确应用价格策略与技巧。

8.4.1 价格的心理机制

消费者在选购商品时,通常把价格与商品的各种要素,如质量、性能、品牌、包装等综合起来加以评价比较,在此基础上决定自己是否购买。然而就对消费者的影响而言,价格又有着与其他商品要素不同的心理作用机制。具体表现在以下方面。

1. 衡量商品品质和内在价值

根据经济学原理,商品价格是价值的货币表现,商品价值是价格的内在尺度,价格围绕价值上下波动,并最终趋向于价值。商品价值凝聚了生产过程和流通过程中活劳动和物化劳动的时间耗费,从理论意义上讲,消费者在选购商品时应以商品的价值为尺度来判断是否购买。然而,人们常常可以看到,有些内在质量相似的商品,由于包装、装潢不同,价格相差较多时,消费者却宁愿购买价格高的商品;而对于一些处理品、清仓品,降价幅度越大,消费者的心理疑虑越重,越加不愿问津。

类似现象的产生是由于价格的心理机制在起作用。由于商品信息的非对称性及消费者购买行为的非专业性,消费者在选购商品时,总是自觉或不自觉地把价格同商品品质及内在价值联系起来,把价格作为衡量商品品质优劣和价值大小的最重要的尺度。他们往往会认为,商品价格高则意味着商品的质量好、价值大;商品价格低则说明商品的质量差、价值小。所谓"一分钱,一分货""好货不便宜,便宜没好货",便是消费者在现实生活中通常奉行的价格心理准则。

2. 自我意识比拟

商品的价格不仅表现着商品的价值,而且在某些消费者的自我意识中还具有反映自身社会及经济地位高低的社会象征意义。这就是说,消费者在购买商品的过程中,可能通过联想与想象等心理活动,把商品价格的高低同个人的品位、偏好、社会阶层、生活方式等联系起来,有意或无意地进行价格比拟,让价格的高低来反映自身的社会经济地位和个性特征,以满足个人的某种社会心理需要。

价格的自我意识比拟主要有以下形式。

(1) 社会经济地位比拟。有些消费者只到高档、大型百货店或专卖店购买"名、特、优、新"商品，以显示自己的社会地位和经济地位。有些消费者则是大众商店、低档摊位的常客，专门购买折价、过季降价、清仓处理的廉价商品。假使这两类人的行为发生了错位，则第一种消费者会为去低档次的场所购物而感不安，认为有损自己的社会形象；而第二种消费者去高档次购物场所购物，则会产生局促不安、自卑压抑的感觉。

(2) 文化修养比拟。有的消费者尽管对书法字画缺乏鉴赏能力，却要花费大笔支出购买名人字画挂在家中，希望通过昂贵的名人字画来显示自己具有很高的文化修养，从而得到心理上的慰藉。还有一些消费者本身并不怎么喜欢看书，却要购置大量精装豪华的书籍，以显示自己的博学及高品位。

(3) 生活情趣比拟。有些消费者既缺乏音乐素养，又没有特殊兴趣，却购置钢琴或高档音响设备，或者亲身实地去欣赏体验自己听不懂的高雅音乐会，以期得到别人给予"生活情趣高雅"的评价，获得心理上的平衡。

(4) 观念更新比拟。一些消费者怕别人说自己落伍，跟不上潮流，即使不会使用电脑，也要花一大笔钱购置一台最先进的电脑作为摆设，希望能够以此获得"与时代发展同步"的心理安慰。另有一些消费者受广告影响，萌发追赶科技潮流的冲动。例如，"商务通"掌上电脑的电视广告"呼机、手机、商务通，一样都不能少"，曾经引发了一批中高收入阶层消费者的购买热情。很多人购买掌上电脑并无多大实际用处，其潜在心理是树立自己观念前卫的形象。

8.4.2 消费者价格心理表现

价格心理是指消费者在购买过程中对价格刺激的各种心理反应及其表现。它是由消费者自身的个性心理和对价格的知觉判断共同构成的。

1. 习惯心理

消费者重复购买某些商品及对价格的反复感知，形成了消费者对某些商品价格的习惯心理。在现代市场条件下，消费者往往不直接了解产品生产技术的发展状况，也不一定全面掌握影响商品价值变化的各种因素，因而很难对商品价格的合理性、准确性等作出严格判断，而只能以在多次购买活动中逐步体验形成的价格习惯，作为判断所购商品价格合理与否的标准。消费者往往从习惯价格中去联想和对比消费品价格的高低和涨跌。

在消费者心目中，对多数商品的价格有一个心理上限和心理下限。如果某一商品的价格在消费者认定合理的范围内，他们就会乐于接受；超出了这一范围，则难以接受。

由此可见，消费者的价格习惯心理一旦形成，往往要稳定并维持一段时间，在短期内难以轻易改变。而当商品价格必须变动时，消费者的心理会经历一个打破原有习惯，由不适应到适应的心理接受过程。为此，企业必须清楚地认识到价格的习惯心理对消费者购买行为的影响。对那些超出习惯价格的商品价格的调整，要三思而后行，慎而又慎。当必须调整价格时，企业要把调整幅度限定在消费者可接受的范围内，同时做好宣传解释工作，以使消费者尽快接受并习惯新的价格。

2. 敏感心理

由于商品价格直接关系消费者的生活水平，所以消费者对价格变动具有极强的敏感性。消费者对价格变动的敏感心理，既有一定的客观标准，又有经过多年购买实践形成的一种心理价格尺度，因而具有一定的主观随意性。这两方面的影响，有时一致，有时不一致，甚至相互对立。

对那些与消费者日常生活密切相关的商品价格，特别是需求弹性系数较小的商品，消费者的敏感性较高，如食品、蔬菜、肉蛋等，这类商品的价格略有提高，消费者马上会作出强烈反应；而一些高档消费品，如彩电、钢琴、家具等，即使价格比原有水平高出几十元、上百元，人们也不大计较，即消费者对这类商品的价格敏感性较低。

不过，消费者对价格变动敏感心理的反应强度会随着对价格变动的习惯性适应而降低。因此，企业在进行商品价格调整时，对于敏感性较大的商品一次调价的幅度不宜过大，同时应选择好调价时机，以避免引起消费者心理上的过度反应。

3. 倾向心理

倾向心理是指消费者在购买的过程中，对商品价格选择所表现出的倾向。商品价格有高、中、低档的区别。一般来说，价格高的商品品质好、价值高；价格低的商品品质差、价值低。由于所处社会地位、经济收入、文化水平、个性特点的差异，不同类型的消费者在购买商品时会表现出不同的价格倾向。

现阶段，我国消费者的消费心理明显地呈现出多元化特征，既有要求商品款式新颖、功能先进、高档名贵的求新、求名心理，又有追求经济实惠、价格低廉的求实、求廉心理，还有居于二者之间的要求商品价格适中、功能实用的求中心理，此外还有满足情感、文化需要的求情、求乐、求知心理等。

把上述消费心理按高、中、低分成 3 个需求档次，消费者的价格倾向会很明显地表现出来。就不同档次的商品而言，消费者对于耐用商品的购买倾向一般表现为追求档次高、质量优，不计价格高低，甚至以高价为好；对于大多数日用小商品、普通食品等的购买倾向一般表现为重实用、求低价，不过多追求高档次，对质量要求适中；对奢侈品的消费趋于高档、优质、追求时尚。在不同组织形式的消费者购买中，集团购买者一般倾向于高档、高质、高价以显示该群体集团的经济实力。而个人或家庭消费者多表现出求实、较为关注价格高低的节俭心态。

4. 感受性

价格感受性是指消费者对商品价格及其变动的感知强弱程度。消费者对商品价格的高与低、昂贵与便宜的认识，不完全基于某种商品价格是否超过或低于他们认定的价格尺度，他们还根据与同类商品的价格进行比较，以及购货现场的不同种类商品的价格比较来认识。这种受到背景刺激因素的影响而导致价格在感受上的差异，就形成了消费者对价格高低的不同感受性。这种感受性会直接影响消费者的价格判断。

在实际销售工作中，如果把同一类商品中的高价商品与低价商品放在一起出售，有时能产生比较好的经营效果。因为求廉者通过对比可以感到自己所买的商品确实便宜，而求高、求名者则认为买高价货有利于显示自己的身份和地位。

8.4.3 价格制定与消费者心理

前面已经讲到，价格对消费者的购买行为有显著的影响作用。因此，制定合理的商品价格，是商品成功走向市场、取悦消费者的重要前提。在商品定价时，企业通常要考虑 3 个基本因素：生产成本、市场需求和同业竞争。但仅仅以这 3 个因素为依据是不够的。一种商品价格的推出，只有经消费者认可并加以接受，才可称为成功的定价。

因此，企业制定商品价格时必须以消费者为对象，探求、研究消费者的价格心理，发现制定价格的心理依据，以便制定出令企业满意、让消费者接受的最佳价格。

1. 撇脂定价

撇脂定价法借喻在鲜牛奶中撇取奶油，先取其精华，后取其一般，即在新产品进入市场的初期，利用消费者的"求新""猎奇"心理，高价投放商品，其目的在于从市场上"撇取油脂"——赚取丰厚的利润，以期迅速收回成本。当竞争者纷纷出现时，"奶油"早已被撇走，企业可根据市场销售状况逐渐调低价格，此时企业只是赚得少一些罢了。例如，面对凌志的挑战，奔驰汽车把自己定位于"富裕家庭的汽车"，甚至采取"高价限购"来保持自己的独特地位和优势。

2. 渗透定价

渗透定价法与撇脂定价法相反，即在新产品进入市场初期，迎合消费者的"求实""求廉"心理，低价投放新产品，给消费者以物美价廉、经济实惠的感觉，从而刺激消费者的购买欲望。待产品打开销路、占领市场后，再逐步提高价格。其目的在于渗透新市场，立即提高市场销售量与市场占有率，快速而有效地占据市场空间。此种定价策略以高市场占有率为主要目标，利润反而退为次要目标。

3. 尾数定价

尾数定价法是指保留价格尾数，采用零头标价。如 200 元一双的鞋与 198 元一双的鞋相比，虽然只高出 2 元钱，对价格敏感的消费者来说，感觉则是两个不同价格级别的商品，从而冲破他们的价格心理防线。实践证明，在一定程度上，消费者更乐于接受尾数价格。他们认为整数是一个粗略价格，不十分准确，而尾数价格会给人以精确感和信任感。此外，尾数可使消费者感到价格保留在较低一级的档次，从而减轻心理抗拒感。

尾数定价法应用十分广泛。在美国，5 美元以下的商品，习惯以 9 为尾数；5 美元以上的商品，习惯以 95 为尾数。日本的家用电器习惯以 50、80、90 为尾数。我国的许多商品常以 8、88、98、99 为尾数。99 尾数不仅可满足顾客的求廉心理，而且迎合了消费者追求"天长地久"的传统心理，可增加商品对消费者的吸引力；而 88 尾数则适应了人们对"财运大发"的企盼，从而引起消费者的共鸣。

4. 名望定价

这是利用消费者求名的心理制定高价的策略。高价一方面与名牌商品的优良性能、上乘品质相协调；另一方面与厂商的形象相匹配。多数消费者购买名牌产品不仅看重一流的质量，更看重名牌所蕴含的社会象征意义，以求得产生高贵和自豪的心理。在一定意义上，高价格是"名牌效应"的重要组成部分。

这种定价方法能有效地消除一些中高收入阶层消费者的购买心理障碍，使消费者对商品或零售商品形成信任感和安全感，消费者也从中得到荣誉感。

5. 习惯价格定价

习惯定价是指对市场上长期流通的产品，按照消费者的习惯心理制定价格。消费者在长期的购买实践中，对一些经常购买的日常消费品，心中已经形成了习惯性的价格标准，符合其标准的价格就能被顺利接受，偏离其标准的价格则会引起疑虑，影响购买。例如，高于习惯价格常常被认为是乱涨价；低于习惯价格又使消费者怀疑商品的质量。

资料 8-7

厦门出租车 15 年来首次调价

2015 年 7 月 8 日，厦门市发改委召开了出租车调整价格听证会，调整方案获得了听证会代表的支持。

经过了数月的准备，10 月 3 日，厦门市发改委正式对外发布出租车运价调整公告，执行了十五年的出租车运价标准从 10 月 10 日起进行调整，出租车执行新的运价标准。此次价格调整涉及 3 个方面：起步价、燃油附加费、等候费。调整后，起步价从原来 8 元/3 公里调整为 10 元/3 公里，燃油附加费不再收取，取消了首个 5 分钟等候免费。

(资料来源：雷妤. 厦门出租车 15 年来首次调价 10 日起起步价调为 10 元[N]. 海西晨报，2015-10-03)

6. 感知价值定价

这种方法以消费者对商品价值的感受及理解程度作为定价依据，它多用于服务产品。由于服务产品具有不可感知性、不可分离性、差异性、不可储存性等特征，消费者在购买服务产品时，就不能像购买一般商品那样直接衡量服务质量，从而也就无法直接判断服务产品的价格。甚至消费者使用服务后所得到的利益，也很难被察觉，或是等一段时间后，享用服务的人才感觉到"利益"的存在。因此，只能依靠消费者的自身感受及理解来衡量服务产品的价格。企业可借助服务过程中可直接传达服务特色及内涵的有形展示手段，使得消费者建立对服务产品质量的认识评价，让消费者觉察到服务产品的价值超过其心理预期。一罐可乐在小店卖 2.5 元，在酒店卖 5 元，在咖啡厅卖 10 元，在五星级宾馆卖 20 元，价格一级比一级高，并不是由产品成本决定的，而是由附加值的服务和环境气氛(精神层面)决定的。

7. 招徕定价

招徕定价是适应消费者求廉的消费心理，将产品价格定得低于一般市价，个别的甚至低于成本，以吸引顾客、扩大销售的一种定价策略。采用这种策略，虽然几种低价产品不赚钱，甚至亏本，但从总的经济效益看，由于低价产品带动了其他产品的销售，企业还是有利可图的。

8. 分级定价

分级定价是把不同品牌、规格及型号的同一类产品分为若干等级，对每个等级的商品制定一种价格，而不是一物一价。这种方法简化了购买过程，便于消费者挑选，而且也易于被消费者理解，从而大大简化了价格管理。分级定价能够适应不同层次消费者的需求，因而有其独特的心理作用。

资料 8-8

上海迪士尼票价

盛大开幕期(2016年6月16日至30日)门票价格为人民币499元。游客将作为上海迪士尼度假区的首批正式游客，加入度假区这一历史性里程碑的庆贺。平日门票价格为人民币370元;高峰日门票价格为人民币499元，适用于节假日、周末和暑期。

儿童(身高1.0米以上至1.4米，包括1.4米)、老年人(65周岁及以上)和残障游客购买门票可享受七五折特别优惠。婴幼儿(身高1.0米及以下)可免票入园。购买两日联票可享有总价九五折的优惠。

上海迪士尼乐园的所有门票均为指定日票，游客仅可在购票时所选定的日期当天入园。游客持一张上海迪士尼乐园的门票将可全天通行乐园内所有的游乐项目和娱乐演出。

(资料来源：黄欢.上海迪士尼票价公布！平日、高峰日票价不同，3月28日开售[N]. 第一财经日报，2016-02-03)

8.4.4 消费者对价格调整的反应

价格作为营销4P组合中最活跃的因素，就在于它会根据市场的供给进行调整，并且频率之高大大超过了其他3个因素。而反过来，价格的调整无疑将会影响消费者、竞争者、分销商和供应商的利益和行为。这里主要阐述消费者对价格调整的反应。

不同市场的消费者对价格调整的反应是不同的，即使处在同一市场的消费者对价格变动的反应也可能不同。从理论上来说，可以通过需求的价格弹性来分析消费者对价格变动的反应，弹性大表明反应强烈，弹性小表明反应微弱。但在实践中，价格弹性的统计和测定非常困难，其状况和准确度常常取决于消费者预期价格、价格原有水平、价格变化趋势、需求期限、竞争格局及产品生命周期等多种复杂因素，并且会随着时间和地点的改变而处于不断的变化之中，企业难以分析、计算和把握。所以，研究消费者对调价的反应，多是注重分析消费者的价格意识。

价格意识是指消费者对商品价格高低强弱的感觉程度，直接表现为顾客对价格敏感性的强弱，包括知觉速度、清晰度、准确度和知觉内容的充实程度。它是掌握消费者态度的主要方面和重要依据，也是解释市场需求对价格变动反应的关键变量。

价格意识强弱的测定往往以购买者对商品价格回忆的准确度为指标。研究表明，价格意识和收入呈负相关关系，即收入越低，价格意识越强，价格的变化直接影响购买量；收入越高，价格意识越弱，价格的一般调整不会对需求产生较大的影响。此外，由于广告常使消费者更加注意价格的合理性，同时也给价格对比提供了方便，因而广告对消费者的价格意识也起着促进作用，使他们对价格高低更为敏感。

消费者可接受的产品价格界限是由价格意识决定的。这一界限规定了企业可以调价的上下限度。在一定条件下，价格界限是相对稳定的，若条件发生变化，则价格心理界限也会相应改变，因而会影响企业的调价幅度。

依据上面介绍的基本原理，可以将消费者对价格调整的反应归纳如下。

(1) 在一定范围内的价格变动是可以被消费者接受的；提价幅度超过可接受价格的上限，则会引起消费者不满，产生抵触情绪，而不愿购买企业产品；降价幅度低于下限，会导致消费者的种种疑虑，也对实际购买行为产生抑制作用。

(2) 在产品知名度因广告而提高、收入增加、通货膨胀等条件下，消费者可接受的价格上限会提高；在消费者对产品质量有明确认识、收入减少、价格连续下跌等条件下，下限会降低。

(3) 消费者对某种产品降价的可能反应是：产品将马上因式样陈旧、质量低劣而被淘汰；企业遇到财务困难，很快将会停产或转产；价格还要进一步下降；产品成本降低了。而对于某种产品的提价则可能这样理解：很多人购买这种产品，我也应赶快购买，以免价格继续上涨；提价意味着产品质量的改进；企业将高价作为一种策略，以树立名牌形象；卖主想尽量取得更多利润；各种商品价格都在上涨，提价很正常。

资料 8-9

买涨不买跌的黄金投资者

受金价快速走高影响，近两个月黄金饰品一直处于热销状态。此外，沉寂了一年多的实物金条投资，也再度火爆起来。

金价上涨，投资者交易热情高。"100 克的金条，给我来 10 根。"昨天上午 10 时，在位于菜百总店四层的投资金条柜台，有不少投资者正在进行交易，很多投资者买金条都是"10 根起"。截至当天上午 11 时，投资金条柜台前已经开始排队。

"现在银行收益低，股市也不稳定，就黄金比较保值。买涨不买跌嘛，所以每次调价我都会来买卖一次。"自称"买金专业户"的王先生说。

(资料来源：黄欢. 投资者买金条"10 根起"[N]. 西安晚报，2016-03-07.)

8.4.5 价格调整的心理策略及技巧

根据消费者对商品降价和提价的心理反应，企业可采取相应的降价和提价策略。

1. 降价的心理策略及技巧

商品降价能否促进销售，关键在于商品是否具备降价条件，以及企业是否能够及时准确地把握降价时机和幅度，如何正确应用相关技巧。

商品降价应具备的条件：消费者注重商品的实际性能与质量，而较少将所购商品与自身的社会形象相联系；消费者对商品的质量和性能都非常熟悉，降价后仍对商品保持足够的信任度；消费者需要企业向其充分说明降价的理由，并使其感到能够接受；即使制造商和产品品牌信誉度高，消费者只有在以较低的价格买到"好东西"时才会满意。

关于降价时机，应根据商品和企业的具体情况而定，一般认为对于时尚和新潮商品，进入模仿阶段后期就应降价；对于季节性商品，应在换季时降价；对于一般商品，进入成熟期后就应降价。此外，节假日可实行降价优惠；店庆也可作为较好的降价时机。

应当注意的是，商品降价不能过于频繁，坚持"一步到位"的原则，否则会造成消费者对降价不切实际的心理预期，或者对商品的正常价格产生不信任感。降价幅度要适宜，应以吸引消费者购买为目的，幅度太小不能刺激消费者的购买欲望；幅度过大则企业可能会亏本，或引起消费者对商品质量的怀疑。

企业在降价的操作方式与技巧上，要注意以下问题：少数几种商品大幅度降价，比起很多种商品小幅度降价效果来得好，因为这样更具有轰动效应。商家向消费者传递降价信息一般的做法是把降价标签直接挂在商品上，这样能最大限度地吸引消费者立刻购买。因为顾客不但一眼能看到降价前后两种价格，或降价金额、幅度，同时还能看到降价商品，眼见为实，从而立即作出购买决策。

资料 8-10

价格利器伴随格兰仕成长

1992年，格兰仕引进当时最先进的东芝微波炉生产线，1993年试产1万台，1994年销量达10万台，1995年达20万台，市场占有率到25%，成为市场的领导者。2005年该公司全年销售收入160亿元，同比增长23%，其中微波炉全球销售量突破2 000万台，同比增长11%，占有全球近五成市场份额和七成的国内市场份额。格兰仕微波炉也因此被看作"中国制造"的典范。格兰仕在成长的过程中经常使用价格利器。

1996年8月，格兰仕抢先发动价格大战，将其主流微波炉产品降价40%，推动微波炉在国内普及。很多竞争对手判断格兰仕的降价如同长虹彩电第一次降价，是战术性抛库存，因而没有太多地作出反应。等到他们醒悟过来的时候，格兰仕已经迅速拉开了与竞争对手的差距，与最大竞争对手的市场份额已经从原来不到1%的差距拉到20%多，市场占有率达到34.5%，实现销售35万台。

1997年10月，5大机型价格下调，13个产品品种全面降价，平均降幅32.3%，市场份额上升到47.6%；1998年5月，格兰仕微波炉以"买一赠三"和抽奖等形式，进行变相降价，国内市场占有率达到61.4%；2000年6月，格兰仕又一次掀起大规模的价格大战，降幅仍高达40%，以"五朵金花"系列等中档机为主，还有大促销来配合大降价；2000年10月，格兰仕微波炉第五次大降价，利刃直指高端市场，高档"黑金刚"系列微波炉降幅接近40%，高档机型需求率迅猛提高，全年国内市场占有率高达76%，国际市场占有率突破30%；2001年4月，格兰仕推出300元以下的微波炉再次令淡季市场空前火爆；2002年1月，格兰仕"数码温控王"系列微波炉降价30%，使"高档中价"的高档机价位直逼其他品牌中低档产品的价格，加上数码光波、太空金刚、白金刚等高新技术产品的上市及热销，格兰仕"封杀"了整个微波炉市场。

2012年格兰仕主打的售价999元的6公斤滚筒洗衣机，仅为同样规格国产品牌价格的1/3、外资品牌的1/5，引发了不小的争辩。2013推出的2 399元的高能效变频空调，比同城对手价格低了近1 000元，再度坐实了"价格屠夫"形象……一直以来，格兰仕的主要竞争手段便是低价，从某种程度来说，这就是这家企业的核心竞争力。尤其近几年，这几乎成了其唯一的核心竞争力。

不可否认的是在各个细分市场上，"低价模式"的确给格兰仕带来了市场份额的切实增长。但矛盾的是，这一模式在品牌建设方面，收效甚微——除了无人能撼动格兰仕微波炉的市场地位，在其他小家电或白电市场上，格兰仕尚无太大建树。产品创新和品牌溢价能力，是格兰仕当前最大的挑战。

(资料来源：盛敏，元明顺，刘艳玲. 市场营销学案例[M]. 北京：清华大学出版社，2005. 沙莎. 格兰仕价格屠夫转战电商[N]. 新金融观察报，2014-05-25.)

2. 提价的心理策略及技巧

一般来讲，商品价格的提高会对消费者利益造成损害，引起消费者的不满。但在营销实践中，由于成本费用的增加，商品价格势必要上调。成功的提价可以维持企业利润或使企业利润增加。

商品提价应具备的条件：消费者的品牌忠诚度很高，不会因价格上涨而轻易改变购买习惯；消费者相信商品具有特殊的使用价值或具有更优越的性能，是其他商品所不能替代的；消费者有求新、猎奇、追求名望、好胜攀比的心理，愿意为自己喜欢的商品支付高价；消费者能够理解价格上涨的原因。

提价时机可选择在以下几种情况下进行：商品在市场上处于优势地位；产品进入成长期；季节性商品达到销售旺季；一般商品在销售淡季；竞争对手提价等。总之，提价要掌握好时机，看准"火候"。提价后，可能有大批消费者将转向其他品牌，分销商也会因此放弃商品的经营，这就给竞争对手抢占市场提供了时机。如果企业提价失败后想恢复原价，后果将更加严重，单是企业品牌信誉的损失就足以使企业元气大伤。

应当注意的是，提价幅度不宜太大，速度不宜太快，要信守谨慎行事的"走钢丝"原则，否则会失去一大批消费者。提价幅度没有统一标准，一般视消费者对价格的心理承受能力而定。

在提价技巧与方式的选择上，企业有直接提价和间接提价两种。直接提价就是以一定幅度提高原有商品的标价。间接提价就是商品的市面标价不变，而通过产品本身的变动，实际提高价格。企业通常的做法是暗地里更换产品型号种类变相提价，这种方法多用于家用电器，如减少不必要的产品功能；另一种是减少商品数量而价格不变，这种方法多用于食品上，如减少食品净含量。企业应尽可能地多采用间接提价，把提价的不利因素减到最低程度，使提价不影响销量和利润，而且能被消费者普遍接受。

为了使消费者接受上涨价格，企业应针对不同的提价原因，采取相应的心理策略，包括通过各种渠道向顾客说明提价的原因，做好宣传解释工作；组织替代品的销售；提供热情周到的增值服务，尽量减少消费者的损失等，以求得消费者的理解和支持，提高消费信心，刺激消费需求。

消费者对价格的心理反应是纷繁多样的。在实际市场营销活动中，应针对不同商品、不同消费者群体的实际情况，在明确消费者心理变化的趋势下，采取切实可行的调价策略，以保证企业营销活动的成功。

宝洁多样化的提价策略

2008年，宝洁(全球)宣布旗下产品全面提价。宝洁意识到涨价的市场风险，尤其是联合利华等竞争对手都看着，所以它针对不同产品的市场定位，圈出价格敏感产品，分批、多次逐步提价。

对不同品类的产品，宝洁采取了多样化的提价策略。在宝洁产品体系中，原本利润空间有限的洗衣粉、洗衣皂产品最先受到原材料涨价的冲击，宝洁的提价也从这里开始。"今年宝洁洗衣粉价格已经调过几次了，但是都采取"减量不减价"的方式，如520克包装降为508克，1.8千克包装降为1.7千克。因为消费者对这类产品的价格太敏感了,宝洁要用影响最小的方式来实现涨价。"上述宝洁经销商一位销售主管说,其实分销商对减量是很清楚的,但消费者就不这么在意了。

而宝洁产品有计划地全线涨价从6月份开始。6月16日,宝洁洗衣粉再次提价近5%,潘婷洗发水提价5%,潘婷护发素提价25%,以及玉兰油沐浴露的不同规格产品也不同程度地价格上调。

在这次提价产品选择上,宝洁考虑最多的是消费者的价格敏感产品。"在洗发水品牌中,宝洁为什么最先拿潘婷试水呢?因为潘婷的定位是营养、头发健康亮泽,比较高端,这部分消费者对价格不是很敏感。而对于飘柔、海飞丝这两个面向大众消费者的品牌,宝洁对涨价就相当谨慎,近两个月内都可能不提价。"王平告诉记者。

此外,即使同一品牌的产品也有不同的敏感度。在这次玉兰油沐浴露涨价过程中,不同档次、不同规格产品的涨价幅度是不一样的。如王平所在城市是一个地级市,200毫升包装的玉兰油沐浴露是消费者的价格敏感产品,所以在这次调价过程中,厂家给分销商在这类产品上有一个上下浮动空间。而对于价格敏感度低的玉兰油护肤品等,宝洁可能就通过包装的升级来提价。

(资料来源:徐春梅.宝洁多样化的提价策略[N].中国经营报,2008-07-21.)

8.5 终端销售点的选择与消费者行为

终端销售点是商品离开流通领域,进入消费领域的发生地。对于消费品而言,它是零售地点;对于生产资料而言,它是送货店。终端销售点是企业实现自己经营目的的前沿阵地,企业产品能否最终销售出去及能否最终实现理想的经济效益,都直接与终端销售点的选择和经营有关。

8.5.1 终端销售点的选择原理

选择终端销售点,就是要打破过去那种"姜太公钓鱼,愿者上钩"式的、漫无目标的销售方式,把商品送到消费者最愿意光顾、最容易购买的地方去销售,让顾客能够及时购买、方便购买。

正确选择终端销售点,对于扩大商品销售具有重要的意义。通常消费者的需要具有明显的时效性,只有在需要发生时,人们才有强烈的购买欲望。如果有关商品能够就近、方便地被购买,他们的需要就能够及时得到满足。

由于消费者需求个性化、多样化,终端销售点的选择也要考虑消费者的购物心理和购买行为。对终端销售点的选择主要取决于4个方面:①顾客对最方便的购买地点的要求;②顾客对最乐意光顾并购买的场所的要求;③对商品最充分展现、让更多人认知的地点要求;④对树立商品形象的地点要求等。这些要求具体反映在终端销售点的选择中,要求根据目标市场的特征及竞争状况、企业自身的经济实力、产品特点、公关环境、市场基础等特点,以及企业外部的市场环境、竞争对手状况、市场购买力水平等因素,经过综合权衡选择出直接面向顾客的分销点。

8.5.2 终端销售点选择与消费者行为

1. 终端销售点选择的主要根据

(1) 消费者收入和购买力水平。一般来说,收入水平较高、购买力较强的消费者选购品相对较多，而且愿意到规模较大、装潢漂亮、声誉较高的商店购买，而对货币成本不太在意。而那些收入水平低、购买力较小的消费者，则表现出不同的购买行为特点。

(2) 目标顾客出现的位置。如果让消费者一旦产生需要就能够方便地购买，则意味着"商品必须跟踪消费者"。不论消费者出现在哪里，适合于满足消费者产生的需要或购物欲望的商品就要同时出现在哪里。这就要认真研究消费者可能的活动范围，在每个地方他们可能产生的需要和购买欲望是什么。

(3) 顾客购买心理。不同顾客的购买兴趣、关注因素、购物期望等心理特征是不同的。顾客的购买心理直接影响其购买行为。如果不考虑顾客在一定条件、时间和地点下的购买心理，盲目选点，往往会产生不理想的效果。例如，在大学校园周围建高档时装店，显然未考虑到大学生的消费心理，从而难以取得理想的效果。

(4) 消费者的感知与认知。消费者五官接触到与商场相关的刺激而形成的感觉，在此基础上产生对商场的看法和态度，这一看法或态度又将决定或很大程度上影响消费者的购买行为。消费者对商场的感知和认知，主要通过商品、服务、硬件设施、促销和方便条件、商场气氛等，并通过其他信息传播系统所得到。

2. 终端销售点选择心理

(1) 重质量心理。有这种心理的消费者在购买时特别重视商品的质量，要求商品取材讲究、加工制作精细、设计新颖独特，因此对某些化妆品、家用电器可选用百货店等地方进行销售。

(2) 重品牌心理。有这种购买心理的消费者，重视商品的品牌，终端销售点的选择可考虑设立专卖店或在大型百货商场设立销售专柜的销售方式，"名品进名店"，突出品牌形象。

(3) 重价格心理。有些消费者购买商品时以追求商品的价格低廉为其特征。他们对价格特别敏感，选购商品时，要对同类商品之间的价格差异进行仔细比较，喜欢选购优惠价、折价的商品。这类商品包括服装、鞋类、某些日用品，其主要销售地点为平价商场、仓储商店及折扣商店。

(4) 重便利心理。对饮料、报纸杂志、食品、家庭日用品等商品，消费者由于经常购买，已形成一定消费习惯，因此购买时选购性不强，追求便利。这些商品主要在居民区附近的商店、连锁超市等地点销售。

(5) 重选择心理。自选式购物已成为当今消费者购物的重要形式，并且趋势会更加明显。现在消费者越来越喜欢在自选式商店购物，在这些地方商品琳琅满目，种类繁多，可供消费者不受打扰地自由比较选择。尤其是大型量贩式自选购物中心，如家乐福、沃尔玛等，备受消费者欢迎。

(6) 重服务心理。对家用电器、电子产品、通信产品、汽车、计算机等耐用消费品，消费者购买后往往会要求提供一定的售后服务。因此企业要选择能提供一定的服务、并有良好声誉的中间商来销售产品。

第 8 章 营销因素与消费者行为

中国移动终端渠道明确转型：全面开放裸机销售

2013 年，中国移动明确提出渠道销售全面转型，其中"终端销售"和"流量经营"将成为中国移动重点渠道销售的重点。

中国移动在 2G 时代曾经是终端销售渠道的"霸主"，数万个合作营业厅深入到县乡一级，迪信通等主要的社会连锁渠道也都是中国移动手机销售的独家合作伙伴。不过在 3G 智能手机时代，中国联通和中国电信依靠 3G 网络和终端产业链优势对中国展开"反击"，在城市市场基本上进行了"三分天下"的格局。同时，电商渠道也在迅速冲击传统开放渠道。

面对渠道困境，中国移动也进行了诸多尝试，如加强终端补贴、政企客户渠道招募、电子渠道升级等，不过成效一般。手机终端厂商也开始自建电商渠道直接面向消费者，中国移动在渠道建设中的主导作用逐渐淡化。

为此，中国移动将采用"统一合约计划、统一酬金政策、统一销售模式、统一结算流程、统一合作权益"的模式与社会渠道合作。自有营业厅已被定位为终端合约计划销售的核心渠道，现阶段要快速提升合约终端销售能力，全面开放裸机销售。在运营方式上，则加快实施集中化运营、扁平化管理，推进全网渠道两级连锁化经营。

电子渠道则被中国移动定位为公司产品宣传、客户服务以及非实物类产品销售的主渠道，同时增强线上线下的终端协同销售能力。运营方式上，要推进运营管理模式和组织架构转变，加快实施"集中建设、两级运营"。

对于运营商来说，合约机销售已成为绑定客户的关键手段，运营商要掌控市场就必须全面介入终端运营。智能终端同样也是移动互联网的主要入口，争夺移动互联网入口成为大市场环境下竞争焦点，是运营商流量经营的基础。

(资料来源：宿艺. 中国移动终端渠道明确转型：全面开放裸机销售. [EB/OL]. [2013-03-18]. 搜狐 IT.)

8.6 促销策略与消费者行为

企业为了取得营销活动的成功，必须采取适当的方式促进产品的销售。促销在沟通产品信息、树立产品和企业形象、提升产品知名度、扩大销售等方面起着重要作用。公司在与顾客进行沟通的过程中，不可避免地担负起信息传播和促销者的角色。

8.6.1 广告与消费者行为

在所有的促销工具中，广告作为高度大众化的信息传递方式，渗透力比较强，是许多企业促销的首选手段，也是营销人员与消费者交流产品信息最重要的手段。

1. 广告媒体特征

借助于各种广告媒体，企业向消费者传递产品与服务的信息，引起消费者的注意并形成消费刺激。广告媒体的种类很多，主要有电视、报纸、杂志、广播、网络及户外媒体等(表 8-5)。广告商在制作广告时选择什么样的媒体，要受到很多因素的制约，如目标受众的媒体习惯、产品性质、信息内容及成本因素等。

表 8-5 主要广告媒体的优缺点

广告媒体	优 点	缺 点
报纸	灵活性强,市场覆盖面广,可信度高,成本较低	寿命较短,美感不足,传递率较低
杂志	可信度高,有权威,再现质量高,精读率高,便于保存和携带,寿命长	周期较长,时效性差,读者量有限
广播	传播速度快,传播空间大,对象广泛,信息传播次数多,成本较低	广告信息寿命较短,注意力较低,只有声音效果,难以保存
电视	覆盖面广,收视率高,诉求力较强,不受时空限制,传递迅速	信息寿命短,成本高,受众选择性差
网络	互动性强,表现手法生动,持久性和可检索性,信息容量大,传播范围广,针对性强	广告效果较难把握,受众有较大的局限性
户外媒体	重复展露多,成本不高,灵活性强,地理选择性强	缺乏人口选择性,高"噪声"分散注意力

2. 增强广告效果的心理策略

值得注意的是,广告作为一种成熟的促销手段,并由于媒体产业的成熟,被广泛应用,消费者在每天的日常生活中所接触的广告何止上千,广告对消费者的影响在减少,消费者对广告的回忆率也有所下降,因此,广告的效用也令人担心。

广告要达到预期的效果,就必须在计划、设计、制作和播出的全过程中重视对消费者心理活动规律与特点的研究,巧妙地运用心理学原理,增强广告的表现力、吸引力、感染力和诱导力。

1) 引起注意

注意是增强广告效果的首要因素。只有首先引起注意,消费者才能对广告的信息内容加以接受和理解。引起消费者注意是广告成功的基础。根据注意的引发因素和形式不同,广告可以采取多种心理策略来引起消费者注意。

(1) 加大刺激的强度。刺激达到一定的强度,即刺激量要大于人的感觉阈限值,才能引起人的注意。而且在一定的范围内,刺激物的强度越大,人对这种刺激物的注意就越集中。不仅刺激物的绝对强度有这种作用,相对强度也有这种作用。例如,广告色彩艳丽,文字醒目优美,音乐悠扬悦耳,画面清新脱俗,表现方式别出心裁等,都能较好地引起消费者的注意。在广告设计中,应该特别注重对色彩或光线、字体或图案及音效的合理综合运用,以达到强化信息的影响程度、引起高度注意的效果。

(2) 加大刺激元素间的对比。刺激物各元素间显著的对比也容易引起人们的注意。在一定限度内,广告中刺激物各组成部分的对比度越大,人们对刺激物所形成的条件反射也就越明显。因此,在广告设计中,可以有意识地处理各种刺激物的对比关系和差别。除了广告本身各元素的对比外,还有与周围环境的对比,使色彩相映,浓淡相间,大小对照,高低错落,轻重有别,目的是形成产品的独特形象,增强广告的易听、易视、易读、易记效果。

(3) 利用刺激物的运动变化。运动着的事物、变化中的刺激更容易引起人们的注意,动画片的效果胜过幻灯片就是一个显著的例子。

(4) 力求刺激的新奇。相同或相似的刺激接受过多,消费者会慢慢变得迟钝起来。罕见的、奇异的、一反常态的事物,却能给人以比较强的刺激力度。广告刺激的新异性通常还表现在其形式和内容的更新上。一个颇有经验的广告主在宣传产品时,往往是在相继推出的广告中不断变化地介绍其产品的不同特性,以期达到保持广告新异性的目的。

(5) 增强广告的感染力。在广告中,厂商应该有意识地增大广告各个组成部分的感染力,采取多种艺术手段,激发消费者对广告的兴趣,以保持他们对广告和产品的持续注意。

2) 启发联想

在广告宣传中,充分利用事物之间的联系,启发消费者的联想,无疑能起到提示消费者回忆、提高记忆效果、刺激消费需求的心理作用。启发联想的手法主要有以下几种。

(1) 形象法。即利用消费者熟知的某些形象,来比喻和提高广告商品的形象。明星广告就是典型的例子。

(2) 暗示法。也称暗喻,即通过语言或画面创造出一种耐人寻味的意境,给消费者留下宽广的联想空间。如某皮鞋广告,画面出现两个妙龄女郎正在赤足涉水过小溪,每人手中提一双皮鞋,字幕与画外音"宁失礼不湿鞋",暗喻了皮鞋的珍贵,给人以回味的余地。

(3) 反衬法。即广告商品不直接对准传播对象,而以其他形式来表现广告商品,以此影响真正的传播对象。如法国的"克隆堡"啤酒为了打开美国市场,广告商在美国电视中安排了这样的广告画面:法国人特别爱喝"克隆堡"啤酒,当这种啤酒被装船运往美国时,法国男女老少都依依不舍地留下悲伤的眼泪。这种幽默的反衬手法,使该酒打开了在美国市场的销路。

(4) 讲述法。即利用文字或画外音述说一个传说或典故,来意指广告商品的名贵和历史悠久。不少传统名酒即采用此种广告手法。

(5) 比喻法。即利用某些恰到好处的比喻来宣传商品或服务。

3) 增进情感

消费者的情感状态直接影响着他们的购买行为导向。积极的情感体验能够增进消费者的购买欲望,促进购买行为;而消极的情感体验则会抑制消费者的购买行为。

一则好的广告,应该有助于促进消费者形成以下积极的情感。

(1) 信任感。广告通过自身的媒介行为激发起消费者对所宣传商品的信赖心理。实事求是、客观公正的广告,往往能达到增加消费者信任感的目的。

(2) 安全感。消除消费者对商品的不安全心理,增强心理安全感是广告宣传的重要内容。食品、药品、保健品的广告尤其应注意这一点。

(3) 亲切感。广告宣传要设身处地地为消费者着想,表现出对消费者的关心、爱护,或者创造一种温馨的意境,从而给人以亲切感,使消费者加深记忆,达到增加信任的目的。

(4) 美感。爱美是人类的天性,美是促使人类社会生活日益丰富的心理因素。广告应该运用语言、色彩、画面等手段增强宣传内容的艺术欣赏性,使消费者赏心悦目,得到美的享受。

(5) 好奇感。即好奇心理,它是人们认识事物、探求真理的一种内在驱动力,是一种大众心理。广告若能利用这一心理,激发消费者的好奇感,就能有效地吸引消费者的注意,大大增强宣传效果。

4) 增强记忆

在广告的设计与传播中，有意识地增强消费者的记忆是非常必要的。经常采用的增强消费者记忆的策略有如下几种。

(1) 减少材料数量。记忆的效果与广告材料的数量有一定的依存关系。在同样的时间内，材料越少，记忆水平越高。

(2) 适当加以重复。重复是加深记忆的重要手段。人们对事物的记忆往往不是一次就能完成的，而需要经历多次重复的过程。广告可以对有关信息中关键的部分加以重复，可以在同一传播媒介上反复播放同一广告，还可以在不同媒介上重复同一广告，以达到强化消费者记忆的目的。

(3) 增进理解。理解是记忆的前提。通常，人们对于理解的事物才能深刻记忆，所以广告要根据消费者记忆的特点，尽量发挥形象记忆的优势。同时通过深入浅出的说明解释，来增进消费者的理解和记忆。

(4) 运用多种艺术形式。广告中适当运用各种艺术表现形式，也能够帮助人们加深记忆。例如，将广告词写成诗歌、顺口溜、对联等形式，可以使之押韵、朗朗上口；使用成语、双关语、谐音等，巧妙地说明商品的特性，可以做到语意双关，引人入胜；运用相声、漫画、卡通等形式，使用幽默、夸张等表现手法，会令人忍俊不禁，会心一笑。这些形式可使消费者对广告内容经久难忘。

8.6.2 其他促销方式与消费者行为

1. 营业推广与消费者行为

营业推广通常是刺激需求迅速增长的短期工具。随着竞争的加剧，营业推广受到越来越多的企业重视。营业推广的方式很多，常见的方式包括优惠券、打折销售、免费试用样品、买一赠一、有奖销售、返款、现场操作演示等。

营业推广的主要目标是消费者和中间商，因此，要根据目标消费者的类型使用不同的营业推广工具。需注意的是，大量使用营业推广方式会降低品牌忠诚度，增加顾客对价格的敏感度，而淡化了品牌质量概念，难以成为品牌的忠诚顾客。表 8-6 列出了消费者类型与相应的营业推广方式。

表 8-6　消费者类型与营业推广方式

消费者类型	营业推广方式
忠诚的顾客	建立 VIP 会员俱乐部，对忠诚顾客的多次购买给予奖励
竞争者的顾客	赠送样品，提供试用机会；利用抽奖等方式使顾客对产品产生兴趣
多品牌购买者	优惠券、打折包装、奖励包装、供货更及时等
价格购买者	优惠券、打折包装、退货承诺、降低产品价格等

2. 人员推销

人员推销是推销人员与潜在消费者之间进行的直接的沟通和交流，力图在买卖交易中对彼此产生影响。现在我国许多消费者对人员推销尤其是上门推销的意见较大，主要是传统的人员推销方式总是力图劝说消费者接受某一观点或采取某种行为。一旦发现消费者心动,推销人员就采用一系列措施使其购买。在这种传统方式下消费者在整个过程中基本上完全被动,推销员往往忽视消费者的真正需要,以完成推销任务为第一目标,有时甚至以牺牲消费者的利益为代价。现代的营销观点重视建立推销人员和购买者之间的长期的、互利的、合作的关系,即关系营销。消费者对于一些专业性的产品和服务,如保险、银行理财产品等,愿意接受客户经理一对一的服务;对于一些价值较高,使用寿命长的产品,如住房、汽车等,消费者愿意接受销售人员面对面的服务。

资料 8-13

四个小故事:让你读懂人性,学会营销

故事一:加不加鸡蛋?

有两家卖粥的小店,左边店和右边店每天的顾客相差不多,都是川流不息,人进人出。然而,晚上结算的时候,左边店总是比右边店多出百十来元,天天如此。

细心的人发现,顾客进右边粥店时,服务员微笑着迎上去,盛了一碗粥,问道:"加不加鸡蛋?"客人如果说加,服务员就给客人加上一个鸡蛋,每进来一个,服务员都要问一句,有说加的,也有说不加的,各占一半。

走进左边粥店时,服务员也是微笑着迎向顾客,盛上一碗粥,然后问道:"加一个鸡蛋还是两个鸡蛋?"客人笑着说:"加一个。"再进来一个顾客,服务员又问一句。爱吃鸡蛋的说加两个,不爱吃的就说加一个,也有要求不加的,但是很少。一天下来,左边这个小店就总比右边那个卖出很多个鸡蛋。

故事二:"便捷"还是"诱惑"?

我们旅行到乡间,看到一位老农把喂牛的草料铲到一间小茅屋的屋檐上,不免感到稀奇,于是就问道:"老公公,你为什么不把喂牛的草放在地上,让它吃?"

老农说:"这种草草质不好,我要是放在地上它就不屑一顾;但是我放到让它勉强可够得着的屋檐上,它会努力去吃,直到把全部草料吃个精光。"

故事三:他真正想要什么?

有一个富翁,一个人住着一栋豪宅。年纪大了,想回到老家居住,与其他老人一起打打牌、下下棋,心灵上有个伴。

于是他想把这栋豪宅卖掉。很多有钱人都看上了这栋豪宅,来看的、报价的络绎不绝。

有一天,一个年轻人来看房,看完房子后连连称赞。富翁问他:"你决定要购买吗?你想出多少价钱?"

年轻人对老人家说:"是的,我很想购买,但是我只有1 000英磅。"

富翁心想:那我怎么可能卖给你?

年轻人思考了一会儿,跟富翁说:"我真的决定要购买。我们能商量另一个购买方案吗?"

富翁说:"你说说你的方案。"年轻人说:"我愿意把我的1 000英磅都给你。你把房子卖给我。同时,我想邀请你一起居住在这个房子里。你不需要搬出去。而我,会把你当爷爷一样看待,照顾你,陪伴你。"

年轻人接着说:"你把房子卖给其他人,你得到的只是一些钱,而钱对你来说已经可有可无,你足够富有。你把房子卖给我,你将收获的是愉悦的晚年,一个孝顺的孙子,一家人其乐融融的温情。将来我还要你见证我的婚礼,见证我的宝宝出生,让他陪着你,逗着你笑。

你可以选择获得一些可有可无的钱,也可以选择获得一个温情无比的家,一个快乐的晚年。"

富翁静静地听着他讲述,眼前的这个小伙子如此真诚,目光坚定,他在等待着自己做出选择。钱,他这辈子赚够了,追逐金钱也让他疲惫了,快乐才是他想要的。

3天后,富翁把房子卖给了这个年轻人,他们快乐地生活在一起!

故事四:"给我"还是"拿去"?

有一朋友,做人特别吝啬,从来不会把东西送给别人。他最不喜欢听到的一句话就是:把东西给……!

有一天,他不小心掉到河里去了。他的朋友在岸边立即喊道:"把手给我,把手给我,我拉你上来!"这个人始终不肯把手给他的朋友。他的朋友急了,又接连喊道:"把手给我。"他情愿挣扎,也不肯把手给出去。

他的朋友知道这个人的习惯,灵机一动喊道:"把我的手拿去,把我的手拿去。"这个人立马伸出手,握住了他的朋友的手。

(资料来源:王媛媛.四个小故事:让你读懂人性,学会营销.中国经营网[2014-12-09].)

3. 公共关系

在当前消费者对广告感到厌倦、对推销感到反感、对促销无所适从时,公共关系越来越受到企业的重视和关注。借助公共关系,营销人员不但可以保持良好的企业形象,还可以让公众了解企业的近期和远期目标、介绍新产品及对销售活动提供支持。公共关系活动方式有5种:宣传性公关、征询性公关、交际性公关、服务性公关、赞助性公关。从对消费者信息资料的掌握和获取上看,公共关系是最为直接、可靠的。

资料 8-14

海尔的公益事业

海尔是海。全球用户的厚爱和海尔人的不懈努力,汇集成海尔这片蓝色的大海,海尔以海的品格,年复一年地为社会默默地奉献着。

1993年,海尔投资制作了212集的动画片——《海尔兄弟》;1994年,海尔开始投资参加希望工程;1998年,海尔投资建成海尔科技馆,现已成为全国青少年科普教育基地;2002年,海尔赞助"中国少年儿童海尔科技奖""海尔之星——我是奥运小主人"等活动。海尔集团从1984年以来,累计上交税金近100亿元,海尔自己的职工发展到3万人,拉动就业30余万人。海尔集团先后被云南团省委、青岛团市委、希望办授予"希望工程贡献奖"和"社会的海尔"等奖项。2002年9月6日,世界性慈善组织国际联合劝募协会向海尔集团首席执行官张瑞敏授予"全球杰出企业领袖奖"和"最佳捐赠者奖"。2004年1月,中国青基会授予海尔集团国内企业唯一一块"希望工程特殊贡献奖"牌匾。2005年1月张瑞敏当选"爱心中国"——首届中国最具影响力慈善人物。

海尔集团长期支持中国的体育事业,他们的口号是:让体育走向世界,让中国走向未来。

2004年7月13日,中国申奥成功3周年纪念日,海尔集团副总裁周云杰代表海尔集团向将赴雅典奥运会赛场的国家体操队队员赠送一批海尔新一代迅驰笔记本电脑,为每个体操队队员提供便携实用的"移动网吧"。2005年5月15日,由海尔具体总冠名的"海尔杯"2005年青岛国际马拉松赛在青岛五四广场鸣枪开赛。2006年6月,中国公益事业联合会因海尔集团在希望工程方面做出的突出贡献,授予海尔集团首席执行官张瑞敏"中国公益事业十大贡献人物"称号,授予海尔集团"中国公益事业十大贡献集体"称号。海尔在2008年四川汶川地震捐款捐物累计3 800万元,在2010年青海省玉树地震捐款1 200万元。2012年3月31日,海尔举办的"海尔·地球一小时"公益汇演活动在全球多座城市跨时区依次拉开序幕,为有史以来家电品牌覆盖面最广、影响力最大的公益盛事。

2016年,海尔集团凭借"海尔希望小学援建项目",第二次获得"中华慈善奖"。自1995年开始,海尔在全国范围内建设希望小学,每年在该领域投入约600万元。最新数据显示,海尔用于社会公益事业的资金和物品总价值已达 5 亿余元,其中用于希望工程方面的捐款、捐物超过了 8 000 万元,并在全国建设了 206 所海尔希望小学和一所中学。在海尔投建的希望小学中,山东省内希望小学 60 所,覆盖山东省内 17 地市;省外 146 所,除北京、上海、天津、浙江、广东、港澳台外,海尔希望小学已经覆盖全国 26 个省、直辖市、自治区,并为改善贫困地区的教学条件作出积极的贡献。

(资料来源:海尔官网.)

表 8-7 概括了促销组合中各要素在沟通方式、信息反馈、信息流向、信息内容控制、识别发送者及到达目标群体的速度和信息灵活性方面的差异。

表 8-7 促销组合中各要素的特点

	广 告	人 员 推 销	营 业 推 广	公 共 关 系
沟通方式	间接的、非人格化的	直接的、面对面的	通常是间接的、非人格化的	通常是间接的、非人格化的
沟通者对形式的控制	低	高	中等到低	中等到低
反馈数量	少	多	少到中等	少
反馈速度	延迟	立即	多样	延迟
信息流向	单向	双向	多为单向	单向
信息内容控制	能	能	能	否
识别发送者	能	能	能	否
到达目标群体的速度	迅速	缓慢	迅速	通常迅速
信息灵活度	面向全体目标群体的信息相同	根据潜在消费者进行调整	面向各类目标群体的信息相同	不能直接控制信息

营销人员必须通过促销沟通使消费者在心理和行为方面产生一系列的变化,包括刺激消费者对某产品种类或产品形式的需求;使消费者知晓某品牌;使消费者产生肯定某品牌的态度;使消费者产生购买某品牌的意图;使消费者产生完成购买某品牌的行为。并不是所有的促销战略都旨在使消费者产生实际的购买行为,因为消费者有时必须完成几个其他行为,才能完成一次品牌采购。而且像公共关系这样的促销手段,主要希望在消费者心目中树立一种良好的品牌形象,而不在意消费者是否立刻产生购买行为。

 本章小结

影响消费者行为的外在因素除了文化因素、社会因素和经济因素以外,营销因素也是一个不可忽视的方面。一般来说,营销活动的主要目的是提高消费者消费行为的可能性和频率。营销的这一任务是通过制定和提出针对选定目标市场的市场定位及相应的营销组合来完成的。其中,营销组合包括产品、价格、渠道和促销等因素。

影响消费者决策的因素是多方面的,生活形态是消费者在一段时期内较稳定的心理行为模式,集中体现了消费者内外各种影响因素的综合作用。VASL2 是目前运用生活方式对市场进行细分的最完整的系统。常见的建立在消费者认可、购买、使用心理及行为基础上的定位方法有主要属性/利益定位法、产品使用者定位法、使用行为定位法及分类定位法。

产品是消费者从事消费活动的对象和载体，消费者的各种心理活动、需求动机、购买决策及购买行为都是围绕产品发生和进行的。新产品能否在市场上取得成功，关键在于消费者是否从心理上认可、接受新产品。导致消费者对新产品购买态度与行为差异的因素包括收入水平、职业特点、性别、年龄等社会和生理因素，还有需要、认知、个性特征、自我概念等心理因素。新产品设计时，一方面要考虑产品的性能、结构等共性要求；另一方面还要考虑产品的独特性，使新产品与众多同类产品有显著的区别，即有明显的个性特色。保证新产品在市场上获得成功，除了要设计出能满足消费者生理和心理需求的产品外，还要运用正确的策略去推广新产品，需要进行各种方式的宣传，促使消费者意识到新产品在满足其需求方面所具有的老产品所不及的优越性。这样才能使消费者在短时间内认可、承认并接受新产品。

当代社会，消费者购买商品时，不再单纯是为了取得商品的使用价值，更主要的是获得心理和精神上的满足。而这种精神层面的高层次需要是通过品牌消费来实现的。品牌设计是品牌发挥心理功能的基础。品牌设计可以采用文字、符号、图形及其组合等多种表现形式和手法，灵活运用。精良的品牌设计还必须考虑到商品的特色和消费者的心理。随着市场竞争的日趋激烈，包装已不仅仅是原始的保护和储存商品的一种工具，更是美化商品、推销商品的主要手段。

价格是影响消费者购买的最具刺激性和敏感性的因素之一。就对消费者的影响而言，价格有着与其他商品要素不同的心理作用机制，如衡量商品品质和内在价值、自我意识比拟。价格心理主要包括习惯心理、敏感心理、倾向心理及感受性。制定合理的商品价格，是商品成功走向市场、取悦消费者的重要前提。常用的定价策略有撇脂定价法、渗透定价法、尾数定价法、名望定价法、习惯价格定价法、感知价值定价法、招徕定价方法和分级定价法等。在企业的经营实战中，商品价格的变动与调整是经常发生的。企业在调整价格时，要准确地把握消费者的价格心理，采取行之有效的调价策略。

终端销售点是商品离开流通领域，进入消费领域的发生地。由于消费者需求个性化、多样化，终端销售点的选择也要考虑消费者的购物心理和购买行为。对终端销售点的选择主要取决于4方面：①顾客对最方便的购买地点的要求；②对顾客最乐意光顾并购买的场所的要求；③对商品最充分展现、让更多人认知的地点要求；④对树立商品形象的地点要求等。

公司在与顾客进行沟通过程中，不可避免地担负起信息传播和促销者的角色。在所有的促销工具中，广告作为高度大众化的信息传递方式，渗透力比较强，是许多企业促销的首选手段，也是营销人员与消费者交流产品信息最重要的手段。值得注意的是，广告作为一种成熟的促销手段，并由于媒体产业的成熟，被广泛应用，广告对消费者的影响也在减少。广告要达到预期的效果，就必须在计划、设计、制作和播出的全过程中重视对消费者心理活动规律与特点的研究，巧妙地运用心理学原理，增强广告的表现力、吸引力、感染力和诱导力。从对消费者信息资料的掌握和获取上看，公共关系是最为直接、可靠的促销工具。

习 题

一、选择题

1. 以下( )属于商品命名的心理要求。

  A．名实相符   B．引人注意

  C．激发联想   D．避免禁忌

2. 为了发挥商标应有的感召力，在商标设计中必须注意的心理要求有(　　)。
　　A．个性鲜明，富于特色　　　　B．造型优美，文字简洁
　　C．与商品本身的性质和特点相协调　　D．具有时代气息
3. 当企业的产品富有弹性时，最适宜采用的定价方法是(　　)。
　　A．撇脂定价法　　　　　　　　B．渗透定价法
　　C．尾数定价法　　　　　　　　D．习惯定价法
4. 当企业的产品缺乏弹性时，最适宜采用的定价方法是(　　)。
　　A．撇脂定价法　　　　　　　　B．渗透定价法
　　C．尾数定价法　　　　　　　　D．整数定价法
5. "茅台""五粮液"酒的价格往往远高于同类产品，采用的是(　　)。
　　A．撇脂定价法　　　　　　　　B．渗透定价法
　　C．名望定价法　　　　　　　　D．感知价值定价法
6. 将个别产品价格定得低于市价或成本，以吸引顾客扩大销售点的定价方法是(　　)。
　　A．撇脂定价法　　　　　　　　B．招徕定价法
　　C．名望定价法　　　　　　　　D．感知价值定价法
7. 增强广告效果的心理策略有(　　)。
　　A．引起注意　　　　　　　　　B．启发联想
　　C．增进情感　　　　　　　　　D．增强记忆

二、判断题

1. 市场细分的依据是现实及潜在顾客对某种产品需求的差异性。（　　）
2. 有一款法国的香水，命名为christiandior(毒药)，是为了满足激发联想这一商品命名的心理要求。（　　）
3. 优秀的包装能够使消费者产生有助于表现商品特色的美好联想，因此，好的包装具有联想功能。（　　）
4. 价格判断同时具有主观性和客观性双重性质。（　　）
5. 由于消费者所处社会地位、经济收入、文化水平、个性心理特征的差异，不同类型的消费者在购买商品时会表现出不同的价格倾向。（　　）
6. 消费者也会通过同一售货场中不同商品的价格来判断某商品的价格的高低。（　　）
7. 商品的价格在某些消费者的自我意识中具有反映自身社会及经济地位高低的社会象征意义。（　　）
8. 产品价格上涨势必会引起产品销量的下减。（　　）
9. 当商品降价销售时，应遵循逐步降价的原则。（　　）

三、填空题

1. 商品命名的心理要求一般有　　　　、　　　　、　　　　、激发联想和避免禁忌等。
2. 高雅华贵的商品外观可以大大提高商品的档次，这是包装　　　　功能的体现。

3. 品牌忠诚度包括_____和_____。
4. 敏感心理是消费者价格心理表现之一。一般来说，需求弹性较小的商品，消费者对价格变动的敏感性较_____(高/低)。
5. _____(撇脂/渗透)定价法，企业能尽快收回成本，收回研究开发费用，收回投资。
6. 如果某种产品容易被模仿、复制或缺乏专利保护的话，一般适宜采用_____(撇脂/渗透)定价法。
7. 价格的自我意识比拟主要有_____、_____、_____和观念更新比拟。
8. 增强广告效果的心理策略有_____、_____、_____、_____。

四、名词解释

1. 品牌认识
2. 名望定价法
3. 感知价值定价法

五、问答题

1. 新产品推广的心理策略有哪些？
2. 商品命名的心理要求是什么？商品命名的方法有哪几种？
3. 品牌的作用机制是什么？它是如何作用的？
4. 提升消费者品牌忠诚度的措施有哪些？
5. 举例说明价格自我意识的比拟功能。
6. 分析说明消费者的价格心理表现。
7. 选择终端销售点要考虑哪些因素？

六、论述题

1. 阐述消费者对价格调整的反应。企业如何应对消费者的反应？
2. 举例说明增强广告效果的心理策略有哪些。

七、案例应用分析

今生今世，"今世缘"一定与我们有缘

1. 另创品牌从头再来

苏北高沟镇是有名的酒镇，作为江苏酒业代表的"三沟一河"中的高沟美酒就产在这里。在最近100年里，高沟酒曾有过耀眼的荣耀与辉煌。1915年，裕源槽坊酿制的高沟大曲一举夺得巴拿马国际博览会金奖；1956年荣获江苏省政府颁发的"酿酒第一"的奖旗；高沟酒在1984年全国第四届评酒会上，被评为全国浓香型白酒第二名，1995年还被评为全国浓香型白酒标样产品。

在这一系列荣誉背后，却隐藏着重重危机。进入20世纪90年代以后，高沟酒在市场上陷入四面楚歌的境地，川酒东进，鲁酒南下，皖酒崛起，洋酒入关，在外地酒的"围追堵截"之下，高沟酒的大片市场在进退维谷之际拱手相让。到1996年，这个昔日的江苏名酒已到了濒临倒闭的边沿。

如何走出困境，重振苏酒雄风？经过反复讨论，公司作出了一个具有里程碑意义的决定：重新开始，另创品牌。1996年夏天，一个洋溢着个性与生机的新品牌"今世缘"诞生了。为了这个"孩子"的出世，今世缘的创业者们可谓倾注了心血，他们悉心研究中国哲学、文学、民俗学，吸收传统文化的精华。从中

他们认识到,对于很多人来说,喝酒并不是为了满足生理需要,而是出于社会交际的需要,酒实际上是人们之间传达情感的一种媒介,这就是酒的文化内涵。

缘是东方文化的心理支点之一,也是一种生活的哲理和境界。"缘"字寄寓了人们对未来的憧憬和对无法预知的命运的美好企盼,它在人们心中有着非比寻常的意味。品牌起首二字"今世"则赋予品牌鲜明的时代感,有着开拓、瞻望未来的气势与继往开来的精神。"今世缘"3个字组合在一起,足以使人思接千载,浮想联翩。而"今世有缘,今生无悔"这句广告语更道出了人与人之间交往缘分的弥足珍贵!

不仅仅是品牌名称改变,在产品方面,今世缘人在原高沟酒的基础上努力提升产品档次,使今世缘酒入口甜、绵、爽、净、香,这是高沟酒历史上的一个重大突破。同时,今世缘的包装也独具匠心。国内包装设计实力最强的单位为今世缘设计了VI识别系统,包装分为地球、月亮、太阳三大系列,星球图案与品牌名称珠联璧合,相得益彰,更增添了今世缘的文化品位。

2. 差异化上市一鸣惊人

产品上市是决定其以后发展的重头戏,如何赢得开门红、一举夺取市场呢?今世缘人审时度势,独辟蹊径,积极展开"淡季攻势",带来一阵令业界刮目相看的今世缘上市旋风。

1996年夏季,正是白酒市场所谓的销售淡季。今世缘开始行动了!1996年8月25日,一场上市"风暴"骤然间铺天盖地地席卷了炎热的古金陵城:天上,今世缘广告飞艇盘旋;地上,几十辆国宾车组成队列缓缓前进;金陵饭店楼顶上,一条近百米长、6米宽的巨幅广告飞泻而下;各大商场墙上,赫然出现1 200平方米的巨幅广告;电视、报纸、广播纷纷在黄金时段进行宣传……同时,今世缘的直销员们不顾炎热酷暑,深入南京的住宅小区,一家一家地送品尝酒,征求消费者的意见。短短10天时间里,他们走遍了南京近20万户家庭,将今世缘的醇香注入了古都南京的每一个角落,给南京市民留下了美好的印象,使"今世缘"赢得了南京人的青睐。

在这一轮攻势下,各商家要求送货的电话越来越多。然而让人难以理解的是,今世缘的领导层下了死命令,一瓶也不许发,这就是所谓的蓄势、养势、造势。一星期后,今世缘酒终于放水、送酒。以一泻千里之势,今世缘酒迅速火遍南京,让这个酷热的古都似乎又升高了几摄氏度。仅中秋节前后4天,今世缘就销售"地球酒""太阳酒""月亮酒"85吨,位居南京同档白酒销售第一。

在销售方式上,今世缘摒弃了传统的厂家铺垫、商家代销模式,组织人马搞直销,先布点,激发消费者需求,对经销商产生拉力,再在此基础上给经销商让利,将选择经销商的主动权牢牢掌握在自己的手中。通过十几家公司竞标,南京市糖烟酒公司夺得今世缘在南京的总经销权。1997年,南京糖烟酒公司提前7个月完成今世缘全年销售任务。这也从一定程度上证明了今世缘销售模式的有效性。

3. 区域市场精耕细作

在市场开拓上,今世缘有自己的一套"板块市场"理论,与其"广种薄收",不如步步为营、各个击破,认准一个,开发一个,巩固一个,扩散一个,以点成线,以线成片,营造板块优势,追求持续效应。实践证明今世缘的策略是正确的。自南京一炮打响后,他们又乘势开发了苏州、无锡、常州、镇江,贯通了沪宁线,接着又打通了陇海线徐州到连云港一段,形成了南有沪宁线,北有陇海线,两线加压,中间开花的格局,而北京、武汉、郴州、杭州、沈阳市场的相继开发,对今世缘酒走向全国更是起了很重要的积极导向作用。

今世缘对区域市场开发很有心得,要么不做,要么就要做深做透。在抢占淮阴市场时,当时双沟几乎在此一统天下,尤其是低档的蓝双沟和十二三元的双沟大曲最为畅销。今世缘为避免使自己陷入价格混战泥潭,特意错开与双沟相似的价格定位,针对淮安人爱喝酒、会喝酒的特点,及时推出20元一瓶质量上乘的今世缘特供酒,凸显个性,以价制胜并取得了极大的成功,淮安的白酒消费水平也由原来的十二三元一下子被引导在20元左右。通过今世缘人的精耕细作、不懈努力,目前的淮安市区白酒消费已被今世缘蓝世纪引导至50元左右,而今世缘系列酒在淮安白酒市场的份额则达到70%以上。

确立淮安白酒市场老大的地位后,乐于挑战的今世缘人又把目标直指南京乃至整个江苏白酒市场的龙头大哥,并为此进行了积极实践。

在做好传统终端的同时,今世缘实施"终端前移"策略,利用地缘优势与已树立的品牌影响,努力开拓江苏公务接待酒市场,树立"江苏省接待用酒"的形象,并在世界华商大会、世界资本论坛等重要会议上崭露头角。成为"江苏省接待用酒"的意义非凡:一是接待用酒本身就是一个大市场,而且与今世缘的品牌形象很符合;二是接待用酒是高档产品的代表,有助于提升今世缘的美誉度和品牌形象,带动系列产品的销售,政府接待用酒大量使用今世缘会起到很好的引导消费的作用,有助于今世缘的市场发展。

为了进一步把江苏市场做深做细,今世缘实施了重点市场、盲点市场、难点市场三大工程。在南京、淮安、盐城等重点市场,今世缘努力延伸营销触角和产品线;在盲点和难点市场,今世缘倾斜政策,明确责任,精心制定营销方案,取得了非常明显的成效。

在各区域市场捷报频传中,今世缘又吹响了向全国市场进军的号角。

(资料来源:王逸凡. 今生今世,一定有缘——"今世缘"现象探析[J]. 糖烟酒周刊,2004,(1).)

思考题

1. 结合案例,从消费者心理与行为角度,阐述"今世缘"如何组织开展市场营销活动。
2. 作为后起之秀的今世缘,近几年发展势头不错,但其实力在国内同行中并不太强,结合国内酒业市场环境,你有什么更好的营销建议呢?

八、实践活动

1. 把学生每5人分成一组。为每个小组指定一个不同连锁店的商店,并指定一个组长。组长们选出15个全国性品牌的商品,说明每个商品的品牌和包装大小,然后各小组去指定的商店收集这15个商品的价格数据。

小组讨论:为什么在不同的商店,全国性品牌、商店自有品牌及普通品牌的价格不同。

2. 调研某企业产品调价的原因及具体做法,分析说明消费者对此次企业调价活动有哪些反应?

第 9 章 企业营销伦理与消费者权益

教学目标

通过本章学习,要求了解企业营销伦理失范表现及影响因素;掌握如何提高企业营销伦理水准;了解消费者运动的开展及消费者保护组织体系的构成;掌握消费者权利的主要内容及消费者权益争议的解决途径。

教学要求

知识要点	能力要求	相关知识
企业营销伦理	(1) 了解企业营销伦理失范表现及影响因素 (2) 掌握如何提高企业营销伦理水准	(1) 企业营销伦理失范的表现 (2) 企业营销伦理的建立
消费者权益	(1) 了解消费者运动的开展 (2) 了解消费者保护立法 (3) 了解消费者保护组织体系构成 (4) 掌握消费者权利的主要内容及消费者权益争议的解决途径	(1) 消费者保护立法 (2) 消费者保护组织体系 (3) 消费者权利 (4) 消费者权益争议的解决

导入案例

主要食品安全事件回顾

一次次食品安全的突发事件,在引起社会广泛关注的同时,已经在很大程度上改变了人们的生活和生产方式。近年来,食品安全问题频繁出现,"我们还能吃什么"成为老百姓最困惑和最无奈的疑问。

2001年3~9月,广东河源某饲料公司因购买"瘦肉精"(盐酸克伦特罗)生产猪用混合饲料,导致11月7日河源484名市民因食肉中毒。"瘦肉精"属于肾上腺类神经兴奋剂,把"瘦肉精"添加到饲料中,可以增加动物的瘦肉量。

2002年6月21日,金华市卫生局查获9.5吨的假白糖。样品中蔗糖成分仅占30%,硫酸镁成分占30%。

2003年7月上旬开始,不到1个月的时间,浙江省卫生监督部门查获了从嘉兴等地流出的48吨含有剧毒氰化物的"毒狗肉"。11月16日"敌敌畏金华毒火腿被央视《每周质量报告》曝光,为避免蚊虫叮咬和生蛆,在制作过程中添加了剧毒农药敌敌畏。12月,杭州市场上畅销的一种碧绿鲜嫩的海带是用印染化工染料浸泡出来的"毒海带",不法经营者采用"连二亚硫酸钠"和"碱性品绿"等化工原料对海带进行泡、染加工。

2004年4月30日,安徽省阜阳市,由于被喂食几乎完全没有营养的劣质奶粉,13名婴儿夭折,近200名婴儿患上严重营养不良症。5月,中央电视台《每周质量报告》的一期"龙口粉丝掺假有术"节目揭露部分正规粉丝生产商为降低成本,在生产中掺入粟米淀粉,并加入了有致癌成分的碳酸氢铵化肥、氨水用于增白。

2005年2月,在英国最大的食品制造商第一食品公司生产的产品中发现了被欧盟禁用的苏丹红一号色素。不到1个月,苏丹红事件席卷中国。8月,福建、江西及安徽等地出口的鳗鱼产品,被检出含有孔雀石绿,国家质检总局首次下令全面回收。

2006年2月6日,麦当劳承认在美国企业出售的麦当劳薯条中反式脂肪酸含量比以前增加了1/3。7月,中央电视台曝光湖北武汉等地的"人造蜂蜜"事件,造假分子还在假蜂蜜中加入了增稠剂、甜味剂、防腐剂、香精和色素等化学物质。11月12日,由河北某禽蛋加工厂生产的一些"红心咸鸭蛋"在北京被查出含有苏丹红。

2007年4月12日,"龙凤""思念"速冻食品检出致病菌。台湾"卫生署"表示,从昆山阳澄湖水产公司进口的大闸蟹验出含禁用致癌物质硝基呋代谢物,已经检验出3 000多千克"含有禁药"的大闸蟹。菲律宾宣布,抽查市面多款中国食品样本后,发现其中4款食品含甲醛等有害物质,其中包括上海冠生园公司生产的大白兔牛奶糖。5月23日,香港消费者委员会与食物安全中心在样本检测中发现,"肯德基家乡鸡脆薯格""麦当劳中薯条"中均含有致癌物质——丙烯酰胺。

2008年年初的日本"毒饺子"事件引发了中国的食品安全危机。自7月始,全国各地陆续收治婴儿泌尿系统结石患者多达1 000余人,9月11日,卫生部调查证实石家庄三鹿集团生产的婴幼儿配方奶粉受三聚氰胺污染所致。

2010年"地沟油"事件引发社会震荡,目前我国每年返回餐桌的地沟油有200万~300万吨。地沟油中的黄曲霉素强烈致癌,毒过砒霜100倍。新型地沟油主要被销往安徽、上海、江苏、重庆等地的一些油脂公司,并最终进入到了食品领域。这些地沟油主要是销往食品油加工企业,制成食品和火锅底料等。

2011年,央视3·15特别节目曝光,双汇宣称"十八道检验、十八个放心",但猪肉不检测"瘦肉精"。河南孟州等地添加"瘦肉精"养殖的有毒生猪,顺利卖到双汇集团旗下公司。遭曝光后,双汇停产整顿,直接和间接损失超过100亿元,甚至可能接近200亿元。6月3日,国家药监局通知要求,各地暂停生产销售含"邻苯二甲酸酯"的"协和牌灵芝孢子粉片"和"美中清素牌的多种氨基酸片"。其分别含有的"邻苯二甲酸二丁酯(DBP)"和"邻苯二甲酸二乙酯(DEP)",均为卫生部2010年第16号公告中点名的违法食品添加剂,均属"塑化剂类"。

2012年4月9日,央视主持人赵普在微博上爆料称,老酸奶很可能是破皮鞋制成。调查发现,不仅老酸奶,多种果粒酸奶、谷物酸奶,甚至普通酸牛奶中,几乎都含有明胶、琼脂、卡拉胶、果胶等食品增稠剂。工业明胶中含有的重金属铬会破坏人体骨骼以及造血干细胞,长期服用会导致骨质疏松,严重的会患上癌症。

2013年,鸭舌制品含甜蜜素波及奶茶行业。加了甜蜜素的鸭舌和腊鸡腿颜色好看,吃起来更香。一些不正规的店铺出售的劣质珍珠奶茶不仅不含奶,而且危害人体健康。多数所谓的"珍珠奶茶"用奶精、果糖替代奶粉和蔗糖,也有人干脆使用糖精或者甜蜜素,甚至用自来水代替纯净水并添加上色素,制作奶茶。用"珍珠豆"加奶精、果粉等做奶茶,一杯奶茶的成本差不多5角左右。

2013年,硫黄熏制"毒生姜"。2013年5月9日,央视焦点访谈曝光,山东潍坊农户使用剧毒农药"神农丹"种植生姜。神农丹主要成分是一种叫涕灭威的剧毒农药,50毫克就可致一个50公斤重的人死亡。当地生产姜有两个标准。一个是出口国外标准,是绝对不使用剧毒农药的,因为检测严格骗不了外商。另一个就是国内销售标准,可以使用剧毒农药,因为国内的检测不严格。

2014年3月15日,福建三铭公司从制革厂大量采购经有毒有害工业原料处理过的垃圾皮料,生产药用明胶、食用明胶。雅客、金冠、蜡笔小新等大型糖果企业都使用此类所谓食用明胶生产糖果。

2014年,上海福喜食品大量采用过期肉。这家公司被曝通过过期食品回锅重做、更改保质期标印等手段加工过期劣质肉类,再将生产的麦乐鸡块、牛排、汉堡肉等售给肯德基、麦当劳、必胜客等大部分快餐连锁店。2014年6月18日,18吨过期半个月的冰鲜鸡皮和鸡胸肉被掺入原料当中,制成黄灿灿的"麦乐鸡"。这些过期鸡肉原料被优先安排在中国使用。另外,肯德基的烟熏肉饼同样使用了过期近一个月的原料。2014年6月11日和12日,该公司加工的迷你小牛排使用了10吨过期的半成品,这些材料原本都应该作为垃圾处理掉。但是,经过处理,保质期又重新打印延长了一年。

2014年9月,辽宁大连普兰店市皮口镇——大连周边海域养殖海参最大的一片区域,由于养殖户大量添加抗菌素等药物,导致近海物种几乎灭绝。清理海参粪便或污渍,使用的都是次氯酸钠和医用双氧水。为了提高海参幼苗成活率,防止生病,养殖户会在参苗池里大量添加抗菌素等药物。不仅仅是大连庄河,整个渤海湾的辽东半岛至山东半岛一带,生态系统已经处于亚健康状态,水体呈严重富营养化,氮磷比重已严重失衡。

2015年7月21日,江苏南京11家性保健店存在销售宣称壮阳功能的假冒保健食品行为。经检验,在相关产品中均检出"西地那非""他达拉非"等药物成分。共查获"金伟哥""植物伟哥""德国黑蚂蚁"等有毒有害保健食品近百个品种共计90多万颗,西地那非粉末25公斤,涉案金额约1300万元。

(资料来源：1. 唐沙砂, 张冬齐. 2001—2008年主要食品安全事件回顾[N]. 中国经济时报, 2008-11-13.
2. 盘点近年来被曝光的十大食品安全事件. [EB/OL]. [2014-10-16]. 中华网.
3. 国家食品药品监管总局发布2015年度食品安全十大典型案例. [EB/OL]. [2016-03-18]. 国家食品药品监管总局网站.)

9.1 企业营销伦理

近年来,在许多领域都出现了营销伦理方面的问题。在银行金融领域,出现包括内部交易、洗钱、经纪账户回扣、存贷丑闻等违反经济伦理的行为;化工企业、采伐企业常常蓄意破坏环境;食品企业出售掺假甚至掺有毒物质的食品。这些情况已引起了消费者和社会舆论的关注和批评。营销活动作为企业最重要的活动之一,随着消费者运动的开展和维护自身权益意识的觉醒，营销活动中的伦理问题越来越引起消费者和社会舆论的重视。

西方营销哲学演变经历的生产观念、产品观念和推销观念都是以企业为导向的；市场营销观念则重视消费者的需求，但在一味强调满足消费者需求的同时，忽略了营销活动对社会环境的影响，大量的营销活动过度地激发了消费者的欲望，造成了奢侈浪费、过度消费等社会问题；社会营销观念首次明确地提出了营销伦理问题，要求营销活动中考虑社会与道德问题，主张平衡好公司利益、消费者需求和公共利益之间的关系。

9.1.1 企业营销伦理的含义

伦理和道德可以看作是同义词，基本上表示的含义是一致的。"伦"是指人的关系，即人伦，"理"是指道德律令和原则，所以伦理是指人与人相处应遵守的道德和行为准则。它赋予人们在动机或行为上的是非善恶的判断基准，是人类社会长期发展中自发形成的一种约束机制。道德的基本含义在实际运作中和伦理并没有什么区别。一般而言，伦理与道德之间的区分在于道德是强调一定的文化界域内占实际支配地位的现存规范，而伦理则是指对这种道德规范的严密方法性思考。按这种区分，伦理是倾向于一种理论，它是对道德的科学性思考，它高于道德的哲学，而道德则是伦理在实际中的规范。如人们通常会说"一个有道德的人"，而不会说"有伦理的人"；同样，人们也只会说"伦理学"而不会说"道德学"。从这个角度说，在日常用法中，道德更多用于人，更含主观、主体、个体的意味，而伦理则更具有客观、客体、社会、团体的意味。

营销伦理是企业管理伦理的一部分，它服从和服务于整个社会的伦理。营销伦理是营销主体在从事营销活动中所应具有的基本的道德准则，即判断企业营销活动是否符合消费者及社会的利益，能否给广大消费者及社会带来最大幸福的一种价值判断标准。企业与消费者和社会的关系最主要的是经济关系，直接表现为某种利益关系，这种关系的正确处理，除依靠法律外，还需要正确的伦理观念指导。

营销伦理涉及企业组织和营销人员两个层次：一方面，从企业这个主体看，现代企业处于一个复杂的社会大系统中，企业的经营行为在相当程度上是通过营销活动表现出来的；另一方面，从营销人员的行为看，他们在营销活动中，更是直接代表了企业行为，即营销伦理由营销活动中的个体表现出来。反过来，消费者及社会公众则是通过企业营销行为来判断其是否符合法律规定和社会道德要求。

9.1.2 企业营销伦理失范表现

市场竞争的结果就是优胜劣汰。这就要求企业提高整体素质，包括提高营销伦理水平，运用现代营销思想来开展营销工作。但目前有相当数量的企业为了追求眼前利益，不去增加科技投入、提高生产率、降低成本，不去加强全面管理、提高产品质量、增强竞争力，而是在营销中采取各种卑劣的手段，投机经营，造成营销伦理的严重丧失。究其本质，这些企业缺少法律、道德意识，是严重的利己主义思想在支配着他们的营销活动。表9-1列举了商家不道德的营销行为。

第 9 章 企业营销伦理与消费者权益

表 9-1 企业营销伦理失范表现

失范表现类型	常见行为举例	失范表现类型	常见行为举例
市场调研伦理失范	侵犯消费者隐私权 侵犯消费者知情权 窃取商业秘密 掩饰研究目的 使用欺骗性方法 对讨论进行录像和录音 误用定性研究结果	分销策略伦理失范	非法传销 调包手法 窜货、冲货 过河拆桥 送回扣或索要回扣 行贿受贿
产品策略伦理失范	产品的安全隐患 假冒伪劣产品 不适当的担保 污染环境 给产品错贴标签 贴假商标 未经许可加工制造 隐瞒产品缺陷 迎合不当需求 包装数量欺骗 过度包装 包装以次充好	促销策略伦理失范	夸大产品的特征 无聊广告、烦扰广告 针对不适当的目标 欺骗性广告、虚假广告 用模特来劝诱消费者以销售不适当的产品 电话销售 垃圾邮件 性挑逗 通过恐吓来诱使消费者购买
价格策略伦理失范	过度涨价,搭车涨价 价格差异 价格歧视 倾销 暴利 虚假折扣	竞争策略伦理失范	过度竞争 不择手段 背信弃义 散布不良信息

具体来说,我国企业营销伦理失范主要表现在以下 6 个方面。

1. 市场调研伦理失范

个人隐私保护问题是市场营销伦理中的一个重要方面。通过市场调研,营销商可以获得大量的有关顾客的个人数据。由于相当数量的企业缺乏必要的用户隐私保护政策和措施,用户提供的个人身份、联系方式、健康状况、信用和财产状况等信息很容易被窃取和侵犯。甚至个别企业把这些个人信息或有偿或无偿对外扩散,这些信息的扩散往往对消费者的隐私构成侵害。如贩卖、传播客户信息(包括办公电话、手机、家庭电话、办公地址、家庭地址等)即属于此类。也有一些网站根据网友在其网站上的注册资料并结合一些订阅信息、浏览记录、浏览内容和兴趣、浏览频率等信息把消费者分类,这些分类信息可能涉及消费者的联系方式(电子邮箱、QQ,甚至电话、家庭地址)等私人信息。此外,企业进行直接市场营销调研时,为充分调动公众参与的积极性,通常会有一定的馈赠承诺,但有些承诺并没有得到兑现。

1号店90万用户信息500元叫卖

《每日经济新闻》记者联系上了向微博用户"挨踢客"兜售用户信息的卖家。该卖家表示目前自己手里有"1号店"截至2011年7月90万全字段的用户信息，包括手机、订单金额、地址、邮箱等，价格是500元。卖家告诉记者，他的价格已经非常便宜，如若不是急用，不会如此低廉。他表示记者可以多方询价，相比其他卖家开出的3 000~5 000元的价格，这个价格已经非常便宜。为了表明数据确实无错，该卖家向记者发送了其中一份用户信息，信息非常全面。记者对上面的用户信息进行了一一验证，结果表明大部分用户数据属真实信息。

这一信息揭开了"1号店"用户信息安全的冰山一角。事实上，包括当当、京东商城在内的多个电商网站都曾出现过类似事件，因此蒙受损失的人不在少数。

11月2日，针对媒体报道因员工内外勾结导致客户信息泄露一事，1号店副总裁刘彤表示，正积极配合警方，并全面升级了流程和系统以保证用户信息安全，另希望向消费者表示诚挚的歉意。

(资料来源：1. 蒋佩芳. 1号店90万用户信息500元叫卖 记者验证多属实. 每日经济新闻, 2012-05-25.
2. 浩宇. 1号店回应信息泄密事件：已升级系统. [EB/OL]. [2012-11-02]. 网易科技报道.)

2. 产品策略伦理失范

产品质量低劣、计划性的产品淘汰、品牌冒充、包装信息不真实、产品认证虚假等问题一直是产品策略方面存在的首要伦理问题。消费者购买商品时追求货真价实，而一些企业对产品的真实信息存在着故意夸大或隐藏，如使农民颗粒不收的假种子，通过假"年份酒"牟取暴利的葡萄酒；在追求市场份额和销售量时，部分企业盲目地计划性淘汰产品，即故意把产品在实际需要升级换代前就过时，而未考虑消费者是否真正需要这种产品或能否承担由此而造成的购买费用的增加；在产品包装方面，某些企业故意用非正常尺寸的包装来吸引消费者的眼球，造成价格比较的困难；在品牌冒充方面，相当数量的企业故意在品牌上造成细微差别以使消费者混淆，如市场上出现的"NOKLA""NOKTA"和"NCKIA"(都冒充著名品牌"NOKIA")。有些服务提供商迎合顾客不当需求的现象也比较多。如日本动画片"奥特曼"因为涉及暴力内容在国内不少电视台遭到抵制播出。

一线大牌外贸原单可能性几乎为零

2014年5月13日，宁波海关查获被告自海关出口到阿联酋的124箱6 108件男士T恤衫使用"POLO"标识。很多时尚人士都喜欢穿POLO衫(一款翻领T恤)。THE POLO/LAUREN COMPANY, L.P.(波罗/劳伦有限公司)诉被告宁波商卡立服装科技有限公司侵害商标权。仔细辨别后，发现正品和山寨品的标志极为相近。正品的马球杆靠近身体些；而山寨品的球杆往外挥的幅度大些。法院方认为，虽然被告在吊牌、领标上亦标注其注册商标"Pierre Cardin"，但对公众而言，被控侵权产品上除英文及数字外的马球图形更为突出。最后，判决被告停止侵权并销毁涉案被控侵权产品，赔偿原告损失10万元。

2015年，浙江省发起了"云剑行动"。以阿里巴巴为切入点，对全省互联网领域侵权假冒行为进行全

第9章 企业营销伦理与消费者权益

面打击。来自阿里的线索显示一家宁波淘宝网店涉嫌销售疑似假冒名牌服装。宁波市公安局组织当地市场监管部门分别对位于宁波轻纺城和青林湾的制假窝点展开收网行动，捣毁制假窝点两个，缴获"阿迪达斯""耐克"等假冒品牌服饰3 000余件。这事还上了美国《福布斯》杂志。

网络售假往往会打着"外贸单"的旗号，既显得有"神秘渠道"，当产品有质量问题时又可以称"外贸产品本就有瑕疵才转为内销"，这也给消费者维权增加难度。淘外贸商品时，需注意：①原标商品谨慎购买。大品牌交给OEM厂家的商标都经过严格计算，正规OEM厂家也会规避知识产权风险，对外贸转内销的商品会进行剪标。如果一家店的外贸商品是原标的，且成交记录高，又是大品牌的话，就要格外慎重了。②即使有原单，数量往往也非常少；如果量大，或者能"预订"的话，要慎重。③一线品牌，如爱马仕、LV、GUCCI外贸原单的可能性几乎为零。④当季新品，甚至先于柜台上架的原单产品多为仿货。

2015年年初，原告雅戈尔集团股份有限公司得知，被告张传宏开设的宿松县宇恒服饰有限公司在淘宝店铺销售页面的图片链接下标注"雅戈尔保暖衬衫冬季加绒加厚男士长袖衬衫修身免烫商务男装白衬衣"等字样，遂诉至法院。据介绍：被告的商品名称中使用了与原告注册商标"雅戈尔"相同的字样，但其在"购前必读"一栏中注明了所销售的产品品牌为"SAROUYA"，实际销售的也为"SAROUYA"品牌衬衫。法院认为，被告出售的商品品牌与原告商标截然不同，但被告在商品名称中使用了"雅戈尔"，在网络销售环境下，其获取交易机会的概率被无限放大，截取了原告的潜在消费群体，是典型的傍名牌行为。最后，法院判决被告立即停止在其网店页面的商品名称中使用"雅戈尔"字样，并赔偿原告损失16万元。

(资料来源：王颖.揭秘原单正品：一线大牌外贸原单可能性几乎为零[N]. 现代金报，2016-04-27.)

资料9-3

日本禁播动画《奥特曼》国内蔓延 影响孩子身心

总是喜欢扮成奥特曼的模样，追着"怪兽"不停地打。这个暑假，小宇最想做的就是每天都能看一集"奥特曼"，然后再练习一下刚刚学到的"招数"。暑假就要结束，但家长们发现，自己的孩子看了一个暑假的日本动画片，尤其是像"奥特曼"这样充斥暴力情节的节目后，性格都有所改变。

奥特曼英文名为ultraman，在香港被称为咸蛋超人，现在已发展到了40多个，每个奥特曼自成一个系列，分别有几十集不等。而现在市面上最为热卖的迪迦奥特曼，共有52集。

"不仅仅要看奥特曼，还要穿像奥特曼的衣服，小朋友对奥特曼的追捧已到了近乎疯狂的地步。"张丹告诉记者。这些"奥特曼迷"们除了要看奥特曼的节目，玩具也非奥特曼不选，就是穿衣服、穿鞋也要有奥特曼的标志才行。曾女士有个5岁的儿子，她告诉记者，现在她的孩子每天晚上都要穿上奥特曼的衣服才愿意睡觉。

业内人士说，很多在日本本土被政府禁播的日本动画片，在我国却不受任何限制，电视台在黄金时间播出，VCD光盘到处都有。在日本，像"奥特曼"这样的动画片，规定在黄金时间是不能播出的，而且要满一定年龄并且必须有家长陪同时才能收看。

2007年年初，一度在央视热播的动画片《虹猫蓝兔七侠传》在播出不久后，便由于片中反面人物的暴力、粗口等情节而被观众质疑，最终遭到停播。可是，当初被《虹蓝》视为赶超目标的日本动画片《奥特曼》却没有收到任何禁令，在市内各大商场的动画片柜台上，奥特曼的系列动画片光盘依然摆在最显眼的位置。

(资料来源：黄琮. 日本禁播动画《奥特曼》国内蔓延 影响孩子身心[N]. 广州日报，2007-09-01.)

3. 分销策略伦理失范

分销策略伦理失范主要涉及两个方面。

(1) 生产商与中间商之间的问题。生产商与中间商未能完全履行相关经营合同，或生产商供货不及时或供货不足，或对渠道成员进行过分压榨。也有实力雄厚的中间商依仗自己在某一地区渠道网络的特殊优势，不认真履行协议，存在返款不及时的现象。在一些制造商和中间商之间存在较为严重的商业贿赂问题，存在送回扣、索要回扣和行贿受贿的问题。既有一些弱势地位的制造商为进入某大型卖场或大型连锁商店送回扣、行贿于有关人员的现象，也有一些经销商为获得厂商的特别优惠条件而行贿有关企业管理人员的情况。

(2) 经销商与消费者之间的问题。一方面，消费者要求经销商遵循商业伦理，另一方面，过多的空口承诺、误导信息、"价格同盟"及产销双方相互推诿责任却仍然在坑害消费者，严重影响消费者对商家的信任。

2016 年 3·15 晚会曝光问题

2016 年央视 3·15 晚会曝光了淘宝刷单以及网络订餐平台"饿了么"惊现黑心作坊。

记者在淘宝上开了一个卖面膜的店铺，只要支付给"刷客"千元佣金，便可在三天内立马升级为蓝钻，拥有 200 多条好评！即使店内没有一件真实商品，也可通过网上的"代发空包"服务，将一件件并不真实存在的包裹签收。

在"饿了么"网站上，餐馆的照片看着干净正规光鲜亮丽，但实际却是油污横流，不堪入目……老板娘牙咬开火腿肠直接放到炒饭中，厨师尝完饭菜再扔进锅里……"饿了么"平台引导商家虚构地址、上传虚假实体照片，甚至默认无照经营的黑作坊入驻。

【拓展视频】

汽车消费相关投诉仅次于排名第一的网络购物，占到了整个投诉总量的近 20%。本次晚会曝光的二手车交易平台"车易拍"，号称"透明""无差价"，但其实却有两套后台，卖家和买家会看到两个价格，中间的差价被"吃"掉了。如，经过 35 次出价，在"易置换"页面上显示最终价格为 60 300 元的一辆车，在"快易拍"页面上买家最终出价却是 62 100 元，两个价格之间相差 1 800 元。

……

(资料来源：2016 年 3·15 晚会曝光 "饿了么" 惊现黑心作坊. [EB/OL]. [2016-03-16]. 中国网.)

4. 促销策略伦理失范

由于信息不对称，企业促销时往往夸大产品的特色或性能，引诱或操纵消费者购买已滞销的廉价货或进行事先内定的抽奖；采用贿赂、送礼、回扣、宴请、娱乐等不正当的行为进行促销，采用有偿新闻等不正当的公共宣传手段。

商场促销变"促死"悲剧何时休？

7 月 31 日，成都市西大街路口一家超市促销鸡蛋，吸引了上千市民排队抢购，以致场面出现

第9章 企业营销伦理与消费者权益

混乱,4人被踩踏受伤。

10月26日,上海市宝山乐购超市三门店开业仅5分钟,排队购买低价豆油的数百名消费者便因拥挤而发生踩踏事件。

11月10日上午,重庆家乐福沙坪坝店在10周年店庆促销活动中,由于人多拥挤,发生踩踏事故,目前已造成3人死亡,31人受伤,其中有7人重伤。当时,群众正在抢购特价39.9元一桶(5升)的食用油,市场价为50元左右。事故发生后,人们还在继续抢购,直到现场被封锁。

2014年1月,62岁的王大妈,76岁的张大妈,在杭州联华超市购买促销鸡蛋时被挤倒并骨折。

(资料来源:杨涛. 商场促销变"促死"悲剧何时休. [EB/OL]. [2007-11-12]. 新华网.)

【拓展视频】

具体来讲,促销策略伦理失范主要表现在以下5方面。

(1) 虚假广告和欺骗性广告。有些厂家利用厂家和消费者之间的信息不对称,在做企业促销和广告时往往夸大产品的特色和性能以达到扩大销售的目的。一些电视台通过播放和放大涉及部分让人恐慌的广告镜头渲染消费者的需要紧迫程度,威胁消费者尽快购买。特别是一些电视购物节目通过一些产品的前后使用情况形成鲜明对比,以电话订购还有赠品和优惠等手段刺激消费者尽快订购。

(2) 恶意广告和烦恼广告。这包括在黄金时段一些电视台集中投放的短时间段大量、密集投放毫无美感的广告,也包括一些利用电子邮箱和手机短信平台发放的小广告。如一些地方电视台在下午、深夜长时间播放一些保健产品和服务的广告,广告词及画面低俗。

(3) 在营业推广方面,诱导操纵消费者购买已滞销的廉价货或进行事先内定的抽奖活动,或在营业推广活动中不考虑社会影响和可能的安全隐患等。

资料9-6

石家庄一酒楼搞庆典炮打现金

2007年11月16日,河北石家庄裕华路一酒楼搞庆典,往空中打了数千张面值一元的人民币,引来近400市民上前哄抢。酒店方称,这是"让老百姓看得到真真切切的实惠"。

11月16日上午10时许,该酒楼前的广场上,工作人员正在调试8台缠着红色条幅的电子礼炮。"到时这些钱会被装进炮眼里发射出去,寓意'天降吉祥'。"酒楼企划部经理说,该庆典的另一个目的是庆祝酒楼荣膺"亚洲餐饮名店"称号。

11时刚过,酒楼前聚集了300多人。"看到传单就早早过来了。"附近的李女士排在了队伍的最前面。她手上的传单显示:"11月16日11:38某酒楼周年庆,万元现金从天降。"

11时38分,随着一声炮响,数千张一元纸币随着彩带从天而降。"钱来了。"现场保安放行后,在旁边等候的市民一哄而上开始抢钱。

"老婆,快抓。"现场一对夫妇为了抢钱,将怀里的孩子扔在一边。"抢到了,抢到了,数数有几张。"手里抓着一把纸币的夫妻忙着数钱,一边的小女孩哭着喊"妈妈"。

虽有数名保安提醒注意安全,但近400人组成的"抢钱大军"仍出现推搡。一位30多岁的妇女被人群挤倒,所幸没有大碍。

商家称撒钱为的是吸引消费者注意,聚拢酒楼的人气,也借此扩大影响。此次周年庆典,他们准备撒近万张一元纸币,但今天现场秩序比较混乱,为防止发生意外,所以只撒了2 000多元。

"这只不过是商家搞的噱头,为了制造轰动效应。"未参与抢钱的李先生认为,不管抢与不抢,商家的行为都是一种侮辱和不负责任。"一旦发生踩踏事件,谁来负责?"

(资料来源:崔华瑞. 石家庄一酒楼搞庆典炮打现金[N]. 河北青年报,2007-11-17.)

(4) 在公关活动中采用贿赂送礼、制造假新闻、宴请、娱乐等不当手段。

(5) 人员推销过程不讲公德。有的推销员未经预约直接跑到办公地点推销或在消费者休息时上门推销,招致极大反感。

5. 价格策略伦理失范

消费者要求企业公平合理的定价,但部分企业采用价格歧视、掠夺性定价、垄断价格等定价策略攫取不正当的高额利润。价格歧视是指企业对同一种产品索取两种或两种以上的价格,企业对其出售的产品进行差别化定价,但这种价格的差异并非是由产品和服务的成本的差别造成的,而是由于信息不对称决定的。部分企业甚至故意向消费者宣传虚高的"出厂价"或"批发价",同经销商建立"价格共谋",共同欺骗消费者。

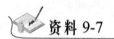

双11"抬高"食品原价被罚5万元

大连老鲜生贸易公司天猫官方旗舰店在"11·11特惠活动"中,利用虚假的或者使人误解的价格手段,宣传某款手撕鱿鱼片"原价175元",经查实际原价为39.9元。宣传某款野生鲅鱼"原价69.9元",经查实际原价为32元。针对该单位上述价格违法行为,大连市物价部门对该单位作出罚款5万元的处罚决定。)

(资料来源:孙笑天. 大连一公司"抬高"食品原价被罚款[N]. 华商晨报,2015-12-11.)

6. 竞争策略伦理失范

竞争策略伦理失范主要表现为:以不可告人的方式获得竞争对手的知识产权和商业秘密,如以合作、洽谈、考察为名趁机获取对手的商业秘密;在对手企业中安插内线等;贿赂收买对方工作人员;恶性竞争,如有奖销售战、价格战、相互攻击、诽谤等;不公平竞争,如权力营销等。

搜狗诉360恶意竞争

2015年11月17日,搜狗公司诉奇虎360公司不正当竞争案于北京知识产权法院终审宣判,二审法院认定360浏览器发布"搜狗浏览器泄露用户信息"的行为,是以增加自己浏览器安装量为目的,构成不正当竞争,需立刻停止对搜狗的不正当竞争行为,并赔偿搜狗经济损失。

此案源于2013年11月,360安全卫士恶意捏造"搜狗浏览器会导致信息泄露"一事,并通过360安全卫士官方微博、360安全卫士弹窗消息等手段,大范围向用户发布该消息,恐吓用户,恶意伤害搜狗浏览器产品声誉。

法院审理指出,360在作为浏览器软件提供服务时,权限应当同其他同类产品相一致。在此前提下,360向用户发布搜狗浏览器的不实信息的行为,违反了公认的商业道德。因此,法院认定360构成不正当竞争,并依法做出赔偿。

事实上，360利用其安全软件针对搜狗浏览器实施不正当竞争行为已有多次先例，并吞下多次终审败诉后果。今年6月，360便因恶意拦截搜狗浏览器默认设置，被北京市高级人民法院终审判定败诉，并被处以510万元的巨额罚金，这不但是360在历次诉讼中吃到的最大罚单，同时也创下了该类案件的最高倍偿。此外，今年7月，西安中级人民法院判决360恶意将用户默认的搜狗浏览器篡改为360浏览器的行为构成不正当竞争，判赔100万元。

在接连经历了数场败诉后，360却无视法院的判决书上的客观事实，仍在发布"断章取义"的不实内容，已达到混淆视听、扰乱行业竞争公平的目的。北京知识产权法院认为，企业经营者应当诚实守信，以自身经营的产品或服务质量获取消费者的信赖和选择。而360这类种种不顾用户利益的不正当竞争行为，终将"自食恶果"。

(资料来源：黄瑶. 终审认定360恶意竞争 搜狗迎来五连胜. [EB/OL]. [2015-11-18]. 网易新闻中心.)

【拓展视频】

营销伦理的沦丧最直接、最明显的后果是消费者的利益乃至社会利益受到损害，此外还扰乱了正常的交易秩序，阻碍了市场经济的发展，加剧了不公平竞争，助长了不良风气的盛行。企业营销伦理的丧失还会造成企业与企业之间、企业与社会之间的关系恶化，形成一种对企业生存发展极为不利的社会环境。实践证明，营销伦理丧失的企业即使能得一时之利，但从长远看，却是得不偿失的，它们或受舆论谴责，或被法律制裁，最终逃脱不了被市场淘汰的结局。

9.1.3　企业营销伦理的影响因素

影响企业营销伦理水准高低的因素有多种，概括起来主要有两类。

1. 外部因素

影响企业营销伦理的外部因素包括市场因素、文化因素及政府因素。市场因素如一些企业在市场供不应求、产品不愁销路时，就会凭借其对某些产品的垄断地位，采用某些非经济手段参与市场竞争，而很少考虑社会及消费者的利益。在文化因素方面，我国除了以社会主义文化作为主流文化外，还存在西方资产阶级文化及历史遗留下来的封建主义文化，这些文化交融在一起，对企业经营哲学及企业文化就会产生复杂的影响，从而影响企业营销伦理。政府因素主要包括政府立法调控体系是否健全，政府对企业违法及违德行为采取何种态度等。如果政府立法完善，执法有力，就会对企业形成一种外在的压力，使之不敢违规。反之，政府立法不全，执法不严，则必然给某些企业违法与违德行为以可乘之机，加剧及扩大企业的非道德行为。

2. 内部因素

企业领导者是企业的人格化，是企业的头脑和心灵，其个人哲学必然融入企业经营决策的规定与实施中。如果领导者具有正确的经营哲学，在制定营销决策中，才能既考虑企业的利润目标，又考虑消费者及社会的利益，而体现出企业营销决策的道德性。反之，如果企业领导者片面追求利润最大化而损害社会与消费者的利益，营销决策必然会偏离道德的轨迹。企业文化是直接影响企业营销伦理的重要内部因素。企业文化制约着营销决策的动机，规范着营销决策的内容，对营销决策的实施也起着不可忽视的作用。另外，企业职工素质的高低对企业营销伦理水准有极大影响。许多企业发展的事实表明，企业职工的文化、业务及思想素质高低同企业营销道德水准呈正相关的关系。

上述表明，制约企业营销伦理水准的因素很多，这些因素对营销伦理的作用不是孤立发生的，它们相互联系、彼此渗透而交融在一起共同起作用。

富士康跳楼事件

2015年2月2日全国总工会书记处书记、法律工作部部长郭军表示，富士康等一些企业长期违法安排劳动者长时间加班，致使部分劳动者出现各种心理健康问题，导致过劳死或自杀现象时有发生。台湾富士康科技集团旗舰部门鸿海精密产量最高期间，雇员已经达到了130万人，是全球最大的私营雇主之一，一举一动颇受关注。

2010年，富士康出了震惊的14连跳，其中有的获救了但也有些员工则失去了生命。尽管因为轰动全球的"14连跳"让富士康加强了对员工自杀的监控和管理，但2011年、2012、2013、2014年，在富士康昆山、深圳、成都、重庆、郑州等不同的厂区内，还是陆续发生了员工自杀的事件，自杀的方式除了跳楼还有割腕。

(资料来源：古晓宇. 富士康回应全总违法加班指责：结论草率[N]. 京华时报，2015-02-04.)

9.1.4 企业营销伦理的建立

20世纪80年代以来，西方相继出版了一批关于管理与伦理结合的著作，如《道德管理的力量》《公司战略与追求伦理》《凭良心管理》《道德与商业行为》《商业伦理》等。E.弗里曼等在《公司战略与追求伦理》一书中指出，"追求卓越就是追求伦理"，在评价《追求卓越》一书时又指出，"优秀企业的秘诀在于懂得人的价值观和伦理，懂得如何把它们融合到公司战略中，""这场卓越革命的基本伦理是对人的尊重。这是企业关心顾客、关心质量背后的根本原因，也是理解优秀企业难以置信的责任感和业绩的关键。"

到20世纪90年代中期，《财富》杂志排名前500家的企业中90%以上有成文的伦理守则，用来规范员工的行为，在美国约有3/5、欧洲约有1/2的大企业设有专门的企业伦理机构，负责企业相关的伦理工作。

IBM的"企业伦理准则"

IBM公司非常注重企业的伦理建设，制定了著名的"企业伦理准则"，俗称"IBM宪法"，如表9-2所示。IBM要求公司所有的立法都必须以此为依据，所有国家的IBM公司都必须遵守，公司的所有活动都必须执行"企业伦理准则"，为组织的道德管理树立了典范。

表 9-2 IBM 的"企业伦理准则"

	评价项目	伦理基准
职工与公司的工作	IBM 资产的保护	职工在保护自己管理的资产外,有义务协助保护公司的全部资产
	IBM 资产的使用	只能为了 IBM 的事业或经公司认可的目的使用资产
	信息的记录及报告	必须完全正确忠实地记录并报告各种信息
商业活动	一般基础	不做违背事实的表述,不夸示 IBM 的庞大,尊重顾客选择的意愿
	与其他组织的关系	对同一组织不能同时有两种以上的关系,不向竞争者提供 IBM 的机密
	关于他人的信任	不得以任何形式收集他人的可疑信息
	赠物与接待	不得收取或要求商业伙伴提供礼物,不得向客户、政府或其他组织提供礼物
个人活动与职工立场	业余活动	不得从事有损对公司忠诚的活动,上班时不做本职工作以外的工作,业余工作不得使用公司资产
	公共活动	避免参加有关公司的公共决议、投票,明确表示不参加有可能导致利害冲突的活动的态度
	参加政治活动	不向政党或政府候选人提供资助,不搞政治捐助及类似活动,从政时牢记个人义务
	个人财产利益	不得与客户等个人与组织发生经济上的利害关系

(资料来源:曹刚. 论现代企业制度中道德制度的建立[N]. 长沙水电师院报, 1996(1).)

要提高我国企业营销伦理水准,必须不断完善企业内部环境与外部因素。在二者的共同作用下,企业才能建立和维持一定的营销伦理水平。

1. 完善企业内部营销伦理

(1) 设定伦理目标。企业伦理目标强调企业行为不仅具有经济价值,还必须具有伦理价值。企业要想获得持久的发展,其追求的经济目标中必须包含有伦理道德的要求,应该是经济目标与伦理目标的统一。实践证明,企业经济目标和伦理目标相辅相成,只有同时并举,企业才能真正兴旺发达。强生公司提出"公司存在的目的是要减轻病痛""我们的责任层次分明:顾客第一,员工第二,整个社会第三,股东第四。"

(2) 制定并执行企业伦理守则。伦理守则所规范的主要内容是企业与其利益相关者包括员工、顾客、股东、政府、社区、社会大众等的责任关系,它同时包含公司的经营理念与道德理想,可以反映公司的文化与行为、生存的基本意义和行为的基本方向。企业信奉的伦理守则应贯彻到经营决策的制定以及重要的企业行为中。在建立伦理法则的同时,通过一系列的奖励、审核以及控制系统加以强化,并对破坏伦理规范的行为予以惩罚。公司必须让大家都明白,组织里决不容许违反伦理的行为。管理人员对违规者的默许,将会严重破坏组织走向更具伦理气候的环境。伦理法规要想更具效力,必须把组织里经理、员工的思想和政策信仰予以具体化。不能仅仅通过销售数字来判断员工业绩,而是教育员工在制定决策时,既要考虑公司和个人的利益,也要考虑供应商、客户以及社会的需求,绝对的诚实、礼貌，以及尊重他人是公司业务程序的标准。

(3) 广泛开展营销伦理教育，重视塑造企业文化。必须广泛进行营销伦理规范的宣传和教育，以营销伦理规范为核心进行企业文化建设，形成"重道德，讲责任"的氛围，把营销伦理规范渗透到全体职工的意识中去，把执行营销伦理规范作为自己的基本责任，以推动企业营销道德风尚的形成和发展。企业也可参与一些有意义的社会活动，协助推动社会良性改革，这样不仅可以提高公司的向心力，激励员工士气，同时也可提升个人的品质，满足员工更高层次的精神需求。

(4) 建立健全企业领导者选拔和监管机制，把伦理纳入全体员工考核体系，将市场机制和竞争机制引入到企业经营活动中。对公司高层管理人员要实行招聘制，德才兼备者择优聘用；建立健全对干部的考核和监督机制，要把伦理指标纳入高管人员考核体系之中，促使领导者树立起正确的经营哲学。同时，增强公司员工的竞争意识，实行合同制、竞争上岗、定期培训，不断提高职工的综合素质，为不断提高企业营销伦理水准创造优化的内部因素。

2. 营造良好的外部营销伦理氛围

(1) 政府应完善竞争和市场体系的相关立法体系，严格执法。如果法制不健全，无法可依，非道德营销行为就会泛滥。我国要加强法制建设，在已有相关法律的基础上，不断健全竞争和市场的相关立法体系，真正做到"有法可依、有法必依、执法必严、违法必究"，为企业营销的道德性进行提供良好的法律环境和外部强制约束。只要企业在其营销活动中存在有损社会公认的文明和道德底线的现象，并且造成一定后果的，要严格追查相关企业和责任人的法律责任。

(2) 加强行业协会建设，强化行业监督。行业协会是同行业企业之间的组织，在互通信息、行业自律、促进行业良性竞争方面具有重要作用。个别企业的非道德营销行为会损害全行业的商业信誉和利益，受到全行业的不耻和抵制。行业协会应针对本行业的特点，制定相应的营销道德准则及对非道德营销行为的处罚规则，规范全行业的营销行为，维护全行业的利益。

(3) 加强社会舆论的监督作用。随着消费者权利意识的觉醒和自身消费文化的成熟，对于企业的非道德营销行为有着越来越清醒的认识，许多消费者通过多种载体对一些企业缺乏社会责任、在营销活动中缺乏伦理的行为进行了揭露和批评。报纸、电视、互联网新闻网站等新闻媒介要倾听消费者在营销伦理问题上的呼声，发挥自身优势，在监督和约束企业营销伦理方面发挥更大、更持久的作用。

9.2 消费者权益

9.2.1 消费者运动

消费者运动指在市场经济条件下，消费者为了维护自身利益，自发地或者有组织地以争取社会公正、保护自己合法利益、改善其生活地位等为目的同损害消费者利益的行为进行斗争的一种社会运动。消费者运动始于 19 世纪的英国，然后迅速波及西欧和北美。20

第9章　企业营销伦理与消费者权益

世纪已成为消费者运动的世纪。

早在19世纪中下叶，英国在《货物买卖法》中，就应广大消费者的要求，给予购买质量低劣和不适于预定用途商品的消费者以法律上的索赔权，并对欺骗消费者的行为给予严厉处罚，从而改变了"买者注意、当心，卖者不负责"的传统做法和观念。

1844年，英格兰北部以制造毛毯、法兰绒而知名的罗奇代尔市，首创消费者合作社，当时叫消费协作组合，它是世界上消费者运动的最早的源流。

1891年，纽约消费者协会成立。这是世界上第一个以保护消费者权益为宗旨的组织。1899年，美国消费者联盟诞生，成为世界上第一个全国性的消费者组织，美国并于1914年设立了第一个保护消费者权益的政府机构——美国联邦贸易委员会。

到了20世纪60年代，美国消费者运动的规模进一步扩大。1962年3月15日，美国总统肯尼迪在《关于保护消费者利益的总统特别国情咨文》中，率先提出消费者享有的4项基本权利，即安全的权利、了解的权利、选择的权利和意见被听取的权利。1969年，美国总统尼克松进而提出消费者的第五项权利：索赔的权利。消费者权利的提出，使消费者运动进入了新的阶段，同时，美国联邦政府和州政府都设立了消费者保护机构。

日本的消费者运动兴起于第二次世界大战结束之后。当时日本经济全面瘫痪，消费品奇缺，一些不法厂商趁机生产伪劣商品。1948年9月，深受劣质火柴之害的一些家庭主妇召开"清除劣质火柴大会"。会后，成立了日本主妇协会，揭开了日本消费者运动的序幕。

20世纪50～60年代，伴随着日本经济的高速发展，一些严重损害消费者利益的事件频频发生。面对一系列重大消费者受害案件的发生，日本消费者要求消费品安全的呼声越来越高。

进入20世纪70年代以后，日本消费者运动的目标进一步扩大，除了食品及日用消费品的卫生和安全问题外，在实现公平交易，制止不正当营销手段，取缔不公平交易习惯等方面也提出了更高的要求。

在日本的消费者运动中，消费者组织发挥了极其重要的作用。迄今为止，全国性的消费者团体有29个，各种民间性消费者团体近4 000个。日本消费者运动的成果也不断得到来自政府方面的承认。

除美、日外，消费者运动在其他国家也如雨后春笋般蓬勃兴起。1953年，德国消费者同盟成立；1957年，英国成立了消费者协会；1969年韩国成立国内第一个消费团体——主妇俱乐部联合会；荷兰、法国、澳大利亚等国也相继成立了消费者民间团体；1962年，欧洲消费者同盟成立。到1984年，全世界有90多个国家和地区设立了消费者保护组织。1960年，美国、英国、荷兰、澳大利亚、比利时5国消费者组织在海牙发起成立国际消费者组织联盟，1994年其会员和通信会员组织来自110多个国家，达到300多个。1983年，国际消费者组织联盟将每年的3月15日定为"国际消费者权益日"，消费者运动从此成为席卷全球、势不可当的历史潮流。

消费者运动在我国的兴起与发展的历史很短，从第一个消费者组织的建立至今也不过20年的历史，然而发展速度很快。1994年，中国《消费者权益保护法》颁布之后，中国的消费者运动进入了政府依法保护的阶段。在这个阶段，消费者组织等维权团体、经营者及政府有关部门，在法律的框架内各司其职。消费者协会除了继续为个体消费者解决问题、解除他们消费中的痛苦以外，开始把目光投向改善消费环境，看重与经营者代表的对话协商制度，更加关心法律层面的消费者权益保护问题，以求从根本上保障消费者权益。经营者除了设立各自的消费者服务机构以外，开始有组织地开展消费者权益保护工作，把为消费者服务放到与经营同样重要的地位，自觉性逐渐提高，行业自律加强，与消费者团体的对话协商机制逐渐完善并发挥作用。政府部门则真正承担起了保护消费者的责任，在制定消费者政策方面、在建立保护机构方面兼顾全局，平衡着消费者与经营者之间的关系。在不断协调的过程中，三方面力量共同营造出消费者权益得到保护、社会协调发展的局面。

9.2.2 消费者保护立法

1. 消费者保护的必要性

消费者运动出现以后，得到了政府、媒体和许多非正式组织的大力支持，在许多国家和地区消费者保护运动蓬勃开展。那么，是什么促使政府舆论和社会各界关注并支持消费者保护运动呢？

1) 单个消费者与大规模生产和销售的现代企业在资源上的严重不对称

企业较单个消费者来讲，具备更多的人力、物力、财力和人际等各项资源，而消费者势单力孤，在对社会各项资源的支配上处于明显劣势，无力与企业相抗衡。"同情弱者"的心理使第三者极易支持弱小的消费者，即使在消费者与企业有争议而企业无明显过错的时候也是如此。

2) 单个消费者与现代企业在信息上的不对称

信息不对称主要体现在3个方面：

(1) 产品信息不对称。企业对产品的质量、功能、使用条件、限制条件、注意事项等具备充足的知识信息，而消费者在购买商品后并不一定获得商品的所有信息，以致根据自己的经验来使用商品而出现误操作并引起事故。

(2) 信息质量上的不对称。从最好的角度推想，消费者完全获得企业的信息，并充分理解和消化吸收。但企业提供的信息是否真实、可靠和充分，消费者未必能及时作出判断，在信息质量问题上的道德风险程度也较高，在市场体系不完备、市场法制不健全的国家和地区的市场中，这种现象较为常见。

(3) 信息内容的复杂性严重影响信息传递效果。许多企业推出的产品种类型号繁多，规模样式五花八门，而新技术、新产品层出不穷，消费者在海量信息的影响下，对购买产品的信息的判断会受到较大影响，进而影响到信息传递的效果。

3) 消费者权利意识和自身保护能力的不对称

消费者保护运动体现了消费者自身权利意识的觉醒，但对相关的法律条文、司法解释、制度规定等缺乏了解，对与企业进行抗争存在诸多顾虑。尤其是我国传统文化主张"敦厚"和"中庸"，许多消费者又由于担心诉讼时间和精力成本等问题不愿通过司法途径解决问题，而采取"息事宁人""多一事不如少一事""自认倒霉"等态度。

2. 我国消费者保护立法

消费者保护事业发展的目的和作用之一，就是要通过它强大的社会影响力，促使国家采取各种手段和措施来保护消费者的利益，而法律手段是最为有效的措施。1993年10月31日第八届全国人大常委四次会议全票通过了《中华人民共和国消费者权益保护法》(文中简称《消费者权益保护法》)。1994 年 1 月 1 日《消费者权益保护法》正式实施。工商部门积极制定与该法配套的规章和规定,促进了《消费者权益保护法》的贯彻实施。国家工商局先后有针对性地制定了《欺诈消费者行为处罚方法》《工商行政管理机关受理消费者申诉暂行办法》《工商行政管理所处理消费者申诉实施办法》3 个行政规章,还与有关部门联合发布了《部分商品修理更换退货责任规定》《固定电话机商品修理更换退货责任规定》《移动电话商品修理更换退货责任规定》《农业机械产品修理更换退货责任规定》等配套规章、规定。各地工商机关积极配合地方人大、政府进行《消费者权益保护法》配套法规和规章的草拟、制定工作,取得了显著的成效。

除《消费者权益保护法》外,目前,我国保护消费者权益方面的法律主要还包括《中华人民共和国产品质量法》《中华人民共和国反不正当竞争法》《中华人民共和国商标法》《关于惩治假冒注册商标犯罪的补充规定》《中华人民共和国广告法》等。

9.2.3 消费者保护组织体系

从国际经验来看,消费者保护的组织体系主要有 4 个层面。

1. 政府职能机构

在美国、日本、加拿大等国家,对消费者权益的保护,政府仍是主导者,且发挥着不可替代的作用。充分利用政府机关的行政管理职能,设立专门的行政机构来保护消费者权益,是发达市场经济国家政府的一项重要职能。在美国,各级政府中都设有消费者保护机构。其中,联邦政府中涉及消费者保护的行政机构包括联邦贸易委员会、食品药物管理局、消费者商品委员会等 30 余个(表 9-3)。

表 9-3 消费者权利的美国联邦机构

联 邦 机 构	职 责
联邦贸易委员会(Federal Trade Commission,FTC)	阻止不公平的交易和限制垄断;调查广告、销售行为和限定价格,有权对欺诈性广告和其他违法行为处以罚款
食品与药物管理局(Food and Drug Administration,FDA)	负责保护消费者免受有害的食品、化妆品和治疗用品的伤害
联邦通信委员会(Federal Communication Commission,FCC)	负责管理跨州的电视、广播和有线电视及在这些媒体上播放的广告,负责宽带的管理
消费产品安全委员会(Consumer Product Safety Commanitee,CPSC)	调查与产品有关的事故和召回有缺陷的产品,禁止高风险产品的流通
环境保护署(Environmental Protection Agency,EPA)	负责制定和实施保护环境不受污染物、垃圾和危险性废物威胁的标准
国家高速公路安全署(New Car Assessment Program,NHTSA)	负责管理新旧汽车的安全事项,调查危险的汽车缺陷,必要时召回产品,为新汽车设立燃油效率标准

在中国,承担保护消费者权益职责的政府行政部门有两种类型:①行政执法机关,主要包括工商行政管理部门、质量技术监督部门、卫生监督部门和出入境检验、检疫部门;②行业主管部门。行业主管部门保护消费者的职责主要是指其负有对所属行业经营者的监

督管理职责，防止损害消费者利益行为的发生，对已出现的问题积极进行调查处理，并强化有关消费者权益的服务职能。

2. 行业组织

为维护行业的声誉和利益，各国的行业组织通过制定行业规章制度，加强监督管理等，在客观上也起到了对消费者利益保护的作用。

从伦理和商业的角度看，关心消费者福利符合企业的最大利益，因为它同消费者满意有着最密切的关系。正因为如此，许多行业建立了自律性的机制，在自愿的基础上约束企业的活动和在必要时纠正出现的问题。

相对于市场调节和国家干预，行业协会在微观经济管理方面具有不可取代的独特优势。一方面，行业协会掌握着全面而翔实的行业信息，从而能够减少因信息不对称而引发的政府决策错误。同时，行业协会属于企业自发组织，其在行业管理中的运行成本大部分由会员企业分担，从而降低了公共行政开支，有利于控制政府机构膨胀。另一方面，也是最为突出的，行业自律章程属于典型的内部规则，往往能得到会员的自觉遵守，其运行具有实效高、成本低的优势。

据不完全统计，截至 2006 年年底，我国各类行业协会已多达 59 783 家。行业协会涉及的行业不断扩大，在行业协会发展的初期，协会涉及的行业仅为包装、食品、交通等几个，随着建筑、科技、农业等行业的发展，这些行业的行业协会也应运而生，目前已覆盖几乎所有的大中行业，当然也包含数量众多的小行业。可以说，只要一个行业兴起，其对应的行业协会也就会跟随着组建起来。

资料 9-11

京网络直播行业自律公约

2016 年 4 月 13 日，北京市网络表演(直播)行业自律公约新闻发布会在北京举行。百度、新浪、搜狐、爱奇艺等 20 余家从事网络表演(直播)的主要企业负责人共同发布《北京网络直播行业自律公约》。

公约承诺，4 月 18 日起，所有主播必须实名认证；网络直播房间必须标识水印；内容存储时间不少于 15 天备查；对于播出涉政、涉枪、涉毒、涉暴、涉黄内容的主播，情节严重的将列入黑名单；审核人员对平台上的直播内容进行 24 小时实时监管。

公约要求，各平台对新申请主播要按以下要求进行认证。实名信息提交包括本人姓名、身份证号码、本人手机号码、银行卡账户信息；本人手持身份证照片。如果在资料认证环节发现申请人不符合要求或信息不匹配，则不允许认证。此外，还需面对面人工认证。人工认证时申请者需在与审核人员视频聊天的过程中回答若干问题，认证过程不得少于 1 分钟。

该公约明确，不为 18 岁以下的未成年人提供主播注册通道。现有主播未进行实名认证的，于今年 6 月 1 日前完成实名认证。

此外，公约内容还包括在所有直播房间内添加水印。水印应当包括网站 Logo(或名称)和时间。水印位置应标注在视频画面左上角或右上角；尺寸：宽×高不小于 50px×25px；水印与视频画面有明显区分，清晰可见；平台要对所有直播内容进行存储，如果平台对同一视频内容提供多种清晰度供用户选择观看，则应该保存最高清晰度或最高码率的版本，存储时间不少于 15 天。

(资料来源：孟凡泽，张思佳.京网络直播行业自律公约发布 不满 18 岁不能当主播[N]. 京华时报，2016-04-14.)

第9章 企业营销伦理与消费者权益

3. 消费者保护民间组织

消费者保护民间组织主要是指消费者自发形成的群众组织。在发达国家，这种组织很普遍，有些甚至已经发展为一种职业性组织。消费者组织由于其具有广泛的群众基础，影响大，其活动越来越系统化、正规化，不同程度地得到各国政府的支持，对不法生产者、经营者有很大的威慑力量。

国外消费者组织活动是在20世纪40年代后期兴起的。第二次世界大战后，人民生活趋于安定，生活水平提高，对各种消费品的质量和卫生逐渐提出了更高的要求。为了使消费者取得更大发言权并保护消费者的利益，各种消费者组织便应运而生。这些组织的共同特点是致力于保护消费者利益，不以盈利为目的。

4. 消费者保护的国际组织

随着全球经济一体化的快速发展和国际贸易规模的扩大，消费者保护已成为一种国际潮流。加强国际合作与监督，在全世界范围内实施对消费者权益的有效保护，已成为不可逆转的趋势。为此，各国政府、各国保护消费者组织都在积极地探询有效的监督和合作方式，并成立了国际消费者组织联盟、国际反冒牌货联盟等国际组织，以采取联合行动抵制有损消费者权益的不法经营活动。

9.2.4 消费者权益

1. 消费者权利的含义及特征

消费者权利的概念源于消费者运动和消费者权益保护法对消费者的保护，是随着消费者运动的发展而逐步得到确认和发展的。

《消费者权益保护法》根据消费法律关系的客观要求，广泛借鉴了各国及国家消费者保护立法的经验与教训，规定了消费者的9项权利及经营者的相应义务，并以专章的形式规定了消费者权益的国家保护和社会保护。

消费者权利是指在消费活动中，消费者依法享有的各项权利的总和。消费者权利不是一种简单的民法上规定的权利，民法上规定的民事权利是平等主题之间基于法律的规定或者约定而产生的，它们在法律上不存在弱者与强者的区分；而消费者权益保护法中的消费者权利则具有下列特点。

(1) 消费者权利以消费者特定的身份为基础。消费者权利是与消费者的人身密切联系着的。一方面，只有在以消费者的身份购买、使用商品或接受服务时，才能享有这些权利，即消费者权利是以消费者资格的存在为必要条件的；另一方面，凡消费者，他们在购买、使用商品或接受服务时，都享有这种权利，即消费者权利又是以消费者身份的存在为充分条件的。

(2) 消费者权利具有法律规定性。消费者权利是法律直接规定的权利，具有强制性，任何人不得剥夺，经营者以任何方式剥夺消费者权利的行为无效。

(3) 消费者权利是特别赋予居于弱者地位的消费者的权利。从历史演化的角度看，消费者权益保护法中规定的消费者的各项权利在传统上大多属于交易当事人的自治范围。基于消费者的弱者地位，现代国家将这些权利法定化，充分体现了法律对消费者特殊保护的立场。

2. 消费者权益

消费者权益保护涉及的领域和内容十分广泛，既有商品和服务本身的品质与安全性，又有促销领域的不道德现象，还包括对消费者的疏忽性行为的潜在支付等多个方面。下面重点对《消费者权益法》中规定的消费者的9项权利展开阐述。

(1) 安全保障权。消费者在购买、使用商品和接受服务时享有人身、财产安全不受损害的权利。消费者有权要求经营者提供的商品和服务符合保障人身、财产安全的要求。

(2) 知悉真情权。消费者享有知悉其购买、使用的商品或者接受的服务的真实情况的权利。消费者有权根据商品或者服务的不同情况，要求经营者提供商品的价格、产地、生产者、用途、性能、规格、等级、主要成分、生产日期、有效期限、检验合格证明、使用方法说明书、售后服务，或者服务的内容、规格、费用等有关情况。

(3) 自主选择权。消费者享有自主选择商品或者服务的权利。消费者有权自主选择提供商品或者服务的经营者，自主选择商品品种或者服务方式，自主决定购买或者不购买任何一种商品、接受或者不接受任何一项服务。消费者在自主选择商品或者服务时，有权进行比较、鉴别和挑选。

(4) 公平交易权。消费者享有公平交易的权利。公平交易权体现在两个方面：①交易条件公平，即消费者在购买商品或接受服务时，有权获得质量保证、价格合理、计量正确等公平交易条件；②不得强制交易，消费者有权按照真实意愿从事交易活动，对经营者的强制交易行为有权拒绝。

资料 9-12

餐馆消毒餐具收费、设置最低消费、禁止自带酒水违规

云南省昆明市消费者姚勇东，因为在餐馆吃饭时被收了3元钱的餐具消毒费，而将餐馆告上法庭。法院审理后认为，经营者负有为消费者提供符合安全、卫生标准的餐具和食品的法定义务。餐厅向姚勇东提供消毒餐具时，没有征求姚的意见，侵害了原告的知情权和自主选择权。经营者额外收取消毒餐具使用费的行为，属"重复收取费用"，侵害了消费者的公平交易权。2015年4月15日起，郑州市工商部门规定饭店应向消费者提供符合国家卫生标准的消毒餐具，不得仅提供收费一次性消毒餐具，强制或变相强制消费者使用收费一次性餐具最高罚3万元。

王先生一天与几个朋友到一家酒店吃饭，酒店坚持不允许王先生喝自带的酒，高先生一气之下，还是把自己的酒打开喝了，但结账的时候酒店多收了他"酒水服务费"100元。酒店以店堂告示的形式禁止消费者自带酒水或者向自带酒水的顾客收取"开瓶费"，违反了《消费者权益保护法》的相关规定，是侵犯消费者自主选择权的行为。

餐饮业不允许设置最低消费虽然自2014年11月起就已经实施，但很多酒店仍设置有门槛。如一些酒店包间，对10人以上要求消费不低于1 000元等。而且，有的饭店变相设置最低消费，以开瓶费、包间费等形式出现，这些都属于违反《消费者权益保护法》相关规定的行为。

(资料来源：1. 储皖中，施怀基. 消费者打赢消毒餐具收费案 餐馆重复收费判赔3元[N]. 法制日报，2010-10-25.
2. 胡审兵. 设置最低消费、禁止自带酒水违规[N]. 郑州晚报，2016-03-15.)

(5) 获取赔偿权。消费者因购买、使用商品或者接受服务受到人身、财产损害的，享有依法获得赔偿的权利。

享有求偿权的主体包括商品的购买者、使用者；服务的接受者；第三人，指消费者之外的因某种原因在事故发生现场而受到损害的人。

求偿的内容包括人身损害的赔偿，无论是生命健康还是精神方面的损害均可要求赔偿；财产损害的赔偿，依照消费者权益保护法及合同法等相关法律的规定，包括直接损失及可得利益的损失。

(6) 结社权。消费者享有依法成立维护自身合法权益的社会团体的权利。目前，中国消费者协会及地方各级消费者协会已经成立。实践证明，消费者组织的工作对推动我国消费者运动的健康发展，沟通政府与消费者的联系，解决经营者与消费者的矛盾，更加充分地保护消费者权益，起到了积极的作用。

(7) 获得相关知识权。消费者享有获得有关消费和消费者权益保护方面的知识的权利。消费知识主要指有关商品和服务的知识；消费者权益保护知识主要指有关消费者权益保护方面及权益受到损害时如何有效解决方面的法律知识。表 9-4 列出了 1997—2016 年中国消费者"年主题"。

表 9-4　1997—2016 年中国消费者"年主题"

时　　间	主　　题
1997 年	讲诚信 反欺诈
1998 年	为了农村消费者
1999 年	安全健康消费
2000 年	明明白白消费
2001 年	绿色消费
2002 年	科学消费
2003 年	营造放心消费环境
2004 年	诚信·维权
2005 年	健康·维权
2006 年	消费与环境
2007 年	消费和谐
2008 年	消费与责任
2009 年	消费与发展
2010 年	消费与服务
2011 年	消费与民生
2012 年	消费与安全
2013 年	让消费者更有力量
2014 年	新消费、新权益、新责任
2015 年	携手共治 畅享消费
2016 年	新消费　我做主

资料9-13

【拓展视频】

2016年消费维权主题"新消费 我做主"

2016年消费维权主题"新消费 我做主"的涵义：一是树立"消费者优先"理念，倾听消费者声音，重视消费者诉求，满足消费者需要，赢得消费者对新消费的满意和认可；二是弘扬"诚信、公平、法治"文化，创新消费者权益保护机制，营造让消费者能做主愿消费的良好环境；三是引导科学理性消费，践行绿色消费、品质生活，呼唤维权自觉，提倡依法维权，让消费者主动做新消费的支持者。

中国消费者协会同时发布了2016年年主题宣传海报。这幅海报主体元素是在湛蓝色天际和"3·15"标志映衬下一个"OK"的手势，表达消费者对新消费的支持和肯定，也体现出消费者对消费环境日益向好的呼唤，以及消费环境应当以消费者满意为标准。

(资料来源：中消协发布2016年维权主题：新消费 我做主. 新华网[2016-01-14].)

(8) 受尊重权。消费者在购买、使用商品和接受服务时，享有其人格尊严、民族风俗习惯得到尊重的权利。人格权是消费者人身权的主要组成部分。尊重他人的人格尊严和不同民族的风俗习惯，是一个国家和社会文明进步的重要标志，也是法律对人权保障的基本要求。我国是一个多民族国家，尊重各个民族尤其是少数民族的风俗习惯，关系到全国的安定团结，关系到各民族的长久和睦。消费者权益保护法将人格尊严和民族风俗习惯专门加以规定，是对消费者精神权利的有力保障，也是党和国家民族政策在法律上的体现。

资料9-14

高彬"丑女"难进酒吧案

2000年4月22日、4月28日及5月1日，某咨询公司市场主管高彬在进入敦煌公司开办的"The Den"酒吧时，酒吧工作人员因其"面容不太好，怕影响店中生意"而拒绝其入内。

2000年7月，高彬向北京朝阳区法院提起诉讼，认为酒吧工作人员的行为侵害了其人格尊严，给其造成极大的精神伤害，要求被告赔偿精神损失费5万元及经济损失2 847元，并公开赔礼道歉。

一审法院判决被告向高彬书面赔礼道歉，赔偿交通费、复印费、咨询费403.5元，精神损失费4 000元。被告不服判决，上诉至北京市第二中级人民法院。二审法院审理后认为，敦煌公司的保安在拒绝高彬进入酒吧时具有容貌歧视的主观意识，构成了对高彬人格权的侵害。事发后高彬再次去酒吧，又被拒之于门外，使高彬自主选择服务经营者的权利受到侵害；但是敦煌公司的侵权行为情节轻微，赔礼道歉并负担高彬的合理支出已经足以抚慰其精神损害，所以撤销了一审中判赔的精神损失费。

(资料来源：杨立新，朱呈义，张国宏."3·15"10周年：十大消费者维权经典案件. [EB/OL]. [2004-4-6]. http://www.dffy.com.)

(9) 监督批评权。消费者享有对商品和服务及保护消费者权益工作进行监督的权利。监督权是上述各项权利的必然延伸，对消费者权利的切实实现至关重要。这种监督权的表现，一是有权对经营者的商品和服务进行监督，在权利受到侵害时有权

第 9 章　企业营销伦理与消费者权益

提出检举或控告；二是有权对国家机关及工作人员进行监督，对其在保护消费者权益工作中的违法失职行为进行检举、控告；三是表现为对消费者权益工作的批评、建议权。

9.2.5　消费者权益争议的解决

消费者权益争议，是指在消费领域发生的，消费者在购买、使用商品或者接受服务过程中，因经营者不依法履行或不适当履行义务致使消费者合法权益受到损害，而引起的争议。

消费者和经营者发生消费者权益争议的，可以通过下列途径解决。

1. 与经营者协商和解

当消费者和经营者因商品或服务发生争议时，协商和解应作为首选方式，特别是因误解产生的争议，通过解释、谦让及其他补救措施，便可化解矛盾，平息争议。协商和解必须在自愿平等的基础上进行。重大纠纷，双方立场对立严重，要求相距甚远的，可寻求其他解决方式。

2. 请求消费者协会调解

消费者协会是依法成立的对商品和服务进行社会监督的保护消费者合法权益的社会团体。消费者权益保护法明确消费者协会具有 7 项职能，其中之一是对消费者的投诉事项进行调查、调解。消费者协会作为保护消费者权益的社会团体，调解经营者和消费者之间的争议，应依照法律、行政法规及公认的商业道德从事，并由双方自愿接受和执行。

 资料 9-15

江苏省消协 2014 年度消费投诉情况分析

【拓展资料】

　　网购消费越来越常见，消费产品与实际不符怎么办？日渐增多的房屋建材、家具类投诉如何维权？昨日，《江苏省消协组织 2014 年度消费投诉情况分析》及典型案例。2014 年度全省各级消费者协会共解决消费者投诉 65 659 件，解决成功率为 66.49%，使消费者免受经济损失 1.46 亿元；其中属欺诈行为得到赔偿的有 97 件，得到加倍赔偿的金额为 5.4 万元；支持消费者起诉的有 196 件。

(资料来源：马燕. 省消协发布 2014 年维权典型案例[N]. 扬子晚报，2015-02-03.)

3. 向有关行政部门申诉

政府有关行政部门依法具有规范经营者的经营行为，维护消费者合法权益和市场经济秩序的职能。消费者权益争议涉及的领域很广，当权益受到侵害时，消费者可根据具体情况，向不同的行政职能部门，如向物价部门、工商行政管理部门、技术质量监督部门等提出申诉，求得行政救济。

资料 9-16

工商总局通报十二起典型违法广告案件

2015年11月13日，国家工商总局广告监督管理司通报了新《广告法》颁布以来各地工商部门查处的12起典型违法广告案件，赵忠祥、侯耀华、李金斗等名列其中。

(1) 江苏省"70周年大阅兵纪念银钞大全"广告案件。该产品广告中多处使用了军人形象，并利用中共中央宣传部、中国人民银行、新华社等名义作宣传，还列举了相关收藏品"奥运纪念钞"发行600万枚，目前升值380倍，首轮十二生肖邮票发行价50元，现估价4万元，升值800倍等无法查证的内容。同时，广告利用专业人士赵启明、赵克俭两位设计大师为产品作推荐，还宣称上述产品具有较高的收藏价值。该广告违反了修订后《广告法》第九条第(二)项以及第二十五条的规定，工商机关拟对当事人罚款60万元。

(2) 河北省冒用所谓"文化惠民工程"免费发放国宝级十大传世名画虚假广告案件，罚款91.82万元。

(3) 江苏省"十二幅书画大全套"虚假广告案件，处以22.68万元罚款。

(4) 湖北省"陈老师泄油汤"虚假广告案件，处以15万元罚款。

(5) 重庆市 "五行开运中国五大投资手串——金斗寻宝"广告案件，处以8万元罚款。

(6) 天津河东美莱医学美容医院有限公司委托天津市力拓广告有限公司在《每日新报》上发布的虚假违法医疗广告案件，罚额共计10.8万元。

(7) 辽宁省两家地方广播电视台发布藏药金哈达、千岁堂阿胶益寿晶、双退治眼法、益身灵、理气舒心片、中草药复合多糖片等多个违法医药广告，对其处以37万元罚款。

(8) 浙江省舟山曙光门诊部有限公司利用互联网发布虚假广告案件。

(9) 广东省圣宝旗舰店互联网违法广告案件，处以罚款20万元。

(10) 广东省河源市源城区粤运客运有限公司从2015年4月开始在其"河深专线"的客车座套上发布"揭穿扑克麻将必胜"的广告，内容含有宣传赌博技巧、销售赌博用具的内容，处以30万元罚款。

(11) 北京市违背社会良好风尚的商业广告活动案件。

(12) 四川省"五粮液帝王经典酒"虚假广告案。

(资料来源：工商总局通报十二起典型违法广告案件 赵忠祥、侯耀华、李金斗等名列其中[M]. [2015-11-17]. 国家工商总局网.)

【拓展资料】

4. 提请仲裁

提请仲裁指由仲裁机构解决争端，在国际国内商贸活动中被广泛采用。消费者权益争议亦可通过仲裁途径予以解决。不过，仲裁必须具备的前提条件是双方订有书面仲裁协议(或书面仲裁条款)。在一般的消费活动中，大多数情况下没有必要也没有条件签订仲裁协议。因此，在消费领域，很少有以仲裁方式解决争议的。

5. 向人民法院提起诉讼

消费者权益保护法及相关法律都规定，消费者权益受到损害时，可径直向人民法院起诉,也可因不服行政处罚决定而向人民法院起诉。司法审判具有权威性、强制性,是解决各种争议的最后手段。消费者为求公正解决争议,可依法行使诉权。

一元公交案

2009年4月16日,陈军在三孝口乘坐空调公交车时,投币2元,却发现空调车内根本没有开空调,较真的他遂将合肥市公交集团诉至法院,索要多收的1元钱。除此之外,诉状上还要求,空调车在不开空调时只收取1元钱。随后,"一元公交案"在网络上炒得火热,以致在短时间内,不仅全国各大门户网站争论不休,连电视、报刊等新闻媒体也愈加关注。

陈军认为,空调车上注明是空调车,乘客接受2元的票价就是要享受空调待遇,现未开空调就是违约,就应降价。被告合肥公交集团有限公司则认为,多出的1元票价不仅仅是空调费,还包括座椅等高配置及高耗能的费用,故不同意降价。

通过瑶海法院和市相关部门的不懈努力,合肥公交集团终于决定:从2009年10月1日起,合肥市空调公交车实行季节性优惠票价,每年的3、4、10、11这4个月,票价为1元/人次。

(资料来源:黄娜娜.合肥市中院公布2009年消费者十二大维权案例. [EB/OL]. [2010-03-14]. 中安在线.)

 本章小结

营销伦理是营销主体在从事营销活动中所应具有的基本的道德准则,即判断企业营销活动是否符合消费者及社会的利益,能否给广大消费者及社会带来最大幸福的一种价值判断标准。目前有相当数量的企业为了追求眼前利益,在营销中采取各种卑劣的手段,投机经营,造成营销伦理的严重丧失。具体来说,我国企业营销伦理失范主要表现在市场调研伦理失范、产品策略伦理失范、分销策略伦理失范、促销策略伦理失范、定价策略伦理失范及竞争策略伦理失范等方面。要提高我国企业营销伦理水准,必须不断完善内部环境与外部因素。

消费者运动指在市场经济条件下,消费者为了维护自身利益,自发地或者有组织地以争取社会公正、保护自己合法利益、改善其生活地位等为目的同损害消费者利益的行为进行斗争的一种社会运动。

从国际经验来看,消费者保护的组织体系主要有4个层面:政府职能机构、行业组织、消费者保护民间组织、消费者保护的国际组织。

消费者权利的概念源于消费者运动和消费者权益保护法对消费者的保护,是随着消费者运动的发展而逐步得到确认和发展的。《中华人民共和国消费者权益保护法》规定了消费者的9项权利,即安全保障权、知悉真情权、自主选择权、公平交易权、获取赔偿权、结社权、获得相关知识权、受尊重权和监督批评权。消费者权益争议可通过下列途径解决:与经营者协商和解、请求消费者协会调解、向有关行政部门申诉、提请仲裁、向人民法院提起诉讼。

习 题

一、选择题

1. 1891年,(　　)成立,这是世界上第一个以保护消费者权益为宗旨的组织。
   A. 纽约消费者协会　　　　　　B. 伦敦消费者协会
   C. 巴黎消费者协会　　　　　　D. 东京消费者协会

2. 1899年,(　　)诞生,成为世界上第一个全国性的消费者组织。
   A. 美国消费者联盟　　　　　　B. 英国消费者联盟
   C. 法国消费者联盟　　　　　　D. 日本消费者联盟

3. 目前,我国保护消费者权益方面的法律主要包括(　　)。
   A. 《中华人民共和国消费者权益保护法》
   B. 《中华人民共和国产品质量法》
   C. 《中华人民共和国商标法》
   D. 《中华人民共和国广告法》

4. 当消费者和经营者发生争议时,(　　)应作为首选方式。
   A. 请求消费者协会调解　　　　B. 与经营者协商和解
   C. 向工商行政管理部门申诉　　D. 向人民法院提起诉讼

二、判断题

1. 《中华人民共和国消费者权益保护法》是我国唯一的一部消费者保护法。　　(　　)
2. 在我国,工商行政管理部门、质量技术监督部门、卫生监督部门和出入境检验、检疫部门都属于消费者保护体系。　　(　　)
3. 从伦理和商业的角度看,关心消费者福利符合企业的最大利益。　　(　　)
4. 消费者享有依法成立维护自身合法权益的社会团体的权利。　　(　　)

三、填空题

1. 消费者保护的组织体系主要有4个层面,即政府职能机构、_____、_____、_____。

2. 《中华人民共和国消费者权益保护法》中规定的消费者 9 项权利包括_____、_____、_____、_____、_____、_____、_____、_____和监督批评权。

3. 消费者和经营者发生消费者权益争议的,可通过下列途径解决：_____、_____、_____、_____和向人民法院提起诉讼。

四、名词解释

1. 营销伦理
2. 消费者权利

第9章 企业营销伦理与消费者权益

五、问答题

1．在维护消费者利益的前提下，企业还可以赢利吗？为什么？
2．消费者保护运动的主要目的是什么？什么原因导致消费者保护运动的产生和发展？
3．你最关心消费者哪些方面的权利？为什么？
4．消费者权益受损有哪些自身原因？
5．企业应如何设计其顾客抱怨与投诉系统？

六、论述题

1．你怎样评价现阶段我国食品的安全问题？在减少食品安全事故方面，政府、企业、消费者个人各自应承担哪些责任？
2．如何评价我国的各级消费者组织？如何才能更大地发挥消费者组织在维护消费者权益方面的作用？
3．描述你或周边人的一次维权经历，并谈谈你的个人感想。

七、案例应用分析

蒙牛员工雇佣公关公司攻击伊利

2010年7月16日，某报刊登了一篇所谓"深海鱼油造假严重"的新闻，随即网上相继出现大量宣传"深海鱼油不如地沟油"的攻击性文章。

之后，网络攻击深海鱼油的行动有组织地向深层次发展，攻击添加深海鱼油的产品不能食用，最后矛头直指伊利实业集团股份有限公司生产的"QQ星儿童奶"，煽动消费者抵制加入了深海鱼油的伊利"QQ星儿童奶"。

随后，相关文章纷纷出现在我国大型门户网站论坛、个人博客和百度等主流网站的问答栏目。

伊利集团公司迅速向呼和浩特市公安局经济技术开发区分局报案，呼和浩特市警方随即立案侦查。

警方经过为期两个多月的缜密侦查发现，这起看似商战的事件，确系"一网络公关公司受人雇佣，有组织、有预谋、有目的、有计划，以牟利为目的实施的"损害企业商业信誉案。

警方证实：2010年7月14日，蒙牛"未来星"品牌经理安勇与北京博思智奇公关顾问有限公司共同商讨炒作打击竞争对手伊利"QQ星儿童奶"的相关事宜，并制定网络攻击方案。

据警方介绍，这些网络攻击手段包括：寻找网络写手撰写攻击帖子，并在近百个论坛上发帖炒作，煽动网民情绪；联系点击量较高的个人博客博主撰写文章发表在博客上，并实施"推荐到门户网站首页""置顶""加精"等操作，以提高影响力；以儿童家长、孕妇等身份拟定问答稿件，"控诉"伊利乳业公司，并发动大量网络新闻及草根博客进行转载和评述，总计涉及费用约28万元。

而整个操作链由"蒙牛未来星品牌经理安勇、北京博思智奇公关顾问公司(郝历平、赵宁、马野等)、北京戴斯普瑞网络营销公司(张明等)、博主(网络写手)和李友平(戴斯普瑞公司合伙人)"串联而成。

整个网络炒作历时一个月，其中点击量最高的一个帖子点击数达20余万人次。

警方调查证实，目前我国的一些名牌食用油和牛奶中分别添加了"鱼油"或"藻油"，伊利"QQ星儿童奶"添加的是"深海鱼油"，蒙牛"未来星儿童奶"添加的是"藻油"。据犯罪嫌疑人交代，打击"鱼油"是为了拉抬"藻油"。

据内蒙古警方调查，北京博思智奇公关顾问有限公司成立于2001年，主要为企业或客户提供战略顾问、品牌传播、互动营销、危机管理等业务。

(资料来源：汤计，刘娟. 警方证实蒙牛员工雇佣公关公司攻击伊利. [EB/OL]. [2010-10-20]. www.xinhuanet.com.)

思考题

1．本案例反映了一些企业在哪方面的伦理失范？
2．结合案例思考伦理失范的危害和对策。

八、实践活动

为你所在学校的食堂设计一个能对学生意见及时作出反应的抱怨与投诉系统，描述该系统的基本构成、功能及在提高食堂服务质量方面可能产生的影响。

参 考 文 献

[1] Hawkins D L, Best R J, Coney K A. *Consumer Behavior: Building Marketing Strategy*[M]. Mc Graw-Hill, 1998.

[2] Moven J C. *Consumer Behavior*[M]. New York: Macmillan Publishing Company, 1993.

[3] Eric N, Berkowits.*Marketing*(4thed)[M]. Irwin Profewwional Publishing, 1994.

[4] Woodruff R D, Cadoe E R, Jenkins R L. *Modeling Consumer Satisfaction Process Using Experience-Based Norms*[J]. *Journal of Marketing Research*, 1983(8).

[5] Coleman R P. *the Continuing Significance of Social Class to Marketing*[J]. *Journal of Consumer Research*, 1983 (10).

[6] Del I.Hawkins, David L. Mothersbaugh, Roger J. Best. 消费者行为学[M]. 符国群，等译. 北京：机械工业出版社，2003.

[7] [美]Martha McEnally. 消费者行为学案例[M]. 袁瑛，刘志刚，译. 北京：清华大学出版社，2004.

[8] [美]Wayne D. Hoyer，Deborah J. MacInnis. 消费者行为学[M]. 刘伟，译. 北京：中国市场出版社，2008.

[9] [美]迈克尔·所罗门. 消费者行为学[M]. 10 版. 卢泰宏，杨晓燕译. 北京：中国人民大学出版社，2014.

[10] [美]德尔·I. 霍金斯. 消费者行为学[M]. 12 版. 符国群，等译. 北京：机械工业出版社，2014.

[11] [美]希夫曼. 消费者行为学[M]. 11 版. 江林，等译. 北京：中国人民大学出版社，2015.

[12] [美]科特勒·阿姆斯特朗. 市场营销：原理与实践[M]. 16 版. 楼尊，译. 北京：中国人民大学出版社，2015.

[13] [美]科特勒等. 营销管理[M]. 14 版. 王永贵，等译. 上海：格致出版社，2015.

[14] [美]J. 保罗·彼得，杰里·C. 奥尔森著，徐瑾等译. 消费者行为与营销战略(第 8 版)，大连：东北财经大学出版社，2010.

[15] 符国群. 消费者行为学[M]. 3 版. 北京：高等教育出版社，2015.

[16] 卢泰宏，周懿瑾. 消费者行为学：中国消费者透视[M]. 2 版. 北京：中国人民大学出版社，2015.

[17] 龚振. 消费者行为学[M]. 北京：高等教育出版社，2014.

[18] 荣晓华. 消费者行为学[M]. 4 版. 大连：东北财经大学出版社，2015.

[19] 苏勇. 消费者行为学[M]. 2. 版. 北京：高等教育出版社，2013.

[20] 江林. 消费者行为学[M]. 4 版. 首都经济贸易大学出版社，2012.

[21] 甘碧琴，王晓晚. 消费者行为学[M]. 北京：中国农业大学出版社，2009.

[22] 吴健安，钟育赣. 市场营销学[M]. 北京：高等教育出版社，2015.

[23] 傅浙铭. 营销理念与顾客研究[M]. 广州：南方日报出版社，2003.

[24] 盛敏，元明顺，刘艳玲. 市场营销学案例[M]. 北京：清华大学出版社，2005.

[25] 罗子明. 国内消费者心理研究概况[J]. 北京工商大学学报，2003(5).

[26] 杨晓燕. 中国消费者行为研究综述[J]. 经济经纬，2003(1).

[27] 厉以宁. 现代资产阶级经济学消费行为理论述评[J]. 北京大学学报(哲学社会科学版，1979(5).

[28] 罗纪宁. 消费者行为研究进展评述：方法论和理论范式[J]. 山东大学学报，2004(4).

[29] 肖立，杭佳萍. 大众消费时代的居民消费特征及消费意愿影响因素分析——基于江苏千户居民家庭消费专项调查数据[J]. 宏观经济研究，2016(2).

[30] 肖立. 基于 Panel Data 模型的农村居民消费结构及变动趋势分析[J]. 宏观经济研究，2012(9).

[31] 阳翼. 中国区域消费差异的实证研究[J]. 管理科学，2007(5).

[32] 王跃生. 当代中国家庭结构变动分析[J]. 中国社会科学，2006(1).

[33] 王跃生. 中国城乡家庭结构变动分析——基于 2010 年人口普查数据[J]. 中国社会科学，2013(12).

[34] 成美营销顾问公司. 红罐王老吉品牌定位战略[J]. 哈佛商业评论，2004(11).

[35] 邓瑜，龙羽明. 基于购买动机分析的礼品类商品消费者研究[J]. 商场现代化，2009(7).

[36] 宋扬，潘峰. 背景音乐结构性因素对顾客公民行国的影响. 消费经济，2015(2).

[37] 刘红萍，杜兰英. 宗教对消费者行为影响研究：国外文献评述[R]. 第四届(2009)中国管理学年会论文集，2009-11-14.

[38] 陆学艺. 当代中国社会各阶层研究报告[R]. 2002.

[39] 职业经理 MBA 实践教程编写组. MBA《消费心理学》案例集[Z]，2010.

[40] 崔小粟. 丰田投资 UBER，传统车企投石问路汽车共享[EB/OL]. http://news.163.com/16/0613/11/BPEIA3IG00014AED.html.

[42] 陈玉霞. 换房需求成消费绝对主流[EB/OL]. http://news.qq.com/a/20091225/002277.htm.

[43] 蒋军.《阿凡达》——创造需求的成功案例[EB/OL]. http://news.163.com/10/0119/06/5TCE09L1000120GR.html.

[44] 王志霞. 闲置信用卡市民需及时注销 避免影响信用记录[EB/OL]. http://money.163.com/14/0522/08/9SR9NHFE00253B0H.html.

[45] 夏毅. 中国公务机租赁市场前景受关注 30 万潜在消费[EB/OL]. http://www.chinanews.com/cj/2010/07-20/2413283.shtml.

[46] 崔小粟. 丰田投资 UBER，传统车企投石问路汽车共享[EB/OL]. http://news.163.com/16/0613/11/BPEIA3IG00014AED.html.

[47] 纪睿坤. 房地产调控"十年三松"：楼市 2016 年首迎减负[EB/OL]. http://money.163.com/16/0308/05/BHK490TK00253B0H.html .

[48] 孙彤. 新购物时代：购物场景和决策过程的渐变[EB/OL]. http://tech.ifeng.com/internet/detail_2013_11/05/30965715_0.shtml.

[49] 俞秋艳. 消费者个性化需求催热"私人定制"[EB/OL]. http://news.163.com/14/0221/01/9LIOJS8800014Q4P.html.

[50] 宋博. 护肤品消费行为调查报告出炉消费者购买渠道呈多元化[EB/OL]. http://news.hexun.com/2015-07-06/177303105.html.

[51] 钟雯. 好评 中评 差评：网上购物 你打多少分？[EB/OL] http://www.scnjnews.com/news/content/2014-12/25/content_1293041.htm.

[52] 刘鹏飞，温利，何波. 双十一续集：买买买变退退退[EB/OL]. http://mt.sohu.com/20151121/n427471895.shtml.

[55] 叶铁桥."三鹿"事件真相大曝光[EB/OL]. http://news.xinhuanet.com/fortune/2009-01-01/content_10588669.htm.

[56] 罗双全，罗仕湘，郭孝谋. 构建优势 创造需求[EB/OL]. http://news.163.com/09/1217/04/5QN8

KRML000120GR.html.

[57] 王政. 千万别漠视消费者的认知能力[EB/OL]. http://news.xinhuanet.com/auto/2004-06/28/content_1551153.htm.

[58] 沈浩卿, 2015消费趋势报告, 70、80、90的区别在哪? [EB/OL]. http://www.360doc.com/content/16/0329/11/31976911_546214247.shtml.

[59] 周润健. 教育专家: 当前儿童消费存在三大误区[EB/OL]. http://news.enorth.com.cn/system/2010/05/29/004726169.shtml.

[60] 2015央视3·15晚会. 谁来管管来路不明的保健品? [EB/OL]. http://jingji.cntv.cn/2015/03/15/VIDE1426428130945682.shtml.

[61] 张海燕. 三八节女性消费提示 让买买买更放心舒心[EB/OL], http://news.ifeng.com/a/20160308/47737751_0.shtml.

[62] 薛明, 贾大雷. 男性消费流变: 要面子更要品位[EB/OL], http://harbindaily.my399.com/200908/K2009080968F3349AF00002D42ABA690F1B284FDA.html.

[63] 孙瑛. 男性时尚消费时代悄然光临[EB/OL]. http://news.163.com/15/1225/06/BBLLMEER00014AED.html.

[64] 尹晓琳, 杨铮, 林晨音. 福布斯定义中国中产阶层:年收入1至6万美元[EB/OL]. http://money.163.com/10/1125/17/6MBR1E9D00253G87.html.

[65] 王明姬. "家电下乡"应摸准农民消费心理[EB/OL]. http://www.ceh.com.cn/ceh/llpd/2009/7/7/49575.shtml.

[66] 王薛婷. 大学生网贷消费成潮流 另类"消费"价值观引质疑. http://news.youth.cn/gn/201511/t20151113_7308088.htm.

[67] 中国女性迷恋奢侈品的5大动机[EB/OL]. http://jingji.cntv.cn/2013/01/20/ARTI1358653215048201_3.shtml.

[68] 杜海涛. 中等收入群体疲于应付生活压力 透支半生财富[EB/OL]. http://news.qq.com/a/20100909/000136.htm.

[69] 杨冬霞. 华裔设计师刘扬《东西相遇》漫画引巨大共鸣[EB/OL]. http://gb.cri.cn/18504/2007/11/14/109@1842076.htm.

[70] 吴杭民. 名人代言网络理财尤须谨慎[EB/OL]. http://news.xinhuanet.com/legal/2016-04/12/c_128884980.htm.

[71] 人民论坛"特别策划"组. 中国人"跟风潮"现象调查[EB/OL]. http://news.xinhuanet.com/politics/2010-08/04/c_12408115.htm.

[72] 沙沙. 格兰仕价格屠夫转战电商[EB/OL]. http://money.163.com/14/0530/11/9TG5LGH500253G87.html.

[73] 徐春梅. 宝洁多样化的提价策略[EB/OL]. http://www.mbachina.com/html/management/201001/34252.html.

[74] 唐沙砂, 张冬齐. 2001—2008年主要食品安全事件回顾[EB/OL]. http://news.163.com/09/0219/18/52HKRGL10001124J.html.

[75] 盘点近年来被曝光的十大食品安全事件[EB/OL]. http://news.china.com/focus/ksf/11166948/20141016/18866823_all.html.

[76] 国家食品药品监督管理局. 国家食品药品监管总局发布 2015 年度食品安全十大典型案例 [EB/OL]. http://www.zj.xinhuanet.com/2016-03/16/c_1118348189.htm.

[77] 王颖. 揭秘原单正品：一线大牌外贸原单可能性几乎为零[EB/OL]. http://news.sohu.com/20160427/n446325801.shtml.

[78] 黄瑶. 终审认定 360 恶意竞争 搜狗迎来五连胜[EB/OL]. http://it.sohu.com/20151118/n426854137.shtml.

[79] 孟凡泽, 张思佳. 京网络直播行业自律公约发布不满 18 岁不能当主播. http://news.xinhuanet.com/tech/2016-04/14/c_128893344.htm.

[80] 中消协发布 2016 年维权主题：新消费 我做主[EB/OL]. http://news.xinhuanet.com/food/2016-01/14/c_1117775254.htm.

[81] 黄琮. 日本禁播动画《奥特曼》国内蔓延 影响孩子身心[EB/OL]. http://news.163.com/07/0901/11/3NA5PDIV000120GU.html.

[82] 工商总局通报十二起典型违法广告案件 赵忠祥、侯耀华、李金斗等名列其中. http://www.saic.gov.cn/jgzf/zzwfgg/201511/t20151117_164040.html.

[83] 上海市工商局. 上海公布十大典型违法广告案例[EB/OL]. http://www.cicn.com.cn/zggsb/2016-01/05/cms80269article.shtml.

[84] 汤计, 刘娟. 警方证实蒙牛员工雇佣公关公司攻击伊利[EB/OL]. http://news.163.com/10/1020/23/6JFOPFJJ00014JB5.html.

[85] 黄娜娜. 合肥市中院公布 2009 年消费者十二大维权案例[EB/OL]. http://ah.anhuinews.com/qmt/system/2010/03/14/002718628.shtml.